牛津西方哲学简史

(英)安东尼·肯尼　著
冯　俊　等译校

河北出版传媒集团
河 北 人 民 出 版 社

图书在版编目(CIP)数据

牛津西方哲学简史/(英)肯尼(Kenny,A.)著;
冯俊译.—石家庄:河北人民出版社,2012.6
ISBN 978-7-202-06037-7

Ⅰ.①牛… Ⅱ.①肯…②冯… Ⅲ.①西方哲学-哲
学史 Ⅳ.①B5

中国版本图书馆CIP数据核字(2011)第250490号

BLACKWELL PUBLISHING
350 Main Street Malden, MA 02148-5020, USA
108 Cowley Road, Oxford OX4 1JF, UK
550 Swanston Street, Carlton, Victoria 3053, Australia

1998年第1版,
1998, 1999, 2000, 2001, 2002, 2003 (两次), 2004年重印

书　　名 **牛津西方哲学简史**
著　　者 (英)安东尼·肯尼
译　　校 冯 俊 等
责任编辑 李世琦
美术编辑 吴书平
责任校对 付敬华

出版发行 河北出版传媒集团 河北人民出版社
(石家庄市友谊北大街330号)
印　　刷 河北新华第一印刷有限责任公司
开　　本 787毫米×1092毫米 1/16
印　　张 30.5
字　　数 416 000
版　　次 2012年6月第1版 2012年6月第1次印刷
印　　数 1—5 000
书　　号 ISBN 978-7-202-06037-7/B·204
定　　价 60.00元

前言

52年前，贝特兰·罗素写了一部单卷本的《西方哲学史》，该书至今仍然畅销。当有人建议我写一本类似的现代版时，面对挑战我首先感到气馁。罗素是那个世纪伟大的哲学家，还获得了诺贝尔文学奖，怎么可能与他相媲美？然而普遍认为，那本书并不是罗素作品中最好的一部。他对于某些最伟大的哲学家例如亚里士多德和康德的评价有失公允。他对于哲学本性的认识以及所诉诸的哲学方法也受到当今大多数哲学家的质疑。看来，还是需要有一本书从当代哲学的观点来全面描述这个主题的历史。

罗素的书尽管在细节上不够准确，但是饶有兴味，引人入胜，它给了许多人初尝哲学时的激动。我这本书的目标人群和罗素的书是一样的：我是为一般受过教育但没有专业哲学训练的读者而写的，他们希望知道哲学对于他所生活于其中的文化所做的贡献。我力求避免使用任何哲学术语而在它们首次出现时又不加以解释。在这里柏拉图的对话录给我提供了一个样板：柏拉图能够阐明哲学而不用哲学家的专业术语，是因为在他写作时还没有任何哲学的专业术语存在。这作为原因之一，我在本书的第二、三章中花了很大的篇幅讨论他的几篇对话。

我竭尽全力想要模仿罗素的写作特色：他明快活泼的风格。他曾经说过，作为散文作家，他的榜样是贝德克尔（Baedeker）和约翰·弥尔顿（John Milton）。一位从未读过哲学的读者必然会发现本书的有些部分还是很难懂。在哲学中没有浅滩，每一个哲学的新手都不得不奋力把头昂出水面。但是我尽己所能保证让读者不需要面对内在于哲学主题之外的任何困难。

提前告诉你什么是哲学那是不可能的，学习哲学的最好办法就是读伟大哲学家的著作。这本书就是要表明什么样的一些主题让哲学家们感兴趣，他们用什么样的一些方法来阐述这些主题。就它们本身而言，哲学学说的概要是没什么用的。如果只告诉读者一个哲学家的结论而不指明是怎么得出这些结论的，那么哲学家就会受到欺骗。因此，我尽力呈现并且批评哲学家们在支持他们的论题时所做的推理。我这样对以往的伟大思想进行考察并不是对他们不敬，严肃地对待一位哲学家的办法不是对于他的文本鹦鹉学舌，而是和他论战，从他的长处和弱点中学习和吸取教训。

哲学既是最令人激动的也是最令人沮丧的题材。哲学是令人激动的，是因为它是所有学科中范围最广阔的，探讨那些贯穿我们全部言谈和思想的任何主题的基础概念。并且，从事哲学思考不需要任何预备性的训练和指导，任何人只要他努力思考、遵循一种理路就可以搞哲学。但是，哲学也是令人沮丧的，因为不像科学的和历史的学科一样，它对于自然和社会不提供任何新的信息。哲学不提供知识而是提供理解。历史表明，即使对于最伟大的心灵来说，要形成一套完整的一致的愿景那是多么的困难。可以毫不夸张地说，没有任何人对于我们用来思考我们最简单的思想的语言能够成功地达到完全的和一致的理解，许多人把他看做是作为自我意识学科的哲学的奠基人的那位先生——苏格拉底，宣称他所拥有的唯一的智慧是他认识到自己无知，这一点不是偶然的。

哲学既不是科学也不是宗教，虽然从历史上看来它和它们是纠缠在一起的。我试图表明在许多领域哲学思想是怎样从宗教反省中产生出来的，并生长到经验科学中去。许多过去伟大的哲学家们讨论的问题今天不再算作哲学问题。相应地，我一直注意在今天仍然被看做是哲学的那些他们努力的领域，例如伦理学、形而上学和心灵哲学。

像罗素一样，对于包含进这本历史的哲学家，以及对于每一个人所花的笔墨我也是有个人选择的。然而，我并没有像罗素那样远离哲学标准所共同接受的比例。像罗素一样，我把那些影响了哲学思考的非哲学家们的讨论也包含在其中，这就是为什么达尔文、弗洛伊德的名字也出现在主题目录中的原因。我给予古代哲学和中世纪哲学以大量的篇幅，虽然没有罗素所花的篇幅那样多，罗素的书写到一半还没到阿尔昆（Alcuin）和查理曼（Charlemagne）。我的故事讲到第二次世界大战为止，并且我并不想涉及20世纪的欧陆哲学。

并且还像罗素一样，在讨论更久远年代的哲学家们时，我会花大量的篇幅描绘哲学家们生活的社会的、历史的和宗教的背景，而在讨论近代哲学家们时对于背景的交代则非常简单。

我这本书不是为职业哲学家们写的，当然我还是希望他们能够发现我的表述是准确的，感觉到可以把我的书推荐给他的学生们作为背景阅读材料。对于那些熟悉这个学科的人来说，我的写作带有我所接受的哲学训练的印记，首先是受从中世纪得其灵感的经院哲学的影响，其次是受当今在英语世界占据统治地位的语言分析学派的影响。

我出版这本书的希望是，对于那些对哲学充满好奇的人，它能传达出使他们对哲学感到激动的某种东西，并指引他们对过去的伟大思想家们做实事求是的描述。

我应该对于布莱克威尔的编辑人员表示感谢，还要感谢安东尼·格拉哈姆（Anthony Grahame）为准备这本书所提供的帮助，还要感谢三名匿名的评阅人为本书的修改所提供的有益建议。我要特别感谢我的妻子南希·肯尼（Nancy Kenny），她阅读了全书的手稿，并删掉了许多对于非哲学家来说读不懂的段落。我肯定我的读者们也会和我一起感谢她使他们免除了许多无益的辛劳。

鸣 谢

作者和出版商心存感激地承认下列为允许复制的版权材料：

T. S. Eliot: for an excerpt from Part IV of 'The Dry Salvages' from Four Quartets, copyright ©1941 by T. S. Eliot and renewed 1969 by Esme Valerie Eliot, and for an excerpt from Part B of 'Little Gidding' from Four Quartets, copyright ©1943 by by T. S. Eliot and renewed 1971 by Esme Valerie Eliot, to Harcourt Brace & Company and Faber & Faber Ltd. (reprinted by Faber in Collected Peoms 1909—1962 by T. S. Eliot).

W. B. Yeats: for lines from 'Among School Children' for The Collected Works of W. B. Yeats, Volume I: The Poems, revised and edited by Richard J. Finneran, copyright ©1928 by Macmillan Publishing company, renewed ©1956 by Georgie Yeats, to A. P. Watt Ltd, on behalf of Michael Yeats, and Scribner, a division of Simon and Schuster.

出版商为上述清单中的错误或遗漏道歉，如蒙纠正，不胜感激，定会在本书今后的新版和重印时收录其中。

（冯俊　译）

目 录

第一章　哲学的童年

最早的西方哲学家是希腊人：他们说的是希腊方言，熟悉荷马 1
和赫西俄德的希腊史诗，自小就培养起了对希腊诸神比如宙斯、阿波罗和阿甫洛狄忒的崇敬。他们并不是生活在希腊本土，而是远离希腊文化的中心，生活在意大利南部海岸和现在属于土耳其的西海岸。他们出现于公元前6世纪，那一世纪的开端是犹太人被尼布甲尼撒二世（Nebuchadnezzar）驱逐至巴比伦，而那一世纪的终结是放逐了这些新兴城邦的国王们之后罗马共和国的建立。

这些早期的哲学家们也是早期的科学家，其中有几个还是宗教领袖。起初，科学、宗教和哲学的区别还没有像以后的几个世纪那样清晰。公元前六世纪的小亚细亚和属希腊的意大利，就像一个理智的炼锅，所有这些未来学科的各个要素在其中发酵、酝酿。后来的宗教信徒们、哲学追随者们和科学的继承者们都可以回过头来把这些思想家看做自己的先驱。

毕达哥拉斯（Pythagoras）被誉为是古代第一个把哲学带到希腊世界的人。他本人就体现了这一早期的特点。他生于萨摩斯（Samos），离开土耳其海岸移民到意大利南部的克罗通（Croton）。因为所做的系统研究，他被看做几何学的奠基人。因为他被认为是第一个证明了直角三角形斜边的平方等于另外两直边平方之和，不知有多少代欧洲学童都因此知悉他的大名。但是他也创立了一个带有一系列苦行规则和仪式规则的宗教团体，最有名的一条规则就是禁食蚕豆。他教人灵魂轮回学说：人的灵魂可以和其身体分离，死后，人的灵魂可以转移到另一种动物的身上。因为这个理由，他教他的信徒禁食肉类；据说，曾有一次，
2 他阻止一个人鞭打一只小狗，声称在其哀鸣中听出了一个已经死去的好朋友的声音。他相信在不同类的动物之间不断转生的灵魂最后会托生为人。他自称记得自己在几个世纪前曾经是特洛伊战争中的一位英雄。

灵魂转生学说在古希腊人那里被称作“灵魂轮回”（metempsychosis）。在克利斯多夫·马洛（Christopher Marlowe）的戏剧中，浮士德把自己的灵魂出卖给了魔鬼，在行将被带往地狱的时候，他绝望地说毕达哥拉斯是正确的。

> 啊，毕达哥拉斯的灵魂轮回确实为真
> 灵魂要离我而去，而我将变成
> 某种凶残的野兽。

毕达哥拉斯的门徒为他写了传记，里面充满了奇迹。他们相信他能开天眼、会分身术，并认为他是阿波罗的儿子。

米利都学派

毕达哥拉斯的生平湮没于传说中。相反，我们对和他大致同时代的一个哲学家群体了解得更多一些。他们生活在伊奥尼亚地区（古希腊的亚洲部分）的米利都城邦。这些人中的第一位是泰勒斯（Thales），他生活的年代很早，预言了公元前585年的一次日食。像毕达哥拉斯一样，他也是一位几何学家，尽管人们相信他只具有相当简单的几何学定理方面的知识，比如，圆被其直径分为相等的两部分。也像毕达哥拉斯那样，他把几何学和宗教混同在一起：当他发现如何画出一个内切于圆的直角三角形以后，向神献祭了一头公牛。但是其几何学也有实用的一

面：他能够通过测量金字塔的阴影来测量其高度。他也对天文学感兴趣：他认识小熊星座，并指出其在航海上的作用。据说，他是第一个确定了一年是365天的希腊人，并且他已经估算了太阳和月亮的大小。

也许泰勒斯还是第一个把宇宙作为一个整体来对其结构和本性进行追问的哲学家。他坚持认为，大地浮在水上，就像圆木漂浮在河流里一样。（亚里士多德后来问道：水又是在什么上面呢？）但是地球和其居民并不就只是浮在水上：在某种意义上，泰勒斯相信，他们都是由水造成的。即使在古代，人们也只能够猜测他之所以提出这一信念的根据：是因为所有的动物和植物都需要水吗？或者是因为任何事物的种子都是潮湿的呢？

因为其理论是关于宇宙的，泰勒斯被后来的作家称作物理学家和自然哲学家（“physis”是古希腊语的“自然”（nature）这个词）。尽管他是一位物理学家，但泰勒斯却不是一位唯物主义者：也就是说，他不相信除了物质的东西就没有别的东西存在了。留传下来两条他的原话，
其中一条是“万物都充满了神灵”。也许他的下面这个断言表示了他这 3
句话的真正意思：磁石有灵魂，因为它吸动铁。他不相信毕达哥拉斯的灵魂轮回学说，但是他却坚持灵魂的不朽。

泰勒斯不仅仅是一位理论家，他还是里底亚的克娄苏国王（King Croesus of Lydia）的政治和军事顾问，曾经使一条支流改道来帮助国王涉过河水。预见到橄榄要大丰收，于是他租赁了所有的榨油房，因而发了一笔财。但是他有心不在焉的名声，正如在一封信中说的那样，一位古代的小说家伪造了这封从米利都写给毕达哥拉斯的信，信中说：

> 泰勒斯在其晚年遭到了不幸。他晚上从家里走出来同他的女仆去观察星星（这是他的习惯），他在凝神观望的时候忘记了他在哪里，于是他走到了很深的斜坡的边缘，掉了下去。就这样，米利都人失去了他们的天文学家。我们作为他的学生要怀念他，也让我们的孩子和学生怀念他吧。

这封信的作者伪称是比泰勒斯年少的同时代人同时又是他的学生，叫作阿那克西曼德（Anaximander）。他是一位学者，绘制了第一幅世界地图和星象图，发明了日晷仪和全天候时钟。他说地球是圆柱形的，像一段柱子。环绕世界周围的是一些巨大的充满火的环形物；每一个环形物都有一个洞，通过这个洞，火才能被看见，这些洞就是太阳、月亮和星星。最大的环形物是地球的28倍，透过其洞孔看到的火就是太阳。在这些环形物里的火曾经是一个围绕初生的地球旋转的巨大的发光的圆球，渐渐地燃烧成了一些碎片，这些碎片被包裹在像树皮一样的箱子里。最后，这些天体将重新变成源初的火。

> 万物由之生成的东西，也是毁灭后复归于它的东西，这都是按照必然性，按照时间的秩序，为了它们的不正义，它们给予正义并互相补偿。

此处的宇宙演化理论与其说是同神学搅和在一起，不如说是同伟大的宇宙伦理学搅和在一起：几大元素，人和神都一样，必须保持在自然所永久确立的界限之内。

尽管火在阿那克西曼德的宇宙演化理论中起着相当重要的作用，但如果认为他像泰勒斯看待水那样把火看做世界的最终成分那就错了。他认为万物的基本元素既不可能是水也不可能是火，也不可能是与之类似的什么东西，否则它就会不知不觉地取代宇宙的地位。它必须得是某种没有确定性质的东西，他称之为“无定”（infinite）或“无限定”（unlimited）。“无定是存在物的首要原理：它是永恒不灭的，并且它包含了世界上的一切事物”。

4 阿那克西曼德是一位进化理论的早期提倡者。他认为，我们所知道的人类不可能是永世长存的。别的动物出生不久就能够照料自己了，而人却需要很长时期的养育；如果人在刚出现时就像他们现在这样，他们就不可能存活下来。他认为，在较早的年代，世界上存在的是类似鱼一样的动物，人出现在这个世界之前其胚胎就是从这些动物中发育成长的。因为这个理论，尽管他不是一个素食主义者，但他反对吃鱼。

阿那克西曼德的无定概念对他的某些继承者来说显得太精奥了。他在米利都的更年轻的同时代人阿那克西美尼（Anaximenes），尽管同意基本元素不是火或者水，但却宣称是气，所有别的万物都由它生成。在其稳定状态时，气是不可见的，但当它运动并凝聚时，它首先变成风，然后变成云，然后变成水，最后水凝聚而成土和石头。我们可以推测，稀薄的气变成火，就完成了元素的全部循环。为了支撑他的理论，阿那克西美尼求助于经验："人从其嘴中既呼出热气也呼出冷气；因为当呼气被嘴唇压缩而凝聚时它就是冷的，而当嘴松弛并张开时由于稀薄，呼气就变成热的了。"因此稀散和凝聚就能从基础性的气产生万物。这一观点是淳朴的，但它是淳朴的科学：它不是像洪水和彩虹这一类经典的圣经故事那样的神话。

阿那克西美尼是第一个地平论者：他认为，天体并不像他的前辈们所宣称的那样在地球的下面运转，而是像一顶毡帽，围绕我们的头顶四周旋转。他也认为月亮和太阳都是扁平的："太阳、月亮和别的天体（它们全部都是燃烧着的），因为它们都是扁平的，所以都御气而行。"

克塞诺芬尼

泰勒斯、阿那克西曼德和阿那克西美尼是三个大胆而天才的观察者。他们的兴趣点表明，与其说他们是现代哲学家的师祖，不如说是现代科学家的师祖。科洛封的克塞诺芬尼（Xenophanes of Colophon）（在现在的伊兹密尔（Izmir）附近）的情况就不一样了。他生活在公元前5世纪，他的论题和方法可以被看做和以后时代的哲学家们是相同的。特别是他是第一个宗教哲学家，他提出的一些论证依然被其后继者们认真对待。

克塞诺芬尼蔑视在荷马和赫西俄德诗歌里表现出的宗教，他们的故事不敬地把偷盗、诡诈、通奸等所有人类都为之羞愧的行为归于诸神。他在一首已经佚失的讽刺诗里猛烈地抨击荷马对神的看法。这并不是说他认为自己对神性的本质具有清晰的洞见，相反，他写道：“关于诸神的确切真理，从来也没有人知晓，以后也永远不会有人知晓。”但是他的确宣称自己知道关于诸神的神话是如何形成的：人类具有一种自然倾向，把所有的人和物画得都像他们自己。他说：埃塞俄比亚人把他们的神画成（皮肤是）黑色的，鼻子是扁的，色雷斯人把他们的神画成蓝眼睛、红头发。相信神完全具有人一样的形体是天真的拟人说。“如果牛、马或狮子有手并且会画画，那么马把神画成马的形状，牛画的像牛，神的形象与它们自己类似。”

尽管永远没有人能对神具有透彻的了解，克塞诺芬尼还是认为，随着科学的发展，人们对它的了解会比刚开始的时候多。“有一个神，”他写道，“它是诸神和人中最伟大的，无论在形体上还是在思想上都不与有死者类似。”神既不是有限的也不是无限的，而是完全不占空间的：神圣者是一个有生命的东西，它作为一个整体在看、在思、在听。

在一个崇拜多神的社会中，他是一个坚决的一神论者。他论证说，只有一个神，因为神是万物中最有权威的，而如果神不止一个，那它们就必然会享有同等的权威。神不可能具有一个起源，因为生成的东西要么是从与之相似的东西生成，要么是从不与之相似的东西生成，而这两者对神来说都会导致悖谬。神既不是无限的也不是有限的，既不是可变的也不是不变的。但是尽管神在一定程度上是不可思想的，但它却并非不在思想。相反，“简直用不着花什么气力，只是用它的心灵就可以支配存在的一切事物”。

克塞诺芬尼的一神论之所以引人注目，与其说是因为其独创性，不如说是因为其哲学性质。希伯来先知耶利米亚（Jeremiah）和《以赛亚书》（Isaiah）一书的作者们已经宣布，只有唯一一个真实的神。但是当他们根据一部圣经立论的时候，克塞诺芬尼却是根据理性证明来论证他观点的。按照几个世纪之后才作出的区分，以赛亚宣布的是一个启示宗教，而克塞诺芬尼则是一个自然神论者。

克塞诺芬尼的自然哲学不如他的宗教哲学激动人心。他的观点是其米利都先驱所提出的那些论题的变种。他认为基本元素不是水或气，而是土。他认为，我们脚下的大地延伸至无边无际的地方。他还认为，太阳每日都是从凝聚在一起的细小的火花中生成的。但是太阳不是只有一个，事实上有无数多个。克塞诺芬尼对科学最独创的贡献就是注意到了化石的存在：他指出，在马耳他（Malta）发现了印在岩石上的所有海洋生物的形状。由此他得出结论，世界经历了陆地和海洋两个阶段的反复循环。

6

赫拉克利特

这些早期的伊奥尼亚哲学家中最后一位也是最著名的一位是赫拉克利特（Heraclitus）。他生活在公元前5世纪早期的伟大城邦以弗所（Ephesus），后来圣保罗（St Paul）就是在这座城邦传道、居住并被迫害的。在赫拉克利特时代像在圣保罗时代一样，这座城市是由狩猎女神阿耳特弥斯（the fertility goddess Artemis）的伟大神殿所支配的。赫拉克利特谴责对神殿的崇拜：对着塑像祈祷就像对着空房子喃喃细语，献祭以洗涤罪孽就像想用污泥清洗污泥一样。他老来神殿，但只是为了在那里与小孩子玩掷色子游戏。他说，这比陪同那些政治家要好得多。他拒绝参与城邦政治事务。在阿耳特弥斯神殿，他还存放了三部哲学和政治学著作，一部现在已经佚失了，出奇难懂，以至于有些人把它看做物理学著作。另外两部是政治学论文。（“我理解的部分是优美的，”后来苏格拉底说，“我不理解的部分也肯定是优美的；但是只有潜入深海者才能到达它的底部。”）

在这部著作中，赫拉克利特谈到了伟大的言辞（Word）或逻各斯，逻各斯恒在，万物根据逻各斯产生。他用自相矛盾的语言来写作，断言宇宙既是可分的又是不可分的，既是被产生的又不是被产生的，既是有死的又是不朽的，既是言辞又是永恒，既是父又是子，既是神又是正义。无疑，就像他抱怨的那样，每个人都发觉他的逻各斯完全不可理解。

如果说克塞诺芬尼从其论证风格上来讲类似于现代的职业哲学家的话，那么赫拉克利特就更像精神领袖（guru），这是现代流行的对哲学家的看法。他根本瞧不起他的哲学前辈们。他说，博学并不使人聪明；否则就能让赫西俄德、普罗泰戈拉和克塞诺芬尼变聪明了。赫拉克利特不论证，他只是宣称。他是创造意义隐晦的格言的大师，深奥而意义难以索解。其隐晦风格也许是对阿波罗神谕的模仿，用他自己的话说，阿波罗的神谕“既不说出，也不隐藏，而是用动作表示”。赫拉克利特最为著名的格言是以下这些：

> 向上的路和向下的路是同一条路。
>
> 隐藏起来的和谐要好于明显的和谐。
>
> 战争是万物之父也是万物之王；它使一些人成为神，一些人成为人；它使一些人成为奴隶，一些人成为自由人。
>
> 干燥的灵魂是最聪明和最优秀的。
>
> 至于灵魂，它死后变成水。
>
> 醉汉要由孩子来引导。
>
> 神是有死的，人是不死的，生即是死，死即是生。
>
> 灵魂是蜘蛛，身体是其网。

对最后一条，赫拉克利特是这样解释的：就像蜘蛛位于蛛网的中
7 央，一旦苍蝇碰断一根网丝，蜘蛛就发现了，并且立刻冲过去，就好像感觉痛苦似的；同样，如果身体的某些部分受伤了，人的灵魂也赶忙跑

过去，就好像不能忍受伤害似的。但是，如果灵魂是一只繁忙的蜘蛛，那么，按照赫拉克利特的看法，它也是燃烧的星球体的一朵火花。

在赫拉克利特的宇宙论中，火的作用就像泰勒斯的水与阿那克西美尼的气一样。这个世界是一团永远燃烧的火：万物来自火并复归于火；“万物可以与火互换，就像货物换成黄金、黄金换成货物”。有一条下降的路，即，火变成水，水变成土；一条上升的路，土变成水，水变成气，气变成火。土死生水，水死生气，气死生火。只有一个唯一的世界，对万物都是相同的，它既不是任何神也不是任何人所创造的；它过去一直就存在并将永远存在，按照命定的周期，经过了点燃阶段（即战争）和燃烧阶段（即和平）。

赫拉克利特的诸元素转换为永恒燃烧的火这一观点激发了直到现时代的诗人们的想象力。T. S.艾略特（T. S. Eliot）在其《四个四重奏》中对赫拉克利特的“水是土之死”这一思想进行了评述。

嘴巴里，眼睛上
是洪水，干旱，
死水和死沙
在争先。
干透了的贫瘠土壤
咯咯地干笑，
朝着无效的劳动呆呆地张望，
这是土地的死亡。[①]

杰拉德·曼利·霍普金斯（Gerard Manley Hopkins）写了一首题为《自然是赫拉克利特的火》的诗，充满了来自赫拉克利特的想象。

---

①译文选自赵萝蕤等译《艾略特诗选》，济南：山东大学出版社，1999年，第170页。——译者注

千百万年的燃烧，自然的篝火不熄。
但扑灭她最美丽、最珍爱、最清亮的火花，
人啊，无论他的火力多猛，他头脑的印象多强，都逝去了！
都处于无底的深渊，都陷于无限黑暗，
哦，多么遗憾和卑微！人的形体，闪亮，
熄灭，消解，像一颗星，死亡抹去了一切……

霍普金斯在最终复活的允诺中寻找安宁，当然这是一个基督教思想，但是它却是在赫拉克利特的一段话中找寻其希望，赫拉克利特在那里谈到人的产生并成为生与死的清醒的守护人。他说："火将来到万物，审判并制服它们。"

在古代世界，赫拉克利特的思想给哲学家们影响最深的不是把世界
8 看做活火的观点，而是它所导致的结果，即世界万物处于永恒的变化和流动状态中。他说，万物皆流，无物常驻；世界就像一条流动的河流。如果我们站在河岸边，我们在不同时刻所看到的水是不同的，我们的脚不可能两次遇到同样的水。走得够远了，也够深刻；但赫拉克利特还进一步说，我们甚至不可能两次踏进同一条河流。无论从字面看还是从其寓意看，这似乎都是错的；但我们将会看到，这一观点对后来的希腊哲学影响的深远。

巴门尼德学派

我们一转到巴门尼德（Parmenides）那里，哲学景观就完全不同了。他出生于公元前6世纪末。他尽管可能是克塞诺芬尼的学生，但其一生大部分时间不是在伊奥尼亚度过，而是在意大利的一个叫作爱利亚（Elea）的城邦度过的，爱利亚在那不勒斯（Naples）以南大约70公里。据说他为其城邦制定了一系列杰出的法律；但是我们对其政治学或

政治哲学却一无所知。他是第一个其著述大量保存下来的哲学家：他以笨拙的文体写的一部哲学诗留传给我们的大约有120行。在其著述中，他着力研究的不是宇宙论（像早期的米利都学派那样），也不是神学（像克塞诺芬尼那样），而是一种涵盖并超越了这两者的崭新而普遍的研究，这个学科后来被哲学家们称作“本体论”。本体论是从一个希腊词获得命名的，其单数是“on”，复数是“onta”：正是这个词（希腊动词“to be”的现在分词）规定了巴门尼德的主要领域。他的这首著名的诗可以被看做是本体论的基本图式。

要阐明本体论是什么以及巴门尼德的诗的含义，就必须详细考察语法与翻译。读者对这一似乎迂腐之举的耐心将会获得回报，因为从巴门尼德到如今，本体论获得了巨大的甚至是过分的进展，只有确切把握了巴门尼德要表达的东西和未能表达的东西，才能使我们穿过多少个世纪以来的本体论的丛林迷障看清自己未来的道路。

巴门尼德的主词是“to on”，字面的翻译是“the being”。在解释这个动词之前，我们有必要对这个冠词提及一下。在英语中，我们有时用一个形容词前面加一个定冠词来指一类人或物，比如我们说“the rich”，指富裕的人，用“the poor”指贫穷的人。这一类似习惯在希腊语中比在英语中更常见：希腊人可以用“the hot”指热的东西，用“the cold”指冷的东西。比如，阿那克西美尼说，气由于热的东西、冷的东西、湿的东西以及运动的东西才成为可见的。与用一个形容词不同我们在“the”的后面可以加一个分词：比如我们谈论垂死之人（the dying）救济站或将要4岁的儿童游戏组（a playgroup for the rising fours）。同样，在希腊语里，相应的表达结构也是可能的，并经常如此；“the 9
being”就是这样的。“the being”就是正在-存在的东西（that which is be-ing），正如“the dying”就是正在死的人。

像“dying”这样的词形在英语中有两个用法：它可以是一个分词，像“不要对垂危的人（the dying）熟视无睹”；也可以是一个动名词，比如，“濒临死亡（dying）可能拖得很长”。“Seeing is believing”（眼见为实）等于“To see is to believe”。当哲学家们对“存在”进行论述，一般都把这个词作为一个动名词来使用：他们想要解释某物存在是怎么回事（what it is for something to be）。这不是或者基本不是巴门尼德要说的东西：巴门尼德关心的是存在（the being），即关心的是所有似乎一直作用于正在存在的东西（the be-ing）的那个东西。为了把“存在”的这个意义与其动名词的使用区别开来，也为了避免“the being”这个用法在英文中过于奇怪，传统的做法是用大写字母“B”给巴门尼德的主题以尊严感。我们将遵循这一习惯，但用“Being”指任何卷入到存在中的东西，而“being”是一个动名词，等于不定式“to be”。

但如果巴门尼德的问题是“存在（Being）是什么”，为了澄清巴门尼德要谈论的东西，我们也还必须弄明白“存在（being）是什么”，即某物存在是怎么回事。我们可以理解某物是蓝的或某物是一只小狗是怎么回事：但某物恰好存在（to just be）是怎么回事呢？暗含的一种可能性是：存在物实存着（being is existing），或者换句话说，存在就是实存（to be is to exist）。如果是这样，那么存在（Being）就是所有实存着的东西。

在英文中，“to be”当然可以指“to exist”。当哈姆雷特提出“to be or not to be”（“存在还是不存在”）时，他在心中争斗的是是否结束他的实存。在《圣经》中，我们读到拉结（Rachel）为她的孩子哭泣，“她不会感到安慰，因为他们不在了（they are not）”。在英文中，这种用法是诗体的和古体的，像“伦敦塔是（即存在——译者），而水晶宫不是（即不在——译者）”这样的说法现在感觉很不自然，当我们要说前一座建筑还存在而后一座不再存在的时候。但是类似的说法在古希腊语中是很自然的；巴门尼德谈论Being的时候肯定包括“be”的这个意义。

如果“be”包括了以上全部意义，那么我们可以简单地说，存在是所有实存的东西（Being is all that exists），或者只要你喜欢，也可以说，存在是全部有的东西（all that there is），或者，是任何在存在中的东西。其宽泛的意义全部都在我们的意识中。我们不能责备巴门尼德，正如哈姆雷特责备霍拉旭那样，说：

> 天上和地上的万物
> 比你的哲学能想象的更多。

因为无论天地中有多少东西都属于存在的领域。

但是，对我们不幸的是，事情比这个更复杂。当巴门尼德谈论存在的时候，实存不是他心里所想的全部。他感兴趣的不只是"特洛伊不再存在了"这类句子中动词"to be"的用法，而且是任何具有"to be"的句子中的用法，比如"珀涅罗珀是一个女人"或"阿克琉斯是一位英雄"或"梅内莱厄斯（是或有）一头金发"或"忒勒马科斯（是或有）六英尺高"等。这样理解，那么存在就不仅仅指实存的东西，而且还指 10
包含"is"的所有句子中真实的东西。同样，存在不仅仅是实存着（即存在着），而且指任何类型的存在：being red（是红的）或者being blue（是蓝的），being hot（是热的）或being cold（是冷的），等等这类令人讨厌的表达。因此在这个意义上，存在是一个异常难以理解的领域。

经过这样一个很长的准备性说明，我们就可以看一看几行巴门尼德的神秘的诗歌。

> 能够表述和思想的必定是存在
> 因为存在能存在，而无不可能存在

第一行强调了存在的范围：如果你可以称阿尔古斯是一条狗，或者如果你能想到月亮，那么阿尔古斯和月亮都必定存在，必须被看做存在的部分。但是为什么第二行告诉我们无不可能存在呢？能够存在的任何东西必定是这种东西或那种东西，它不可能仅仅是无。

巴门尼德引入了非存在概念，与存在对应。

> 决不能证明非存在存在；
> 务必使你的思想远离这一条途径。

如果存在是无论哪种事物都确实具有的东西，那么非存在就是任何不存在的事物确实具有的东西。这当然是无意义的。不仅非存在不可能存在，甚至它也不可能被思想。

> 你不能把握非存在——它不可能被认识，
> 也不能说出非存在；被思想之物和存在是一回事。

根据他对“存在”和“非存在”的规定，巴门尼德以上说法当然就是正确的。如果我告诉你我正在想什么东西，你问我想的是什么，如果我说我想的不是任何一类东西，你一定会感到迷惑。如果你再问我它像什么，要是我说它完全不像任何东西，你一定会更糊涂。你也许会问：“你能告诉我关于它的任何事情吗？”如果我说不能，那么你会合乎情理地得出结论，认为我并没有真正地在想什么或者完全就没有想什么。在此意义上，被思想的和存在的是一回事。

我们可以同意巴门尼德的也就到此为止，但是我们也许注意到，在“非存在不可被思想”与“不存在的东西不可被思想”这两种说法之间
11 有着非常重要的差别。在以上解释的意义上，第一个句子是正确的，而第二个句子是错误的。如果情况的确如此，那么我们就可能论证说，事物只是因为思想它们才存在；但是狮子和独角兽都可以被思想，而狮子存在，独角兽则不存在。由于巴门尼德的语言错综复杂，很难确定他是否认为这两个陈述是一致的。他的某些后继者批评他混淆了两者，另外一些则似乎同意这两者的一致性。

我们同意巴门尼德对非存在的拒绝，但是却很难同意他从非存在不

可设想以及存在的普遍性出发得出的某些结论。他是这样说的：

> 只有一条路，它标志着智慧：
> 存在不生不灭；
> 它坚定不移，不动，不允许有终点
> 它不是过去存在，也不是将来存在；它整个地现在存在；
> 它是单一的和连续的。它怎么能是被产生的呢？
> 或者它能从何处产生呢？从非存在吗？不可能——
> 那是不可言说的，也不可思想；
> 我们不能否认存在存在。出于何种需要
> 存在或迟或早要从非存在中产生呢？
> 因此，存在要么就存在，要么根本不在。
> 信念不允许非存在
> 生出不同于自己的子孙后代……

"从无中只能生无"是许多思想家都承认的原则，但是他们远不如巴门尼德这么坚定。然而很少有人能得出这样的结论：存在没有开端和终结，不服从于时间的变化。要弄明白巴门尼德为什么会得出此结论，我们必须假定，巴门尼德认为"水的存在"（being water）或"气的存在"（being air）都与"存在"有关，其方式正如"跑得快"与"跑得慢"都和"跑"有关。有人开始时快跑继而慢跑，但都一直在跑；在巴门尼德看来，与此相似，首先是水既而是气的质料也一直存在。当一壶水开了并蒸发掉的时候，用赫拉克利特的话说，这就是水之死和气之生；但是，对巴门尼德来说，它不是存在的死或生。无论发生什么变化，它们都不会从存在变为非存在；它们都是在存在范围内的变化，而不是存在的变化。

存在必定是永恒的；因为它不可能来自非存在，也不会变成非存在，因为没有非存在这样的东西。如果存在能来自无（实际上不可能），那么什么能使得存在在这个时间而不是在另一个时间产生呢？确实，使过去区别于现在和将来的那个东西是什么呢？如果没有任何物存在，时间就不是真实的；如果有物存在，然后存在才有所有的部分，过去、现在和将来都属于同一个存在。

巴门尼德试图用相似的论证表明，存在是不可分的和无限的。什么
12 能把存在和存在分开呢？非存在吗？在那种情况下分割就不是真的。是存在吗？在那种情况下实际上就没有分割，而是连续的存在。什么能限制存在呢？非存在不可能对任何东西有所作为；如果我们设想存在是由存在限制的，那么存在就不可能具有界限（限制）。

> 思想事物就是思想它存在，二者是一回事。
> 除了我们可以表达的存在之外，就没有思想。
> 没有什么东西在或将在存在的界限之外，
> 因为命运之神的锁链禁锢得它完整而不动。
> 所有的这些东西都不过是名称
> 而有死的人对之信以为真——
> 生成和毁灭，存在或不在，
> 位置的变化，色彩的变化。

巴门尼德的诗分为两部分：真理之路和意见之路。真理之路包含了存在的学说，对此我们已经考察过了；意见之路涉及的是感官世界，变化和色彩的世界，空洞的名称的世界。我们不必在意见之路上浪费时间，因为巴门尼德对于它告诉我们的东西和伊奥尼亚思想家的宇宙论玄想并没有多少区别。他的真理之路才对后世许多世纪以来的哲学提供了标杆。

未来的哲学家们面对的问题就是这个。常识告诉我们，这个世界包含了持存的事物比如石山，和永恒流动变化的事物比如急流。一方面，

赫拉克利特已经宣布，根本上，甚至最稳固的事物也处于永恒的流动中；另一方面，巴门尼德认为，根本上，甚至表面上最疾驶的东西也是稳固而不变的。赫拉克利特和巴门尼德的学说能够受到反驳吗？是否有使他们和解的道路？对柏拉图和其继承者来说，这就是哲学要做的主要工作。

巴门尼德的学生麦里梭（Melissus，鼎盛年公元前441年）把巴门尼德以难懂的韵文形式阐释的思想转换成明白易懂的散文形式。从这些思想中他得出了两个不同凡响的结论。一个是：痛苦是不真实的，因为它意味着存在的不足。另一个是：没有空的空间或虚空：否则它就会是非存在。因此，运动是不可能的，因为占有空间的物体没有运动的余地。

芝诺（Zeno）是巴门尼德的朋友，比巴门尼德小25岁左右。他提出了一些精巧的悖论，目的是为了表明“运动不可设想”是不能加以怀疑的。最有名的是证明运动快的东西永远赶不上运动慢的东西。我们假定，跑得快的阿基里斯（Achilles）和乌龟进行100码赛跑，假定乌龟的 13
速度是阿基里斯的四分之一，再假定乌龟从40码处开始跑。当阿基里斯到达40码的时候，乌龟仍然领先他10码。当阿基里斯跑完那个10码时，乌龟领先他2.5码。每次阿基里斯跑完那段间距，乌龟又领先了他一段新的更短的间距，因此看起来他永远赶不上乌龟。还有一个更简单的论证，企图证明没有人能从体育场的一端跑到另一端，因为要抵达另一端你必须先到达距离的一半，要到达距离的一半你必须先到达一半的一半，如此以至无穷。

这些论证和芝诺的别的论证都假定空间是无限可分的。这一假定受到后来的一些思想家的挑战，另一些则接受了这一假定。为我们保存了这些难题的亚里士多德能够解开其中的一些谜团。但是自从提出这些悖论以来这么长的时间，还尚未有既令哲学家们满意又令数学家们满意的解答。

柏拉图告诉我们说，巴门尼德在头发花白的65岁高龄，还携芝诺从爱利亚来到雅典参加一次庆典，并在那里遇到了年轻的苏格拉底。这件事大约发生在公元前450年。一些学者认为这个故事是文学虚构；但是如果确实发生过的话，这次会见就是雅典的希腊哲学黄金时代的盛事。我们不久就会转到雅典哲学，但这个时候我们还要考察另一些意大利思想家，阿克拉伽的恩培多克勒（Empedocles of Acragas）以及另两位伊奥尼亚的自然哲学家留基伯（Leucippus）和德谟克利特（Democritus）。

恩培多克勒

恩培多克勒鼎盛年在公元前5世纪中叶，是西西里岛南海岸的一座城邦的公民，那处地方现在叫作阿格里根特（Agrigento）。他被认为是一位积极的政治活动家，一位坚定的民主派，别人要他当城邦的领导人，被他拒绝了。在其晚年，他遭到流放，但在流放中仍然研究哲学。他是一位著名的医生，但根据古代传记家的说法，他用巫术和药物治疗病人，他甚至救活了一个已经死亡三十天的妇女。传记家们还告诉我们，在其生命的最后一年，他开始相信他是神，为了表明他的神圣，他跳进了埃特纳（Etna）火山口，结果就死了。

无论恩培多克勒是不是一位创造奇迹者，他都配享具有创造性和想象力的哲学家这个名声。他写了两首诗，比巴门尼德的诗更长也更流畅，也许也更多重复。一首是关于科学的，一首是关于宗教的。前者叫《论自然》，原诗有两千多行，我们现在知道的大约四百行；后者叫《净化》，只保留下来一些小的片断。

恩培多克勒的自然哲学可以被看做是对伊奥尼亚哲学家思想的综合。正如我们已经看到的那样，每一位伊奥尼亚哲学家都挑出某一种物
14 质实体作为宇宙的基本质料：泰勒斯说是水，阿那克西美尼说是气，克塞诺芬尼说是土，而赫拉克利特说是火。恩培多克勒则认为，所有这四种物质实体都同样是宇宙的基本元素（用他的话说，叫作“根”）。他相信，这些元素永远存在，但是以不同的比例互相混合产生出世界万物。

一切过去存在的、现在存在的和将来存在的，都出自它们四个，

树木、走兽和人，所有的男人和女人，

天空的飞鸟和水里的游鱼，

还有长生的神灵，高高在上受到长久的膜拜。

这四个根却永世长存，互相交织，

彼此混合，形成世界万物。

在恩培多克勒的体系中，元素的交织和混合是由爱和争两种力量引起的。爱把元素结合在一起，使众多事物成为一个事物，争则使它们分开，使一个事物分成多个事物。历史是循环的，有时爱占有主导地位，有时争占有主导地位。在爱的影响之下，元素结合成一个种类相同而壮丽的领域；然后在争的影响下，它们分离开，成为种类不同的万物。所有复合的存在物，像动物、飞鸟和鱼，都是来来往往的时间性存在；只有元素是永恒的，只有宇宙的循环永远持续。

恩培多克勒的宇宙论解释有时像散文、有时像诗。宇宙的爱的力量经常被人格化为嫉妒的女神阿芙洛蒂忒，而宇宙发展的早期阶段则被等同于她统治的黄金时代。火元素有时被称作太阳神赫斐斯托斯。但是尽管具有象征的和神话的外表，恩培多克勒的体系还是应该被严肃地看做一个科学的实践。

我们习惯于认为固态、液态和气态是物质的三种基本状态。把火，尤其是太阳的火看做同等重要的物质的第四种状态也并非不合理。的确，在我们这个世纪，研究在太阳温度下的物质状况的等离子物理学这门学科的出现，可以被看做恢复了与其他三种元素同等的第四种元素。爱和争可以被认为是吸引力和排斥力的古代翻版，在我们的时代，这两种力在物理理论的发展中起了非常重要的作用。

恩培多克勒已经知道月亮的光是反射光，但是他相信太阳也是如

此。他已经认识到日食是因为月亮置于（地球和太阳）之间而引起的。他还知道植物是通过性繁殖的，他甚至构造了呼吸与身体内血液运动之间的关系的精巧理论。他还具有初步的进化理论。他认为，在世界的开始阶段，偶然的机遇使物质形成孤立的肢体和器官：没有肩的胳膊，没有眼窝的眼睛，没有脖子的头。这些分离的动物部分也是偶然地结合为有机体，许多有机体都是怪物，比如人头牛身物和牛头人身物。大部分偶然的有机体都是脆弱的或不育的；只有那些最合适的结构才能生存下来变成我们今天知道的人和动物种类。

正如我们看到的那样，甚至神也是恩培多克勒的元素的产物。更不容置疑的是，人的灵魂也是物质混合物，是由土、气、火、水组成的。按照以同知同理论，每一种元素，当然还有爱和争这两种力，在我们的感官活动中都起作用。

> 我们以土看土，以水看水，
> 用天上的气来看气，用燃烧的火来看火，
> 同样，我们用爱知觉爱，用悲伤的争来知觉争。

有些奇怪的是，思想被认为是与在心周围运动的血液一致的：血液是所有元素的精细的混合物，因此这就解释了思想的范围宽广的性质。

恩培多克勒的宗教诗《净化》表明，他接受了毕达哥拉斯的灵魂轮回学说。争惩罚犯罪者，把他们的灵魂抛进陆地或海洋的不同的生物里面。恩培多克勒告诫他的追随者，禁食有生命的东西，因为我们所吃的动物的身体是受罚的灵魂寓居之地。要避免危险，素食主义是否足够，这还是不清楚的，因为按照他的观点，人的灵魂也可能托生到植物里面。他说，对人来说，如果死亡使他变成动物的话，最好的命运就是变成狮子，而如果变成植物的话，最好的命运则是成为月桂。最好中的最好是变成一位神：最可能具有这种尊贵资格的人是预言者、诗人和医生。

恩培多克勒经历了所有这三种轮回的形式，声称他体验到了自己的

灵魂转世。

> 我过去曾经是一个男孩，一个女孩，一棵树，
> 曾经也是一只鸟，曾经是大海里一条不说话的鱼。

我们现世的存在也许是不幸的，死后我们当下的前景可能是没有希望的；但是通过肉身的轮回惩罚了我们的罪之后我们渴望永恒的安宁，分享不朽，摆脱不幸和受难。毫无疑问，当恩培多克勒跳进埃特纳的时候这就是他所期待的。

原子论者

德谟克利特（Democritus）是第一位出生于希腊本土的具有重大影响的哲学家：他生于希腊东北角的阿伯德拉（Abdera），是留基伯（Leucippus）的学生，关于留基伯我们所知甚少。在古代这两位哲学 16
家通常是被一起提到，使他们俩成名的原子论可能是留基伯的首创。亚里士多德告诉我们，留基伯想要实现感觉材料和爱利亚学派的一元论的和解，爱利亚的一元论认为只有唯一一个永恒不变的存在。

> 留基伯认为他有一种理论，和感性知觉是一致的，并不抹杀事物的生成、毁灭或运动，以及它们的多样性。这方面，他对感觉事实让步；另一方面，他又同意一元论者的观点：如果没有虚空就不能有运动，以及虚空是非存在而不是存在的部分，因为存在是绝对充实的。但是不是只有一个存在，而是有多个，在数量上无限，因为它们的体积非常小，所以是不可见的。

但是留基伯的原文流传下来的不过只有一行，原子论的详细内容我

们不得不依靠从他的学生那里获取的东西。德谟克利特博学多才，著述丰富，写了大约八十篇论文，内容从诗与和谐到军事策略与巴比伦神学。但是他的声望主要是从自然哲学获得的。据说他说过，他宁愿发现一个独特的科学解释也不愿意成为波斯的国王。但是在科学抱负上他也很谦虚："不要试图知道一切，"他警告说，"否则你最终会一无所知。"

德谟克利特的原子论的基本纲领是：物质不能无限可分。按照原子论的观点，如果我们拿来任何东西的任何一段，尽我们所能地对它进行分割，我们将不得不在某一点上停下来，因为我们达到了不可分的细小物体。对这一结论的论证似乎不是实验的而是哲学的。如果物质可无限分割，那么让我们假设这一分割曾经完成过（因为如果物质确实是可无限分割的，那么这一假设就不包含什么矛盾）。通过这一分割而成的部分到底有多大呢？如果它们还有大小，那么根据无限分割的假设，它还可以进一步分割；所以它们必定是没有广延的部分，类似于几何学的点。但是无论什么能够被分割的东西也都可以再次结合起来：如果我们把一根木头锯成许多碎片，我们也可以把这些碎片结合成同样大小的一个木头。但是如果部分没有大小，那么它们还怎么能再造成我们由之开始的那个有广延的物质呢？物质不可能由纯粹的几何学的点构成，哪怕它们在数量上是无限的也不行。所以我们必须得出结论，可分性是有终点的，可能的最小部分必定是有大小和形状的物体。

这些物体，德谟克利特称之为"原子"（"原子"希腊语意思就
17 是"不可分的"）。他相信，它们太小了，小到我们不能用感官察觉，它们在数量上是无限的，在种类上也是无限多。它们像阳光下的尘埃分散在无限的空的空间中，对此空的空间他称之为"虚空"。原子永远存在，并处于永恒的运动中。它们彼此冲撞，相互连接；有些是凹形的，有些是凸形的，有些像钩子，有些像眼睛。我们所熟悉的中型大小的物体是随机结合起来的原子的复合物；不同实体之间的区别是因为组成它们的原子是有区别的。他说，原子在形状上有区别（就像字母A区别于字母N）、秩序上有区别（就像AN与NA的区别）、位置上有区别（就

像N区别于Z）。

德谟克利特的古代的批评者抱怨说，尽管他根据原子的运动解释所有别的事物，但是却没有解释运动本身。另一些人在对他的辩护中声称，运动是由吸引力引起的，每一个原子都寻求与它类似的原子。但是没有进行解释的吸引也许并不好于没有进行解释的运动。此外，如果吸引力无限地起着作用而没有反作用力（像恩培多克勒的争那样），现在的世界就会由一致的原子的集聚体构成；它完全不同于随机的集合体，而德谟克利特把我们熟悉的有生命的和无生命的存在物看做这样的随机集合体。

对于德谟克利特来说，原子和虚空是唯一两个真实的存在：所有别的东西都只是现象。当原子之间相互接近或相互冲突或相互纠缠的时候，这些集合体就表现为水、植物或人等，但所有这些现实存在的东西本质上都是虚空中的原子。特别是被我们感官所感知的各种性质都仅仅是表象。德谟克利特最经常被引用的名言是："甜和苦是习惯俗成的，热和冷是习惯俗成的，颜色也是习惯俗成的：真实存在的是原子和虚空。"他说感官性质是"习惯俗成的"，古代的评论者告诉我们，他的意思是说，这些性质只是相对于我们存在而不属于事物本身的性质。本质上，没有什么东西是白的或黑的、黄的或红的、苦的或甜的。

德谟克利特详细地解释了不同的味道如何由不同种类的原子形成。形成辛辣味道的原子小而细，有尖角。而形成甜的味道的原子较大，是圆形的。如果某种东西是咸的，那是因为它的原子大而粗糙，有尖角。

不仅味道和气味，而且颜色和声音，以及别的感觉到的质都类似地可以通过原子的固有性质和固有关系得到解释。我们由感官获得的知识（比如味道、气味、视、听、触）是暧昧的知识。真实的知识完全不同，只有那些掌握了原子和虚空理论的人才具有这样的特殊才能。

德谟克利特也写了伦理学和物理学著作：流传给我们的格言表明， 18
作为道德学家，他在教化而不是激励。下面的这段文字是他众多格言的代表，理智有余，而感染力不足：

> 要满足于你所已有的，不要浪费时间梦想那些激起嫉妒和虚荣的东西；看看那些穷困潦倒的人，这样你所拥有的一切就显得很多并且很值得羡慕了。

他说，在女婿那里享福的人就等于有了一个儿子，而在女婿那里受苦的人就等于失去了一个女儿。这个格言不知不觉地经常在婚礼早餐上被许多发言人断章取义地引用。许多政治改革家也曾经学舌他的这一格言：在民主制度下受穷比在专制制度下享福好。

保存下来的格言并不能形成一个系统的道德学说，它们似乎和构成其哲学基础的原子理论没有任何联系。但是他的一些简短而且似乎平庸的格言足以推翻全部道德哲学体系，如果这些格言是真的话。比如，“善良的人不仅不应该干坏事，而且甚至不应该想到坏事”。它和我们通常所持的观点“美德在战胜相互抵触的情感时就是最好的”相冲突。还有：“遭受坏事好于干坏事。”它和我们现代世界流传广泛的实用观点“道德应当考虑的只是行为的后果而不是行为者的个性”相冲突。

在古代晚期以及在文艺复兴时期，德谟克利特以欢笑的哲人而著称，而赫拉克利特却以哭的哲学家而著名。这种说法似乎没有什么牢靠的根据。但是被认为是德谟克利特的一则格言支持了对他的这个说法，这就是著名的：

> 一生没有宴饮就好像长途跋涉没有旅馆。

（孟彦文 译）

第二章　苏格拉底的雅典

雅典帝国

公元前5世纪，古希腊在两次战争之间的50年和平时期内迎来了它的鼎盛时期。这个世纪始于希腊和波斯之间的战争，终于希腊各城邦之间的战争。伟大的雅典城邦文明就在世纪的中叶达到了顶峰。

伊奥尼亚（Ionia）是最早期的哲学家们活跃的地方，从公元前6世纪中叶开始就在波斯人的统治之下。公元前499年，伊奥尼亚的希腊人发动了反对波斯国王大流士（Darius）的起义。镇压了起义之后，大流士入侵希腊以惩罚那些从大陆赶来帮助起义者的人。公元前490年，一支主要由雅典人组成的部队在马拉松打败了入侵军队。公元前484年，大流士的儿子薛西斯（Xerxes）发动了更大规模的征讨，在温泉关（Thermopylae）打败了一群勇敢的斯巴达人，并且强迫雅典人从他们的城邦中撤出。但是他的舰队在离萨拉密斯（Salamis）岛不远的海上被一支希腊联合海军打败，公元前479年，希腊军队在普拉提（Platea）战役中的胜利结束了这场侵略。

打退了入侵者之后，雅典人僭越了希腊联盟的领导权。雅典人解放了伊奥尼亚希腊人，也是雅典人在其他城邦的支持下率领海军捍卫了爱琴海（Aegean）和伊奥尼亚海的自由。雅典开始由联邦国家变成雅典帝国。

从内部运作来看，雅典是一个民主国家，而且堪称第一个可以证明的民主政体的实例。“民主”是一个希腊词语，意思是人民的统治，而雅典民主就是人民统治的非常彻底的形式。雅典与现代民主不同，不是由公民选举代表组成政府，而是赋予每一个公民通过参加集会亲身参与管理的权力，在集会上他可以聆听政治领袖的演讲，然后投出他的选票。拿今天的话来说就是：试想一种先由内阁和影子内阁的成员们在电
20 视上夸夸其谈两个小时，然后根据电视观众们通过电视机上的“是”或“否”的按键进行的投票来提出动议的民主。为了使这种比喻更加准确，需要补充的是（在雅典）只有20岁以上的男性公民才被允许按按键，而女人、孩子、奴隶和外国人都无此权力。

在雅典，立法机关和司法机关都是在30人以上的集会上通过抽签的方式产生的；法律是由1000人组成的团体决定通过，不过这个1000人的团体只在一天有效，大的案件由501人组成的陪审团裁定。地方行政长官（magistrates）——司法、财政或者军事方面的决策者和执行者——也大多通过抽签的方式产生；只有100名左右的官员是经选举产生的。

无论是此前还是此后，都没有哪个国家的普通民众能够如此充分地参与到国家的治理中来。当我们读到希腊哲学家们在民主制度的优缺点的问题上不得不说的话时，牢记这一点非常重要。雅典人把他们的宪法追溯到公元前508年的克利斯塞尼（Cleisthenes）改革（完备的民主政体在雅典建立），那一年通常被认为是民主诞生的元年。

雅典民主与贵族领导是不相容的，在雅典帝国时期，由普选出来的伯里克利（Pericles）统治，他是克利斯塞尼的侄孙。他开始着手实施一项雄心勃勃的计划，那就是重修被薛西斯毁掉的城邦神庙。直到今天，周游世界的参观者们还能够看到他在雅典城邦的要塞（citadel）——雅典卫城（Acropolis）——上建造的建筑物遗迹。装饰这些神庙的雕刻至今仍保存在博物馆中，而且是馆中最珍贵的藏品。帕台农神庙（Parthenon），即雅典娜处女神的神庙，是为纪念波斯战争胜利而建的感恩的供品（thank-offering）。大英博物馆里的

埃尔金（Elgin）大理石制品，是1803年由埃尔金勋爵（Lord Elgin）从神庙废墟拿来的，代表了一个伟大的雅典节日——泛雅典娜节（Panathenaea），节日的盛况就像巴门尼德和芝诺（Parmenides and Zeno）在建筑工程刚刚开始的年代所看到的那样。当伯里克利的计划完成的时候，雅典的建筑和雕刻艺术已经举世无双了。

雅典的戏剧和文学也是杰出的。参加过波斯战争的埃斯库罗斯（Aeschylus）是第一位伟大的悲剧作家：他把荷马史诗中的男女英雄搬上舞台，并且重新编排了情节，让阿伽门农（Agamemnon）回到家中并遭到杀害，不仅仍然引人入胜，而且令人恐惧。埃斯库罗斯还描写了许多之后不久就困扰着薛西斯国王的灾难性事件。一些年轻的戏剧家，如虔诚的保守主义者索福克勒斯（Sophocles）和更加激进的怀疑论者欧里庇得斯（Euripides），创造了古希腊悲剧的经典形象（classical pattern）。索福克勒斯的剧本描绘了杀父娶母的俄狄浦斯王（King Oedipus）；欧里庇得斯描写的是谋杀孩子的美狄亚，它不仅是20世纪的保留剧目，而且深深地扣动了20世纪的人们的心弦。严肃的历史作品也开始在这个世纪出现，希罗多德（Herodotus）关于波斯战争的编年史就是在这个世纪早期写成的，修昔底德（Thucydides）关于希腊人之间战争的编年史（译者按：《伯罗奔尼撒战争史》）则完成于这个世纪末。

阿那克萨戈拉

伯里克利时代，哲学也在雅典产生。阿那克萨戈拉（Anaxagoras） 21
是克拉佐门尼人（Clazomenae）（靠近伊兹密尔Izmir），约公元前500年出生，比德谟克利特（Democritus）年长约40岁。他在波斯战争结束之后来到雅典，并成为伯里克利的朋友和同事。他以伊奥尼亚人的祖先为原型写了一本关于自然哲学的书，他承认此书的创作从阿那克西米尼（Anaximenes）那里获得了许多灵感。我们说，这是第一部包含着许多图形的著作。

阿那克萨戈拉关于世界起源的描述与今天流行的说法极其相似。他说，最初，“所有的事物混沌一片”，都是由数目无限多、体积无限小的元素混合在一起的，这些元素缺乏可以感知的质量。这个原始的水晶开始旋转，并在旋转的同时进行扩张，甩出空气，并最终产生日月星辰。在旋转的过程中，浓稠的物质从稀薄的物质中分离出来，热从冷中分离出来，光明从黑暗中分离出来，干燥从潮湿中分离出来。这样一来，构成我们这个世界的相互关联的物质就形成了，浓稠、潮湿、寒冷、黑暗的物质聚集在一起形成我们现在的地球，而稀薄、炎热、干燥、明亮的物质形成了天空最外面的部分。

然而，在一定程度上，阿那克萨戈拉断言：“同各种物质诞生之初时一样，它们今天仍是混合在一起的”，也就是说，每一个单独的物质中都包含有一部分其他所有的物质；就像黑的物质里有一些白，重的物质里有一些轻。我们举精液的例子最清楚了，它里面一定包含了头发、指甲、肌肉、骨骼以及其他类似的物质。按照阿那克萨戈拉的理论，宇宙的扩张一直持续到现在，也将持续到将来，也许它正在创造出比我们的地球更适合居住的世界。

推动宇宙发展的原动力是精神（Mind）的教化。精神是与其支配下的物质完全不同的某种东西。它是无限的、独立的，不存在于普通元素的混合体之中；如果它也存在于其中的话，它就要加入到宇宙演化过程中而不能支配这一过程了。

公元前5世纪30年代，当伯里克利受欢迎的程度开始减弱的时候，他的门徒阿那克萨戈拉也成为被攻击的目标。他曾经说过太阳是一团炽热的物质，比伯罗奔尼撒半岛（Peloponnesus）还要大一些。他的看法同把太阳看做上帝的宗教崇拜产生了矛盾，因而被指控为不敬神灵。他被放逐到赫拉斯滂（Hellespont）的拉姆普萨卡斯（Lampsacus），过着令人尊敬的放逐生活，直到公元前428年去世。

智者派

在伯里克利统治时期，阿那克萨戈拉作为雅典本地的哲学家是没有竞争对手的。但在同一时期，一群巡游者（itinerant purveyors）造访了城邦，这些人的声望不如他，但学识并不比他差。这些巡游教师或者顾 22
问被称作智者：他们乐意传授多种不同的技能，就各式各样的问题提供建议，藉此收取一些费用。

由于雅典没有公共高等教育系统，因此智者派就担负起了教育年轻人的任务，这些年轻人花得起钱享受他们所提供的艺术以及成年生活所需的各种信息等方面的服务。公共辩论在集会中、法庭上的重要性使得修辞术很受欢迎，也就非常需要智者派去教授或者出面协助人们以最有利于自身的方式对案件进行陈述。批评者声称由于智者派更关注于如何说服别人而不是追求真理，因此他们不是真正的哲学家。不过，智者派中的佼佼者在哲学争辩中完全能够坚持自己的观点。

智者派中最有名的是阿布德拉（Abdera）的普罗泰戈拉（Protagoras），公元前5世纪中期他几次访问雅典，并受伯里克利之聘起草了一部雅典殖民地的宪法。我们对普罗泰戈拉的了解大部分来自于柏拉图的著作，柏拉图不赞成智者派，认为他们对年轻人影响很坏，认为他们倡导怀疑主义、相对主义和犬儒主义。不过，柏拉图对待普罗泰戈拉的态度还是很严肃的，对于他的论点柏位图努力给予回应。

普罗泰戈拉在宗教信仰上是不可知论者。他说：“关于上帝，我不能确定他们是否存在，也不确定他们像什么样子；因为很多东西阻碍了对他们的认识，问题晦涩，人生短暂。”他更大程度上是一个人道主义者而不是有神论者：“人是万物的尺度”是他最著名的理论，“（人）既是存在的事物存在的尺度，也是不存在的事物不存在的尺度”。

最合适的解释就是，无论是通过感知还是通过思考，任何事物似乎都对特定的某个人来说是真实的，而且只对那个人是真实的。这就违背了真理的客观性：没有什么事物是绝对真实的，只是对于个人来说是相对真实的。当人们信仰不同的时候，就无法判定他们谁对谁错。德谟克利特（Democritus）以及后来的柏拉图都反对普罗泰戈拉，认为他的学说将导致自身的灭亡。因为如果所有信仰都是真的，那么在这些真实的信仰中就有一种信仰是：不是每一种信仰都是真的。

另外一位智者，来自林地尼（Leontini）的高尔吉亚（Gorgias），曾经是恩培多克勒（Empedocles）的学生。他是第一个也是最著名的一个修辞学老师，他关于修辞风格的论文影响了希腊雄辩术的历史。但他也是个哲学家，其怀疑论的倾向比普罗泰戈拉更强。据说，他的主张是无物存在，即使有物存在也不可知，即使有物可知也不能传达给其他人。

公元前427年，高尔吉亚访问雅典的时候，雅典和斯巴达之间已经开始了一场战争，就是著名的波罗奔尼撒（Peloponnesian）战争。战争爆发不久，伯里克利去世了，一场接一场的战役都对雅典不利。失败和鼠疫使雅典人变得残忍，所以他们在战争中变得冷酷而无耻。当公元
23 前416年他们占领米洛斯岛（Melos）的时候，他们完全抛弃了道义，屠杀了所有成年男性，将所有妇女和儿童变为奴隶。在后来的欧里庇得斯（Euripides）的悲剧和与他同时代的阿里斯托芬（Aristophanes）的一些喜剧中都明确表达出对雅典人在这场战争中所作所为的抗议。公元前405年，雅典海军在埃戈斯波塔米（Aegospotami）被全歼，宣告了波罗奔尼撒战争结束。雅典帝国灭亡，希腊的领导权转到了斯巴达手中，但是雅典哲学的辉煌时期仍然到来了。

苏格拉底

在雅典重装备步兵服役的人中就有索夫龙尼斯库斯（Sophroniscus）的儿子苏格拉底，战争爆发的时候他38岁。他在战争早期参加了三次重要战役，并获得了勇敢者的荣誉。他于公元前406年回到雅典，并在集会（译者注：五百人院）中担任公职，当时有一群参

加了阿吉纽西（Arginusae）海战的将军们由于在战争中抛弃士兵的尸体而受到审判，尽管把将军们集体审讯而不是单独审讯是违法的，但只有苏格拉底投票反对这种做法，结果将军们都被判处死刑。

当公元前404年战争结束的时候，斯巴达人用“三十僭主”制（Thirty Tyrants）的寡头统治取代了雅典人的民主制度，建立了一套恐怖统治。苏格拉底曾受命逮捕一个无辜的人，但是他违抗了这个命令。很快他就为自己的正直付出了代价，不论是民主派还是贵族都不欢迎他。

苏格拉底在哲学发展史上的地位如此重要，以至于历史学家们将在他之前的所有哲学家放在一起，统称为“前苏格拉底”哲学家。然而，他并没有留下著作，他的生平除去那些主要的引人注目的事件之外，细节并不是很清晰，因而成为学者们争论的话题。他并不缺少传记作者，事实上，在许多和他同时代的人以及后来的人所写的对话中，苏格拉底都是主角。困难在于如何将客观事实与出于仰慕而进行的虚构区别开来。他的传记作者们都告诉我们他是邋遢而丑陋的，有个大肚子和短平的翘鼻子，但除此之外，人们很难再有一致的认识。有两位作者的作品完整地保存下来，他们是军事历史学家色诺芬（Xenophon）和理想主义哲学家柏拉图（Plato），然而他们描绘出的苏格拉底的形象各不相同，就像圣马克和圣约翰所描绘的耶稣截然不同一样。

苏格拉底的一生受到了喜剧作家阿里斯托芬的嘲笑，阿里斯托芬把他描写成一个笨手笨脚的、邪恶的、怪诞的人，说他在云中呆头呆脑地追逐科学的好奇心。但是与其说苏格拉底是自然哲学家，倒不如说他在某些方面看上去更像一个智者。像智者派一样，他花很多时间和那些有钱的年轻人进行讨论和辩论（当寡头政治取代民主政治的时候，他们中的一些人掌握了权力）。但和其他人不同的是，苏格拉底并不收费，而 24
且他的教育方法是提问而不是教授：他把自己比作助产士，将年轻学生们头脑中孕育的思想催生出来。和智者派不同，他从来不声称自己拥有某些特殊的知识和学问。

在古希腊，人们把注意力更多地放在由德尔斐神殿的女祭司传达的阿波罗神（god Apollo）所发的神谕上面。当女祭司被问到是否有人比苏格拉底更聪明时，她回答说没有。苏格拉底表示自己对这个神谕感到很困惑，因此他就一个又一个地找人询问，其中有政治家、诗人和声称具有各种智慧的学者。没有一个人能在他的诘问之下保住自己的名声，因此苏格拉底总结说，那个神谕是正确的，只有他自己认识到他的聪明就在于他的无知。

就道德而言，追求真正的知识并揭露虚假的主张是最重要的。因为按照苏格拉底的理论，道德知识和美德是同一事物（美德就是知识）。那些真正知道怎样做是正确的人不会做错；如果有人做错了，一定是因为他不知道什么是正确的。没有人会故意犯错，因为每个人都想过幸福快乐的生活。那些无意中做错事的人需要引导而不是惩罚。这一系列著名的学说有时被历史学家称为“苏格拉底式的自相矛盾”。

苏格拉底并不认为自己所拥有的智慧能够阻止他做错事。相反，他说他依靠内心的神的声音，如果他要做错事，这个声音就会阻止他。

一些不赞同苏格拉底的教育方式的当权者却很赞同他对待死亡的态度。他正直的政见以及他牛虻式的对名誉的揭露，使得他树敌众多，这些人联合起来反对他，在他70岁的时候，他受到了一系列致命的指控：控告他不虔诚，传播异教，腐蚀雅典的年轻人。苏格拉底受审时柏拉图在场，他在苏格拉底死后用一种戏剧化的形式描述了苏格拉底为自己辩护时的演讲，这就是《申辩篇》（Apology）。

他的指控者迈雷托（Meletus）声称他腐蚀了年轻人。（苏格拉底问）那么谁是改善青年的人？迈雷托回答说，首先是法官，然后是立法委员会的成员，之后是集会的成员，最后是除了苏格拉底之外的每一个雅典公民。对于这个城市的年轻人来说这是一个多么令人惊奇的机遇！苏格拉底接着问，生活在好人中间是不是比生活在坏人中间更好？很显然，任何一个人都会倾向于生活在好人中间，因为坏人可能会伤害他。如果是这样，那他本身就没有动机要故意腐蚀年轻人，如果他并非出于故意那样做了，他就应当被教育而不是被控告。

苏格拉底接下来反驳对他不虔诚的指控。他是由于无神论或者传播异教而被指控吗？这两项指控彼此之间没有关联，而且，事实上，迈雷 25
托好像将他与阿那克萨戈拉混淆了，后者曾说过太阳由石头构成而月亮由土构成。至于无神论这项指控，苏格拉底回答说，他作为一个哲学家的使命是神本人赐给他的，而他所发起的揭露错误知识的运动是遵从了德尔斐神谕的指令。真正对神的背叛应该是由于害怕死亡而逃离职守。如果他被告知他可以以抛弃哲学探究为条件而获得自由，他将回答说："雅典人啊，我敬爱你们；但是我将遵循神的旨意而不是你们的要求，只要我还有生命和勇气，我将永远不会停止哲学实践和哲学教育。"

苏格拉底对自己的辩护词进行了总结，他指出他的许多学生以及他们的家人都到场出庭，但是没有一个人受到传唤为他所受的指控作证。他拒绝像其他人那样把哭哭啼啼的孩子带到法庭上来唤起同情：他要在审判中寻求公正而非怜悯。

作出判决时，他被501人审判团中微弱多数判为有罪。控告方要求判处死刑；控告方还提出了另一种可能的判决。苏格拉底经过权衡请求交纳无损名誉的罚金，但是他只愿意交纳适当的罚金，之前定的罚金数额巨大，他无力独自承担，而柏拉图和他的朋友们愿意代他偿付。审判团认为罚金数额相当小而予以否决，死刑判决被通过了。

宣判之后，苏格拉底发表演讲，他告诉法官让他为确保自己无罪开释而进行辩护并不困难，但是这种手段会有失他的身份。"我的朋友们，困难的并不是逃避死亡，而是避免不正直；因为它比死亡跑得更快。"年老而迟缓的苏格拉底被跑得慢的赶上了；而他的身手敏捷的控告者被跑得快的赶上了。在整个审判过程中，他内心的神的声音从来没有告诉他要他退缩，于是他心甘情愿地走向死亡。

死亡是一场没有梦的睡眠吗？那样一场睡眠比生命中拥有更多个日日夜夜要幸福，甚至比可以想象的最幸运的东西还要幸福。死亡是去往另一个世界的旅程吗？多么辉煌啊！可以遇到那些著名的逝者，而且能与赫西俄德（Hesiod）和荷马（Homer）谈话。“唉！如果真是这样，就让我一次又一次死去吧。”他有那么多问题要问过去那些伟大的男人和女人们：而在下一个世界里没有人会因为提出问题而被处死。“分离的时刻已经来到了，让我们各走各的路吧——我去死，而你们活着。哪一个更好，只有神才知道。”

《欧绪弗洛篇》

根据《申辩篇》中的描写，苏格拉底的死刑推迟了一段时间才执
行。因为一艘神圣的海船启程前往提洛岛（Delos），开始它一年一度
26 的祭祀（阿波罗神）之旅，在它返回雅典之前剥夺人的生命是被禁止
的。柏拉图在两篇令人难忘的谈话，即《克力托篇》和《斐多篇》中记述了宣判与执行之间的日子。没有人知道这些对话有多少是历史，又有多少是想象，但是它们所描绘的图景激发了苏格拉底死后千百年来的人们的想象力。

在探讨这些作品之前，我们需要回过头去看一篇简短的对话《欧绪弗洛篇》（the Euthyphro），柏拉图刚好在苏格拉底审判之前完成了这篇对话。无论有多少虚构的细节，这篇对话很可能完整地描写了苏格拉底真正的辩论方法和诘问法。

苏格拉底在法庭外等待审判的时候遇到了从拿索斯（Naxos）来的年轻人欧绪弗洛，他来提出一项私人起诉。欧绪弗洛的父亲逮捕了一名佃农，因为他在争吵中杀死了一名仆人；然而在把这名佃农送到雅典由官方裁定如何惩罚时，欧绪弗洛的父亲把佃农绑起来扔进沟里，以至于这名佃农饥寒而死。他的儿子现在来到雅典控告他的父亲是凶手。

在柏拉图看来这个案件显然是很困难的：他的父亲真的杀害了那个佃农吗？如果他确实这么做了，那么杀害一名凶手是不是谋杀？如果是，那么儿子是合适的控诉父亲的人选吗？然而欧绪弗洛没有怀疑，他认为自己的行为是尽神职的表现。这个案件引发了苏格拉底和欧绪弗洛

之间关于信仰和道德关系的辩论。虔敬或者神圣的本质是苏格拉底感兴趣的话题，而他自己也因为不虔敬的指控而受到了审判。因此他要求欧绪弗洛告诉自己虔敬和不虔敬的本质是什么。

欧绪弗洛回答说，虔敬就是像我所做的这样，控告罪恶；如果你认为我不应该把我父亲送上法庭，那么你应该记得至高无上的宙斯神（Zeus）惩罚了他自己的父亲克洛诺斯（Cronos）。苏格拉底表达了对那些神与神之间冲突的故事的厌恶，然后花了一点时间确认欧绪弗洛是真的相信这些故事。但是欧绪弗洛关于虔敬或神圣的说明，其真正的困难在于只举了一个简单的例子，不能告诉我们什么是判断行为虔诚或不虔诚的标准。欧绪弗洛被迫给出了一个定义：神喜爱的就是神圣的，神憎恨的就是不神圣的。

苏格拉底指出，从诸神之间争吵的故事中，我们很难就神所喜爱的东西达成一致。如果有些东西被一些神所喜爱而同时被另一些神所憎恨，那么它就是既神圣又不神圣的。这就像欧绪弗洛控告自己父亲的行为。但是让我们放弃上述定义，将其改为：所有的神都喜爱的就是神圣的，所有神都憎恨的就是不神圣的，那么另一个问题又出现了：神所喜爱的神圣的东西究竟是因为它本身就是神圣的，还是因为神的喜爱而成为神圣的？

为了让欧绪弗洛能够理解这个问题的含义，苏格拉底举了一些希腊语法的例子。他的观点用英语来表达就是：在刑事案件中，“被告人”
之所以被称作被告人是因为有人控告他；而不是人们控告他因为他是被 27
告人。同样，我们现在能说神圣之所以被称作神圣是因为神喜爱它吗？当欧绪弗洛理解了这个问题的时候，他就会反驳说：正相反，神喜爱神圣的东西是因为它是神圣的。

苏格拉底现在偷偷地把“虔诚的”一词作为“神所喜爱的东西”的缩略语。既然欧绪弗洛提到神圣和虔诚是同义词，那么在欧绪弗洛的理论中我们就能用“虔诚”代替“神圣”，也就是说神圣的东西被神喜爱是因为它是神圣的。既然“虔诚”被准确地描述为“被神所喜爱”的同义词，我们就得到了下面的结论：

（A）神喜爱虔诚的东西因为它是虔诚的

另一方面我们这样说似乎更明白

（B）虔诚的东西之所以是虔诚的是因为它被神喜爱

苏格拉底宣布已经迫使欧绪弗洛自相矛盾了，并且敦促他收回自己关于虔诚和神圣具有同一性的说法。

在对话中，欧绪弗洛承认他的定义并未如己所愿。然而，如果我们好好想一想的话就会发现，他本应坚持自己的主张，并且指出苏格拉底在两个不同的句子中所使用的“因为”一词是有歧义的。如果我们说，虔诚之所以为虔诚是因为被神所喜爱，我们探讨的是“虔诚”这个词；这里的“因为”一词引导我们对其含义作出规定。如果我们说神喜爱神圣是因为它本身就是神圣的，“因为”一词介绍的是神喜爱它的动机，我们并未探讨神圣一词本身的含义。事实上，一旦我们意识到“因为”这个词是模棱两可的，那么（A）和（B）两个句子之间就没有冲突了。如果用英语来解释这个观点，那么以下两个句子都是正确的：

（A）法官之所以是法官是因为他进行审判
（这是他为什么被叫作法官的理由）

同样

（B）法官进行审判因为他是一个法官
（他那样做因为那是他的工作）

因此，欧绪弗洛不应该如此容易地被挫败。然而，即使苏格拉底被说服，同意“神圣的东西被神所喜爱是因为它是神圣的”这种说法并不自相矛盾，他仍然会继续说，就像他在对话中所说的那样，被神所喜爱只是那些碰巧是神圣的东西：这种说法并没有告诉我们什么是神圣最本质的属性。 28

我们用神圣替换虔诚，那么神圣可以被定义为正义吗？苏格拉底和欧绪弗洛都赞同神圣似乎只是正义的一部分，欧绪弗洛建议说正义是为神服务的而不是为人类服务。苏格拉底理解“服务”这个词。当我们照料马、狗或牛的时候，我们为它们提供各种各样的服务以改善其生活条件。我们能用同样的方式为神服务吗？我们能把他们变得比他们本来的样子还要好吗？欧绪弗洛指出，仆人不必通过为他们的主人服务而使他们的主人得到提高，而只是协助他们工作就可以了。苏格拉底就问，那么，我们能为神的工作提供服务吗？欧绪弗洛不能回答，转而求助于把神圣定义为虔诚的服务，而这种服务的形式就是祈祷和祭祀。

因此，苏格拉底随后说，神圣是指给予神一些东西而又希望从神那里拿回一些东西；是一种交易。但是交易者只能希望通过给他的顾客提供他所需要或者想要的东西才能达成一笔交易，因此我们一定会问神从我们的礼物中获得了什么好处。欧绪弗洛回答不上来，除非他退回到他早先关于神圣是神所喜爱的东西的论断中去。他拒绝继续讨论，急忙回去忙他自己的工作了。

《欧绪弗洛篇》可能真实地描述了苏格拉底的盘诘法的长处和弱点。而且不管柏拉图的本意是否如此，这篇对话还使我们理解了为什么信仰宗教的雅典人会将苏格拉底视为年轻人的危害者和不虔诚思想的传播者。

《克力托篇》

《克力托篇》（THE CRITO）是很容易读懂的一篇对话。苏格拉底那个时候正在监狱里等待执行判决。他的一些朋友在克力托的率领下已经策划出了让他逃跑并到塞萨利（Thessaly）避难的计划。这个计划本来有很好的机会取得成功，但苏格拉底不愿参与其中。生命只有当它美好时才值得为之努力；生命如果是以违反法律为代价而获得的，那就不值得去争取。即使他是被冤枉的，他也不应当以恶报恶。然而，事实上他是通过正确的法律程序被判刑的，因此他应当遵从法律。

苏格拉底想象雅典的法律正在对他讲话。“不是我们把你带到这个世界来的吗？在我们的帮助下你的父母结婚并生育了你。”我们也命令你父亲对你的身心进行教育。“一个像你这样的哲学家难道没有发现我们的国家比你的母亲或父亲或任何祖先都更珍贵、更崇高、更神圣吗……我们把你带到这个世界上，抚养你、教育你，让你和其他公民分
29 享你们应当得到的每一件好东西，我们还向所有的雅典人宣布他们享有自由权，如果他不喜欢我们这些法律，当他成年以后看到了城邦的出路，并且了解了我们，那么他可以带上自己的财产去他想去的任何地方”。

在苏格拉底漫长的一生中他始终住在雅典，他身陷某种合约之中，那就是他愿意服从法律的命令。如果他拒绝接受判决而选择流亡而不是死亡，那么他就更改了契约。他怎么能够在70岁高龄背弃自己的契约而逃走呢？“不能先考虑生活和孩子们，然后再考虑正义，而应该先考虑正义。因为如果你逃离这个城邦，以恶报恶，撕毁你与我们订立的合约，我的兄弟，世上的法律不会友善地欢迎你。”克力托无以作答，苏格拉底总结道：“就让我们遵从神的旨意、跟随神的指引吧。”

《斐多篇》

柏拉图将他对苏格拉底最后日子的描写总结为一篇对话，名为《斐多篇》（THE PHAEDO）。斐多是爱利亚（Elea）岛上的巴门尼德城邦（Parmenides’ city）的一个公民的名字，他声称，苏格拉底死去时他和他的朋友西米亚（Simmias）、凯贝（Cebes）都在场。这一幕是从祭祀的船只从提洛岛返回的消息传来之后拉开的，对苏格拉底的死刑判决无

法再推迟执行了。苏格拉底的枷锁被取下来，他被允许与他悲伤的妻子以及她怀抱中年幼的孩子见最后一面。当她离开之后，审判团开始讨论死刑和永生。

苏格拉底指出，一个真正的哲学家不惧怕死亡；但即使在死亡比继续活着更可取的情况下，他也不会自杀。我们是上帝驯养的牲畜，不能未经上帝的召唤就离开。西米亚和凯贝问道，那么，苏格拉底为什么做好了如此充分的准备去死呢？

在回答这个问题时，苏格拉底把“人类是囚禁在肉体中的灵魂”的概念作为出发点。真正的哲学家并不在意肉体的快乐，比如食物、水和性，他们发现在追求科学知识的过程中，肉体是障碍而不是帮助。“当注意力都集中在思想本身的时候，思想是最好的，声音、光影、痛苦和快乐——这些事情都不能干扰它，当思想离开肉体，这些事情就不能对它起任何作用了。”因此，哲学家探究真相的时候会不断努力将他们的思想从肉体中分离出去。但是死亡是灵魂从肉体完全分离，因此，一个真正的哲学家本质上终其一生都在追求和渴望死后的世界。

饥饿、疾病、性欲和恐惧阻碍了哲学研究。人们把分裂和战争归咎于肉体，因为肉体需要金钱来满足其需要，而所有的战争都是由于对金
钱的热爱所导致的。即使在和平时期，肉体也是无休止的混乱和骚动的 30
源泉。“如果我们想获得任何纯粹的知识，我们都必须舍弃肉体——灵魂要亲自观察事物，然后我们就能获得我们追求的，我们才能说我们是热爱智慧的人。上述观点表明，我们活着的时候无法做到的，只有在死去之后才能实现。”因此，一个真正的爱智慧的人，会把生命与快乐区分开来。

公平地讲，直到此时苏格拉底都是在布道而不是在说服。凯贝打断了他的谈话，指出大多数人会反驳灵魂可以脱离肉体而存在这样一个前提。他们相信当人死去的时候灵魂也就灭亡了，就像一阵烟一样消失得无影无踪。“确实需要大量的证据来证明一个人死去之后其灵魂仍然存在，当然也需要一些勇气和智慧。”因此，苏格拉底继续说下去，他提

供了一系列关于灵魂不死的证据。

首先可以从对立面的角度加以证实。如果两件事情相互对立，那么它们都是彼此从对立面中转化而来。如果有人去睡觉，他一定曾经醒着。如果有人醒来，他一定曾经睡着。再比如，如果A变得比B大，那么A一定曾经比B小。如果A变得比B好，那么A一定曾经比B差。这些对立面，大和小，再加上好和坏，就像睡眠和清醒一样，都是从对立面中得来的。死和生也是对立面，同样也适用于这一真理。很显然，那些死去的人是曾经活过的；难道我们还不能总结出死后就是再生吗？既然人死后再生是看不见的，那么我们一定能得出结论，那就是灵魂在另一个世界里存在，也许在后世的某一天转化为泥土。

第二个论据是要证明，脱离肉体的灵魂在肉体存在之前而不是之后就已经存在了。论证过程分为两步：首先，苏格拉底设法证明知识就是回忆；第二，他极力主张回忆是预先存在的。

第一步论证是这样进行的。通常我们看到的事物都是大小差不多的。但是我们从来没有看到过两块石头、两块木头或者其他任何物质是绝对相同的。因此，我们关于绝对相同的理念不可能来自于经验。我们所看到的大致相同的事物只是使我们回忆起了绝对相同的概念，如同我们看到一幅肖像就可以回忆起一个不在眼前的爱人一样。

第二步论证是这样的。如果我们回忆起一些事情，我们之前一定曾经与之接触过。因此，如果我们回忆起绝对相同的事物，那么我们之前一定碰到过。但是在我们现在的生活中以我们普通的视觉和触觉是不可能知道（绝对相同的事物）的。因此我们一定是在出生之前就通过纯粹的智慧了解了绝对相同的事物——除非我们假设关于绝对相同的知识在我们出生的那一刻被灌输给了我们，而这是不大可能的。如果这个争论对于绝对相同的理念是有效的，那么它对于其他类似的观念也同样有效，比如绝对的善和绝对的美。

31 苏格拉底承认，即便第二步论证能够成功地证明灵魂先于肉体存在，它也不能证明灵魂在死后仍然存在，除非有第一步论证做补充。因此他在可分解和不可分解两个概念的基础上又提出了第三个争论。

如果事物能够被分解和分裂，就像肉体在死去之后会分解一样，那么它一定是混合的、可变的。但是，如果事物是和灵魂有关的，比如绝对平等和绝对美丽，那就是不可变的，这里所说的美丽并不是我们用肉眼看到的会衰减、褪色的美丽。我们肉眼所见的世界是一直在变化的，只有看不见的世界才能保持不变。看不见的灵魂只有被肉体的感官带到变动不居的世界中的时候才会发生变化。

在那样的世界中，灵魂像醉汉一样蹒跚前行；但是当它回归自身的时候，它就进入到了一个纯净、不朽、神圣的世界里。在这个世界中，灵魂回到了它的家园。"灵魂就好比是神，是不朽的、理性的、同一的、不可分解的、不可改变的；而肉体就好比是人，是必死的、不理性的、可分解的、可改变的。"因此，苏格拉底总结道，肉体是易于被分解的，而灵魂几乎是完全不可分解的。即使肉体像古埃及那样被制成木乃伊，可以存放很多年，灵魂也几乎不可能在肉体死去的那一刻分解并消失。

真正的哲学家的灵魂将离开肉体，进入一个看不见的极乐世界。而不纯净的灵魂则被欢乐和痛苦的钉子牢牢地固定在肉体上，而且在死亡的时刻仍然和肉体交融在一起，不可能变得完全不朽，它会像鬼影一样出没在墓穴旁，直到它们进入到一个新的肉体的牢笼之中，也许是一头好色的驴或是一匹恶狼，最好也不过是一只群居的工蜂。

西米亚给灵魂下了一个完全不同但很精妙的定义，驳斥了苏格拉底的论断的基础。他说，让我们来考虑一下，里拉琴（lyre 古弦乐器，似U形小竖琴）是由木头和弦制成的。里拉琴的音调准与不准，取决于弦的松紧程度。一个有生命的肉体可以和音调准的里拉琴相比，而一具死去的肉体可以比作音调不准的里拉琴。这就好像某人宣称一把以琴弦和木头为原材料制成的琴，其音调准确与否竟要取决于某种看不见的、非物质的东西。难道我们会愚蠢到去争论这种准确的音调在琴碎弦断之后还会继续存在吗？当然，我们必须得出结论，那就是当身体的琴弦因为受伤或者疾病而失去音准的时候，灵魂必须消失，就像破碎的里拉琴失去音调一样。

要说服凯贝相信灵魂不朽也需要进一步的努力，但他对苏格拉底的批判不像西米亚那样尖锐。他同意灵魂比肉体更有力量，而且当肉体毁灭的时候灵魂未必随之毁灭。在生命正常的过程中，肉体经常会经受损耗和折磨，需要灵魂不断地治愈它。但是灵魂自身不会最终在肉体内死
32 亡吗？就像一名纺织工那样，他在一生中织造或者穿破过许多衣物，他们会死去并且通过最后一件衣物而保存下来吗？因此，西米亚总结道：“对死亡充满自信的人只是拥有愚蠢的自信，除非他能够证明灵魂是永生的和不朽的。”

为了回应西米亚，苏格拉底首先回到关于回忆需要灵魂预先存在的论点上来。如果拥有灵魂只是使一个人的肉体不走调，那么这种说法是非常不明智的；里拉琴在它有音调之前就必须存在了。更重要的是，音调是否准确需要程度上的认同：一把里拉琴音调是高了还是低了。但是灵魂却不能有程度上的认同，没有一个灵魂较之另一个灵魂会更多或更少。人们可能会说，一个道德高尚的灵魂是自身和谐的灵魂：但即便如此，这个灵魂也必须是协调之中的协调（an attunement of an attunement）。再者，琴弦的松紧程度决定了里拉琴的音调准确与否，但在人类的例子中它们之间的关系就是另外一种形式了：灵魂维持着肉体的协调。在这次争辩的重击之下，西米亚承认他失败了。

在回答凯贝之前，苏格拉底先对自己的智力发展过程做了很长的叙述，然后把话题引到他如何接受诸如绝对的美和绝对的善等绝对理念的存在。某种事物只有当它本身的美丽被分享才是美丽的。高和矮之间也是如此：一个高个子的人由于其高大而成为高个子，一个矮个子由于其矮小而成为矮个子。一个人可能长高也可能变矮，事实上，如果他长高了，那么他过去就一定是矮的，对此我们先前已经达成了一致意见；但是，尽管他先前矮、后来高，他的矮小却绝不可能变成高大，而他的高大也不可能变成矮小。这就是像西米亚那样的人比苏格拉底高，却比斐

多矮的原因。

弄懂这些关于不朽的评论的实用性花费了一些时间。苏格拉底接下来对被后世的哲学家称作事物的偶然性和必然性的概念进行了区分。人可以是高的也可以不是，但3这个数字却只能是奇数，雪也只能是白色的：这些属性对于上述事物来说是必然的，而不是偶然的。现在，就像冷不可能变成热一样，雪也一定是冷的，必须加热才会融化和消失，不可能存在变热的雪。苏格拉底归纳说：不仅相互对立的事物无法接受自己的对立面，而且任何与自己的对立面相伴而生的事物都不会承认对立面的存在。

现在苏格拉底得出了自己的结论。灵魂带来了生命，就像雪带来了寒冷。但死亡是生命的对立面，因此就像雪不能接受热一样，灵魂也不能接受死亡。不过，不能接受死亡的就是不朽的，因此灵魂就是不朽的。然而在灵魂和雪之间还是有区别的：当遇到热的时候，雪只能消失。而由于不朽的东西是不会消失的，所以灵魂遇到死亡的时候不会消失，只是到另一个世界去了。

这个结论还不能清楚地回答凯贝的观点，凯贝指出灵魂也许能够经
得起一死再死，而不需要永恒和不朽。但是苏格拉底在对话中的结论表 33
明灵魂是永在的、不朽的，这个观点是得到观众赞同的，他们坐下来听苏格拉底讲述一系列关于灵魂在阴间旅程的神秘理论。

当叙述结束的时候，克力托问苏格拉底是否还有最后的愿望，还有他将怎样被埋葬。苏格拉底告诉他要记住对话中的信息：他们埋葬的只是苏格拉底的身体，而不是苏格拉底本人，他本人将进入极乐世界。苏格拉底进行了最后的沐浴，并向妇女和孩子等家人道别。狱卒端着一杯从芹叶钩吻中提炼的毒药来了，这种毒药是雅典执行死刑的一种方式。苏格拉底跟狱卒开了个玩笑，然后喝干了毒药，随着肢体的知觉逐渐消失，苏格拉底平静地死去。他的最后一句话令人感到困惑：“克力托，我还欠阿斯库勒比尔斯（Aesculapius）一只鸡，你记得帮我还了。”阿斯库勒比尔斯是古希腊神话中的医疗之神。也许这句话的意思是：肉体

生病了，只有死亡才能治愈它。

《斐多篇》是一篇杰作：它是流传下来的最优秀的古希腊散文之一，即便被翻译成其他文字，它仍然能打动读者，并长期萦绕在读者的心中。人们会提出两个问题：这篇文章告诉了我们一个怎样的苏格拉底？这篇文章告诉了我们什么样的灵魂是不朽的？

有关苏格拉底入狱和死亡的叙述结构是专家和学者普遍接受的。当然，柏拉图对苏格拉底最后几个小时的描述为后世的作家和艺术家提供了想象的空间。但有几篇文章指出，灵魂不朽用语言表达出来则更适合于柏拉图自己的哲学体系，而不像历史上苏格拉底的诘问法。《斐多篇》中所表达出来的对于灵魂永生的自信与柏拉图在《申辩篇》中所描述的苏格拉底的不可知论是尖锐对立的。

关于不朽的争论颠覆了古代神话的样本，在这些样本中它们是交织在一起的，而这不能使现代读者信服。不过，即便是在古代，针锋相对的争论仍然会迅速在人们的脑海中形成。事物真的都是从它们的对立面中产生的吗？巴门尼德不是证明了存在不可能从不存在中产生吗？事物产生于它的对立面，这种循环会无休止地进行下去吗？既然睡觉之后必然是苏醒，那么永远睡去之后是不是永远清醒呢？而且，无论灵魂不会忠实于肉体这个观点多么正确，为什么当肉体死去的时候灵魂要退往其他地方而不是像融化的雪一样消失呢？

对话中最有意思的问题是关于回忆的争论，以及对于灵魂是肉体的音调这一理论的批判。这两个问题在被他们提出来之前就已经有很长一段历史了。然而，当我们查阅柏拉图自己的比较成熟的体系，发现第一个问题得到了最为充分的探讨；而当我们审视柏拉图的继承人亚里士多德（Aristotle）关于灵魂的描述时，我们发现第二个问题也得到了最好的评述。

34 在历代哲学家的著作中，“苏格拉底”这个名字都会占据很多篇幅。然而，人们经常提到他并不是谈论他是一个喝了芹叶钩吻毒药的雅典人。它最通常的用法是作为一个象征性的名字被用在争论的形式中，比如用在三段论中：

所有人都是会死的

苏格拉底是人

因此，苏格拉底是会死的

尤其是到了中世纪，即便是那些对《申辩篇》、《克力托篇》和《斐多篇》所讲的故事所知甚少的作家也会经常提到苏格拉底这个名字。在这里，苏格拉底的赴死和死亡以更庄严的方式在西方哲学作品中反复出现。

（温红　译）

第三章　柏拉图的哲学

生平及著作

35　柏拉图在雅典王国灭亡之前生于一个贵族家庭。当公元前405年伯罗奔尼撒战争结束的时候，柏拉图已经二十出头了，这个年纪已经足够参战，就像他的两个哥哥一样。他的叔叔们，克里特雅斯（Critias）和查米德斯（Charmides）是三十僭主中的两位。公元前399年苏格拉底被雅典重建的民主制度判处死刑，这使得柏拉图终生都不相信民主制度，因而厌恶在雅典从政。

柏拉图四十岁时，前往西西里（Sicily）并和狄翁（Dion）建立了密切的联系，狄翁是当时在位的君主狄奥尼修一世（Dionysius I）的姐夫。他回到雅典之后，在自己住所旁边的私人园林里创建了一所学校，取名为“学园”（the Academy）。这所学校是参照意大利的毕达哥拉派（Pythagorean）的模式建的，聚集了一批思想相近的学者，他们的兴趣包括数学、玄学、伦理学和神秘哲学。柏拉图六十岁的时候，受邀回到西西里担任狄翁的侄子，即已经成功地登上王位的狄奥尼修二世的顾问。他作为皇家教师的经历并不成功，这既有政治方面的原因，也是由于他所信奉的哲学。公元前360年，他回到雅典。公元前347年，他以81岁高龄在雅典的一场婚宴上平静地去世，而他本人则终身未婚。

除去这些被古代文学作家所渲染的零星事实之外，我们对柏拉图的生平了解甚少。然而，柏拉图不像苏格拉底，他留下了很多哲学著作，而且都流传至今。但是这些作品都是对话的形式，柏拉图自己从来没有作为一个宣讲者出现过。因此，我们很难确定对话中的角色所阐述的五花八门的而且经常相互矛盾的观点是不是柏拉图本人提出的。当我们试图去发现他本人的哲学立场的时候，我们的收获甚微；但是，评论者对他的思想发展的基本脉络初步达成了一致意见。

柏拉图的对话录分成三个阶段。第一部分中基本思想写得最清楚，这一部分被叫作“苏格拉底式”对话录，因为在每一篇对话中苏格拉底都会出现，他的历史角色是提问者和伪知识的揭露者。《欧绪弗洛篇》 36
为大多数对话的基本模式提供了最好例证：一些人（他们的名字通常成为对话的标题）公开宣称自己在某一特殊的艺术领域是知识渊博的、品德高尚的或是特别优秀的，而苏格拉底的诘问法揭示出这些伪知识只不过是偏见。通过这种方式，《拉凯斯篇》（the Laches）论述了勇气，《卡尔德米篇》（the Charmides）论述了节制，《吕西斯篇》（the Lysis）论述了友谊，《大希庇亚篇》（the Hippias Minor）论述了美，《伊安篇》（the Ion）谈诗的灵感，《欧绪弗洛篇》论述了神圣或虔诚的义务。这一时期的另一篇对话《小希庇亚篇》（the Hippias Mionr）阐述了苏格拉底关于故意犯错和非故意犯错的理论。

中间部分的对话是柏拉图思想成熟期的作品，苏格拉底仍然是主角，但他不再仅仅作为一名律师来控告那些伪装成知识的偏见了。他现在似乎成了一个有资历的教师，向学生解释复杂的哲学思想。这些对话都很长，内容也更难掌握。我们已经接触过这些对话中的一篇，即《斐多篇》。其他对话有《高尔吉亚篇》（the Gorgias）、《普罗泰戈拉篇》（the Protagoras）、《美诺篇》（the Meno）、《会饮篇》（the Symposium）、《斐得罗篇》（the Phaedrus）以及最著名的《理想国》（the Republic）。大多数对话的一个共同点是专注于著名的理念论（Theory of Ideas），我们必须简单地解释一下。

在最后一部分对话中，苏格拉底的作用被削弱了，有时他只是个次要角色，有时他根本不出现。连接中间部分对话和最后部分对话的纽带是《泰阿泰德篇》（the Theaetetus），这篇对话旨在对知识进行定义：苏格拉底仍然以他熟悉的角色出现，是思想的助产士。在《巴门尼德篇》（the Parmenides）中，当人们对理念论提出激烈而复杂的反对意见的时候，苏格拉底以一个对年长的巴门尼德人满怀敬畏的年轻人的面目出现；在以论快乐为主题的《斐莱布篇》（the Philebus）中，苏格拉底再次占据了主要篇幅；在讨论存在和不存在的《智者篇》（the Sophist）和讨论最后的政府形式的《政治家篇》（the Statesman）中，尽管苏格拉底都出现了，但没有对讨论发挥有效的影响。这一部分中最后也是最长的一篇对话《法律篇》（the Laws）为理想国制定了一部详细的宪法，而苏格拉底在其中根本没有出现。

最后一部分对话中人们对理念论持冷静的批判观点，对此应作何解释,学者们并没有达成一致意见。反对理念论的观点能令人信服吗？柏拉图在中年时就已经抛弃了理念论吗？或者他认为这种观点只是诡辩，目的只是让读者练习一下如何将其驳倒？另一篇对话《蒂迈欧篇》（the Timaeus）的存在终结了这种不确定性，这篇对话提出了柏拉图的宇宙起源论，直到文艺复兴时期（the Renaissance）都是柏拉图所有对话中最闻名遐迩的。在《蒂迈欧篇》中，理念论无可置疑地闪烁着它本真的光辉。问题是这篇对话应该属于柏拉图的中期作品还是晚期作品。如果我们把《蒂迈欧篇》和《理想国》放在一起，那么柏拉图的哲学发展脉络就很容易理解；但是如果我们把柏拉图的对话按照不同风格进行比较，那么《蒂迈欧篇》的风格似乎与《智者派》所代表的那部分对话的风格更为相似。关于断代的问题至今仍没有解决，学者们无疑还将继续争论下去。

37 不过，还是让我们对理念论做进一步的探讨吧，因为它不仅构成了柏拉图中期对话的基础，而且为其后期的对话提供了辩论的框架。我们在前文中已经简要地提到过理念论，那是当苏格拉底在《斐多篇》中谈论绝对的美和绝对的善的时候。我虽然竭尽所能对那篇对话中的观点加以解释，但未能详细地说明理念的本质。现在该是填补这个空白的时候了。

理念论

柏拉图的理论是以如下方式提出的：苏格拉底、西米亚、凯贝都被称为“人”，他们都是人，这是他们的共性。现在当我们说“西米亚是一个人”的时候，“人”这个词代表事物的方式是否与“西米亚”这个词代表西米亚个人的方式相一致？如果是，那么究竟是什么？在“凯贝是个人”这句话中，“人”这个词所代表的事物是不是和上句话相同的事物？柏拉图的回答是肯定的：在每一个例子中这种表述都是代表同一件事物，也就是说，它使得西米亚、凯贝和苏格拉底都成为人。柏拉图对这个字有各种各样的称呼，希腊成语有类似的说法“人类自身”，或者“真人”。这是因为当柏拉图说苏格拉底是人的时候，用意不在于说他是男人而是说他是人类，可以称之为“人”意味着具有共同的东西——按照柏拉图在其他例句中的用法类推——“人性”。但是最著名的称呼是“人的理念（或形式）”。

概括地说，如果A、B、C都是F，柏拉图就会说它们都和“F的理念”有关。有时他坚持这种原则的普遍性，有时在特殊的例子中他会犹豫要不要适用这一原则。他在各种不同的场合列出了很多不同形态的理念，例如：善的理念、恶的理念、圆的理念、存在的理念、同一的理念。而且，只要柏拉图坚持这一理论，他下一步似乎就会坚信善的理念、美的理念和存在的理念。但是，他似乎不确定是否有泥土这一理念。

如果我们彻底地探查柏拉图的著述，我们就会发现一些关于理念以及它们与世界上的普通事物之间关系的理论。

（1）无论在任何地方，总有一些事物是F，这是因为它们含有或模仿F的理念。

（2）没有理念是包含或模仿它自身的。

（3）（a）F的理念是F。

（b）F的理念不是别的只是F。

（4）只有F的理念是真实的，是最真实的F。

38 （5）理念并不占有空间和时间，它们不会分开也不会改变，它们不能被感官所感知。

命题（1）、（2）、（3）组成了一个自相矛盾的三段论。这些理论所导致的困难，柏拉图本人在《巴门尼德篇》中第一次做了详细的阐述。让我们假设我们有些个体，每一个都是F。然后，根据命题（1），存在一个F的理念，根据命题（3），就是F自身。但是现在，F的理念和最原始的F事物组成了一个新的F事物的组合。再回到命题（1），这肯定是因为它们都包含有一个F的理念。但是，根据命题（2），这不可能是最初假设的理念，因此，一定有另外一个F的理念；但是轮到命题（3）的时候，它就是F；如此等等直至无穷。因此，这与命题（1）是相矛盾的，即不存在一个单一的理念而是有无穷多的理念。

我们可以用"人"替换上述争论模式中的"F"来说明这个问题。如果有一些人，那么，根据命题（1），就有一个人的理念。但是根据命题（3），人的理念就是人本身。因此，人的理念加上最初的那些人，就组成了一个新的人的集合。因此，按照命题（1），一定有一个人的理念是要与这个新的集合相对应的。但是，根据命题（2），这个理念不可能是我们已知的那个理念，因此它一定是一个新的理念。但是，依此类推，就会有另一个人；如此等等以至无穷，我们不可能只推导出一个或者两个人的理念就停止了。亚里士多德把这种对于理念论的驳斥称作"第三人论证"。柏拉图从未解决这个问题，而且，就像我们已经说过的那样，柏拉图对反对意见究竟是不屑一顾，还是最终全部或部分地抛弃了自己的理念，学者们至今仍然对此争论不休。

柏拉图的理论未能充分解决的问题有时被称为“全称命题的问题”（the problem of universals）。今天我们在探讨这个问题时可以看到四种观点，它们与柏拉图的理念论存在一些相似之处。

（A）具体的全称命题（Concrete Universals）。例如，在“水是液体”这句话中，“水”这个词被某些哲学家视为单一的、分散的物体的名称，是由水坑、河流、湖泊等组成的世界上含有水的部分。这个具体的全称命题与柏拉图的理念论有某些相似性，它可以解释柏拉图为什么偏爱（他的评论者们对此并未达成一致意见）用具体的语言模式（例如“美丽的”）而不是抽象的语言模式（例如“美”）来说明他的理念论。这为他的理念论提供了一个清楚的理解，即个体事物是包含在理念当中的：一瓶水的确是世界上所有水（all-the-water-in-the-world）的一部分。命题（2）、（3a）和（4）也很容易被证明是真实的。然而，按照命题（3b）和命题（5），一个具体的全称命题与柏拉图的理念论又是极不相同的——宇宙中的水可以确定其具体位置，可以改变其数量和分布，它是可见的、可触摸到的，在成为水之外还有很多其他的特性。

（B）示例论（Paradigms）。人们不止一次地建议柏拉图提出的各种形式也许应当被视为示例或者标准：可以设想，个体与理念之间的关系与特定的一米长的物体与正式定义一米长 39
度的巴黎标准米长之间的关系相似。这就很好地揭示了柏拉图理论的相仿与类似之处：准确地说，一米长只是与标准米的长度相似；如果两个事物都是一米长，那是因为它们都与示例相似。像一个具体的全称命题一样，一个示例适用于柏拉图理念的方方面面，使得这些理念似乎成了实实在在的客观存在；像一个具体的全称命题一样，示例也不具备柏拉图式的理念超越可感知世界的属性。标准米并不存在于天堂之中而是存在于巴黎，它也不是被智者的眼力而是被凡人的眼睛观察到的。

（C）特性和固有属性。逻辑学家有时候谈论事物的特性，比如人性，或者可以被七整除的特性。这些抽象的本体与柏拉图理念论中大部分超验的观念相同。人性不会像人那样成长或死亡，在这个世界上也看不到、摸不着能够被七整除的事物。我们可以说，所有的人都是因为拥有共同的人性才成为人的；我们可以说，在“彼特是一个人”和“约翰是一个人”这两个句子中，断言“…是一个人”的原因是他们具有人性。但是如果我们用这种方式把柏拉图式的理念看做是事物的属性，我们就很难明白柏拉图如何会认为人性本身，也只有人性本身才是真正的人。这难道还不清楚吗？人性只是抽象的名词，只有实实在在的人类个体才是一个人。

（D）种类论（Classes）。如果把属性当做原则，按照这些原则就可以把事物分成很多种类。例如，事物拥有人性的属性，就会被归到人的种类里。从某些方面讲，种类似乎比属性更接近柏拉图式的理念：人们可以很容易地将分享一个理念理解为一个种类中的一员。种类和属性一样，因为具有抽象性而和理念相似，但与示例以及具体的全称命题不同。但是，属性和种类之间又有很重要的区别。拥有相同成员的两个种类（哲学家们有时会说，它们具有相同的外延）彼此是等同的，反之，即便所有具有属性A的事物（而且只有这些事物）也具有属性B，属性A和属性B也并不能等同起来。例如，作为一个人，虽然无毛二足动物的种类与人的种类相同，但是人的属性与无毛二足动物的属性并不相同。哲学家们是这样表述两者的区别的：种类是有外延的，而属性没有外延。现在还不清楚，柏拉图的理念论是像种类一样有外延，还是像属性一样没有外延。确认理念和种类相同的困难在于命题（2）和命题（3）。人的种类并不是人，我们通常不能说F的种类是F，有些种类是它们自身的组成部分而有些不是。这一领域中存在的问题在经过两千多年之后充分地显现出来。

属性和种类等概念或多或少地继承了柏拉图思想的复杂性，然而，它们中没有一个能够公正地评判柏拉图的理念论。如果有人想知道柏拉图的（1）到（5）的命题是怎样貌似合理的，那他最好不要借助现代逻辑学的技术概念，而是应该使用一些思想性不那么强的概念。让我们来 40
考虑一下罗盘的北、南、西、东等方位吧。例如，东这个概念，我们并不能借助一个抽象的概念去解释它，例如向东，但是我们可以自然地想起英语中关于东的各种各样的习惯用语，并借此去想象东这个概念。有很多地方在我们的东面，如贝尔格莱德（Belgrade）、华沙（Warsaw）以及香港（Hong Kong）。那么东面的东西就是在东这个概念里的，是东方的一部分（分有），或者，如果你指出，它或多或少是和东方相同的方向（模仿）。由于在东方，或者因为与罗盘所指的方位在相同的方位，那么任何在我们东方的事物都是东（命题1）。现在，东方不能用我们东面的任何地方来确定：如果我们认为“东方”是像印度那样的地方，那么这种想法是很狭隘的，因为如果从其他视角（比如北京）来看，那么印度就是西方的一部分（命题2）。当然，东本身是我们的东方——走向东方你就一定是向东走——东方不是其他任何别的事物只是东。我们可以说“东方是红色的”，但是我们真正的意思是东方的天空是红色的（命题3）。唯有东方是绝对地在东面：太阳有时在东，有时在西，印度在伊朗的东面而在越南的西面，但是在任何时间任何地点，东方就是在东面（命题4）。此外，东方不能用任何空间的点来确定，也不能用历史上的任何时间点来确定，东方也是不可见的、不可触摸的、不可分割的（命题5）。

当然，我并不是说仅仅通过罗盘的方位就能对柏拉图的理念论提供解释，使命题（1）到（5）成为真命题。由于这些理论彼此并不完全一致，因而也就无法解释。我只是说，这种解释会使这些理论乍看上去貌似合理，而前人的解释无法做到这一点。就像柏拉图之后的哲学家们所发现的那样，具体的全称命题、示例论、属性论和种类论都产生了自身的问题，尽管我们不能回归到柏拉图的解决方法，但是我们仍然在这一领域中回答了他提出的许多问题。

柏拉图的《理想国》

柏拉图的理念论不仅仅依赖于逻辑学和形而上学的领域，而且依赖于知识的理论和道德的基础。要想了解他在成熟期的作品中使用的那些用法，我们最好详细地思考他最著名的一篇对话，即《理想国》。

这篇对话的公开目的是要寻求正义的定义，它所提出的命题是，正义是灵魂的健康。但是得出这个结论要花很长时间，在寻求结论的过程中又有很多种解释方式。

对话的第一卷提供了一些备选的定义，这些定义在苏格拉底的早期对话中已经一个接一个地被推翻了。这本书在某一时期也许的确是作为
41 一本独立的对话而单独存在的。但是它也阐明了整个《理想国》的基本架构，是通过被柏拉图赋予非常重要的意义并命名为“辩证法”的方法进行记述的。

一个辩证学家是按照下面的步骤来操作的。他提出一个假设，即是一个有疑问的设想，并试图去证明这个假设导致了矛盾：他提出逻辑反驳（elenchus），这是希腊的专业术语。如果逻辑反驳成功，就会得到一个自相矛盾的结果，那么这个假设就被驳倒了。这个辩证学家接下去会通过收集自相矛盾之处来验证其他假设，并使它们依次成为逻辑反驳，直到他找到一个无可置疑的假设。

所有这些（方法）在《理想国》的第一卷中都被阐述过了。第一个逻辑反驳非常简明扼要。苏格拉底的老朋友克法洛斯（Cephalus）提出

一个假设，那就是正义是指讲真话并归还所借的东西。苏格拉底问道：将武器归还给一个发疯的朋友是正义的吗？克法洛斯同意说不是；那么，苏格拉底总结道："正义不可能被定义为讲真话并可归还所借的东西。"克法洛斯随即退出争辩，动身去献祭了。

要寻求正义的定义，我们必须继续检验苏格拉底反驳克法洛斯所使用的进一步的前提。为什么把武器归还给一个疯子就是非正义的，原因在于伤害朋友就不会是正义的。玻勒马霍斯（Polemarchus）——克法洛斯的儿子，也是他的观点的继承人——接着为这个假设进行辩护，他指出正义就是做对朋友有益的事而做对敌人有害的事。反驳这个观点花了很长时间，但最后玻勒马霍斯同意伤害任何人都不是正义的。这个逻辑反驳中所需要的关键前提是，正义是人的优点和美德。苏格拉底极力主张，认为一个正义的人要通过使别人变得不优秀来使自己变得优秀的想法是违背常情的。

玻勒马霍斯在辩论中被淘汰了，因为他毫无怨言地接受了正义是人的优点这一前提，但是诡辩学者色拉叙马霍斯（Thrasymachus）渴望挑战这一假设。他说，正义不是美德或优点，而是缺点和愚蠢，因为不是每个人都有兴趣拥有它。相反，正义只是对那些在政府中掌握职权的人才有利，法律和道德只是为保护他们的利益而设计的体制。苏格拉底拿出20页的篇幅以及一些复杂的"一捉两"的方法（译者注：fork，棋类术语，指一棋子对两棋子的同时进攻）以便将死色拉叙马霍斯。不过在第一卷的末尾，（色拉叙马霍斯）最终同意了正义的人比不正义的人生活得更好，因此正义的拥有者会从中得益。色叙拉马霍斯经过一番对苏格拉底的让步，最终同意了他的观点。例如，他同意神是正义的，人的美德和优点使人快乐。这些或者其他的假设都需要争辩，所有的假设都是可以被质疑的，并且从《理想国》第二卷开始，大多数假设在书中的其他地方都是被质疑的。

到目前为止，有两个人一直在沉默地倾听，他们是柏拉图的兄弟格劳孔（Glaucon）和阿得曼托斯（Adeimantus）。格劳孔介入了这场辩

论，他指出，就像色拉叙马霍斯所说的，当正义不可能是积极的邪恶的
42 时候，它本身就不是值得去做的事，而是为了避免邪恶而选择去做的事情。为了避免被其他人拥有（正义），那些懦弱的人相互竞争，既不想遭受非正义的对待也不想做非正义的事情。人们更倾向于做不正义的事情，如果那样做能够免受伤害的话——而这种趋利避害是一个人可能会具有的（本能），例如，他可以躲藏起来，这样他的罪行就不会被发现。阿得曼托斯支持他哥哥的观点，他说，在人的品格中，正义的回报是看上去像是正义的回报，而不是真正正义的回报，就神而言，对非正义的惩罚可以由祈祷和献祭来圆满完成。如果苏格拉底真的驳倒了色拉叙马霍斯，他必须证明他绝对没有考虑名誉和法律，他必须证明正义存在于自身比非正义存在于自身更好一些，就像看得见比看不见更好，健康比疾病更好。

为了回应，苏格拉底从对个人正义的思考转移到对城邦正义的思考。他说，在那里（城邦中），正义的本义会被书写成大大的字母并且很容易被阅读。在城邦中生活的目的是为了使人们能够掌握不同的技能并满足彼此的需要。理想的情况是，如果人们满足于他们基本的需求得到满足，那么一个非常简单的社会就足够了。但是公民们不满足于基本的生存，而是要求得更多，这就需要一个更复杂的社会结构，提供其他的东西，比如一支训练有素的专业部队。

苏格拉底描述了一个有3个阶级的城邦。那些出身行伍、由竞选产生的最适合统治的人构成的上层阶级，被称为统治阶级（guardians）；其余的士兵被称为从属阶级（auxiliaries）；其他的公民则属于农民和工匠阶级。为了保障被统治者服从统治者的权威，“高尚的谎言”得到大肆宣扬，从而创造出了一个神话：每个阶级的成员在其灵魂中有不同的金属：与统治阶级、从属阶级、农民和工匠阶级对应的分别是金、银和青铜。阶级成员的划分是天赋的，但是阶级之间也有小范围的上升或者下降。

统治阶级和从属阶级会接受一套复杂的教育，包括文学（以《荷

马史诗》被审查过的版本为基础）、音乐（只允许教授那些有教育意义的音乐和反映战争的音乐）以及体育活动（一般是分性别举行的）。女人和男人一样可以成为统治者和士兵，但是这些阶级里的成员不允许结婚。女人是大家共有的，任何交往都是公开的。为了使人口保持稳定和健康，生育是被严格控制的。孩子们在公共场所被养育，不许和他们的父母接触。统治阶级和从属阶级不允许拥有私人财产，也不允许接触贵重金属，他们像士兵在兵营里一样共同生活，免费得到充足而朴素的供给。

苏格拉底承认，这些统治者的生活听上去并不吸引人，但是城邦的
幸福比阶级的幸福更重要。如果城邦是幸福的，那么它一定是一个道德 43
高尚的城邦，城邦的美德依赖于组成城邦的各个阶级的美德。

有四种引人注目的美德是至高无上的：智慧、勇敢、节制和正义。城邦的智慧是统治者的智慧；城邦的勇敢是士兵的勇敢；城邦的节制在于工匠和对统治者的顺从。那么正义在哪里呢？正义根植于区分劳动人民的原则，而这是由城邦开创的：每个公民，每个阶级，做他们最适合做的事情。正义就是做自己的事情，或者照料自己的生意，这就是阶级之间的和谐。

苏格拉底想象的城邦是残酷的极权主义政权，禁止私有财产，充满了欺骗，也因为与最基本的人权相冲突而臭名昭著。如果柏拉图的意思是他所描述的理想国要作为现实生活的政体的蓝图，那么他就会得到所有的恶名，他已经被保守主义者和自由主义者之类的人大肆辱骂过了。但是我们必须记住，这个法令制造者的直接目的是要表明灵魂中正义的本性，而这也是苏格拉底接下去要做的。

他提出有三种元素与想象中的政体的三个阶级相适应。他问道：“我们是用灵魂的一部分获取知识，另一部分发怒，第三部分寻求食物和性等等吗？还是在每一个冲动行为以及在所有这些类型的行为中，都是整个灵魂在起作用？”为了解决这个问题，他求助于思想冲突的现象。一个人可能很渴，但他也许不愿喝水。促使他采取行动的因素肯定

与阻止他行动的因素截然不同，因此，灵魂中一定有一部分对饥饿、干渴和性欲作出反应，而另一部分则成为饥饿、干渴和性欲的载体。这两种元素可以被称为理性和欲望。我们不能把愤怒归因于这两种元素中的任何一种，因为愤怒与欲望相矛盾（一个人可能对他自己不正当的欲望感到愤怒）又与理性相脱离（孩子们在达到拥有判断力的年龄之前就会发怒）。因此我们必须假定在灵魂中除了理性和欲望之外还有第三个元素，那就是激情。

上述区分基于两个前提：非对立性原则和通过不同的要求对灵魂的不同部分加以识别。如果X和Y是相互矛盾的关系，那么就没有什么能够取代X和Y而成为相同的事物。欲望的要求很清楚，激情的要求就是斗争和惩罚，但我们无从知晓理性的要求究竟是什么。一个人的理性要他忍受干渴，无疑是因为医生叮嘱他不能喝水，在这种情况下，反抗欲望是出于健康考虑的理性要求。

苏格拉底的理论是个体的正义就是和谐，而非正义是灵魂的三个部分之间的无序状态。城邦的正义意味着三个阶级各自做他们应该做的事情。“只要他完成了应当做的工作，而且只要我们本性的各个部分都能
44 够自我满足，那么我们每一个人都会成为正义的人。”理性就是要统治和教育激情，使它成为自己的同盟，而这两者都要管理不稳定的欲望，阻止它们超越限度。像正义一样，其他三种基本的美德都和灵魂的元素有关：勇气存在于激情之中，节欲产生于三个元素的协调一致，而智慧存在于“（灵魂中）起决定作用的一小部分之中……这个部分掌握着知识，不仅了解怎样对三元素中的每个元素都有利，而且知晓如何才能对三元素整体上有益”。

灵魂中的正义是一个先决条件，即使是那些贪婪而有野心的人，也会为城邦搞到钱和营生。不公平是当各元素侵犯了彼此的功能时而产生的一种民事纠纷。“正义是由灵魂产生的，就像健康产生于身体，将各元素按照它们之间统治与服从的关系组织好就是正义，而非正义就像疾病，意味着这种自然秩序被破坏。”既然美德是灵魂的健康，那么如

果我们再问是过正义的生活更合适还是做错事更合适这种问题就很荒谬了。当身体健康受到损害乃至被毁掉的时候，即便拥有世界上所有的财富和权力，这种生活都不值得去过。那么当我们生活的基本原则遭到毁坏和腐化的时候，这种生活还值得过吗？

现在我们已经来到了《理想国》十卷本的第四卷的结尾部分，辩证的过程分成了几个步骤。反对色拉叙马霍斯的假设之一就是：灵魂的作用是考虑、统治并关照个人。既然灵魂被分成理性、欲望和激情，就要抛弃如下观点：上述作用不属于整个灵魂，而只属于理性。为了建立灵魂的三分法还需要另一个假设：不矛盾原则。其实，这种原则并不是我们日常生活的世界所能依赖的原则。因为在日常生活的世界中，任何一种移动的事物在某个方面都是静止的，任何美的事物在某种程度上也是丑陋的。只有美的理念既不会增强也不会减弱，不是一部分美而另一部分丑，也不是此时美而彼时丑，更不是与此事有关即为美与彼事有关就是丑。人世间的所有存在物，包括由三部分组成的灵魂，都是受普遍存在的矛盾性影响的。由三部分组成灵魂的理论只是接近真理，因为它对理念只字未提。

在《理想国》中，上述内容在第五卷中第一次出现，并被作为区分两种精神力量或精神状态（即知识和观点）的基础。在一个理想的城邦中，统治阶级所接受的教育使他们能够获得真正的知识；这些知识是和理念有关的，这些理念是真实的存在（例如，对于任何F来说，只有F的理念是完全的、没有缺憾的F）。另一方面，观点与那些单调乏味的物体有关，它们既是存在，又不是存在（例如，对于任何F来说，世界上任何事物都在某个方面是F，或者在某一个方面又不是F）。

这些特性在第六册中又被依次细分，如下图所示：

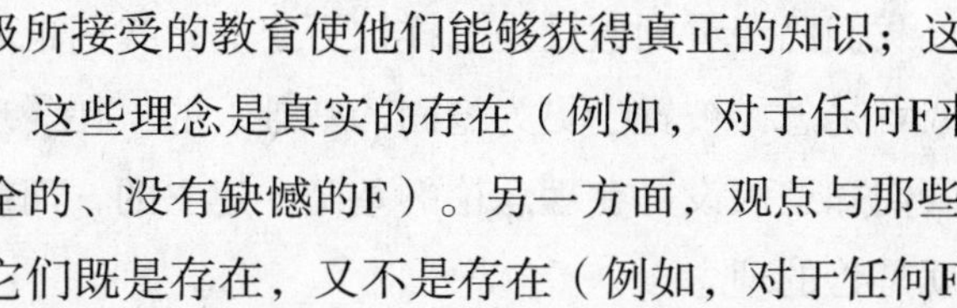

45

观点包含两项内容，（a）想象，其对象为“投影和映像”，（b）信念，其对象为“我们身边的生物以及出自自然或人类之手的杰作”。知识也分为两种形式。出类拔萃的知识是（d），哲学思维能力，其方法是辩证的，其对象是理念的范畴。不过，知识也包括（c），数学调查，其方法是假设的，其对象是抽象的事物，比如数字和几何图形。数学的对象和理念一样拥有永恒不变的特性：和所有知识的对象一样，它们属于世界的存在物，而不是演变物。而它们作为世俗对象的共性在于它们不是单一的，而是有许多，比如几何学的圆圈就和圆圈的理念不同，它们可以彼此交叉，而算术中的二可以彼此相加得四，既与一不同，也与二的理念不同。

按照柏拉图所说，哲学辩证法优于数学推理，因为它牢牢地抓住了假设和真相之间的关系。数学家把假设当成公理，由此他们就可以下结论而不会考虑到正义。相反，辩证学家虽然也是从假设出发，但没有把它们当成不言自明的公理，他不会立刻就下结论，而是首先追溯假设的本源，上升到非假设的原则。正如希腊语所说，假设就是那些“铺设”台阶的事物，辩证学家可以藉此发现非假设的东西。对辩证法自下向上的路径可以被描述为以下过程：“废除假定－否定假设之为假设－向上寻找到所有事物的最初原则，并在那里得到确认”。在《理想国》最初的几部分中，我们已经看到假设是怎样被否定的，我们也看到假设是怎样被抛弃的或者是怎样被置于更为稳固的基础上的。在《理想国》的中间几卷中，我们知道假设是在理念论的基础上建立的，而辩证法追溯的非假设原则就是善的理念。

洞穴的寓言可以给我们启发，柏拉图用洞穴理论作为例证来补充他的线喻（line-diagram）所表现出来的抽象性。我们想象一群被捆绑在洞穴里的囚犯，他们背向着出口，面对的是由于火炬的照射而投映在洞穴内壁上的木偶的影子。算术、几何、天文和音乐四学科的教育解除了囚犯身上的枷锁，并带领他们越过表象的阴影世界（shadow-world of becoming）中的木偶和火炬，进入到型相世界（world of being）的明媚

阳光之中。整个教育过程，即从阴影发生转变的过程，是由灵魂中最好
的部分——比如理性设计的，学生要开始上升的过程，必须挣脱的枷锁
是愿望和欲望的愉悦。根据第二卷和第三卷的提纲，囚犯们已经得到了 46
体育和音乐的训练。甚至在离开洞穴的旅程之初，人们的精神与肢体也
必须健全。

线喻的四个部分是培养哲学家的四个阶段。柏拉图充分阐述了数学课程的四个阶段。如果一个孩子读到了一篇关于数学家的故事，那就是想象力的练习。如果有人用算术去计数军队里的士兵人数，或者其他具体的物体，那就是柏拉图所谓的数学信仰（mathematical belief）。明智地学习算术会使学生完全超出表象世界，并教会他学习抽象数字，这些数字是多种多样的但却是不可变的。最后，通过质疑算术假设（即我们所说的探索数学的基础）、辩证法引导人们去认识各种理念以及洞穴寓言中的人、树木和星星，使他真正理解数字。

《理想国》中涉及道德教育的部分比数学教育要多，但是最终证明它遵循了相同的方法。道德想象包括诗人和剧作家的格言。如果学生受到的教育是柏拉图推荐的那些经过删节修订的文艺作品，那么在这个阶段他就会看到正义取得胜利，也会知道神是不变的、善的、真实的，他后来会将此视为代表善的永恒理念和真理与知识的源泉的象征。道德教育的第一阶段使他能够胜任在法庭上应用的人类正义，这会使他掌握关于对与错的真正的信念。但要教育他了解正义的实质并展示正义如何分有辩证法上游路径末端的善的理念，这就是辩证学家的任务了。对于柏拉图来说，每一个理念都在不同层次上依赖于善的理念：比如X的理念是完美的X，那么每一个理念都分有了完美或善的理念。在洞穴寓言中，善的理念与永远光辉普照的太阳相媲美。

一个苦思冥想过理念的哲学家，无疑能够用一个更好的定义来代替像灵魂的健康这样的关于正义的假设定义，这个更好的定义无疑会表明其分有善的理念的模式。但是苏格拉底证明这是不可能完成的任务：他的眼睛被辩证的太阳蒙蔽了，他只能用隐喻的方式说话，甚至不能对

善本身做临时性的描述。当接下来我们在《理想国》中看得更清楚的时候，辩证法已经开始其下游的路径了。我们返回到早先几卷著作所讨论的主题——城邦的自然历史，灵魂的拆分，正义的快乐，诗歌的缺陷——但是现在我们是在理念论的光辉下学习它们。正义的人比不正义的人快乐，不仅因为他的灵魂是和谐的，而且因为他是用理解填满灵魂而不是养肥了欲望的需求，这使他更讨人喜欢。理性不再是照顾人的才能，而是与不可变、永恒的真相世界类似的才能。之所以很少产生诗
47 人，不只是因为——像苏格拉底为了教育士兵而修改诗人们作品的时候坚持认为的那样——他们传播的都是些没有启发性的故事，一味纵容堕落者的品位，而是因为他们的创作都处在理念的现实性的第三阶段上。诗人和画家所复制的这个世界的对象只是他们自身对理念的复制：一幅关于床的画不过是对理念中床的复制品的摹仿。

在《理想国》中间的书卷中有关教育哲学家的描述意味着要建立理想的统治者的典型——哲学王。苏格拉底声称，最好的宪法是被如此获得的智慧所统治的宪法——可能是君主制或是贵族统治，因为它并不关心智慧是否是一个或多个统治者的化身。但是有四种低等的宪法类型：荣誉政治、寡头政治、民主政体以及专制统治。城邦中这些堕落的宪法类型中的每一种，都对应着一个堕落的灵魂的典型。

如果灵魂有三个部分，为什么会有四种主要的美德，又有五种不同的宪法类型呢？这个问题的第二部分比第一部分更容易回答。有五种宪法和四种美德是因为从一种宪法要转变成另一种宪法都要借助于美德的降格；从第一种宪法到第五种宪法要经过四个步骤。当统治者不再是智者的时候，贵族统治就让位于荣誉政治。寡头统治者与荣誉君主的不同之处在于前者缺乏勇气和军事力量。到了寡头统治的那种自我节制丧失殆尽的时候，民主政体就会产生了。在柏拉图看来，从贵族统治开始的任何一步都是远离正义的一步，但是从民主政体到专制统治的一步标志着非正义化身的提升过程。因此，贵族统治的城邦是以包含所有美德为标志的，荣誉政治的城邦其标志是智慧的匮乏，寡头政治的城邦其标志

是勇气的衰退，民主政体的城邦其标志是对节制的蔑视，而专制统治的城邦其标志是正义的颠覆。

但是，上述政体的上述缺点是如何与灵魂的各部分联系起来的呢？柏拉图提供了精巧的模式。在理想的政体中，城邦的统治者是根据理性进行统治的；在荣誉政治的城邦中，统治者是按照激情进行统治的；在寡头政治的城邦中欲望在统治者的灵魂里获得提升。但现在灵魂三分法的第三部分中，又出现了新的三个组成部分。肉体需求所形成的欲望被分成必要的需求、不必要的需求以及无法无天的需求。对面包和肉的简单的需求是必要的需求；对奢侈品的需求是不必要的需求。而那些邪恶的、违背常情的、厚颜无耻的不必要的需求就是无法无天的需求，通常只有在梦里才能找到其表达的方式。寡头政治、民主政体和专制统治之间的区别由支配每个城邦的统治者的不同类型的需求而产生。寡头政治的城邦其少数统治者是被少数必要的需求统治的；民主政体的众多主宰者中的每一位都是受众多不必要的需求支配的；而专制城邦中唯一的君主则受制于一种独一无二的、支配性的、无法无天的激情。

苏格拉底进一步使用灵魂的三分理论来证明正义的人体验到的幸福 48
所具有的优越性。根据人类灵魂中占主导地位的元素是欲望、激情还是理性，可以把人分为贪得无厌的、野心勃勃的和研究学术的三类。每种类型的人都声称他们自己的生活最好：贪得无厌的人会赞美商业生活，野心勃勃的人会赞美政治生涯，研究学术的人会赞美知识、理解以及学习生活。研究学术的人，也就是哲学家，其判断更容易被接受，因为他在实践能力、洞察力以及理性思考方面都比其他人有优势。此外，哲学家终其一生所追求的目标比其他人追求的目标更为真实，那些人的快乐经过对比显得那么具有欺骗性。对于灵魂中的其他元素来说，遵循理性不仅是最高尚的过程，也是最快乐的过程。

在第十卷中，柏拉图再次重复描述了灵魂的构造。他把体现出灵魂的三个组成部分中理性能力的两个元素作了对比。就像笔直的木棒在水中看起来是弯曲的那样，灵魂中也有一个元素令人们感到困惑，另一个元素则可以加以测量、计数并称重。从上述区别出发，柏拉图抨击了戏剧和文学。在戏剧所表现的行为中，一个人身上存在的内在冲突足以与视觉印象中截然相反的意见冲突相媲美。在悲剧中，是我们的灵魂中喜爱悲叹的那一部分与更好的一部分（即愿意遵守法律的那一部分）之间的冲突，也就是说我们必须平静地承受不幸。在喜剧中，这一高尚的元素不得不与另一种元素作斗争，而后者是一种扮演小丑的本能冲动。

在对《理想国》进行总结时，柏拉图为不朽提供了新的证明，使得正义是灵魂的健康这一概念最终定型。每一个事物都被其特有的疾病摧毁了：眼睛被结膜炎摧毁，铁被锈摧毁。现在，堕落是灵魂特有的疾病，但堕落没有像疾病摧毁身体那样摧毁灵魂。不过，假如灵魂不会被自身的疾病杀死，那么它将很难被其他任何疾病杀死——自然也不会被身体的疾病杀死——因此，灵魂一定是永生的。

正义是灵魂的健康这一原则最终从它所依存的灵魂三分法中分离出来。苏格拉底说，像由三部分组成的灵魂这样令人忧虑的混合实体是很难永存的。灵魂本身真正的属性是一件非常惹人喜爱的东西，正义在其中是很容易被区分出来的。三分模式中的灵魂与其自然属性相比更像一个君主，像一座被藤壶（译者注：岩石、船底等处附着的成体甲壳动物）覆盖着的海神雕像。如果我们能够把目光专注于灵魂的爱智慧以及追求神圣和永恒的激情上面，我们将会认识到，一旦灵魂从对物质快乐的追求中摆脱出来，它会有多么的不同。

通过定义正义为精神的健康，柏拉图实现了三个目标。第一，他给自己提供了一个很简单的答案来回答“为什么要成为正义的人”这个问题。每个都想要健康，因此如果正义是健康，那么每个人一定真正想成
49 为正义的人。如果有人不想作出正义的行为，那不仅因为他们不能理解正义和非正义的本质，还因为他们缺乏对自身条件的洞察力。那么，正义是精神健康的学说就很好地依托于苏格拉底提出的没有人自愿做错事的理论，而堕落根本就是无知的。第二，如果非正义是一种疾病，那么它就有可能通过应用医学科学而被彻底根除。因此，柏拉图可以为《理

想国》提出严格的训练计划和教育体系，使之成为阻止堕落流行的最好方法。第三，如果每个堕落的人都是真正的病人，那么高尚的哲学家就可以像医生要求病人一样要求他采取控制措施。把非正义当成精神疾病来看待就像把堕落当成疯狂来看待一样，疯子没有权力这一观点很早就在《理想国》中产生了，他们不能要求拥有财产，他们也根本不会被告知真相。不过，按照柏拉图的解释，所有没有达到哲学王的标准的人自然都或多或少有点疯狂，因此极权主义城邦中的武士阶级就被允许对他们的臣民使用"谎言之药"。如果与世界上除了我（可能还有你）之外的一切都是疯狂的这一观点相比较，我们发现疯子需要约束这一理论是致命的。

正义是灵魂的健康这一理论是《理想国》一以贯之的主题。但是，正如我们所看到的那样，柏拉图对话的范围涵盖了精神哲学、道德哲学、政治哲学、教育哲学、美学、知识理论以及形而上学。在所有这些领域中，理念论都得到了普遍的应用。它使我们继续关注柏拉图后来的部分作品，在那些作品中他的哲学不再依托于理念论。

《泰阿泰德篇》和《智者篇》

《泰阿泰德篇》（The Theaetetus）从某种程度上说开始于一篇早期对话。所提出的问题是："什么是知识？"而苏格拉底作为助产士帮助聪明的年轻数学家泰阿泰德得出结论。第一个建议是，知识是由几何学和木匠活之类的事物构成的。但是这不能作为定义，因为如果我们试图给出几何学和工匠活的定义，"知识"这个词本身并不会出现。苏格拉底所寻求的是不同种类的知识中的共性。

泰阿泰德的第二个建议是"知识是感知能力"：要了解某种事物就要去感受它。苏格拉底注意到不同的人的感受会产生不同的影响：面对同样的风，有人觉得温暖，有人觉得寒冷。"感觉寒冷"意味着"看似寒冷"，因此察觉和看似是同一事物。只有真实的事物才能被了解，因此如果知识是察觉到的，那么我们将不得不接受普罗泰戈拉的看似的东西是真实的这一学说，或者至少对于单独的个人来说，他看似的东西对于他来说就是真实的。

普罗泰戈拉之后是赫拉克利特（Heraclitus）。他认为如果“世界上所有事物都处在不断的变化中”的命题是真实的，那么我们所看到的颜色和我们所感觉到的质量就不能成为客观的、稳定的现实。更准确地
50 说，（每一件事物）都是我们的感觉和不断变化的宇宙中相对应的转瞬即逝的事物短暂碰撞产生的结果。例如，当眼睛与适当的、可见的对应物相接触的时候，眼睛开始看到的是白色，而物体则开始看上去是白色的。白色本身是通过眼睛和物体这两个来源的交流而产生的。眼睛、物体同它们所产生的白色一样，都存在于不断变化的宇宙中；它们并非静止不动的，但它们的运动速度与感觉印象来来往往的速度相比是缓慢的。眼睛看到白色物体和物体本身的白色是一对同生同死的双胞胎。我们可以讲一个有关于其他感觉的类似的故事：至少在感觉王国中，我们能够明白为什么普罗泰戈拉会说看似的东西就是存在的；对于一种属性的存在来说，它和由相应的感觉所得出的表象是彼此不可分离的。

但是生活并不全是感觉。我们会做梦，在梦中我们长着翅膀能够飞翔；疯子都会产生妄想，他们觉得自己是上帝。如何确定这些看似的东西与现实没有联系呢？我们生命的一半时间都在睡觉，也许我们永远不能确定我们是醒着还是在做梦。因此，我们怎么能够说在任何时刻我们任何人看似的任何事物都是真实的呢？

要回答这个问题，普罗泰戈拉再次求助于赫拉克利特。假设苏格拉底生病了，那么他尝到的甜酒就变酸了。根据前面所给出的解释，酸味是由酒和品尝者这两个来源所产生的。但是生病的苏格拉底和健康的苏格拉底是不同的品尝者，由于有不同的来源，那么产生的结果自然也不相同。既然每一个观察者都是在不断变化的，那么每一种察觉都是独特的、不可重复的经历。酒是酸的也许不是事实，但对于苏格拉底来说它就是酸的，在这一点上没有人能够纠正病中的苏格拉底。因此，普罗泰

戈拉也在此为自己辩护说：我看似是的事物对我来说就是真实的。泰阿泰德因此也能够继续坚持感知即知识这一观点。

但是，是所有的知识都是感知吗？例如，要学会一门语言，我们不能仅仅听发声，在学习一门语言的过程中我们并不清楚我们能做什么。当然，我经常听到某些事物——比如说帕台农神庙建在雅典卫城上——但是我们要亲眼见到它才是真的。不过即使我闭上眼睛或者转向离去，我仍然知道帕台农神庙就是建在雅典卫城上。因此，记忆脱离感知而提供了一种知识的例证。但是也许泰阿泰德还没有被打败：普罗泰戈拉也许能帮助他，因为普罗泰戈拉回应说，我们不可能同时既知道某事又不知道某事，这就好比你用手蒙住一只眼，你只能同时都看见或者同时看不见同一事物。

苏格拉底似乎被迫作出了一个人身攻击式的机智的反驳。如果就知识而言没有人能够比别人占据更好的位置，既然呈现在每个人眼前的东西只对他自己来说才是真实的，那么普罗泰戈拉怎么能声称自己是老师呢，还要收取学费？普罗泰戈拉可以做如下回答，尽管不存在能教人
放弃错误思想而寻求正确思想那回事，但一名教师能够使人放弃坏的思 51
想而寻求好的思想。虽然所有看似的东西同样是真实的，但并非所有看似的东西都同样是善的。一个像普罗泰戈拉这样的智者能够把他的学生带到一个好的城邦里去，就像医生可以治好苏格拉底的病以影响他的味觉，这样酒将再次成为甜的。

为了回应这一说法，苏格拉底引出德莫克利特的观点来证明普罗泰戈拉的学说是自相矛盾的。有些人比别人掌握更多的技能和专业知识，对所有人来说这似乎都是真的，如果真是这样，那么对所有人来说这一定就是真的。对于大多数人来说普罗泰戈拉的理论似乎是错的，如果这样那么他的理论一定是错多对少，因为不相信的人比相信的人多。普罗泰戈拉的理论如果应用于感知，也许似乎有一个坚实的基础，但是如果应用于医学诊断或政治预言，则是很难以置信的。每一个人都可能成为其所是（is）的尺度，但是甚至在感觉的事例中，他也不是他将是（will be）的尺度：医生比患者本人更了解他是否感觉发热，葡萄酒商也比饮酒者更了解一种酒的口感甜或不甜。

不过，苏格拉底辩论道，在感觉王国中，普罗泰戈拉的理论即使在其最强有力的时候也仍然是脆弱的，因为它是以宇宙流变论为基础的，而这种理论本身是没有条理的。按照赫拉克利特的理论，任何事物都是一直在变化之中的，与位移（从一地到一地的移动）和质变（就像从白到黑的改变）相关联。现在，如果某物原地不动，我们可以描述它的质量如何变化；如果某物有持久不变的外观，我们就可以描述为它如何从一地移动到另一地。但是如果这两种变化同步发生，我们就只能无话可说了，我们不能说什么在移动，也不能说什么在改变。感知本身也是不断变化的：看见的情节马上会变成看不见的情节，听见与听不见的状态也在不停地转换。因此，这和我们获取知识不同，如果知识与感觉一致，那么知识就不见得比非知识的东西更成其为知识。

通过对身体的感官的考察，苏格拉底发起了最后的进攻：眼睛和耳朵分别是我们辨别颜色、听到声音的渠道。一种感觉的对象不能被另一种感觉所感知：我们不能听颜色或者看声音。但是在那个例子中，“声音和颜色并不是彼此相同的事物，而是两种不同的事物”这一想法不可能是视觉或听觉的产物。泰阿泰德不得不承认没有哪种器官能够感知相同和不同或者感知单一和多样，头脑本身思考适用于任何事物的共同术语。但是关于大多数可触摸的身体特性只能通过使用这些共同术语才能找到真相，这些术语不属于感觉而属于头脑。知识不存在于感知而存在于头脑反映。

最终，泰阿泰德放弃了知识即感知的理论，他转而提出知识是由
52 头脑反映所作出的判断组成的。苏格拉底论证了这一变化过程。他说，当头脑思考的时候，如果它自说自话，那就像自问自答一样，回答是或否。当它总结自身内在的讨论时，它因为得出结论而变得沉默，这就是判断。

知识不能完全被判断确定，因为判断会有错误和正确之分。要说明

错误的判断并不容易：我怎么能够对A＝B作出判断呢，除非我知道A是什么、B是什么，如果我知道了，我又怎么能够知道这个判断是错误的呢？作出错误判断的可能性可能会迫使我们不得不同意这样一种观点，即人们可以同时知道和不知道同一件事。

苏格拉底现在提出，让我们假设头脑是一小片蜡。当我们想要回忆起某事的时候，我们就把印象或观念印在这一小片蜡上，只要这个印记存在我们就有记忆。错误的判断可能是这样产生的：苏格拉底认识泰阿泰德和他的私人教师西奥多卢（Theodorus），他已经把他们两个的形象印在记忆中的那一小片蜡上了。但是如果远距离看泰阿泰德，苏格拉底就不能把他和他本人形象对应起来，而是会错误地和西奥多卢的形象对应起来。印在那一小片蜡上的形象越模糊，就越有可能犯类似的错误。因而感觉和思想之间的错误搭配就形成了错误的判断。

但是，当我们的感觉没有问题的时候，难道就没有作出错误判断的例子吗，比如，我们在算术题中做了错误的加法？为了考虑这些事例，苏格拉底说，在特定时刻头脑中没有保持知识也有可能拥有知识，就像我们并没有穿一件衣服但却拥有它一样。现在让我们想象头脑并不像是一小片蜡，而是一个鸟类饲养场。出生的时候我们的头脑是一个空的笼子，我们学习新的事物就好比我们抓到了新的鸟，我们知道某些事情在我们的笼子里都有相对应的鸟。但是如果你想用一条知识，你必须抓住一只相对应的鸟，并且在放走它之前一定要在手里牢牢抓住。这样，我们就能解释算术中的错误：那些不懂算术的人他们的鸟类饲养场里就没有数字鸟；判断7＋5＝11的人拥有所有飞来飞去的、正确的鸟，但他抓住的是第11只鸟而不是12只。

苏格拉底指出，无论这些明喻对于弄清错误判断的本质是否足够，知识即正确的判断这一理论都存在困难。如果一个陪审团被聪明的律师说服作出某项判决，那么即使这个判决与事实相符，陪审团的成员们也不具有目击证人亲眼所见的知识。泰阿泰德随后修改了他的定义，知识是真实的而且可以被清楚表达的判断或信念。

苏格拉底接下来探究了（泰阿泰德提出的）三种不同的方式，在这
三种方式中关于某事的信念可以被清晰地表达出来。很显然，如果有人
能把信念用词语表达出来，那么这个信念就是可以清楚表达的，但是没
53 有一个不聋不哑、且拥有真实信念的人能做到这一点，因此很难将真实
的信念与知识区分开来。

第二种方式苏格拉底很认真地对待：对物体要有一个表达清晰的信念就是要能够对它进行分析。通过将某事简化为组成它的元素就能得到与之相关的知识。但在上文的例子中没有任何关于最基本的、不可分析的元素的知识。构成世界实体的元素就像语言中组成单词的字母，而分析一个实体就好像拼写一个单词。但是尽管一个人能够拼写出“Socrates”这个词，他却不能拼写字母“S”。就像字母不能被拼写一样，世界的元素也不能被分析因而也无法被认知。但是如果元素不能被认知，那么由它们组成的组合物又怎能被认知呢？此外，如果我们要获得关于组合物的知识我们就必须掌握元素的知识，然而这是不够的，一个孩子也许认识所有字母，但是仍然不能正确拼写。

在第三种解释中，如果某人能对某一事物做出唯一真实的描述，那么他就对这一事物持有一种能够清楚表达的信念。如此一来，太阳就可以被描述成最亮的天体。但据此来看，人们对那些没有能够清楚表达的信念的事物，该如何加以认识呢？如果我对于泰阿泰德的描述只是他与别人的共性，就像他有一个鼻子、两只眼睛、一张嘴，那我怎么能真正地思考泰阿泰德本人呢？

苏格拉底略显轻率地总结道，泰阿泰德第三个关于知识的定义并不比前两个高明。像柏拉图早期的苏格拉底的对话一样，这篇对话也是以困惑结尾的。但是事实上，它也收获了很多。关于感知本质的说明被亚里士多德修改了一下，直到中世纪都成为一种标准定义。关于知识是可以清晰表述的真实信念的定义，被解释为证明真实信念的正确性，这一定义仍然被现世的很多哲学家接受。但是柏拉图认为这篇对话最大的收获是通过证明普遍变化的学说（universal flux）是自相矛盾的，从而纠

正了赫拉克利特的怀疑主义。

在《泰阿泰德篇》中，苏格拉底为了在辩论中与对手较量，令人惊奇地、更多地把自己描述为令人敬重的巴门尼德，一位与赫拉克利特对立的哲学家。这使柏拉图不得不写作《智者篇》。在这篇对话中，虽然泰阿泰德和苏格拉底再次出现，但是主讲者不再是苏格拉底，而是一个来自爱利亚（Elea）的巴门尼德城的陌生人。这篇对话表面的目的是要给智者下个定义。这个爱利亚的陌生人用类似今天的20问（twenty questions）游戏的方法来下定义。游戏时发问者把世界分为两部分，即生气勃勃的和死气沉沉的。如果寻找的对象是生气勃勃的，那么生气勃勃的世界就进一步被分为两个部分，即植物和动物，如此不断地采用二分法，直到对象被准确地识别。爱利亚的陌生人通过类似的方式首先给
钓鱼的技艺下了定义，然后又不止一次地给智者的技艺下定义。有关智 54
者的技艺的描述成为整篇对话的总结：“（智者的技艺是）制造矛盾的技艺，来自一种不诚实的恣意的模仿，属于制造相似的东西那个种类，派生于制造形象的技艺。作为一个部分它不是神的生产，而是人的生产，表现为玩弄辞藻。”

当然，这是个玩笑。这篇对话严肃认真的部分就是按照这种方式执行的。其思想脉络如下所示：智者派与谬误联系在一起，但是我们怎么可能谈论谬误而不触犯令人尊敬的巴门尼德呢？说某事是错的就是说它不是某事，那是否意味着我们同样可以如此描述非存在呢？按照巴门尼德给出的理由，那将是不可感知的。我们是否应该更仔细一些，然后坚持认为要说出什么是错的就是要说出它是什么、不是什么，或者它不是什么、是什么？这可以避免巴门尼德的指责吗？

我们必须消除巴门尼德的疑虑，这就需要迫使他赞同不是的东西在某些方面就是是，而是的东西在某种意义上说就是不是。例如，运动不是静止，但是这并不意味着运动根本不是任何东西。有很多事情甚至包括存在（Being）都是不是，例如，存在不是运动也不是静止。当我们说某物不是什么的时候，我们并不是在谈论存在的对立面——非存

在，我们只是在谈论与现有事物之一不同的事物。不美和美不同，非正义和正义不同，但是不美和非正义与美和正义一样真实。如果我们把所有“无”或“非”的东西堆积在一起，我们就会得到不存在的事物的范畴，这和存在的范畴一样真实。因此我们已经打开了巴门尼德限制我们的牢笼。

我们现在可以从思想和语言两方面来考虑谬误了。问题就在于我们不可能想或说某物不是某物，因为非存在是不可感知的。但是现在我们已经发现非存在是完全真实的，我们可以以此来解释错误的思想和错误的语句。

一个典型的句子是由一个名词和一个动词组成的，说的是关于某事的某事。“泰阿泰德正在坐着”和“泰阿泰德正在飞翔”是两个关于泰阿泰德的句子，但是一个真一个假。它们说的是关于泰阿泰德的不同的事情，真的句子所说的关于他的事情存在于他是的事情当中，而假的句子说的关于他的事情存在于他不是的事情当中。飞翔不是非存在，它就是它所是的事情——它主要涉及的事情——但是飞翔是一种与泰阿泰德所是的事物不同的事物，而泰阿泰德所是的事物是能够被真实地说出的。

可以对将虚假之物比喻为一个错误句子的说法加以修改，使其也适用于错误思想和错误判断。这是由于思考是沉默的、内在的言辞，而判断就是与思想对等的断言和驳斥。当我们谈到“表面”和“外观”的
55 时候，我们是指由感觉作用而产生的判断，同样的描述在这里也是恰当的。

我们所遵循的思路，只不过是那个陌生人为了使他的家乡爱利亚城的一元论者们陷入困境而设计的密实的论证网络中区区的一条而已，在《泰阿泰德篇》和《智者篇》两者之间，使柏拉图能够在反驳和批谬赫拉克利特和巴门尼德的哲学之间采取一条中间路线。但是《智者篇》的杰出之处在于：哲学家中那些被指责为不能胜任的人是那些被称为“型相之友”的人。这种描述方式无疑证明了他们是柏拉图理念论的倡导

者。陌生人说真正的哲学家

> 必须拒绝接受主张一切真实的存在都是不变的学说，无论这种学说是一种形式还是多种形式，他也必须拒绝听取另一派的观点，把真实的存在说成充满变化。像一名乞求“两个都要”的儿童，他必须宣称，真实的事物或事物的总和同时处在动和静两种状态下，一切事物既是不变的，又是变化的。

在此，赫拉克利特代表变化的一派，而巴门尼德则是单一型相论的拥护者。多种型相论的拥护者只不过是年轻时期的柏拉图本人。像我们已经说过的，我们不能确切地知道柏拉图晚年是否坚持或放弃了他的理念论的信仰。但是，在历史上我们很难找出其他哲学家在这个问题上能够像柏拉图一样，如此清晰、雄辩地做出强有力的辩论来反对他自己最钟爱的理论。

（温红　译）

第四章　亚里士多德的体系

柏拉图之徒，亚历山大之师

亚里士多德不是雅典人。苏格拉底死后15年，亚里士多德生于希腊北部马其顿王国（Macedonia）的斯塔吉拉（Stagira）。他是一位宫廷医生的儿子。公元前367年也就是17岁时，他来到雅典参加了柏拉图的学园，并且一呆就是20年。柏拉图的许多后期对话都可追溯到这一时期，其中有些观点也反映了亚里士多德对争论的看法。柏拉图不顾事实地篡改时间，将一个叫“亚里士多德”的人物引进了《巴门尼德篇》（公元前450年），这个对话对理念论作出了最为严厉的批评。亚里士多德自己的一些逻辑和论辩著作，比如《论题篇》和《智者的辩驳》可能也属于这一时期。

与亚里士多德在学园的同一时期，马其顿从一个不稳定的边陲省份逐渐发展成为希腊最强大的王国。公元前359年即位的国王菲利普二世（King Philip Ⅱ）发动了反对包括雅典在内的各种敌对势力的战争。尽管有雄辩家德谟斯提尼（Demosthenes）的军事爱国演说，但是雅典人仍然不愿全力去维护他们自己的利益。在一连串羞辱性的让步之后，雅典人在公元前338年让菲利普成为了希腊世界的主人。

对于一个在雅典居住的马其顿人而言，这是一段困难时期。公元前347年，当柏拉图死后，他的侄子斯潘雪普（Speusippus）成为学园的领导，亚里士多德去了位于现今土耳其西北海岸的阿索斯（Assos）。这个城市受学园的毕业生赫美亚斯（Hermias）统治。在此之前，他就已经邀请了许多学园的成员并在这里建立了类似于雅典学园的哲学学校。亚里士多德后来成了赫美亚斯的密友，而且和他的养女皮提娅斯（Pythias）结了婚并育有两女。在这期间，亚里士多德做了广泛的科学研究，特别是海产动物学，这些研究后来都被放进了题不达意的《动物志》一书中。它包含了对哺乳动物、鸟类动物、爬行动物、鱼类和甲壳虫动物等的解剖、饮食和繁殖系统的详尽而精确的考察。这种考察之前没有先例，而直到17世纪也才有后继者。直到公元前341年赫美亚斯 57
被人出卖而被波斯国王处死，亚里士多德才离开阿索斯。亚里士多德在其唯一幸存下来的诗篇《颂德行》（Ode to Virtue）中表达了对他的缅怀。赫美亚斯死后，亚里士多德接受菲利普二世的邀请来到马其顿首府担任他的儿子也就是后来在公元前336年继承王位的亚历山大大帝的家庭教师。但是关于亚里士多德和他这位高贵的学生之间的关系，我们并没有多少可靠的资料。这位皇帝在十年之间使自己成为横跨多瑙河（Danube）与印度河（Indus）之间以及利比亚（Libya）和埃及等广阔地带的庞大帝国的统治者。古代资料告诉我们，在亚历山大早期征战中，他曾组建了一个研究助手团队用于把从希腊和小亚细亚（Asia Minor）各地收集到的生物样本送给他的这位老师。但是我们从亚里士多德自己的作品中能了解到，他和这位越来越狂妄，甚至最后宣称自己是神的马上皇帝之间明显的冷淡关系。

亚历山大征服亚洲的同时，亚里士多德回到了雅典，并在吕克昂（Lyceum）城墙边上建立了自己的学校。在这里亚里士多德建立了真正意义上的图书馆，在他周围聚集了一群才华横溢的学者。吕克昂不是像柏拉图学园（Academy）那样的私人俱乐部，其中许多演讲对所有公众都是开放的、免费的。

亚里士多德承认他从柏拉图那里受了很大影响。柏拉图死时，亚里士多德把他称为人类最好和最幸福的人，甚至坏人根本无权赞扬他。尽管亚里士多德的主要哲学著作几乎在每一页都表明了这种影响，但是亚里士多德不是一个毫无批判的信徒，在古书中，他被称为“踢他母亲的不领情的小驹”。

文艺复兴以来，把柏拉图学园和吕克昂看做是哲学上相反的两极已经成为了一种传统。根据这个传统，柏拉图是理想化的、空想的和超凡脱俗的，而亚里士多德则是现实的、功利的和基于常识的。所以在拉斐尔（Raphael）名画“雅典学园”（School of Athens）中，柏拉图穿着表现空气和火等不稳定因素的彩服并指向天空，而亚里士多德则穿着水蓝地绿的彩服，而且牢牢地站在地上。S·T·柯尔律治（S. T. Coleridge）说，每个人要么是亚里士多德主义者，要么是柏拉图主义者，除此之外，再设想第三种人是不可能的。和我们同时代的诗人W·B·叶芝（W. B. Yeats）指出了他们间的对立：

柏拉图认为自然不过是水泡
戏弄着事物的幽灵式千变万化图；
坚实的亚里士多德挥舞着桦木条
会鞭打一位王中之王的屁股。[①]

事实上，正如我们将要看到的，亚里士多德的大部分哲学议程都来自柏拉图，而他的教义与其说是对柏拉图学说的驳斥，不如说是对他的修正。现代思想史家们对他们的理解不及古书上的那些注释家们。这些注释家把在两位古代最伟大的哲学家之间建立起和谐一致的关系视为他
58 们的职责。

亚历山大大帝死于公元前323年。民主的雅典固然欣喜不已，然而对于亚里士多德来说，虽然他是反对帝制的，但是作为马其顿人，这个

①这是叶芝的诗《在学童中间》节选，译文引自《世界诗库第2卷·英国、爱尔兰》，飞白主编，花城出版社，1994年，第593页。——译者注

家变得不再那么舒适了。亚里士多德说，他不希望这个处死过苏格拉底的城市再一次犯反哲学的罪，所以他逃到了恰尔基斯（Chalcis）。这是希腊附近的一个小岛，亚历山大死后一年，亚里士多德也死在了这个岛上。

亚里士多德把他的著作留给了塞奥弗拉斯特（Theophrastus）并让他继任吕克昂学园的领导。这些著作无论在数量还是在范围上都是相当巨大的。它包括有关宪法史、体育史和戏剧等的著作，包括植物学、动物学、生物学、心理学、化学、气象学、天文学和宇宙学的著作，还包括更严格意义上的哲学著作，诸如逻辑学、形而上学、伦理学、美学、政治学、知识学、科学哲学和思想史的著作。

逻辑学的创立者

亚亚里士多德对许多科学所做的贡献是他为这些科学建立起了各自的学科。而逻辑学在这一点上显而易见。在他的一本逻辑学著作末尾，他写道：

> 修辞学有许多可资利用的著作，而逻辑学根本没有。我们不得不花大量的时间进行艰苦的研究。

亚里士多德的逻辑学研究主要关心组成陈述的句子间的关系。哪些是一致的，哪些是不一致的？当有了一个或更多的真陈述时，我们能仅仅通过推理从它们中得出哪些真陈述？在《后分析篇》中，亚里士多德回答了这些问题。

与柏拉图不同，亚里士多德并没有把诸如“泰阿泰德坐着”这样一种简单的名词—动词结构作为逻辑结构基本元素。他以更大的兴趣致力于通过句首的“所有”，“没有一个”和“有一些”来区分句子并评价他们的推理。看下面两个推理。

（1）所有希腊人都是欧洲人

有的希腊人是男的

所以，有些欧洲人是男的

（2）所有的牛都是哺乳动物

有的哺乳动物是四足动物

所以，所有的牛都是四足动物

这两个推理有许多共同之处。它们都是从两个前提得出结论的推理。在每一个推理中，结论的主语出现在一个前提中，而结论的谓语出现在另一个前提中。亚里士多德对具有这种特征的推理给予了极大关注，他称之为三段论，这个希腊语沿用至今。从亚里士多德开始，研究这种推理的有效性的逻辑学分支也被称为三段论推理。

有效推理是形式推理，它永远不会从真前提推出一个错误结论。上面给出的两个推理中，前一个是有效的，而后一个则是无效的。但是两者的前提和结论都是真的。如果推理中的句子本身已经是错误的，那么一个人不可能再犯一次推理错误。因此在前提为真的推理中，他所能犯的错误是在结论上：结论也许是真的，但它并非由前提而来。

我们可以通过建立一个从真前提到错误结论的推理来说明这一点。例如：

（3）所有的鲸都是哺乳动物

有的哺乳动物是陆栖动物

所以，所有的鲸都是陆栖动物

这个推理和推理（2）具有相同的形式，以字母显示这种推理的结构如下：

（4）所有As都是Bs

有的Bs是Cs

所以，所有As都是Cs

因为推理（3）从真前提推出了一个错误结论，因此我们明白形式（4）是不可靠的。由此，虽然推理（2）的结论是真，但它并不是一个有效推理。

如果没有示意性的字母，逻辑学在它起步之后永远不可能发展下 60
去，它们的使用就现在而言也被认为是完全正确的。而正是亚里士多德第一次使用了它们，这一创举对逻辑学的重要性如同代数之于数学。

逻辑学的一种定义是认为它是区分出好的推理和坏的推理的规则。亚里士多德考察了三段论的所有形式，并制定了这样的规则：首先是把前提中的句子或命题进行分类。以“所有”开头的命题是全称命题，以“有些”开头的命题是特称命题。包含“不”的命题是否定命题，否则就是肯定命题。然后用这些分类制定评价推理的规则。例如，如果一个三段论是有效的，至少一个前提必须是肯定的，至少一个前提必须是全称的。如果两个前提中有一个是否定的，那么结论必然是否定的。总的来说，亚里士多德的规则对于验证有效三段论和识别无效三段论，比如（1）和（2）是足够了。

但是亚里士多德认为，他的三段论规则足以处理任何可能的有效推理，这是错误的。事实上，这个系统虽然自身是完整的，但它只是逻辑学的一个部分。它有两个缺点：首先，它没有处理那些不依赖于诸如“所有”和“有些”，而依赖于“如果”和“那么”等等的推理。前者附属于名词，而后者连接句子。几个世纪以后，才有人将诸如“如果不是白天，那么就是晚上”，“因为不是白天，所以是晚上”这样的推理模式进行形式化。第二，即使在他自己的领域，亚里士多德也不能处理那些“所有”和“有些”不是出现在主词位置上，而是出现在谓词位置上的推理。比如，这些规则并不能让人去确定包含诸如“每个学生都知道一些日期”、“有些人憎恨所有警察”等前提的推理的有效性。亚里士多德去世22个世纪之后，才有人填补了这一空白。

逻辑学被亚里士多德用在他所研究的各种科学中，而它本身作为科学的工具或手段也许还不那么科学。这就是把他的著作命名为“工具论”的后继者们对其著作的态度。

《后分析篇》告诉我们逻辑学在科学中是如何发挥作用的。那些在学校学过欧几里得几何的人应该还记得几条几何定理或法则。它们是从所谓公理的起点出发经过演绎推理得到的。虽然欧几里得（Euclid）本人属于亚里士多德之后的年代，但是这种公理性的方法已经为几何学家们所熟稔，况且亚里士多德也相信它是广泛适用的。逻辑学为从公理引出定理提供了规则，而每门科学都有它自己的一套独特的公理。这些科学也是等级森严的，较低一级的科学的公理可能就是较高级的科学的定
61 理。

亚里士多德说，广义上的科学有三种，技艺科学、实践科学和理论科学。技艺科学包括工程学和建筑学，也包括产品不够具体的修辞学和戏剧创作。实践科学是指导行为的科学，最明显的莫过于伦理学和政治学。理论科学是那些没有任何产品和实践目的的科学，它们只是为了追求真理而追求真理。

理论科学又可分为三类。亚里士多德将他们称为物理学、数学和神学。但是在这个分类中，似乎只有数学是如他所说。物理学指自然哲学或者对自然的研究。除了我们现在称为物理学的部分外，它还包括化学、生物学，以及动物和人类的心理学。对于亚里士多德来说，神学就是对于超越于人类和在人之上的实体的研究，也就是对布满星辰的天空和使神可以安居天堂之物的研究。“形而上学”并不是一个出现在亚里士多德那里的名词，这个词确切地说只是指“物理学之后”，是在他的那些著作被编在物理学之后而得名。但是其中的大部分内容就现今而言自然而然被称为形而上学，而他对这一学科也有自己的称呼，这一点，

后面我们将会看到。

戏剧理论

在技艺科学领域，亚里士多德写有两本著作，即《修辞学》（Rhetoric）和《诗学》（Poetics）。这两本书旨在帮助律师和剧作家完成他们各自的任务。主要由于《修辞学》第二卷对演说家所表现的人类情感的细致而敏锐的考察，这本书已经引起了现代哲学家的兴趣。而《诗学》在整个历史中都吸引了广泛得多的关注者。可惜该书只有论述史诗和悲剧的第一卷幸存下来，而有关喜剧的第二卷已经遗失了。安伯托·艾柯（Umberto Eco）在其名著《玫瑰之名》（The Name of the Rose）中，围绕这本书在中世纪修道院中的离奇遭遇构思了一段戏剧性的情节。

《诗学》幸存的第一卷主要讨论了悲剧的本质。亚里士多德说，有六样东西对于悲剧而言是必不可少的：情节、人物、台词、思想、场景和歌曲。这些要素是按照其重要性排列的。歌曲由希腊戏剧中的合唱队演唱，而导演设计的各种场景并不比用来吸引人的辅助设备更重要。通过听一段朴实的朗诵并不亚于通过看舞台上的表演更能鉴定悲剧中真正重要之所在。思想和台词更重要：正是人物所表达出来的思想激起了听者的情感，如果成功地做到这一点，那么这些思想必然令人信服地被演员表现出来了。而正是人物和情节才真正显示出一个悲剧的天才之处。 62

主角或者悲剧英雄必须既非极好，也非极坏。他基本上是个好人，但因为一些大的错误而受到打击。每一个剧中人物都应该有很多优点并且前后一贯。他所做的应该符合他的典型特征，而发生在他身上的事情应该是其行为的必然的至少是可能的后果。

亚里士多德认为，这六个要素中，最重要的是情节，因为人物是通过情节才被了解的，而不是其他原因。情节必须有一个清晰明了的开头、中间和结尾，是一个独立的故事。要让观众把握住所有的细节，故事也必须足够短小精悍。故事前后也必须具有连贯性，但是仅仅通过一个英雄人物把一些情节串联起来是不妥的，相反，它必须有一个重要的情节来推动整个故事情节的发展。典型的做法是，故事采取一种更加复杂的方式达到其转折点，亚里士多德称之为“突转”（peripeteia）。在那一刻，可能是通过所谓“发现”（anagnorisis），即一些关键的但到那时为止还不知晓的信息，幸运的英雄骤入不幸。突转之后，结局将至，早先的谜团被渐次揭开。

亚里士多德说，故事情节必须唤起怜悯和恐惧，那是整个悲剧的基点。如果悲剧要表现的是憎恨和凶杀的牺牲品，而在那里又最有可能得到关爱和珍惜，那么它最有可能达到这一点。这也是许多悲剧之所以关注家庭纷争的原因。

所有这些考察都可以通过历来的希腊戏剧得到说明。其中引用得最多的就是索福克勒斯（Sophocles）的《俄狄浦斯王》（Oedipus）。俄狄浦斯王在戏剧的开头享尽了名望和财富。但他有冲动这一致命的弱点，这导致了他在混战中杀死了一个陌生人，并且在没有充分了解对方的背景前，跟他的新娘结了婚。但是通过戏剧的“发现”这一手法，原来被他杀死的男人是他的父亲，而他娶的新娘是他的母亲。这导致了其命运的“突转”。他被驱逐出自己的王国，也因为羞愧和自责而失明。

我们为什么要唤起怜悯和恐惧，将之作为悲剧的目的？亚里士多德的答案是为了净化我们的情感。虽然无法完全确定他的意思是什么，但是最有可能的观点是，观看悲剧有助于我们将自己的悲痛和焦虑调节到一个适当的程度上。亚里士多德对悲剧的说明能够使他回答柏拉图的那些批评。柏拉图说，艺术家、诗人和剧作家只是日常生活的模仿者，而日常生活本身不过是作为理念的真实世界的模仿。悲剧更接近于理念，而不是历史。人们在日常生活中发生的事只是一种纯粹偶然而已。只有在虚构中，我们才能看到人物的设计和他们行为的自然后果。所以诗要比历史更加哲学化，也更加重要，因为它告诉我们普遍，而历史只告诉我们个别。

道德哲学：美德和幸福

亚里士多德对于实践科学的贡献是在其道德哲学和政治理论中作 63
出的。对于他的道德哲学，我们有三个版本，两个是他的讲义，而第三个也许是他的学生的上课笔记。两本可信的讲义，《欧德谟伦理学》（Eudemian）和《尼各马可伦理学》（Nicomachean）的测定年代是件有争议的事情。虽然没有什么好的理由，但是多数学者认为《欧德谟伦理学》是一本年轻时的早期作品。而有好得多的理由使人们达成一致，第三本著作《大伦理学》（Magna Moralia）并非出于亚里士多德之手。不管它有什么优点，《欧德谟伦理学》都从来没有被几个学者研究过。而自从开始基督纪元，《尼各马可伦理学》就被认为是亚里士多德的伦理学，我就将从这本书出发来阐明他的道德哲学。

因为伦理学是一门实践科学，因此它所关注的就是人类行为的本质和目的。当我们追问人类行为的原因时，我们被告之，那是因为其他某种东西，继而我们再追问它的原因。迟早我们将达到终点，在那里我们不可能再有问题的更进一步的答案。这就是一个行为的最终目的。也正是它的这一终极价值使这种行为达到了它本身的价值。最大的善就是出现在人类理性链条中的起点上的善。它是绝对的善，独立的善，人类其他的善都依存于它，比如产生健康的药物的善或政治体制的善。正是这种至善才是作为最高实践科学的伦理学的对象。

《尼各马可伦理学》和柏拉图《国家篇》（Republic）在许多方面是相同的。夸张地说，亚里士多德的道德哲学就是剥去了理念论的柏拉图道德哲学。甫一开篇，亚里士多德就解释，为什么伦理学对待的至善不能等同于善的理念。柏拉图是他的朋友，但是他说真理更是他的朋友。真理迫使他提出至少八个论点来表明它们之间的不一致。绝大多数论点是属于高度技术层面的，并且打上了在柏拉图学园中艰深讨论的烙印。但是与这里相关联的一点是，伦理学是一门实践科学，是有关人类能力所及，而永恒不变的善的理念只属于理论兴趣上的东西。

然而亚里士多德也同意《国家篇》的中心论点，认为合乎道德的生活和幸福的生活是直接相关的。道德之于灵魂正如健康之于身体。他把幸福摆在了善的理念的位置上并作为伦理学关注的至善。那么幸福是
64 什么呢？为了说明这一点，我们不得不考虑人的功能或其特有的活动。因为人的类型、诸多部分和器官的差异，人必然有其功能。这个功能是什么？不是生命，至少不是指生长和吸收营养那种意义上的生命，因为这些也为植物所拥有。也不是感觉意义上的生命，因为这也为动物所具有。它必然是指与行为相关联的理性意义上的生命，即与理性一致的灵魂的活动。因此人类的善是指功能意义上的善，正如亚里士多德所说，即是指与美德一致的灵魂的活动，并且，如果有几种美德的话，那它就是与最高的和最完善的美德一致的灵魂的活动。

那么，有几种美德呢，最高的那种又是什么呢？亚里士多德在《尼各马可伦理学》的第一卷结尾开始回答第一个问题，而花了九卷多的篇幅来回答第二个问题。和柏拉图一样，亚里士多德也是通过分析灵魂的结构开始的。他将灵魂分为三个部分，即植物的部分、欲望的部分和理性的部分。植物的部分负责营养和生长，它与伦理学无关。灵魂中的第二部分不像植物的部分，它受理性的控制。它是灵魂中负责欲望和激情的部分，这对应于柏拉图三分法中的欲望和情绪的部分。灵魂的这一部分有其自己的德行，即伦理之德，诸如勇敢、节制和宽大。灵魂中理性的部分再细分就是指诸如智慧和理解等智力之德。

第二卷至第五卷处理伦理之德，先是总论，然后再细说各种美德。伦理之德不是天生的，也不是简单地通过老师灌输给学生的。它们因为实践而获得，因被废弃而丧失。亚里士多德说，伦理之德既不是一种能力（像智力或者记忆力），也不是一种激情（像愤怒和怜悯的冲动）。能力的拥有和激情的喷发不区分人的好坏，值得赞扬还是应受指责。人之成为好人是他的灵魂的持久状态，在英语中表述得更加自然，那就是指人的性格。

伦理之德作为人的一种状态使人去选择善和实践善。选择善是选择一种好的生活方式，实践善包括在各种行为中避免过度和不足。举例来说，如果你是有德行的，那么你就必须避免过多的饮食，也必须避免太少的饮食。当你和他人交往时，滔滔不绝和寡言少语是不对的，行为拘谨和行为轻佻是不对的，轻信对方和怀疑对方也是不对的。

亚里士多德说，美德意味着在过分和不足之间的适度。有德行的人必定是适度地饮食，适度地言谈等等诸如此类。亚里士多德美其名曰中道（mean）。但是因为经常被误解，所以中道也经常受到嘲笑。确切地说，它是一种杰出的概念分析。

亚里士多德并不是在赞扬平庸，也不是在鼓励我们随波逐流。亚里士多德明确地说，构成事物适度的东西是因人而异的，对于一个奥运冠 65
军和一个运动新人来说，他们适量的食物是不同的。中道并不是一个合理生活的处方。我们不得不弄明白，每件事的适度对我们自己而言意味着什么。正如现在，我们可以通过克服最初要么歪向街边的石头，要么歪向迎面的汽车来学会沿着适当的路线驾驶汽车。亚里士多德说，不管通过什么手段，一旦我们学会了某种适度的行为——或者是饭后交谈适当的长度，或者是捐款在收入中的适当比例——我们在心中就有了适当的指令。美德就是能使我们根据适当指令行事的那种状态。

美德不仅关注行为，也关注激情。我们可能充满太多的恐惧，也可能缺乏必要的恐惧；可能过于关注性爱，也可能对它缺乏足够的兴趣。有德行的人能够在适当的时候无所畏惧，而在适当的时候有所畏惧；有德行的人既不显得好色，也不显得性冷淡。美德关注激情的中道不亚于行为的中道。

除了行为的中道和激情的中道，在两种相反的恶之间保持适度的意义上，美德也有自己的中道。因此，慷慨是挥霍和吝啬的中道，勇敢是怯懦和鲁莽的中道。但是美德没有程度上的中道，不存在一个过度的美德。如果我们说有人过于慷慨，那意味着他已经越过了慷慨的善和挥霍的恶的界限。一个自称正努力在偏私与公正之间行事的市长实际上已经误解亚里士多德的中道了。

亚里士多德说，所有的美德都是中道，都关注中道，但是并不是所有的行为和激情都有中道。他以谋杀和通奸作为行为中道的反例：我们从来不能抱怨一个人谋杀太少，也决没有一个人在适当的时候以适当的方式与适当的人通奸这样的事。他也列举嫉妒和敌视作为激情中道的反例，因为任何程度的这些情感都是过度的。

亚里士多德把美德看做中道经常使人们以为那就是真理，而不需要道德的输入。恰恰相反，他的学说与其他几种很有影响的道德体系针锋相对。例如，许多人现在接受了功利主义的观点，按照这种观点，任何等级的行为都不能事先确定它是否适当。每种行为的道德价值是由它的结果确定的。这些人违反了亚里士多德对中道适用性的限制，因为对他们来说，在适当的情况下，就可以有适当的谋杀或者通奸。另外，有些禁欲主义的宗教体系排除了某些行为的所有等级，而这种行为对亚里士多德来说是有中道的。对禁欲主义者来说，任何程度的性爱享受和吃肉
66 都是不适当的，这些行为不可能有适度。根据亚里士多德的观点，我们不妨说，功利主义者犯了过度运用中道的错，他们在太多的行为上运用中道了。相反，禁欲主义者犯了太少运用中道的错，他们又在太少的行为上运用中道了。

既非天生，也非完全出于教育，但是对于特定的行为中道而言，训练是必要的。伦理之德也像一种技能，犹如弹奏竖琴和抓药的能力。苏格拉底和柏拉图一直强调这种一致性，但是在亚里士多德看来，他们强调过头了。亚里士多德尽力强调技能和美德之间的差别。如果一个人竖琴弹奏得很动听，或者开出了一个成功的药方，那么对于评价他们的行为而言，它们之间没有什么不同，因为那就是他们的行为动机。但是如果一个人被认为是有德行的，那么执行了一个无可指责的行为仍然是不够的。这些行为还必须是出于适当的动机，对于亚里士多德来说，这意味着他们的行为是出于某种适当的生活方式的选择。基于此，比之在行为中伴随愉悦的技能，美德与动机的关联要更加紧密得多。亚里士多

德也相信，一个有德行的人必然从他适当的行为中获得享受，而一个勉强尽责的行为并非是真正有德行的。再者，一项技能不仅可以正确地执行，同样也可以错误地执行。一个网球手故意多犯双倍的失误也许只是为了避免让对手过于难堪，这双倍的失误所使用的技能并不比他作为一流高手所使用的技能更少。但是没有人能通过成功地实施一次精明的诈骗来践行诚实的美德。

亚里士多德在具体分析各种美德时，限定了各自的实用范围，指出它们是如何与中道理论相一致的。在第三卷，亚里士多德详细分析了勇敢和节制，即对应于柏拉图称之为情绪和欲望的部分的美德。他也分析了区分开这些美德的恶，诸如一方面是怯懦和鲁莽，另一方面是放纵和对身体上快感的漠视。第四卷则简单分析了一系列德行：慷慨、宽宏、伟大、雄心、好脾气、善交际、直率和机敏等。

亚里士多德心目中的性格种类被巧妙而生动地描绘出来，但是他的描绘反映了当时的风俗和社会制度。他所推崇的一些美德不会出现在如今人们认为最有价值和最吸引人的十大美德列表中。举例来说，一个具有伟大德行的人既会招人喜爱，也会令人反感。他非常在意自己的价值，总是要求自己拒绝别人的馈赠，而又因为自豪而接受；他不情愿去佩服他人，而动辄轻视他人；他总以低沉的声音说话而又以缓慢的步调行走。亚里士多德对道德哲学在这里的贡献不是他对所列出的美德的个别描绘，而是提供了一个概念结构，它能轻而易举地运用到不同时代和社会的美德上。亚里士多德对伦理之德的速记式考察表明那是对性格的 67
有选择的表述，它隐藏于一种合适的方式中，受睿智之人制定的规则决定。为了完成这一考察，他还需要说明智慧是什么，一个睿智之人是如何制定规则的。这是在分析智力之德的第六卷完成的。

道德哲学：智慧和理智

智慧是一种关注哪些行为对人类来说是善的美德。它通过实践理性来说明：理性以人类福利的总概念或者模式为起点，思考要求作出决定的特定事件的特定形势，最后以一个行动指令结束。亚里士多德以医生的职业理性的模式来思考理性的人的伦理理性。医生以医疗知识开始，将之运用于特定的病人的特定情况，接着得出观点，开出处方。

智慧是实现伦理之德的必不可少的先决条件，没有它，最善意的人也会犯错。但是伦理之德对于智慧的拥有也是需要的。因为只有有德行的人才会有人类福利的观念，而这是实践理性的第一前提。邪恶会在我们行为的最终原因上贬低和蛊惑我们，因此，智慧没有伦理之德是不可能的。

智慧和伦理之德是塑造自然品质的两个必备特征。一方面，智慧需要天生的智力，但智力既能用于恶的目的，也能用于善的目的，伦理之德将确保善的目的从中胜出。另一方面，儿童在早期也许有公平的意识并且也会被勇敢和慷慨的行为所吸引，但是这种好的趋势如果没有智慧，就会像目盲者的力量一样只能是有害的。因此，对于真正的美德和它的行为而言，伦理之德和智慧必须相互联合起来。

没有理智我们就没有美德，而没有美德我们也不可能变得理智，那么我们怎样才能获得美德和智慧呢？我们不是陷入一个恶性循环中了吗？这是个虚假的难题，正如有人宣称结婚的困难一样。一个人是怎样成为一个丈夫的？为了成为一个丈夫，你需要有个妻子，但是一个女人除非有个丈夫，她才能是个妻子。正如婚礼同时把一个男人变成了丈夫，把一个女人变成了妻子一样，智慧和道德的婚礼把智力的东西变成
68 了智慧，把自然的品德变成了羽翼丰满的美德。

亚里士多德和柏拉图一样，认为智慧是理性灵魂的美德，并且也像柏拉图一样，将它分为两部分。智慧是较低部分的美德，是深思熟虑的部分。较高的或者科学的部分的美德是理智，它由公理、定理和科学知识组成。

亚里士多德把对科学的掌握看做是智力之德的教义说明，希腊语中的“美德”一词要比英语中的“美德”一词意义更加宽泛。当我们问伦

理之德是什么时，“美德”是一个恰当的翻译。但是希腊词真正的意思只是指“善”，并且有着广泛得多的使用范围，所以我们能够说一把刀的善和一匹马的善。但是，我将沿用传统的翻译来谈论智力之德。对于所有的智力之德而言，无论是深思熟虑的智慧，还是理论的科学，它们的共同点是都关注真理。具有智力之德是为了确保在知识的某个领域拥有其真理。

直到《尼各马可伦理学》的第十卷，亚里士多德才建立起智慧和理智的关系，在这之前的各卷中，亚里士多德讨论了人的一些其他特征和关系，它们虽然既不是善，也不是恶，但与之紧密关联。比如说，在放纵的恶和节制的善之间有两种中间状态和特征。一个是有节制的人，他努力克制自己去追求身体的愉悦，但并非心甘情愿。另一个是非节制的人，他追求本不该追求的快乐，但只是由于意志薄弱，也不像放纵之人，他不属于放纵的范围。善和恶结成了联盟，成为了一种友好关系。在这一标题下，亚里士多德考察了从商业伙伴到婚姻等各种截然不同的人类关系。他明白，它们与美德的关联是，只有那些有美德的人才可能有最真最高的友谊。

在第十卷，亚里士多德最后回答了久悬未决的问题，即幸福的本质是什么。这本书在前面已经告诉我们，幸福是与美德一致的灵魂的活动，如果有几种美德，那么它与最好最完美的美德一致。现在我们知道，存在着伦理之德和智力之德，后者高于前者。在智力之德中，理智又高于智慧。那么最高的幸福就是与理智一致的灵魂的活动，它将在科学和哲学中被建立起来。确切地说，幸福并不等同于科学和哲学的追求，但又彼此紧密相连。理智与作为求知的哲学相关，那么在某种意义上仍然晦涩不明的幸福等同于享受哲学之思。

对许多人来说，这好像是古怪的，完全不正当的观点。但它实际上并没有听起来那么古怪。因为希腊语的“幸福”与英语的“幸福”并不等同，正如希腊语的“美德”不同于英语的“美德”一样。也许“一种有意义的生活”在英语中最能切近“幸福”的本义。虽然如此，要接受 69

亚里士多德所谓哲学家的生活是唯一真正有意义的生活的观点仍然是困难的。人们感觉这一观点不是显得可爱，就是显得有点傲慢了。亚里士多德自己在这一问题上似乎也有别的看法。在《尼各马可伦理学》的其他地方，他说还有一种幸福，它由智慧和伦理之德的实践组成。在《欧德谟伦理学》中，他的理想生活由所有美德，包括智力之德和伦理之德的实践组成。但是在那里，哲学沉思在一个幸福的人的生活中占据了主导地位，并且为伦理之德的实践制定标准。

> 无论选择或者拥有哪种自然的善，健康、强壮、财富和朋友诸如此类，只要最有助于对神的沉思，那就是最好的，这是最好的标准。而任何或多或少地阻碍了对神的服务和沉思的生活标准都是坏的。

亚里士多德的两本伦理学都以这段激昂文字来结尾。在《尼各马可伦理学》提到的沉思被亚里士多德描绘为一种我们的神圣部分的神圣活动。亚里士多德这里的最后这段话表明，尽管作为凡人，我们也必须尽己所能使自己超凡脱俗。

政治学

当我们从《尼各马可伦理学》转到《政治学》时，我们一下子回到了现实。我们被告知，人是政治的动物，是一种有血有肉，在城市和社会中摩肩接踵的生物。最原始的社会是男人和女人的家庭，主人和奴隶的家庭，这联合成了一个更加具体的社会，一个更发达但仍自然的城邦。城邦是对于善恶、正义非正义等具有共同理念的人所构成的社会，它的目的是为了给它的市民提供一种好的和幸福的生活。理想的城邦应当不多于万人，它足够小，大家能够相互认识，并且分享共同的司法和政治服务。这和亚历山大大帝的帝国是完全不同的。

在《政治学》中和在《尼各马可伦理学》中一样，亚里士多德认为自己纠正了《理想国》中的言辞夸张之处。因此正如在亚里士多德伦理学体系中没有善的理念一样，在他的政治世界中也没有哲学王。他保护私有财产，反对废除家庭，给妇女同等的政治权利。亚里士多德认为，柏拉图的错误根源在于极力使城邦过于一致。不同市民的多样性对一个城邦而言是必须的。一个城市的生活也不应该像军营生活一样。

然而，当亚里士多德表明自己关于政治体制的观点时，他大量采 70
纳了柏拉图的意见。同样采用柏拉图的三种政体形式还是可以容忍的，它们被称为君主制、贵族制和共和制，每个又都有各自的变体，即僭主制、寡头制和民主制。如果一个社会中存在一个个人或者一个家族，它比任何其他人或家族都要优秀，那么君主制就是最好的政体。但是这样一种幸运的情况必然很少，而亚里士多德又警惕地避免谈论马其顿王室所发生的事。在实践中，他更倾向于一种宪政民主制。因为他所说的共和制是一个富人和穷人相互尊重对方权利的城邦，它由最有资格的人以所有人同意的方式实行统治。而他所说的民主制是一个由无政府主义的乌合之众管理的城邦。

亚里士多德的政治学说中有两个要素影响了未来几个世纪的政治制度：一是他对奴隶制所作的辩护，一是他对高利贷的谴责。

亚里士多德说，奴隶生来就不是属于自己的，而是他人的财产。对于那些认为所有的奴隶制都是违反自然的人，他回应道，有些人生来是自由的，而有些人生来是奴隶，但对后者而言，奴隶制不仅是有利的，而且也是正当的。不过他也同意存在着不正当的奴隶制度。比如，非正义战争中的胜利者无权处理失败者的奴隶。有些奴隶是如此劣等和野蛮，对他们来说，让他们接受仁慈的主人的统治比给予他们自由要更好。

亚里士多德写道，奴隶制几乎是普遍存在的，他所作的论证也是经得起考验的：奴隶是生活工具，如果没有这些工具，人们也能实现他们的目的，那么奴隶制也就不再需要了。

> 假设每个工具都能发挥自己的作用，就像代达罗斯（Daedalus）的雕像一样，能够服从和预见到他人的意愿……同样，假设机梭能够织布，拔子能够拨动小竖琴，工头也就不需要仆人，主人不再需要奴隶了。

当然，假设亚里士多德活到今天这个自动化的时代，没有理由相信他还会为奴隶制辩护。

亚里士多德对高利贷的评价简洁，但非常有影响力。他说，财富可以通过务农，也可以通过经商而获得，前者更加自然和值得尊重。但最不正常和最可恨的生财之道是通过借贷收取利息。

> 因为金钱本来是用来交换，而不是用来增加财富的。意味着从钱中生出钱来的这种财富被用于金钱的饲养了，因为它的儿女类似它的双亲。这就是为什么在所有获得财富的方式中，它是最不正当的原因。

亚里士多德的这段话是整个中世纪基督教界禁止即使是以合理的比率收取利息的原因之一。这也是《威尼斯商人》中安东尼奥谴责狠毒的
71 放债者的理由：

> 哪有朋友之间通融几个钱也要斤斤计较地计算利息的道理！

科学和解释学

我们现在转到亚里士多德的理论科学著作。他对许多科学都有贡

献，但是从他身后事来看，他的贡献是不平均的。他的化学和物理学比起他对生命科学的追问没有给人留下更深刻的印象。部分是因为他没有准确的时钟和任何温度计，尤其是因为他还没有意识到测量速度和温度的重要性。当他的动物学著作甚至给达尔文也留下深刻印象时，他的物理学在公元六世纪就已经过时了。

在诸如《论生成和消灭》（On Generation and Corruption）和《论天》（On the Heavens）中，亚里士多德给他的后继者们留下了一幅世界图景。这幅世界图景包含了许多从他的前苏格拉底先行者们那里继承下来的特征。他接受了恩培多克勒（Empedocles）的四要素（“四根说”）即土、水、气和火，每个要素又都以拥有热、冷、湿和干四种基本性质中的两种为其特征。每个要素都有自己的位置和特征性运动，趋向于形成秩序井然的宇宙。因此，由土形成的固体向下运动，而火作上升运动。每一种这样的运动对于它的元素来说是自然的，其他的运动当然也是可能的，然而是违背本性的。（当我们区分自然死亡和非自然死亡时，这里实际上留有亚里士多德所作区分的痕迹。）地球是宇宙的中心，一系列围绕其运行的星体支撑着月亮、太阳和行星在各自的轨道运行，而另外有一个球体支撑着这些星体。天体并不包含陆地上的元素，它是由第五种元素组成。它们有灵魂有形体，有一种神圣的智力，支配着天体在天空中的运行。这种神圣的智力是自身也运动的推动者，但是亚里士多德认为，必然也存在着一个自身不运动的推动者。那就是最初的，不变的神，推动着作为爱的对象的所有其他存在物。这个上帝被但丁在其《天堂》中称为“爱”，正是它推动着太阳和第一星体。

即使是亚里士多德最优秀的科学著作现在也只能引起历史学上的兴趣。与记录他的具体理论不同，我将描绘支撑其在诸多领域进行研究的总的科学观念。它是一种经验的、说明性的和目的论的科学观念。

科学开始于观察。在我们的生活中，我们通过各种感官观察事物，记住它们并形成经验的对象。我们的观念来源于我们的经验，而科学观察正居于理论的首位。虽然正如在《后分析篇》（Posterior Analytics）

中所描绘的那样，一门成熟的科学能够以一种自明的方式被建立起来并
72 传播给他人，但是综观亚里士多德的著作，很明显，发现的秩序与说明的秩序是不同的。

如果科学始于感觉，它就终于知识，亚里士多德将这一点看做是必然真理的独有特征。必然真理是像算术上的不变真理一样的陈述：二与二之和是四，并且总是也总将是四。它们与偶然真理相反。偶然真理是诸如希腊人在萨拉米（Salamis）海战中取得大胜之类的陈述，它们可能转变为自己的反面。按照亚里士多德的观点，被知道的东西一定是必然的，这多少有点奇怪：难道我们就不能有关于偶然事实的经验知识吗？比如苏格拉底饮鸩了。有人就认为，这不合逻辑。因为：

如果P被认识到，那么P是真的，这是必然的。

如果P被认识到，那么P必然真。

这两者并非是完全等同的。（如果我知道我的汤里有只苍蝇，那么我的汤里确实有只苍蝇，这是必然真理。但是即使我知道我的汤里有只苍蝇，我的汤里有只苍蝇也不是必然真理，因为我可以洗掉它。）但是亚里士多德也许是把希腊语的“知识”一词严格限制在科学知识的意思上了。但这也是似是而非的，尤其是如果我们注意到，对亚里士多德来说，必然真理并不仅限于逻辑和数学真理，它也包括所有那些普遍为真的陈述，甚至也包括那些绝大部分情况下为真的陈述。所以，对亚里士多德来说，历史仍然不可能是科学，因为它只处理个别事实。

既然科学是经验的，那它也是可解释的，从这个意义上说，科学就是对原因的追问。在亚里士多德哲学著作《形而上学》中，他区分了四种类型的原因。一是制成某物的东西，比如制作雕像的青铜，构成音节的字母，这被称为质料因。二是某物的形式或模式，它可以由定义来表达，他所举的例子是小竖琴中的两根弦的长度比例是八度音节的原因。第三个原因是变化或者维持某物状态的起源。他以作出决定的人，得到孩子的父亲和制作或者改变某物的人为例。第四种也是最后一种原因是结果或者目的，因为这个原因，某事被做。它是那种当我们被问及我们

为什么散步，而我们回答为了保持健康的这样一种原因。

第四因即目的因在亚里士多德科学中扮演了一个极其重要的角色。他不仅追问人类行为的目的因，而且也追问动物行为（蜘蛛为什么织 73
网？）和它们的结构特征（鸭子为什么有网状的脚？）的目的因、植物活动（根茎向下）和无生命元素（火焰向上）的目的因。这种原因被称为“目的论”的，它由希腊语“目的”（telos）而来，意味着最后的和终极的原因。当亚里士多德在寻求目的论原因时，他并没有把目的归于某种无意识的或者无生命的东西，也不是由于某个伟大的设计者，相反，他只是在强调各种活动和结构的功能。还有，他并不是从化学或者物理学中，而是从生命科学的领域那里得到了更大的鼓舞。即使到后达尔文时代的动物学家也还持续不断地关注着功能，不过，自牛顿之后，再没有人去寻求无生命物体运动的目的论原因了。

词与物

与他的经验科学著作不同，亚里士多德的理论哲学在很多方面让我们受益，尤其是他以极大的兴趣关注语言的本质、实在的本质，以及两者的关系。

在其《范畴篇》中，亚里士多德给个体的不同种类列出了一个表。它们有十种，即实体、数量、性质、关系、何地、何时、所处、所有、动作和承受。比如，就苏格拉底来说，他是一个人（实体），他有五尺高（数量），有天赋（性质）、比柏拉图大（关系）、住在雅典（何地）、生活于公元前五世纪（时间），他正坐着（所处），披着个斗篷（所有）、正在裁片布（动作）、被毒死了（承受）。这个分类并不是简单的语言上谓词的分类，亚里士多德相信，每一种不可通约的谓词类型都代表了一种不可通约的实存的类型。比如，在“苏格拉底是人”中，“人”代表了一个实体，即苏格拉底。在“苏格拉底被毒死”中，“被毒死”代表了一种称为“承受”的实存，即苏格拉底被投毒。亚里士多德也许相信，最初被区分的每个实存最终将被发现属于十范畴中的一种并且仅此一种。因此，苏格拉底是人，是动物，是生命体，最终是一个实体；被埃癸斯托斯（Aigisthos）实施的谋杀是一次谋杀、一种杀人行为、一种杀害，最终是一种动作。

实体在范畴表中是首要的。实体是诸如女人、狮子和卷心菜这样一些能独立存在，能被确定为一个特定的种中的个体的那些东西。用亚里士多德常用的话来说，实体就是“这个”，这个猫，这个萝卜。属于其他范畴的东西（亚里士多德的后继者们称它们为偶性）是不可分离的。
74 比如，大小总是某物的大小。偶性范畴只是作为实体的性质或者对实体的限制而存在的。

但是亚里士多德的范畴表并不是完备的，它们也不具有同等的重要性。即使我们接受它们作为谓词的一种可能分类，认为谓词代表了某种东西就一定是正确的吗？如果“苏格拉底跑了”是真的，“跑”必然代表了苏格拉底这种意义上的某种实存吗？即使我们承认这一点，很显然，这种实存也不可能是“跑”这个词的意义。因为，即使“苏格拉底跑了”是错误的，这个陈述也仍然是有意义的，并且，即使没有让“跑”来代表苏格拉底的跑，“跑”在这里也仍然是有意义的。

考察“苏格拉底是白的”，根据亚里士多德的观点，我们可以认为，“白”代表了苏格拉底的白。如果这样的话，“是”代表什么呢？有几种可能的回答：（1）它不代表任何东西，只是连接主词和谓词的标志。（2）它指示存在，如果苏格拉底是白的，那么就存在着某种东西，也许是白的苏格拉底，也许是苏格拉底的白。但是如果苏格拉底不是白的，那么就没有这种东西存在。（3）它代表“存在”，它被认为是像“跑”一样的动名词。如果这样的话，我们似乎就必须加上“存在”这样一种不同的类型。在实体性谓述“…是马”中，由“是”指示的存在就代表一种实体性的存在，而在偶性谓述“…是白的”中，由“是”指示的存在就代表一种偶性的存在。在不同的场合，亚里士多德选择这三种解释中的某一种，而他最倾向于第三种解释。在表达这一点的章节中，他得出结论认为，“是”是一个多义性的动词，是一个不止一种意义的同名异义性的术语（正如当我们提到一个健康的人，一个健康的脸色和一种健康的风气时，“健康”有着不同而相关的意义一样）。

在上面“苏格拉底是人”中，我说过“人”是属于实体范畴的谓词，它代表了实体苏格拉底。但是这不是亚里士多德给出的这个句子的唯一的分析。有时候，它也代表了苏格拉底所属的“类”。在这样的上下文中，亚里士多德区分两种意义上的实体。一种是“这个”，这个苏格拉底，这是第一实体，他所属的“类”是第二实体。当他这样说时，他通常尽力回避柏拉图主义的“相”，苏格拉底的类是一个个别的类，苏格拉底自己的类，它并不是所有人都具有的那种普遍的类。

运动和变化

亚里士多德反对柏拉图理念论的原因之一是它像爱利亚派形而上学
一样从根本上否认运动的现实性。在《物理学》和《形而上学》中，亚 75
里士多德提出了变化的本质理论，意在应对巴门尼德（Parmenides）和柏拉图的挑战。这就是他的潜能和现实的学说。

如果我们考虑某个实体，比如一段木头，我们会发现有些实体在给定的时间它就是这个实体，而有些实体虽然在给定的某个时间不是这个实体，但是在某个其他时间它变成这个实体了。这段木头虽然是冷的，但是它能够被加热，也能够变成灰烬。亚里士多德把实体的这种状态称为“现实”，而能成为这种状态的状态为“潜能”。因此这段木头是现实的冷，是潜能的热，是现实的木头，是潜能的灰烬。从冷变成热是偶性的变化，因为实体经历了变化，但是实体本身没有变。从木头变成灰烬是实体性的变化，它从一个实体变成了另一个实体。在英语中，我们能够粗略地说，那些具有“能”的意义或形式上具有“能”的意义的后缀的谓词指示潜能，不具有这种特征的谓词指示现实。与现实相反，潜能是经历某种变化的能力，不管它是自己的行为，还是通过其他中介发生的行为。

发生变化的现实称为“形式”，而“质料”用来指称具有发生实体性变化的能力的东西。在日常生活中，我们经常有这样的观念，即同样的一包原料，本来是这种东西，而后来变成其他东西了。装有一品脱奶酪的瓶子在摇动后发现，里面不再是奶酪而变成奶油了。从瓶子中出来的与放进瓶子的是同样的东西，既没有加进什么，也没有取出什么，但是从中出来的形式却不同于放进去的形式。亚里士多德关于实体性变化的观念正是由此而来。

当一种实体变成另一种实体，这就发生了实体性变化。在整个变化中保持不变的原料被亚里士多德称为质料。质料从一种形式变为另一种形式，开始时是奶酪，而后变成奶油了。某个事物也可以在保持属于同样自然的种的情况下发生变化，那不是实体范畴下的变化，而是属于其他九范畴中的某一种范畴下的变化。这样，一个人也许成长了，也许学习了，也许脸红了，也许被征服了，但他仍然是人。当实体经历偶性的变化时，在整个变化中，它始终保持一种形式，这就是它的实体性形式。一个人也许开始时是“P”，然后变成“Q”，但是谓词“是人”对他来说始终是真的。那么实体性变化是什么呢？当一种质料开始时是“A”形式，然后变成“B”形式，必然有某种表示实体范畴的谓词“是C”，而它作为质料始终不变吗？毫无疑问，在许多情况下有这样的谓词：当铜和锡变成青铜时，变化的质料始终是金属。然而这并不必
76 然表明，所有的情况下都有这样的谓词。如果没有始终不变的实体性谓词作为质料，而仍然有从“A”形式变成“B”形式的原料，这种情况从逻辑上讲是可信的。亚里士多德相信这一点，并把这种材料称为“最后的质料”。

根据亚里士多德的观点，形式使事物属于某个特定的种，而质料使它们成为这个种中的个体。质料是有形物体的个体化原则。比如说，两个相同大小相同形状的豌豆，虽然它们相像，也有许多共同的性质或者

形式，但是它们是两个豌豆，而不是一个豌豆，因为它们是两个不同质料的组合。

不要认为质料和形式是事物的部分，是构成它们的元素，或者是能够把它们分成的碎块。如果没有形式，最后的质料也不可能存在。它不需要具有某种特定的形式，但是它必须具有某种这样或那样的形式。可变物体的形式是特定物体的所有可能形式，不要相信存在着不是某个物体的形式的那种形式。除非我们打算陷入亚里士多德频繁明确加以反对的柏拉图主义，否则我们必须接受这样的观点，没有形体的形式在逻辑上是不可能存在的。在实体存在和实现实体的意义上，形式自身不可能存在，也不可能实现。与有形物体不同，形式不是由某种东西产生的。形式“A”存在只是因为存在着实体A，形式“马”存在是因为存在着马的实体。

在日常生活中，我们把某种观念应用于对物质实体的描述或处理，而形式和质料的学说则是对这种观念的哲学说明。即使我们认为这种说明在哲学上是正确的，这仍然是有问题的。我们所力图阐明的观念是否真的能够应用于对宇宙的科学解释？谁都知道，在厨房里的宏观实在的实体性变化到实验室也许就成了微观实在的偶性变化了。像最后的质料这样的概念是否能从根本意义上应用于物理学，不同的人意见仍然不尽相同，毕竟，我们是在物理学中讨论物质和能量的转化。

形式是某种现实，质料是某种潜能。亚里士多德相信现实和潜能的区分可以用来代替存在和非存在的简单二分，而巴门尼德正是在此基础上反对变化的。既然质料支撑了无论实体性的，还是偶性的一切变化，那么毫无疑问，存在生于非存在，或者说有生于无，但是质料不可能有一个起点，这正是亚里士多德说明的最后结论。在随后的几个世纪中，这成为困扰基督教亚里士多德主义者的一个问题，因为他们也相信物质世界生于无。 77

灵魂、感觉和理性

亚里士多德的形式和质料学说最有趣的应用之一是在其《论灵魂》的心理学中。对亚里士多德来说，不仅人类有灵魂，所有生物，从雏菊到软体动物，都有灵魂。灵魂只是生命的原则：它是生命体特有活动的根源。不同的生命体有不同的活动：植物能生长和繁殖，但不能移动和感知；动物有感觉，能感到愉悦和疼痛，有些但不是全部动物能移动；有些特殊动物也就是人类也能思考和理解。不同的灵魂通过不同的活动来区分。亚里士多德给灵魂所下的最概括的定义是，灵魂是有机体的形式。

作为一种形式，灵魂是一种特殊的活动。在这一点上，亚里士多德介绍了两种活动的区别。有些人不懂希腊语，他们对于使用希腊语处于纯粹的潜能状态。要学习希腊语就要跨出从潜能迈向现实的一步。但是那些已经学会了希腊语，而在特定的时间又没有使用希腊语的人既是现实的，又是潜能的。与最初的无知状态相比，他是现实的；与现实地说希腊语相比，他是潜能的。亚里士多德将只是懂得希腊语的状态称为“第一现实”，而将当下的说希腊语的状态称为“第二现实”。亚里士多德将这一区分应用于对灵魂的说明。灵魂是有机体的第一现实，切实的必不可少的生物活动是第二现实。

亚里士多德的灵魂不同于精神，这不是因为它不是可感物体，而是因为它是一种潜能。希腊语的知识不是可感物体，但它也不是某种精神性的东西。如果存在某种灵魂，它能完全或部分地脱离有形体而存在——亚里士多德认为这基本上不大可信，那么它们就能够被分离，这不是因为他们是灵魂，而是因为它们与特定的至关重要的活动相联系。

亚里士多德直截了当地对营养、生长和繁殖这些所有生命体都共有的活动作出了生物学说明。而当他转而说明感觉（为高等动物所特有）和理性思考（为人类所特有）时，事情就变得更加复杂，也更加有趣了。

为了解释感觉，亚里士多德修正了柏拉图在《泰阿泰德篇》（Theaetetus）中的观点。柏拉图在其中认为，感觉是感觉能力（如视力）和感觉对象（如可见对象）相遇的结果。眼睛看一个白色的对象和对象自身的白是相互交流过程的不可分离的两个方面。但是与之不同，对亚里士多德而言，看和被看是同一回事。他提出了一个总的观点：现实的感觉能力等同于现实的感觉对象。78

这个本来晦涩难解的观点仍然是亚里士多德潜能和现实理论的又一运用。让我以味觉为例来说明它的意思。能够被品尝的糖的甜是感觉对象，我的味觉，或者我品尝某物的能力是感觉能力。我的感官品尝可感对象的活动与可感对象作用于我的感官的活动是同一件事。也就是说，糖的甜的被尝和我对糖的甜的尝是同一回事。糖本身始终是现实的甜，但是直到它被放进嘴里之后，糖的甜才是真正现实的，才是尝到的甜，而不再只是潜能。（甜是第一现实，尝到的甜是第二现实）

味觉就是诸如品尝甜物的甜这样的能力，除此之外，并无其他。甜的感觉性质就是被一个合适的品尝者品尝的能力，除此之外，也并无其他。所以亚里士多德正确地指出，行为中的性质和活动中的能力是同一回事。当然尝的能力和被尝的能力也还是很不同的，前者归于品尝者，而后者归于糖。

对于感觉的这种解释要优于柏拉图主义的观点，因为它允许我们认为，世界上的事物即使没有被感知，也仍然确实具有可感性质。没有看到的事物仍然是多彩的，没有嗅到的事物仍然是刺鼻的，没有听到的声音也可以是震耳欲聋的。亚里士多德之所以能这样说，是因为他关于潜能和现实的分析允许他把可感性质解释为某种特定的能力。

亚里士多德也把他的理论应用于处理人类灵魂的理性和智力活动。他将火能燃烧之类的自然能力和能说希腊语的理性能力进行了区分。对于自然能力的实行而言，如果它的所有必要条件都具备，那么这种自然能力就必然会实行。如果木头足够干，将它放在火上，那么它就会燃烧，除此之外，不再有其他可能性。但是亚里士多德认为，理性能力是必然具有两种可能的能力，是能根据意志来决定是否实行的能力。如果一个病人没有足够的钱，拥有治愈能力的医生也许就会拒绝实行这种能力，更有甚者，他也许利用自己的医疗技能去下毒而不是给人治病。亚里士多德关于理性能力的理论被他的许多后继者用来说明人类的意志自由。

亚里士多德对智力能力的说明是前后不一致的。有时候他认为，智力是灵魂的部分，而灵魂是身体的形式，那么可以相信，智力将伴随身体而消亡；有时候他又认为，既然智力能够掌握必然的和永恒的真理，那么根据它们的密切联系，它也应该是独立的和不可破坏的。在某种意义上，亚里士多德提出，思考的能力是来自于身体之外的某种神秘的东西。在一段其主题被没完没了地讨论了几个世纪的令人费解的段落中，
79 亚里士多德将智力分为可朽的和不可朽的两种能力。

> 如前所述，思想取决于它所变成的一切事物，但是还有另一种说法，它取决于它所制造的一切事物。这是一种像光一样的积极状态，在某种意义上，光使潜在的颜色变为现实的颜色。思想在这个意义上是可分离的、冷峻的和纯粹的，是必然的现实。而当它如其所是那样是分离的话，它也是不朽的，永恒的。

人类智力是一种追求哲学尤其是形而上学的能力，这一特征时常让亚里士多德将之视为是不可分离的和神圣的。因此，我们最后必须说明亚里士多德如何看待如此崇高之学科的本质。

形而上学

在《形而上学》第四卷，亚里士多德说，存在一门学问，它研究关于“作为是的是”，以及就其本性属于它的东西。这门学问就被称为

“第一哲学”。亚里士多德在其他地方也将它描述为关于第一原则和最高原因的知识。其他科学处理某种特殊的“是”，哲学家的科学则关注普遍的“是”，而不仅仅是它的部分。然而亚里士多德在一些地方似乎也把第一哲学的对象限定为某种特殊的“是”，也就是那种神圣的、独立的和永恒的实体。他说过，有三种理论哲学，即数学、物理学和神学，其中第一位的，或者最值得景仰的哲学是神学。神学是最高的理论科学，因为它处理最值得景仰的“是”，它先于物理学或者说先于自然哲学，而且它也更普遍。

到目前为止，两种定义都把第一哲学看做是对“是”的关注。也说成是关于实体的科学。亚里士多德也说过，“是”是什么？这个古老的问题也就是“实体是什么”的问题，所以第一哲学也能被称为第一实体或普遍实体的理论。

所有这些定义都是对等或者说都是兼容的吗？有些研究者认为它们是不兼容的，不同的定义可以归于亚里士多德的不同时期。但是我将努力表明这些定义是一致的。

“作为是的是”是什么？但是在这之前，我们需要解决“是”是什么。“是”就是一切所是的东西，亚里士多德正在以和巴门尼德同样的方式使用着希腊短语“是”。在任何时候，亚里士多德总是通过解释动词“是”来说明希腊短语“是”的意义。因此，在最广泛的意义上，“是”就是它的显现，在表述为真的句子中，它们的后面跟着动词“是”。从这个意义上说，关于“是”的科学与其说是一门存在的科学，倒不如说是一门真命题的科学。 80

亚里士多德告诉我们，所有范畴都指示“是”，因为所有动词都能用包含一个“是”动词的谓词来代替。比如，苏格拉底在跑，可以变为，苏格拉底是个在跑的人。每个除实体以外的范畴都是实体的性质或者对实体的限定。这意味着无论你在哪儿有一个主语不是实体的主谓句，你都能将它变成一个主语指示实体的主谓句，这个实体是指第一实体，比如一个个人或一棵卷心菜。

对亚里士多德来说，和对巴门尼德一样，将“是”简单地等同于存在是错误的。当他在《形而上学》中讨论“是”的意义时，他甚至都没有提到存在，而存在作为“是”的一种意义与“是”在谓词中尾随一个补语的用法是不同的。这有点奇怪，因为他在早期著作中自己似乎已经区别了它们。在《辩谬篇》中，为了应对智者派认为被思想的东西为了被思想必然存在的观点，亚里士多德对尾随一个补语的谓词“是F”和过去的“是”进行了区分。在尾随“F”的谓词中，与“是”相连的“F”已经停止“是”了，是过去了的“是”，比如“荷马是个诗人”并不能得出“荷马是”。

也许在亚里士多德那里寻找对存在的个别论述本来就是个错误。当哲学家提问什么是真正的存在，什么不存在时，他们在心中可以考虑三对相反的方面，即抽象的和具体的（比如智慧和苏格拉底），虚构的和真实的（比如有翼马和布赛佛勒斯即亚历山大大帝的战马），以及现存的和已经不存在的（比如金字塔和罗德港巨像）。亚里士多德在不同的地方对这三个方面都有论述。当他讨论偶性时，他处理了关于抽象的问题。所有的偶性都是对实体的限定，任何关于抽象的陈述（诸如颜色、动作、变化）都能够分析为具体的第一实体。当他介绍“真”意义上的“是”时，他处理了虚构的问题。虚构是真的思想，但它不“是”，是不真实的。关于现存的和已不存在的问题，也就是存在的实现和消逝的问题，亚里士多德是通过运用形式和质料的学说来解决的。为了存在，它就必须成为某个形式下的质料，成为某个种的个体。比如，如果苏格拉底不再是人，那么苏格拉底也就不再存在。对亚里士多德来说，“是”包含所有这些意义上的存在。

如果那就是“是”是什么的解答，那么“作为是的是”是什么呢？答案是没有这样的事物。可以肯定的是，你能够去研究“作为是的是”，去寻找“作为是的是”的原因。但是那是鼓励你去从事一种特殊的研究，去寻找一种特殊的原因。它不是去研究某种特殊的“是”，也不是去寻找某种特殊的“是”的特殊的原因。亚里士多德不止一次地强调，在“一个作为F的A是G”中，A是主语，F和G是谓语，而不应当认为，它包含一个“是G”的谓语，附属于主语“一个作为F的A”。他以“善作为善能被认知”为例，认为它不能被分析为“作为善的善能被认知”，因为“作为善的善”是无意义的。 81

但是，如果“作为F的A”在“作为F的A是G”中是个虚假主语的话，那么同样的，“作为F的A”在“我们研究作为F的A”中也是虚假对象。科学的对象是A，动词是“作为F来研究”。我们现在所讨论的不是关于某个对象的研究，而是讨论寻求某种原因，寻求作为F的原因的研究。比如，当我们研究人类生理学时，我们研究作为动物的人，也就是说，我们研究人类和动物共同具有的结构和功能。这里没有任何作为动物的人这样的对象。询问是否所有的人或者只是那些特别粗野的人是不是作为动物的人这样的问题是愚蠢的，而询问“作为是的是”是否意味着所有的“是”或只意味着某种神圣的“是”这样的问题同样是愚蠢的。

然而，你能够从“是”的某种特定的视角去研究“是”，即根据它与所有“是”的共同点来研究“是”。也许有人会认为，那没有什么共同点。确实，亚里士多德自己也说，“是”没有什么本质，除了是“是”外，它什么也没有。但是，为了研究作为“是”的某个东西，就要研究是否能作出关于它的真命题，从作出这种真命题的可能性的角度来研究它。同样，亚里士多德的第一哲学也不是研究某种特殊的“是”，而是研究一切“是”，研究“是”的整体。

既然亚里士多德的科学是一门关于原因的科学，那么“作为是的是”的科学就是一门将原因归为真理的科学。有这样的原因吗？给一个特殊的“是”赋予作为“是”的原因，这并不是太困难。要是我从来没有被怀孕过，那就从来不可能有关于我的真理。亚里士多德说，如果苏格拉底从未存在过，那么无论是“苏格拉底是健康的”，还是“苏格拉底是不健康的”都不可能是真的。这样说来，让我得以存在的父母就是作为“是”的我的原因。（当然，他们也是作为人的我的原因）进而，如果我们都是源于一对父母，那么他们的父母，他们的父母的父母，最终亚当和夏娃就是作为“是”的我们的原因。而且，如果还有某个东西创造了亚当和夏娃，那么它就是我们人类作为“是”的原因。

从这里，我们就足以看出世界的创造者上帝是如何被看做是“作为是的是”的原因的。而这个原因，是它自己的存在，是它自己的真理，作为创造者，是其他一切真理的可能性的充分原因。但是问题是，在没有世界创造者的亚里士多德体系中，“作为是的是”的原因是什么呢？

亚里士多德“是”的等级体系中的制高点是既动又不动的推动者，它是所有生成和消灭的最后原因。在作为“是”的意义上，它们是一切
82 可感的和可朽的“是”的原因。涉及不动的推动者的科学研究一切真命题的原因，因此也就是研究一切“作为是的是”。在《形而上学》中，亚里士多德提出三种实体，即可感的自然实体、永恒的自然实体和永恒的不动的实体。前两者属于自然科学，第三者属于哲学。无论如何，它们都是对实体的注解。没有实体就没有变化，无论是积极的还是消极的变化。亚里士多德接着继续证明不动的推动者的存在，并得出结论，它是自然和宇宙的原则，是永恒的自然实体和可感实体就像依赖于永恒的不动的实体一样的原则。这是神圣的神学的对象。

不动的推动者先于其他实体，这些实体又先于其他一切存在物。“在先”在这里并不是时间意义上的，而是指依赖性。如果不依赖B而有A，并且不依赖A就不可能有B，那么A先于B。如果没有不动的推动者，就没有任何天体和自然物；如果没有实体，也就没有任何其他事物。现在我们能够明白，亚里士多德为什么能够说在先的东西比在后的东西有更强的解释力，为什么神圣存在物的科学能够被说成是最普遍的科学。因为它是在先的，它处理在先的存在物，在依赖性的锁链中，它更加靠后。神圣存在物的科学比之物理学更为普遍，因为它说明神圣存在物和自然存在物，而物理学只说明自然物，并不说明神圣存在物。

最后，我们能够说明关于第一哲学的不同定义是如何联系在一起的。任何科学或者通过它要说明的领域来定义，或者通过说明它的原则

来定义。第一哲学在领域上是最普遍的。为了说明每个真命题的原因，它负责提供对任何事物的解释，它是关于“作为是的是”的科学。但是如果我们从这些陈述转向其意义，我们也能说，第一哲学是关于神圣事物的科学。对它所要解释的对象来说，它是通过诉诸神圣的不动的推动者来解释的。它并不是只是处理某一种“是”，因为它不仅说明神自身，它还要说明存在的任何其他事物。但是它是最卓著的神学，因为它不是像物理学那样诉诸自然，而是诉诸神。因此神学和关于“作为是的是”是一个东西，都是第一哲学。

有人也许会以为，对亚里士多德形而上学的理解的最后部分是对“作为是的是”的深刻的和神秘的自然运用。但是要达到如此理解，其第一步是要把“作为是的是”看做是一种空想的鬼怪之类的东西，而这是由无视亚里士多德的逻辑造成的。

（鲍建竹　译）

第五章　亚里士多德后的希腊哲学

希腊化时期

83 当亚历山大大帝在公元前323年于巴比伦去世时，他庞大的帝国被其高级军官们瓜分，这些军官建立了一些独立的王国。其中存在时间最长的是托勒密王朝（the kingdom of Ptolemy）及其家族在埃及与利比亚的王国。它们直到公元前31年埃及艳后克里奥佩特拉和安东尼被罗马皇帝奥古斯丁打败时还存在。在亚历山大大帝死后到克里奥佩特拉死后的几个世纪中，亚历山大的将军们所隶属的领地分裂成更小的王国，这些王国，一个接一个地到了罗马的势力范围下，并最终变成了帝国的省。在这几世纪中，希腊文明在东地中海所有国家得以繁荣发展，史学家们称其为希腊化时期。

这段时期，希腊殖民者与各个领域的不同思想流派进行了广泛接触。在原帝国远东地区的大夏（Bactria），希腊哲学遇到虔诚的印度阿育王（Asoka）正大力推广宣传的佛教。现存有当时希腊国王米南德（Menander）讲述佛教的两段对话。在波斯，希腊人见到已经很古老的拜火教（Zarathustra，苏鲁支语，后按希腊语将其命名为Zoroaster，即祆教或拜火教）。该教视世界为战场，善恶两种神圣的法则在此斗争。在巴勒斯坦，他们又见到了538年被驱逐出巴比伦城而来此的犹太人，他们已形成了严格遵循一神论的社群，崇拜耶路撒冷的圣庙。马可比家族之书（the books of the Maccabees）——圣经众多的经外书之一，记述了他们在叙利亚安提柯六世（Antiochus）统治期间为抵制来自希腊文化的同化而展开的斗争。在埃及的托勒密家族的第一代重建了亚历山大新城，市民来自希腊各地。他们建造了一个宏伟壮丽、目录排列有序的图书馆，引起世界注目。唯有随后在小亚细亚帕加玛城建立的阿塔劳斯国王（King Attalus）图书馆能与之媲美。正是在亚历山大城，圣经由希伯来语翻译为希腊语，这个版本被称为Septuagint，意为“七十”，据说共有七十位学者通力协作，将圣经翻译出来。亚历山大 84
城有大量卓越的数学家及科学家，他们与柏拉图学园和吕克昂学园的学者们一样优秀，后者承担着传承柏拉图和亚里士多德的工作。

在雅典，亚历山大死后的一代人中最著名的哲学家并非来自柏拉图和吕克昂学园，而是他们的竞争者：伊壁鸠鲁（Epicurus），他建立了两所被称为“花园”和“芝诺”的学校。他的追随者被称为“斯多亚派”（意为禁欲者），因为他在画廊柱子或喷画的门廊下讲学。雅典城中大量学校的成立反映出在上流阶层中哲学业已成为教育中举足轻重的一部分。

伊壁鸠鲁主义

伊壁鸠鲁，生在萨摩斯（Samos）一个雅典移民家庭，大约公元前306年在雅典建造了房屋，并且一直住在那里直到公元前271年去世。他花园学府中的追随者们，包括妇女和奴隶，生活俭朴并远离公共生活。伊壁鸠鲁写了三百卷书，但是除了一些书信外几乎所有他写的东西都丢失了。他的论文《论自然》（On Nature）的残篇在公元前79年维苏威火山爆发时被埋于赫库兰尼姆的火山灰下，现在需要花费很大精力来展开并解读这些手稿。尽管如此，直到今天，我们关于伊壁鸠鲁的学说主要依赖于公元前一世纪由他的跟随者卢克莱修（Lucretius）写的一首拉丁长诗——《论事物的本性（物性论）》（On the Nature of Things， De

Rerum Natura）。

伊壁鸠鲁哲学的目标是通过消除对死亡的恐惧而使幸福成为可能，因为死亡是它最大的障碍。人们因为害怕死亡而努力斗争以获取财富和权力，希望藉此来推迟死亡的到来。并且人们沉浸在繁忙的活动中以求忘记死亡的不可避免性。宗教把对死亡的恐惧灌注于我们头脑中，并向我们描述死后遭受折磨和惩罚的情景。然而实际上这些都是虚幻的。卢克莱修雄辩地说明了这一点（在卓埃顿（Dryden）的译文中）：没有必要去害怕死亡，生存或是轮回转世。

死亡这妖怪有什么好怕的，
如果灵魂可以死去，身体也能吗？
生前我们感受不到疼痛，
而迦太基人正在国土上肆虐，
那么，如果我们的人形躯壳分解，
那无生命的肉块放开了思想，
痛苦和哀伤使我们自由，
如果感觉不到，则不是自由。
虽然海洋中的陆地和天堂中的海洋业已失去
我们也不能移动，我们只能被高举。
不但如此，即便我们受到命运的折磨，
灵魂依旧能在这支离破碎的状态中感受到，
这对我们意味着什么？
只有当肉体和灵魂合二为一时我们才可称之为我们。
不但如此，虽然我们的微粒会偶尔循环运转，
物质会重新如先前般舞蹈；
虽然人生和行动可以重新开始，
并让躯壳如先前一样；
这喧嚣的一切为我们带来了什么？

这个人重生了。

为了医治对死亡的恐惧，并显示由宗教展现的恐惧仅仅是神话传说，伊壁鸠鲁阐述了他对自然和世界结构的见解。

他对德谟克利特（Democritus）的原子论稍加修饰，用以阐述自己的观点。原子是真空和无限空间中恒定的不可分离的单位，最初它们都以匀速自上而下地运动，但不久之后就会偏离正轨互相碰撞。就在这样的碰撞中，天地万物产生了。灵魂也像其他事物一样是由原子组成。和其他原子不同的是组成灵魂的原子更小更灵活。当死亡来临时这些原子就会分解，停止传达感觉，因为它们不能再在躯体中找到合适的藏身之处。像人类和动物一样，众神也是由原子构成，但由于他们生活的地方环境舒适，所以不会有分解的危险。伊壁鸠鲁不是无神论者，但他认为众神对人间的事物不感兴趣，他们离群索居，过着不受干扰的平静生活。所以，任何对神圣神谕的信仰都是迷信，宗教仪式更是没有任何价值。

伊壁鸠鲁与德谟克利特的不同之处在于，他相信感官是信息的可靠来源，并以原子论解释了其运作原理。凡间的身体释放出一些原子，正是这些原子组成了这副身体并维持其形状，赋予母本一个形象。当感官与来自灵魂的原子接触时这些形象就出现了。灵魂所见的外界形象永不会出错，因为它们总与其来源完全一致。如果我们被现实误导，则是因为我们依照真实的外界形象却作出了错误的判断。如果这些形象自相矛盾，例如在水中弯曲拿出来却是笔直的桨，则都被认为是真实的，这是头脑要作出判断。如果外在形象不能够解决这两个理论的矛盾（如太阳究竟有多大），那么头脑就应该将判断搁置，并给予这两个理论平等对待。

伊壁鸠鲁道德哲学的基石是这样一种教条：快乐是幸福生活的开始和结束。然而他还是做了区分：等同于欲望满足时的快乐；随着欲望的
满足而逐渐产生的快乐。满足对食物和性的需要是低等的快乐，因为它 86

们总与痛苦相关：因为这种欲望本身就是痛苦的，对它们的满足又会导致新一轮的欲求。因此我们应该追求如友谊等安逸的快乐。

伊壁鸠鲁是原子论者，但不是宿命论者。他相信人类享有自由意志的权利，并借以原子会随意偏离轨道这一点来解释这种观点。既然我们是自由身，那么也就是自己命运的主人：这样的话众神就不能将必然性强加于我们，或是干涉我们的抉择。我们不能逃脱死亡的命运，但如果以真正哲学的观点来看的话，死亡并非邪恶。

斯多亚主义

伊壁鸠鲁死后伊壁鸠鲁主义又存在了六百年，但是除了卢克莱修那首无与伦比的长诗外，他从来没有像他同时代人（西提姆的）芝诺创办的斯多亚派那样流行。芝诺来自塞浦路斯，在那里，他读了一本关于苏格拉底的书，对哲学产生了巨大的热情，与伊壁鸠鲁大约同时期移居雅典。他本来打算跟随一群老师学习，但是他刚到达就变成了犬儒派克拉特斯（cynic Crates）的门徒，并得知犬儒派克拉特斯是当代唯一能与苏格拉底匹敌的哲学家。犬儒主义不是哲学流派，而是一种所谓的波希米亚式的生活方式，这种生活方式强烈鄙视物质财富和世俗礼节。它的建立者是锡诺普的第欧根尼（Diogenes of Sinope），他像狗一样生活在排水管的管道中（“玩世不恭者”意思为“像狗一样”）。当亚历山大大帝访问他时，问他有什么需要，第欧根尼回答‘别挡着我的阳光’。芝诺和犬儒主义的相遇对他造成的影响是：在他自己的哲学体系中，自我满足（自信）被置于很高的地位。

第欧根尼喜欢嘲笑柏拉图，克拉特斯喜欢写讽刺长诗。而芝诺则认真对待系统性哲学。他的作品没有存留下来，所以我们对他学说的了解就得仰仗罗马时期的作家们，比如说尼禄皇帝时期的哲学家、政治家塞涅卡（Seneca）和另一位皇帝马可·奥勒留（Marcus Aurelius）。我们知道芝诺将哲学分成三个主要部分，这成了犬儒们的一项传统，即分为：逻辑、物理学和伦理学。他的追随者说逻辑是骨骼，伦理学是血肉，而物理学是哲学的灵魂。芝诺自己主要涉及伦理学，但他与来自麦加拉的两位逻辑学家狄奥多·克罗纳斯（Dildorus Cronus）和斐洛（Philo）关系紧密。这两个人主要在吕克昂学园研究亚里士多德在逻辑学方面未继的工作。

当芝诺死后，斯多亚的领导权传给了克里安提斯（Cleanthes），他以前是个拳击手，现在专长于物理学和形而上学。克里安提斯是个虔诚的信徒，他写了一些很出色赞美宙斯的长诗，这些诗行感情真挚，用词恰当，犹太教信徒和基督教性信徒都可以用来歌颂上帝。

> 万能的宙斯， 87
> 自然的造物主，世人为之歌颂。
> 您统领一切，全世界都向您欢呼。
> 因您我们才诞生，其他万物也如此，
> 您以上帝之容塑造了我们今日在世间的行为。

圣保罗后来听说了这首诗，并在去希腊布道时引用。

克里安提斯的继承者是克里西普斯（Chrysippus），他在公元前232年到206年担任犬儒学派的领导者。他专长于对伦理学的研究，并且巩固和扩展了他前任的工作，同时他也是第一个将犬儒理论系统化了的学者。由于这几个早期的斯多亚派学者的作品都已经丢失，所以很难明确界定他们每个人所作出的贡献，所以他们的教义都是作为一个整体来考虑研究的。

斯多亚派的逻辑学和亚里士多德的逻辑学在很多方面都不同。亚里士多德把字母当做变数，他们却用数字；亚里士多德式的一个典型的句子结构可以这样表示："每个A都是B"；而斯多亚式的一个典型的句子结构是："如果第一个，那么第二个"。字母和数字间的不同微不足道：重要的是，亚里士多德的变量代表的是词项（主语和谓语），而斯多亚式的变量却是整个句子。亚里士多德的三段论使我们今天所称的“谓语”形式化，斯多亚逻辑同样也形式化了今天所称的命词逻辑。斯多亚派很典型的一个句式为：

如果柏拉图活着，那么柏拉图正在呼吸
柏拉图正活着
所以，柏拉图正在呼吸

斯多亚主义逻辑学的一个重要的特点是：论据所产生的效力并不依赖于单个句子的内容。根据斯多亚主义的观点，下面的这个论据跟上面的一样好：

如果柏拉图死了，那么雅典就在希腊
柏拉图死了
所以，雅典就在希腊

如果我们接受由费里欧首先提出一个特殊的“如果……那么”的定义，那么这个论据的第一个前提就是真的。根据这一点，一个像“如果第一个那么第二个”的句子就应该是正确的，除非第一个是真的第二个是假的。在我们的日常生活中，当句子的内容有某种联系时，我们就会用“如果……那么”的句型。但有时我们的确运用费里欧的定义——比如当我们说：“如果雅典在土耳其，那我就是个荷兰人”时，即是用这种说法来反驳雅典不在土耳其这个事实。这就表明：斯多亚派对“假
88 如”所下的这个最简单的定义是命题逻辑学说中最有用且具有技术性的发展，而且直到今日，仍然有许多逻辑学家在使用。斯多亚派的命题逻辑今日被当做是逻辑中的基本组成部分，而亚里士多德的谓语逻辑则作为深层建构奠基于它。

在“逻辑”的名下，斯多亚派也研究了语言哲学。对于语言当中的

符号，他们建立了一套具有说服力的理论，即研究能指与所指的事物。能指的事物包括：声音、言语和话语。声音在这里也许指的是不发声的声响，言语是发声但缺乏意义的声响，话语则既有声音又有意义。所指事物可能是身体或陈述。在这里的“陈述”不是句子本身，而是句子所表达的意思。如果我说：“狄翁在散步”，那么“狄翁”就指我看见的身体；但我想表达的意思不是身体，而是关于身体的陈述。

从这方面来看，斯多亚派逻辑学和斯多亚派物理学就有了冲突：斯多亚派逻辑的陈述是非肉体的实物，而斯多亚派物理学只接受肉体而不接受其他存在物。很久以前，斯多亚派认为：世间是一片火海除此之外什么也没有，随着时间的推移就出现了其他事物和我们熟知的宇宙所必需的物品。那么照此推算，不久之后世界重新又会变成一片火海，历史将会如此一直循环往复下去。所有这一切都是依照一套我们称之为“命运”的法则发生的。这一切不可避免，因为法则决不容许任何“意外”或“冒险”，因为法则是出于上帝的善意制定的。

斯多亚派接受亚里士多德对质料与形式所作的区分，但是作为谨慎的唯物主义者他们还坚持说形式也是物质的——是他们称之为元气（pneuma）的细致而敏感的物质。人类灵魂和心智也是由元气组成；上帝作为宇宙的灵魂，也是由元气组成。宇宙，以其完整性，塑造了上帝这理性的生物。斯多亚派认为，如果上帝和灵魂自身不是物质的，那么他们就不能作用于物质世界。

这个神圣的系统称为自然，而我们生活的目标就是遵照自然生活。既然世间万物已被命定，那么就没有什么能逃脱自然法则。但是除却宿命论，人类是自由和负有责任的。意志必须根据人类服从理性的天性来引导。就是这种对自然法则的自愿接受构成了美德，而对于追求幸福而言者美德是必须的；既然贫穷、监禁、苦难不能带走美德，那么也不能带走幸福；一个好人不会受到真正的伤害。那么这是不是就意味着我们要对别人的不幸漠不关心呢？将健康和财富也置之度外？但是斯多亚派为了表示与非斯多亚派并非毫不兼容，不得不承认，有些事情，相比之下，更加不值一提。

因为对人类来说社会是自然的，那么斯多亚派为了实现其与自然和谐一致的目标，就要在社会以及培养社会美德方面发挥自己的作用。虽然奴隶制与自由一样表现得漠不关心，即便美德在这两者中都会得到运
89 用，我们倾向于其中的一个还是比较正当的。生活本身是什么？它是冷漠的吗？品德高尚的斯多亚派无论是生是死都不会放弃美德。但当他们面对非斯多亚派所认为的不可忍受的罪恶时，也可以作出理性的选择以脱离生活，对他们来说，这是正当的。

怀疑主义

英语还保留着伊壁鸠鲁派和斯多亚派的痕迹，只不过在精确度上略有差别。一位伊壁鸠鲁派学者对本派学说的某些部分可能不会甚感满意，但斯多亚派对痛苦和死亡所持的态度便很好地反映了斯多亚派学说的一方面。然而，同时期的第三种哲学流派——怀疑主义——在英语语言中留下了清晰的印迹，怀疑主义的基本概念自公元前三世纪创建以来就没有改变过。

怀疑主义学说的创立者是以利斯的皮浪（Pyrrho of Elis），曾在亚历山大大帝的军队中服过役，也是伊壁鸠鲁派成员之一。他认为万物皆不可知，也没有写过任何书籍，这是他一贯所持的作风。但是他的学说在三世纪早期被他的门徒蒂孟（Timon）和阿塞西罗斯（Arcesilaus）传到了雅典。蒂孟认为，任何不证自明的用以作为科学基础的原理都无法找到，并且由于这些原子的缺失，所有推理都必然是循环往复或无穷尽的。阿塞西罗斯在公元前273年成为柏拉图学园的领导者，并从以往对柏拉图后期教条作品的研究转而学习苏格拉底早期的对话。他本人同苏格拉底一样，常常将门徒们提出的议题全部推翻。哲学家应持的合适态度是要延缓对一切重要议题作出判断。阿塞西罗斯对学园的影响是巨大的，在今后的两百年柏拉图学园一直是怀疑论者的家园。

学园中的怀疑论派视斯多亚派的学说系统为主要的攻击目标。斯多亚派都是经验论者，他们宣称所有感官体验都来自具体的个人。事物呈现于我们各种感官面前的形象是一切科学的基础。但这些形象可能误导我们，那么我们就需要测试，或是要有一个标准，来决定哪些形象是可靠的，并能使我们的判断有理有据。怀疑论者认为不同物种对事物的感觉是不同的（熊觉得地鳖很好吃，人可不这么认为），即便是同一物种的不同个体感觉也不同（有人觉得蜂蜜难以接受，有人却觉得很甜）；同一个人在不同时期的感官也不尽相同（吃完无花果后喝酒觉得酸，吃完坚果后喝酒觉得甜）。那么这之间的冲突矛盾怎么解决呢？

斯多亚派认为知识不能以任何旧的形象为基础，而应以一种特殊的形象——认知形象为依托。认知形象来源于真实的物体并迫使我们对其持肯定态度。怀疑论者说，既然这样的话我们又如何分辨出哪些是认知形象呢？将它们界定为会迫使我们肯定的物体是不好的，因为人们经常 90
被强迫对某形象作肯定，但到头来却被它们误导。斯多亚派回答说，一个真正有智慧的人能够分辨出哪些形象是认知的哪些不是。可什么样的人才算是真正有智慧的人呢？斯多亚派所寻求的标准注定是失败的：即使真存在这么一条起作用的标准，又怎么确定已经找到了呢？

斯多亚派与怀疑论的辩论持续了好几个世纪，我们今天所知的有关他们辩论的情况均来自公元前二世纪怀疑论的一位领军人物，物理学家塞克特斯·埃姆佩克斯（Sextus Empirucus）。他的《皮浪主义概要》（Outlines of Phrrhonism）记述了怀疑论系统，并驳斥了非怀疑论或称“教条主义者”，这个流派在他的第十一本书《反杂学家》中有所记述。

罗马及其帝国

希腊化哲学时期与罗马共和国力量异乎寻常地发展在同一时期。自从在公元前510年废弃了君主制后，罗马城邦由一年选举一次的官员们管理，两个执政官统领，由三百名富有的贵族组成的上议院为其顾问。亚历山大大帝死后共和国由意大利本土控制，但没有海外领地，甚至西西里岛和萨丁尼亚也不在其控制范围内。在取得对腓尼基迦太基王朝两次重大的胜利后，罗马帝国的扩张开始了，在此之前迦太基帝国一直控制着西地中海地区。第一场战争（公元前264—238）后罗马就得到了萨丁尼亚和科西嘉岛。第二场战争后就占领了西西里和西班牙东部沿海地区，从那儿罗马将其统治一直扩展到整个埃伯利亚半岛（Iberian Peninsula）和当时隶属法国的普罗旺斯。公元前二世纪时期罗马相继与马其顿王国的国王起了纷争，继而发动战争打败了他们北非腹地。公元前二世纪后期小亚细亚的大多数地区也成为了罗马的行省和附属国。

公元前一世纪时期罗马帝国的扩张伴随着一系列惨烈的内战。尤利乌斯·凯撒（Julius Caesar）（公元前100—44）由北自普罗旺斯将统治扩展到英吉利海峡，杀死一百万高卢人并让另一百万人沦为奴隶。凯撒在国内的敌人威胁要迫害他，可他还是于公元前49年对意大利发起侵略，并不顾上议院的反对宣称自己为罗马皇帝。公元前48年，凯撒打败了元老院将军庞培（Pompey）；然后他一个接一个接管罗马共和国的海外领地，最后回到罗马成为永久的独裁者。他拒绝接受皇帝的头衔，却愿意接受神圣荣誉。公元前44年3月14日，他在元老院前被以布鲁特斯和加西阿斯（Brutus and Cassius）为首的阴谋者暗杀。

91 在反对凯撒的政党成员中，有一个非常有名望的演说家——马库斯·图留斯·西塞罗（Marcus Tulius Cicero）。在西塞罗最后的二十年里，他一直致力于学习哲学。先是学习了雅典哲学，熟悉了其中的各个哲学流派；接着在斯多亚派的指导下学习了罗德斯（Rhodes）的哲学理念。西塞罗靠自我奋斗获得成功，他担任了63年的执政官。在此期间他镇压了一次阴谋，他认为凯撒有可能也与这起阴谋有牵连。从公元前51年到50年，他治理位于小亚细亚的西里西亚省，并在内战期间支持参议院作战。受到凯撒的赦免后，他回到了意大利，在凯撒专政期间致力于写哲学著作。

西塞罗不是一个一流的哲学家，但从某些方面来讲，他在哲学历史里起了非常重要的作用。他为自己设定了编写一本拉丁哲学辞典的任务，以使罗马人能通过自己的语言来学习哲学。他写了卷帙浩繁的著作来阐述一些研究希腊和希腊化时期哲学家们的学说和教学。这些哲学家是其学说里指导作用的重要来源之一。西塞罗的著作——《论神性》（On the Nature of the Gods）和《论命运》（On Fate）有很多关于哲学神学和命定论的讨论，非常有趣。他的另一部著作《论目的》（De Finibus）是一本有关哲学家们就至善的本义所阐述的观点的百科全书。

西塞罗认为自己是个折中主义者。在认识论方面，他从学园的最后一个学术领袖拉里萨的斐洛（Philo of Larissa）那里继承了温和怀疑论。在道德方面，相比较伊壁鸠鲁主义，他更赞同斯多亚学派的教义。在紧张动乱的年代，他指望从哲学中得到慰藉和肯定。他写的文章没有很深奥的道理，但是却充满了温情和优雅。他写的有关于友谊和旧时代的散文一直以来都受到了人们的喜欢。道德哲学是他的研究重心。凯撒死后，他向儿子阐述有关责任的问题，并形成了《论责任》（On Duties）这本书。在各个历史时期，责任都被认为是绅士教育中重要的一项。

凯撒死了西塞罗很高兴，他回到政界后就对凯撒任命的执政官马克·安东尼进行了一系列尖锐的攻击。不久之后，他与凯撒的养子屋大维（Octavian）建立了联盟。但是，在公元前42年，屋大维和安东尼合力一起击败了杀害凯撒的凶手布鲁特斯和加西阿斯（Brutus and Cassius）。在双方开战的时候，西塞罗就已经死了，是被安东尼下令处死的。

安东尼和屋大维之间的联盟没有持续多久。安东尼曾娶屋大维的妹妹为妻，但为了托勒密最后的王朝、埃及女皇克里奥佩特拉（Cleopatra），他遗弃了自己的妻子。罗马的权贵们效忠于屋大维。在公元前31年，屋大维在亚克兴角（Actium）击败了安东尼和克里奥佩特拉，成为了罗马帝国的第一位皇帝，并把名字改为奥古斯都（Augustus）。

拿撒勒的耶稣（Jesus of Nazareth）

奥古斯都在位44年，直到公元前14年。就是在他在位期间拿撒勒的
92 耶稣降生了；在他的继任者提比里乌斯（Tiberius）统治期间，耶稣于大约公元30年被钉死在十字架上。耶稣是犹太教教师，住在帝国边远地区的一个省，那里远离各种希腊学说。他对有关柏拉图和亚里士多德的事不感兴趣，但他本人对哲学的决定性影响不亚于前述二人。但其教学造成的影响不够直接深远。

耶稣自己的道德信条，如福音书中所记，并非没有先例。他在布道时说：我们不能以恶报恶。苏格拉底就曾在《理想国》（the Republic）中讲过这一点。他督促听众要像爱自己一样爱邻居，这种说法引自写于许多世纪前的希伯来语《教义记》（Hebrew book of Leviticus）。他坚称我们不能做坏事，并且要抑制一切会导致恶劣行径的想法和欲念。这点与亚里士多德的学说相同。亚里士多德说美德不仅是热情还是行动，一个真正品德高尚的人不仅能够自制而且还脾气温和。他还教导门徒说要鄙视世间一切的荣誉与享乐，就这一点，伊壁鸠鲁派和斯多亚派以不同的方式也有所阐述。

耶稣的教导反映了希伯来圣经的世界观，圣经中说我主耶和华创造出了天地万物。犹太人是上帝的选民，被赋予独一无二的拥有神圣法典的特权。以色列第一次建国时神圣法典启示给了摩西。同赫拉克利特（Heraclitus）及其他希腊和犹太思想家一样，耶稣也预言世界上存在着神圣裁断，它将发动大灾难以审判世界万物。不同之处在于，耶稣认为审判将马上降临，并且是地区性事件，而他自己将在其中扮演重要角色；他是由神钦点的救世主，是虔诚的犹太人苦苦寻找几个世纪的解放者。在耶稣死后，天地仍旧按照既定的方式运转。这样耶稣的追随者就面临着别的哲学流派不会面对的问题。斯多亚派就认为宇宙的结束在遥远而不能确定的未来。耶稣对于自己身份的表述，像他的早期追随者呈

现和发展的那样，存在着一些哲学问题。圣保罗的信件是我们现有的最早记述第一批基督徒的证据。信中说耶稣被钉死于十字架上正好将人类从诅咒中解放了出来。当第一对人类被创造出来时诅咒也同时应运而生，这在希伯来圣经中有所记述。圣保罗也认为耶稣的死，将其众多门徒，无论是犹太信徒还是非犹太信徒，从摩西法典中解放了出来，摩西法典要求他们遵守众多命令并视这为一种义务。圣保罗对耶稣之死的理解与耶稣死前一天晚上举行的圣餐仪式是紧密联系不可分割的，并且他的追随者将有关这段往事的记忆延续至今。

圣保罗认为，只有被上帝选中的人才能在死后过上另一种幸福生活，他们将是救世主重视的追随者。圣保罗承诺的这种死后生活并不是
柏拉图式的不朽生命，而是一种被荣誉化了的肉体存在方式。这就像是 93
耶稣自己一样，他在被钉死于十字架上三天后又从坟墓中复活。几世纪以来，圣保罗的信件总是被神学家和哲学家引用以辩论下列问题：罪恶与恩宠、命运与宿命、世界未来的属性或本质。

从《使徒行传》（The Act of the Apostles）中我们得知，圣保罗在一次布道旅途中路过雅典，与伊壁鸠鲁派和斯多亚派的哲学家们举行过辩论会。圣路克（St.Luke）的布道经过精心准备，并显示出他对各哲学流派之间争论的议题很了解。

> 我路过此地看到你们敬拜众神的方式，发现神坛上写着：献于未知的神。你们这么愚昧地在敬拜谁，让我来告诉你们。创造世间万物的上帝，是天堂与人间的主人。他不住在凡人双手修建的庙宇中，也不被凡人敬拜，他不需要这些。他让世界上所有的人呼吸，拥有生命和相同的血统。只要人们在地表生存，人们就应寻找上帝的踪迹，尽管他也许就在我们周围，离我们不远。我们在他创造的世界生活、移动，对自己的存在毫不怀疑，就像你们的诗人讲的那样。我们都是他的后人。正因为如此，就不能认为神的头像可以被人刻在金、银或

石头上。

其后的传说里讲到了圣保罗与斯多亚派哲学家塞涅卡的哲学对话，事情并不那么有趣。圣保罗曾在法庭上见过塞涅卡的兄弟伽里欧（Gallio），并且他还在尼禄皇帝的宫殿中有许多朋友，而塞涅卡在宫殿中很有影响力。塞涅卡与圣保罗大约在同一时间去世。圣保罗是在公元前64年罗马大火后对基督徒展开迫害时去世，而塞涅卡则于公元前65年自杀身亡。

基督教福音书也是大概在这个时间写就的。所有的福音书都视耶稣为上帝之子。圣约翰（St. John）的福音中称耶稣为上帝之道（the Word of God），是其神圣创造的工具。圣约翰的说法与犹太哲学家斐洛相似。他与耶稣大约身处同一时代，写过一些将柏拉图思想与希伯来圣经相融合的论文。但圣约翰所传达的精神信息却与斐洛的非常不同；圣约翰认为：上帝之道，在世界没创造世界之前就跟随上帝，与死在加利利和朱迪亚（Galilee and Judea）的人类耶稣完全相同。希腊神话里有众多转世的神，亚历山大认为自己是宙斯之子。不过以前并没有什么思想认为：尊崇一神论的犹太教上帝，不会像人神一体论认为的诸如色诺芬尼之神（the God of Xenophanes）、巴门尼德（Parmenides）和柏拉图一
94 样，以肉身生活在凡间。转世化身，这种基督教信条，为新的哲学观念提供了肥沃的土壤，这些新观念影响了人们对神性和人类自己本质的思考。

基督教和诺斯替教

在公元二三世纪，由戒律严格的教堂统一管理的基督教传到了整个罗马帝国。基督教主要在由主教统领的城市和社区中有影响力。基督徒称非基督徒为“异教徒”，这个词最早的拉丁语的意思是“乡下人”（countryman）。在这期间基督徒对哲学的看法有了众多变化。

许多早期的基督教作家，如从柏拉图派转为基督徒的贾斯汀·马特尔（Justin Martyr），借用柏拉图对话中的内容到基督教义中去。他认为柏拉图受到了希伯莱语圣经的影响。其他人，比如说非洲作家德尔图良（Tertullian），声称雅典和耶路撒冷没有任何共同之处，并对任何将斯多亚派、柏拉图派和辩证法融进基督教的做法予以指责。

公元二世纪正统的基督教神学家，对所谓的异教徒哲学没有太多的指责。他们真正针对的是在教堂中的这样一些人：他们将柏拉图的宇宙论，犹太教预言，基督教神学和东方神话掺在一起，制造出一种让人头痛的混合物。然而耶稣和圣保罗向穷人和文盲所布道的内容一点也不比那些有学问的老师和博学的哲学家们少。这一部分学者和哲学家，总称为诺斯替教徒，宣称他们拥有从第一批使徒那儿秘密继承来的一种神秘的知识（Gnosis），并且除了朴素的忠诚之外，他们被传道者置于更加优越的地位。

诺斯替派信徒认为物质世界并不是由上帝创造的，而是一些较弱并怀有恶意的力量所为，创造物质世界完全就是一场灾难；宇宙由位于行星地带的邪恶力量所统治；一个真正的诺斯替派信徒应避免参与世间一切活动；死亡来临时，如果灵魂被诺斯替派仪式净化过，就会飞向上帝居住的天堂，咒语的帮助能使灵魂冲破由邪恶力量设置的障碍；因为世界是邪恶的，所以结婚生子是有罪的。一些诺斯替派信徒过着苦行僧式的生活，另一些人的生活则喧嚣混乱。然而性在这两种生活中都是可鄙的，这是基本前提。

主流基督教作家视诺斯替派为异端学说（heresy，希腊语Hairesis，本意是指某一哲学流派）。他们更喜欢完全置身于教堂之外的哲学家，比如说斯多亚派，它在罗马历任皇帝统治期间重又受到欢迎。然而，古典哲学传统的信奉者通常都鄙视基督教，因为他们经常分不清诺斯替派的异端学说和传统的犹太教。当斯多亚派哲学家马可·奥勒留（Marcus Aurelius）于公元161年成为皇帝时，即对基督徒展开了迫害。

这时罗马帝国的版图前所未有的广阔。奥古斯都死后，北部多瑙河 95

与莱茵河一带的疆域得到进一步巩固；他们的继任者又很快将不列颠省纳入帝国旗下，帝国的统治一直延伸到整个北非海岸，这样地中海就成了罗马海。马可统治期间，帝国东部领土延伸至幼发拉底河流域。

在马克·安东尼被打败之后的几百年，罗马帝国由凯撒和奥古斯都的家族成员统治。这些继任者们以自身所作所为很好地说明了：绝对权力导致绝对腐败。对于那些可能成为皇帝的人来说，他们所处的时代也叫人为难，这期间有盛世、世态炎凉及癫狂世界。虽然罗马教廷充满仇恨与恐惧，但帝国的和平却给广大人民带来了幸福的生活。欧洲、北非、近东几个世纪以来都享有前所未有的安宁。那里常驻有12万军队，是他们在维持那里平静的生活。罗马的自治和法律制度维持了三块大陆上所有社区的秩序；修建的道路网能让旅游者将拉丁文学和希腊哲学带到帝国最偏远的角落。

尼禄（Nero）皇帝69岁去世时，凯撒王朝走到了尽头。在其死后一年中，有三位皇帝先后掌权却又相继去世，最后，尼禄统治末期时代的一位曾在巴勒斯坦镇压过犹太叛乱的将军韦斯巴芗（Vespasian）接管了皇权，稳定重又降临。他的儿子提多（Titus）继任皇帝后于公元70年袭击了耶路撒冷并遣散了那里的居民。自那之后，在整个帝国，正是基督徒还保留着犹太传统和其价值观。

虽然提多的兄弟也就是皇位继承者多米提安（Domition）与尼禄在虚荣心和残忍上相比有过之而无不及，他之后的诸位皇帝还是令人敬佩的。公元96年至180年这些皇帝在位期间，为罗马帝国的鼎盛时期。这段日子快要结束时，有人真正尝试着让基督教与希腊哲学和谐相处。亚历山大城的克雷芒（Clement of Alexandria），在世纪之交以桌上闲谈的风格写就出版了一套《杂文集》（Miscellanies, Stromateis），书中写道：对于受过教育的基督徒来说，学习哲学是必须应被允许的。希腊思想家是世界上所有年轻人的老师，是神派来带领人们走向成熟的。克雷芒和柏拉图一样，反对诺斯替派的两重性，并对亚里士多德式的逻辑进行过试验，还赞扬了斯多亚派对自由的追求。他寓言式地解释说：受过教育的希腊人认为圣经中的一些内容尤其是旧约，是粗鲁和冒犯的。这样他就在亚历山大城中立下了这么一项历史悠久的传统。

克雷芒是杂文集编者和宣传家。另有一位名叫奥利金（Origen）（185–254）的与他同时代的年轻人，也住在亚历山大城，是一位初出茅庐的思想家。奥利金的父亲是一位基督教殉道者，所以与克雷 96
芒相比，他对自己当时所处的文化环境颇感不适。虽然他曾大量研读希腊哲学，并且是跟随亚历山大的柏拉图主义者阿默纽斯·萨克斯（Ammonius Saccas）的门下，但他仍将圣经视为自己最重要的老师，曾付出大量心血来建立圣经真正的内容。

然而，奥利金也将许多哲学思想打入到他的圣经体系中，许多主流基督教视此为异端邪说。例如，和柏拉图的观点一样，他认为人类灵魂在其出生和孕育之前就已存在。上帝最先创造的是充满自由灵魂的世界，当这些自由灵魂对没完没了的敬拜厌倦的时候，上帝就创造了现今的世界。在这个世界中被具象化了的人类灵魂就有了自由，这自由可以助他们不断上升，在基督的帮助下，走向如天堂般的命运。奥利金还坚称：所有理性的存在，无论是罪人还是圣人，恶魔还是天使，都能得到宽恕和祝福，这点与基督教正统学说相冲突。他修改了圣保罗有关肉体复活的教义。根据他的一些门徒的说法，他在教导他们时称：死者会以一种不朽的形式重生；根据另一些门徒的说法，奥利金认为重生的肉体会以球状的形式再现。这是最完美的形状，这一点与柏拉图不谋而合。

在访问雅典城时，奥利金宣布了他关于最终宇宙救赎的观点。一个教会中所有的埃及主教都指责其为异端邪说。他被放逐到巴勒斯坦，他说道：比起那些指责他的主教们，他再也不会说任何谴责恶魔的坏话了。在放逐期间他写了一本为基督教辩白的书，以反对无宗教信仰的柏拉图主义者之一——塞尔苏斯（Celsus）。在《反塞尔苏斯》（Against Celsus）这本书中，他借用了哲学论据以支撑基督教启示是真实可靠的。因为在罗马皇帝德修斯（Decius）统治期间屡遭折磨迫害，奥利金于公元254年去世。

新柏拉图主义

普罗提诺（Plotinus，205–270）与奥利金同时代，且都在阿默尼亚斯·萨克斯门下，是最后一位伟大的无宗教信仰的哲学家。普罗提诺崇拜柏拉图。但他的哲学给人如此一个新颖的印象：他不仅是柏拉图主义者，更是新柏拉图主义的奠基人。在军队短暂服役后他定居罗马，并在皇室的资助下漫不经心地想要在坎帕尼亚（Campania）建立一个柏拉图共和国。他死后其著作由他的门徒也是传记作家波菲利（Porphyry）编辑整理，将其论文分为六组，每组九篇，故称《九章集》（Enneads）。其论文行文整洁却又晦涩难懂，覆盖许多哲学论题，有道德与美学、物理和宇宙论、心理学、形而上学、逻辑和认识论。

普罗提诺哲学系统中占据主要位置的是“太一”（the One）。“太
97 一”，在古代哲学中，并不是指自然数列 1，2，3，4 中的第一个数字，而是一个意为“联合”或“聚集在一起”的形容词。普罗提诺的这种用法来自于巴门尼德（通过柏拉图），他认为，“统一性”（the oneness）是存在的关键特征。严格说来，我们并不能说出任何有关“太一”的句子，因为将主语与谓语分开表述的用法暗含分裂和复数。“太一”在柏拉图式的善的观念（the Platonic idea of the good）中占很重要的地位，但在我们看来仍然很神秘。“太一”是一切现实的基础，而且是一切价值的标准，但是“善”和“太一”却又是超越一切存在和善的。

这最高的神圣的巅峰之下，是现实的另一层级。这一层由心智或智力（mind or intellect）控制。实际上这是“一”对自身的反映。这便是柏拉图观念的中心，它依赖于对自身存在的肯定并形成了自身结构中至关重要的一部分。在对这些观念的反复思索中，心智了解了自己，这不是一个推理的过程，而是源于永恒的直觉。

心智下一层由灵魂占据。灵魂和心智不一样，它在时间中运作。实际上，是它创造了时间和空间。灵魂可以看向两个方向：向上看去是心智，向下是自然。在自然中它又看见了自己的映像。于是自然又创造了物质世界，充满着奇迹与魅力，即便其中的物质是由像梦一样的东西制造出来的。在所有的层级当中，最低级的是纯粹的事物，它是现实的最外层。

现实的这些层级并非各自为营，每一层都依赖于它的上一层级。在“太一”的发出物中，一切事物都有其单一性的、自上而下的位置。这个系统令人印象深刻：但是我们会想，普罗提诺是怎样使听者相信这些神秘的所谓的“学说”的呢？

要想知道他是怎么做的，我们必须折回去，从了解基础事物开始，再到最高点。普罗提诺研究的起点是我们已经见到过的柏拉图和亚里士多德的学说。亚里士多德认为：那永恒的变化的本体，就它自身而言，不用含有任何我们见到或管理过的、变化着的肉体的任何一种特征。但他认为：一个不含有物质特征的事物，如巴门尼德所说的非存在（the unbeing）一样，是不可信的。

因此，我们不能要亚里士多德式的质料，而应留下亚里士多德式的形式。这其中最重要的就是灵魂，它是人类的形式，而且我们能够很自然地想到有多少个人就有多少灵魂。但是他又提到了另一个亚里士多德式的论点：形式是由质料赋予其个性化特征的。如果我们放弃了质料，就不能将苏格拉底的灵魂和香雪浦（Xanthippe）的灵魂区分开来。所以就得出结论说只有单一的一个灵魂。

为了证明这在存在前后就已有的灵魂是与任何特定肉体相关却又独立于其上的，普罗提诺运用了和柏拉图的《斐多篇》（Phaedo）非常相似的论据。他灵活地将这一论点逆转过来为他所用：灵魂是依附于肉体的，因为它的作用只不过是让肌肉调和一致。他说：“当音乐家拨动琴弦时，他弹奏的是琴弦而不是旋律；但如果没有旋律琴弦也当然不会被 98
拨动。”

但现在问题又来了：一个先验的非物质的存在于世间的灵魂，是怎样呈现于那堕落的复合的肉体之上的？为了解决这一问题，他说：我们应该扭转这个问题，不要问灵魂是怎样存在于肉体的，而要问肉体怎么能存在于灵魂之中。回答是：为了自身的组织和长久的存在，肉体存在于灵魂中并依赖于它。

这样，灵魂就管理并命令着这肉体的世界。它干得很好很有智慧。但是它管理世间的智慧并非天生属于它的：这智慧必定来自外界。智慧不能来自物质世界，因为正是它在塑造物质世界；它必须来自某物：在本质上这种事物是与作为智力活动的范式或形式的理念相联系的。那么，这就只能是世界精神（the World-Mind）。它构成了理念，其本身也由理念组成，这些理念又是它思想的对象。

他认为，在所有思想体系中，思想家和他所思考的事物一定存在着区别。即便是思想家在思索他自己时，还是存在着主体与客体的两重性。更进一步说，作为心灵对象的理念在数量上是有很多的，所以心灵以不止一种方式包含着多样性，所以说它是复合的。和许多古代哲学家一样，普罗提诺也接受如下原理：即复合的事物一定依赖于某种更简单的事物。这样，追根溯源，在有关不定型的事物的研究中，我们又回到了那唯一的“太一”。

虽然普罗提诺的学说在他死后并没有在罗马发展多久，但他的门徒却将他的观念带到了各地。波菲利的门徒，杨布里柯（Iamblichus）在雅典激起了对新柏拉图学说的研究。勤劳刻苦虔诚的普罗克洛斯（Proclus）（410—485），每天都要做五场演讲并写了七百多首诗，并在《九章集》（Enneads）中对普罗提诺的学说写过详细的评论，使其学说保留了下来。普罗克洛斯因他所写的18篇驳斥有关基督教创世说的论文而闻名于他所处的时代。雅典的新柏拉图学说是最后一支繁荣的无宗教信仰的希腊哲学流派，也是有关亚里士多德的评论最有知识的一派。辛普里丘（Simlicius）也在那里工作研究，直到新柏拉图学说在普罗克洛斯死后45年于公元529年走向终结。基督教罗马皇帝君士坦丁（Justinian）颁布诏书说，按照爱德华·吉本（Edward Gibbon）的语言：这使雅典各学说流派永远沉默，并激起了为数不多的希腊科学和迷信的信仰者的悲伤与愤慨。

（杨洪江　译）

第六章　早期基督教哲学

阿里乌斯主义和“正统”教义

99　当查士丁尼（Justinian）关闭雅典的所有学园时，罗马世界已经信教两百多年了。公元3世纪，罗马帝国不断受到外来入侵并开始呈现出分裂的迹象。公元284年到305年在位的戴克里先皇帝（Diocletian）再次加强了有效的管理。作为恢复皇权统一运动的一部分，他下令铲除基督教。但是仅仅在这次最大的迫害十年之后，他的继任者君士坦丁皇帝（Constantine）就颁布了“米兰敕令”，宣布了信仰基督的自由。君士坦丁把他获得皇权的成功归因于上帝基督的帮助，并在后来自己也成为基督徒之前就在罗马建造了最宏伟的教堂。

戴克里先皇帝的改革已经将罗马帝国一分为二了，即说拉丁语的西罗马和说希腊语的东罗马。君士坦丁在黑海南部的拜占庭（Byzantium）建立了东罗马的首都，并重新命名为君士坦丁堡（Constantinople），这个城市因新罗马而名声大噪。他还在附近的尼西亚（Nicaea）于公元325年主持了第一次基督主教的最高会议。

最高会议是为了正式确立耶稣对基督教徒的神圣性的意义而召开的。所有基督徒都同意耶稣是上帝的儿子，但问题是，圣子耶稣基督是等同于还是次于他的父亲上帝。一个名叫阿里乌斯（Arius）的亚历山大教徒宣扬圣子是次于圣父的。当父亲总是存在的时候，儿子有一段时间是不存在的。儿子也是一个创造物，他并不比其他创造物更少变化。阿里乌斯的观点引起了整个教堂的激烈争论。但是当主教们在尼西亚投票时，他们以压倒性的优势谴责了这一观点，并制定了一个信条，或者说关于信仰的官方陈述。尼西亚信经肯定了正统教义，认为圣子与圣父同质，是同一个本体。

“本体”是一个被希腊哲学家广泛使用的词，在他们的英语文本
中经常被翻译为“本质”。两个人，比如彼特和保罗，分享了共同的本 100
质，都是人，而人和狗具有两种不同的本质。按照这种解释，本质和亚里士多德的第二实体是相同的。在尼西亚信经的拉丁文版本中，圣子和圣父的关系被描述为，圣子和圣父的关系是相同的本体，是同体的。尼西亚会议是第一次，但不是最后一次通过引进哲学的技术性来寻求基督教义的精确性。

帝国的基督教化从几个方面影响了哲学的进程。最重要的，但也是适得其反的，它使犹太人的观念成为了一种普遍趋势。基督教和异教的冲突首先是一神论和多神论的冲突。基督教所宣称的一神是耶和华，他挑选出了犹太人并传给他们《摩西十诫》。但是这个神，既不是巴门尼德的神，也不是柏拉图或者亚里士多德的神，也不是伊壁鸠鲁主义和斯多亚派的神，他从无创造出了世界，也正如基督教义所说，他有要求不仅是犹太人，而且是整个人类的忠贞和信仰的权利。

帝国的基督教化也引起了形而上学的革命，当然也改变了伦理学的特征。犹太人道德的中心是遵守神圣律法的观念，并且，与之相联系，正如圣保罗（St Paul）所强调，恶的观念就是对神圣律法的违背。在希腊伦理学专著中，没有类似的观念。圣保罗用作“恶”的希腊词在亚里士多德著作中被不加选择地用来指各种形式的错误，从谋杀到拼写错误。斯多亚派也提到神圣律法，确实如此，但大部分是比喻性质的。如果你问他们这个律法是在哪儿颁布的，那他们肯定会困惑不解。但是如果拿同样的问题去问犹太人或基督教徒，他们就会告诉你那是指《出埃及记》中的“十诫”。圣保罗已经教导基督教徒忽略《圣经》中的许

多具体的指示，比如饮食的戒条和割礼的要求。但是有一个神圣的律法在束缚着人类，违反那些律法是最大的恶，而这是基督教父们的共同教导。

多数时代的哲学家都是在当时的宗教文本设计的基本框架内进行哲学探讨的。描述从希腊到基督教思想的变化的一个方式是，荷马史诗被圣经取代了，圣经作为宗教文本给哲学家的讨论提供了背景。当然基督教哲学家对待他们的宗教文本要比希腊人严肃得多。柏拉图对能够通过引用荷马（Homer）和赫西俄德（Hesiod）在文章中陈述自己的观点表示感激，他也能很自由地审查他们的文本并删掉那些错误的和令人厌恶的部分。在圣经中发现很多难题的基督教学者也许可以给出他们的神秘的或者寓言式的解释，但是不管他们采取何种方式，文章必须表现得富有真理性和启发性。更有甚者，哲学家解释的自由也是受到限制的，这
101 不仅体现在对圣经权威的解释上，也包括在两种冲突的解释间如何作出选择。这在犹太教就有先例，而在希腊人那里没有这样的事。那些具有非正统思想的希腊哲学家也许会受到像阿那克萨戈拉（Anaxagoras）或者苏格拉底那样的遭遇，但是他们受到的是城邦法律的惩罚，没有谁不依赖于政府，不受到维持正统的管制。

最后，基督教义也提出了许多远比教义本身更具有哲学趣味的观点。哲学追问死亡和不朽以及身体与灵魂的关系，但是基督教关于耶稣将重回人间审判死者复活的信仰改变了这种哲学追问的本质。对洗礼和圣餐等基督教圣礼的反思产生了普遍的本质理论和符号的意义，这比古代只是语言上的语义研究在范围上要广阔得多。保罗主义关于恩典和预言的教义使得对自由意志和决定论的追问长达几个世纪。而最直接的影响是，在君士坦丁皈依后的几个世纪，关于耶稣和神性之间关系的争论导致了对于个性的理解上一系列新概念的发展。

尼西亚会议并没有结束耶稣和基督本性之间的争论。阿里乌斯的支持者重整旗鼓，并于君士坦丁死后的公元337年，使他们的教派赢得了君士坦丁二世的支持。他们拒绝尼西亚信经关于圣子和圣父同质的教

义，因为这暗示两者之间并不是真正的相互区别开来，而仅仅是同一实在的两个方面而已。相反，他们认为，两者的本质只是相似，是本质相似（Homoiousion），而不是本质相同（Homoousion）。吉本（Gibbon，史学家，著有《罗马帝国衰亡史》，译者注）写道：“由一个双元音引起的本质相同论与本质相似论之间的争执已经亵渎了上帝，而对耶稣的亵渎反过来也是对这场争执的强烈嘲讽。”但是嘲讽用错地方了，就像联合国决议中有没有“不”一样，这个希腊字母“i”在信条中的有无也是大不相同的。有些阿里乌斯主义者甚至不愿意接受圣子和圣父的本质相似的观点。在东西议会期间，君士坦丁二世强制性地作出了一个折中，圣子被说成像圣父，而相连的哲学术语“本体”一词被省掉了，君士坦丁堡的圣索菲亚教堂宣读了这个信条。除了朱利安皇帝（Julian）试图恢复对异教徒的统治之外，在君士坦丁和他的其他继任者统治期间，阿里乌斯主义在帝国中占据了主导地位。这种状况一直持续到提奥多西一世（Theodosius）就职才有所改观，他在西方受到了忠于尼西亚信经的教育。

与此同时，一个新的因素被加进了这个神学争论中。基督教徒受
洗礼时，采用了“圣子、圣父、圣灵”的说法。许多基督教思想家认为
在《新约》中经常提到的圣灵也是神圣的。因此问题不仅是圣父和圣子 102
的关系，还有他们与圣灵的关系。在希腊教会中的信条认为他们三者是
分离的，但具有同等神圣的“本质”。普罗提诺曾用它来指太一、理智
和灵魂。这个词对应于拉丁文的“实体”一词。说圣父、圣子和圣灵是
三个本体，而圣父和圣子又是同质的，这似乎是矛盾的。然而实体的双
重含义不过是亚里士多德主义区分第一实体（如苏格拉底）和第二实体
（如人性）的复苏而已。这三者之间的关系在公元381年君士坦丁堡会
议上被确定为“三位一体”。

这次会议重申了尼西亚会议对圣子和圣父关系的理解，强调他们之间是同质的。它声明，圣灵和圣父与圣子一样受到崇拜，圣子产生于圣父，圣灵也由圣父而来。它没有说明圣子和圣灵的关系，它也没有用

“本质”一词。对这个教义的拉丁文解释开始用“位格”一词，它最初指舞台剧上的面具，也是“人格”一词的词源。

道成肉身的神学

君士坦丁堡会议结束了东罗马帝国的阿里乌斯主义，提奥多西通过迫害来支持他的法令。但是异端在成功跨过多瑙河（Danube）并很快占领西罗马大部分地区的哥特人（Goths）那里幸存下来。除了这个教义决定外，会议还宣布了一项法令，君士坦丁堡的主教仅次于罗马主教，因为它是新罗马。

在随后的第二和第三个世纪里，罗马主教逐渐成为地位最崇高的主教，即使相对于诸如那些由最初的传教徒建立的安提俄克教堂（Antioch）和亚历山大教堂（Alexandria）也是如此。罗马主教对其他教堂事务的干涉有时被接受，有时甚至还受到欢迎。当君士坦丁皇帝给希尔维斯特教皇（Silvester）以尊贵的地位和罗马的豪华宫殿时，尽管没有实质性地统治整个意大利和西罗马（后来的伪教皇拥有它），但是教权还是得到了加强。希尔维斯特代表了尼西亚会议，并且他的后继者也坚定地维持了它的教义。但是罗马教堂憎恨这个将君士坦丁堡提升到第二位置的教规，因为它暗示，它的权威不是来自于帝国的首都，而是
103 来自它是由使徒彼特和保罗所建这一原因。

基督教界领导者的竞争也影响了五世纪的教义争论。这个争论并不关注三位一体的位格之间的关系，而是关注耶稣自己的神性和人性的交集。正如所有人同意的，耶稣是上帝，同样，也正如所有人所同意的，玛丽亚是耶稣的母亲。但这是否意味着玛丽亚是上帝的母亲？许多受欢迎的传教士都这样认为，但是公元428年升为君士坦丁主教的聂斯托利（Nestorius）不这样认为。根据他的观点，玛丽亚给予耶稣的是人性，不是神性，如果说她是上帝的母亲就会混淆这两者。这一时期亚历山大的主教是西里尔（Cyril）。他是一个残忍而偏狭的人物，杀害了古代女

哲学家、新柏拉图主义者希帕蒂亚（Hypatia）。他立即公开指责聂斯托利是个异教徒，认为如果他不相信耶稣的母亲是上帝的母亲的话，那么他必然不是真正相信耶稣是上帝。

随着争论的传播和变得越来越激烈，提奥多西二世公元431年在以弗所（Ephesus）召开了基督教会议。利用了神学争论、贿赂、胁迫和普通教众的支持等多种手段，西里尔说服了法定人数值得怀疑的会议来谴责聂斯托利。出席的主教们接受了西里尔的主张，认为神性和人性在基督教义中是确实不同的两种本质，然而它们的统一组成了一个本质。因为这一点，人性（比如由玛丽亚所生而死在十字架上）能够归于上帝之子，神性（比如创造世界和奇迹）能够归于耶稣这个人。

在关于三位一体的争论中，哲学问题是，如果圣父、圣子和圣灵不是三个上帝，那么他们三个是什么呢？答案是本质或位格。然而问题是，如果耶稣的人性区别于他的神性，那么唯一的这个又是什么呢？答案还是本质或位格。人格的概念在如今的日常生活中变得如此熟悉，而它却起源于这对概念的神学争论。

正如尼西亚会议没有解决圣父和圣子关系的争论一样，以弗所会议也没有解决圣子道成肉身的争论。一些西里尔的亚历山大派支持者甚至认为，西里尔让步说耶稣有两个本质也是错误的，圣子永远只有一个不与人性本质相联合的神性本质，而当他道成肉身后，他通过两者的联合拥有一个单一的本质。这些极端主义者在以弗所第二次会议中赢得了主张基督一性论的亚历山大派教义的认可。

罗马的利奥教皇（Leo）并没有出席这次会议，但他递交了书面声明，即著名的《利奥大卷》（Tome）。这是关于两性论教义的肯定陈述。当他听说了会议的结果后，利奥指责那是个贼窝。在《利奥大卷》的支持下，君士坦丁堡回击了亚历山大派。在公元451年的查尔西顿（Chalcedon）会议上，基督一性论受到谴责，而两性论教义被重申。 104
基督是至善的上帝和至善的人，他有肉体，有人的灵魂，在神性上与圣父同质，在人性上与我们人类同质。他被认为有两性，并且没有混淆，没有改变，既不能分割，也不能分离。

从此，第一次以弗所会议和查尔西顿会议的教义成为正统文本。但是它们既没有被立即接受，也没有被广泛接受，直到今天，一些聂斯托利派和基督一性论派的社团还在努力为打败的教义进行论证。从哲学史的角度来看，早期宗教会议的重要性在于：作为经过不断争论和审议的结果，“本质”、“实体”、“本性”和“位格”这些术语的含义再也不可能完全等同了。

奥古斯丁的生平

正当三位一体和道成肉身在东罗马通过一系列宗教会议来确定时，西罗马的教会也在为上帝的目的和人类自由的关系争论不休。在这些争论中，最有影响的人是希波城（Hippo）的奥古斯丁（Augustine），他将被证明是所有基督教哲学家中最有影响的人物。

奥古斯丁于公元354年出生在如今阿尔及利亚（Algeria）的一个小镇上。他的母亲是个虔诚的基督徒，而父亲是个异教徒。虽然他受到了拉丁文学和修辞学的基督教教育，但是他小时候没有接受洗礼。在略懂一点希腊语后，他就获得了修辞学的教师资格并在迦太基（Carthage）教授这门课。当他十八岁读到西塞罗（Cicero）的《荷尔顿修斯》（Hortensius）后，他疯狂地迷上了哲学，特别是柏拉图哲学。他作为一个摩尼教（Manicheism）的追随者大约十年左右。摩尼教是一个吸收拜火教（Zoroastrianism）、佛教（Buddhism）、犹太教（Judaism）和基督教等多种因素的混合宗教。摩尼教徒相信存在着两个世界，一个是由上帝创造的善的和光明的世界，一个是由恶魔创造的邪恶的追求肉欲的黑暗世界。他们对性的嫌恶给奥古斯丁留下了终身的印记，虽然他早年也曾和他的情妇一起生活过几年，也有一个叫阿德奥达图（Adeodatus）的儿子。

公元383年他越过地中海，来到罗马，然后又很快移居米兰，后来的西罗马帝国首府。在那儿他不再对摩尼教抱有幻想，开始考虑帝国管理机构的一个职位，他也放弃了土里土气的情妇，打算和一个名门闺秀结婚。他开始和米兰的安布罗斯主教（Ambrose）交好。这位主教是一个反对提奥多西皇帝所长期代表的力量而宣扬宗教和道德的伟大战士。安布罗斯和他母亲莫尼加（Monica）的影响、以及对柏拉图和新柏拉图主义者的研究改变了他对基督教的态度。在一段时间的犹豫不决之后，奥古斯丁接受了洗礼。

在他作为基督徒的最初几年里，奥古斯丁写了大量的哲学著作。关于上帝和人类灵魂的一系列对话清晰地描述了他拒绝摩尼教的原因，并阐明了一个基督教的新柏拉图主义。《驳学园派》（Against the 105
Academics）详细批驳了怀疑论的观点。《论神意》（On Ideas）则表达了他自己对柏拉图理念论的看法。理念不依赖于上帝心灵就不可能存在，所以它们依赖于上帝而存在，是永恒的，不变的。在他看来，理念与灵魂相通不是通过对潜存在的回忆，而是通过直接的神的启示。年轻的奥古斯丁也写了关于恶的起源和自由意志的专著。《论自由意志》（De Libero Arbitrio）在许多大学的哲学系仍然还在使用。

公元388年他的母亲死于奥斯底（Ostia）后，奥古斯丁回到了非洲，并在他的出生地塔加斯特（Tagaste）组成了一个哲学团体。他们讨论了许多问题，奥古斯丁解答了它们，并以《论83个不同的问题》（On 83 Different Questions）为名将它们出版。他也写了六本有关音乐的著作。还有一本语义学著作《论秩序》（De Magistro），它包含了大量的关于词的本质和功能的富有想象力的描述。《论真宗教》（On True Religion）则要求哲学家从普罗提诺的三位一体转向基督教的三位一体。所有这些著作都是在他找到最后的职业和公元396年被任命为牧师前写成的。不久之后，他做了执事，396年成为阿尔及利亚希波城的主教。此后他一直居住在那里直到430年去逝。

身为主教的奥古斯丁更是著述颇丰。除了200多篇信件和500多布道外，还有100多卷著作，其中包括3部对《创世纪》（Genesis）的解说、15卷论三位一体。据说，奥古斯丁的著作产量相当于拉丁文以前所有幸存下来的文集总和。

他最著名的著作是在成为主教不久写的自传，《忏悔录》（Confessions）。它的直白和触动心灵的强度前无古人，后无来者。许多尖锐的哲学问题则散布于陈述和祈祷之间。

我们以奥古斯丁叙述他如何学会说话的那段文字为例。

> 当时大人们并没有像将来教我字母那样教我说话。我的天主，我是靠你给我的理智，自己去学习的。要么大叫大嚷，要么语气平和，要么手舞足蹈，我试尽各种办法来尽力表达我的内心感受，但是仍然不能向我想要的人表达我所想要表达的一切。于是我就死记硬背。当他们用某个名称来称呼某物时，因为他们向它开口，于是我就明白并记住这个事物是用这种声音来称呼的。当他们要注意它时，他们就发出这种声音。这就是他们的意义。所有民族的自然语言都是如此，这些意义明白地体现在他们身体的动作上、他们的面部表情上、他们的眼睛所向和四肢的姿势上。这些意义也暗示了心灵的情
> 106 感，或渴求、或拥有、或拒绝、或逃避。这样，通过持续不断地在各种不同的句子中听这些词，我就收集了他们的意义。而一旦我训练用我的嘴来发出这种声音时，我就表达了我的愿望。因此我就开始分派它们作为我的愿望的符号。由此，我更加深入地投入到充满着丰富情感的人类生活的人际交往中。

直到二十世纪，哲学家们才对婴儿如何获得语言再次表现出如此敏感的兴趣。

在《忏悔录》第十一卷，奥古斯丁对时间的本质作出了著名的追问。关于这个讨论的依据是反对者的问题：世界开始之前，上帝在做什么？奥古斯丁没有让提出这种问题的人下地狱，而是回应说，在天地未

被创造之前，没有时间。我们不能问上帝然后做什么，因为在没有时间的时候没有“然后”。同样，我们也不能问世界为什么之前没有被创造，因为在世界创造之前，没有“之前”。对上帝而言，说上帝在世界创造之前的某个时间存在是会令人误解的，因为上帝不是任何连续的序列。对上帝而言，今天不能代替昨天，也不能导向明天，只有永恒的现在。

为了对现在的永恒性作出辩护，奥古斯丁不得不提出时间不是真实的。“时间是什么？”他说，“如果没人问我，我还知道，如果我要向问我的人解释，我就不知道了。”时间由过去、现在和将来组成。但是只有现在存在，因为过去不复存在，将来尚未存在。但是只是现在的现在不是时间，而只是永恒。

我们经常说更长的时间或更短的时间，但是我们怎样测量时间呢？假如我们说一个很长的过去，我们是意味着它过去很久了，还是现在很久了。只有后者是有意义的。但是，既然现在是瞬间的，事物如何在现在是长的呢？瞬间的集合并不比瞬间更长，任何时间的阶段不可能同时存在。那么它们怎样能加起来形成整体呢？我们所做的任何测量都必须在现在被做。那么我们怎样才能测量已经过去的和尚未发生的？

奥古斯丁对这些难题的解决方案是，时间只存在于心灵中。过去并不存在，但是我认为它存在于现在，因为这一刻，它在我的心灵中。将来也不存在，因为那都是我们现在的预见。因此，我们不应该说有三个时间，过去，现在和将来，而应该说，有关于过去事物的现在（记忆）、关于现在事物的现在（当下）和关于将来事物的现在（期望）。时间的长度并非真正时间的长度，而是一个记忆的长度或者期望的长度。

奥古斯丁的说明并没有真正解决所有他提出的难题。他也没有这样宣称过。但他不是提出时间主观理论的最后一位哲学家，而他的陈述和任何后来提出的理论同样精细。

上帝之城和神秘的恩典

107 在写作《忏悔录》十三年之后，阿拉里卡（Alaric）领导下的哥特人入侵并洗劫了罗马城。异教徒把这一灾难归咎于基督徒不再信仰自己的城市诸神，所以在人们需要诸神时，诸神抛弃了他们。为了对此作出回应，奥古斯丁花了十三年写出了专著《上帝之城》（The City of God），对罗马帝国史以及古代世界的其他许多东西作出了属于基督徒的分析。

奥古斯丁对比了以耶路撒冷（Jerusalem）为标志的上帝之城和以巴比伦（Babylon）为标志的世俗之城。巴比伦居民轻蔑上帝并以自恋作为自己的动力，而耶路撒冷居民忘记了自我，通过上帝之爱来获得动力。两个城市都以正义与和平为目的，但对这同一目标有着不同的观念。巴比伦不等于异教徒国家，耶路撒冷也不等于基督徒国家。异教徒的帝国并不是一切都是错的，而基督教皇帝也可能是个罪恶之徒，比如，安布罗斯把提奥多西皇帝排斥于教堂之外作为对公元391年他在帖撒罗尼迦（Thessalonica）的大屠杀的惩罚就表明这一点。

上帝之城并不等于现实的基督教会，虽然几个世纪之后奥古斯丁的著作经常被认为说明了教会和城邦的这种关系。就像柏拉图的乌托邦理想国一样，奥古斯丁也让自己陷入了自相矛盾之中，因为上帝之城并不是任何现实之所。

奥古斯丁的论述是前后不连贯的，有时也不免冗长而乏味，但它包含了许多具有伟大洞察力和影响的段落。试举一例，正是在这本书中，奥古斯丁影响了后来几代人如何解释圣经“不可杀生”的戒律。首先，戒律并没有排除自杀。自杀对基督徒来说是不允许的，即使是为了逃避罪恶和羞愧。另一方面，不可杀生并没有包括人以外的生物。

当我们读到不可杀生时，我们就认为，这不是指树木，

> 因为它们没有任何感觉。也不是指那些非理性的动物，无论是天上飞的，水里游的，地上走的和爬的，因为它们和我们也没有任何理性的联系，没有被赋予像我们人类一样的理性。因此，正是通过创造者的这种安排，它们的生命和死亡是从属于我们人类的需要的。

那么当我们说到死刑和战争这些故意杀生的行为道德时，那意味着什么？与早期其他基督思想家的和平主义不同，奥古斯丁认为战争并不总是错误的。如果发动战争是出于神圣的权威，执行死刑是根据城邦的法律，那么不可杀生的戒律并没有被这些人打破。但是奥古斯丁也不是一个鼓吹战争的人。战争的目的仅仅是为了和平，即便这样的战争， 108
其中的一方也是罪恶的。而也只有正义的一方才有权命令他的士兵去杀生。如果没有正义，自由除了是一帮暴徒还能意味着什么呢？

《上帝之城》以对两个城市达到各自顶点的说明来结束：一个归于天堂，一个归于地狱。为了纠正好人受苦而恶人得意的不公正，基督最后将重回人间裁决死人和活人。死于上帝之爱的善良的基督徒在复活后将在上帝之城永享幸福。而没有悔改之意的基督徒、异教徒和所有不受洗礼的人，无论是成人，还是小孩都将受到诅咒，并在地狱中永远燃烧他们的身体。是获得永生，还是受到诅咒，这些选择将由上帝根据他们在人间的所作所为而裁决。

神圣的预言和人类的善恶之间的关系问题花去了奥古斯丁最后的几年。罗马被洗劫之后，英国的禁欲主义者佩拉纠（Pelagius）逃到了非洲。他强烈认为，即使在上帝面前，人类也享有自由和自治。他认为，亚当的原罪除了给他的后人以反例外，并不能对他们有其他破坏。人类在他们的整个历史中，都应该充分享有施行善恶的意志自由。死亡是自然的必然规律，而不是对恶的惩罚。合乎道德地使用自由的异教徒在他们死时也应该受到祝福。上帝给了基督徒赋予他们更高幸福的洗礼，这些恩典被分派给上帝认为应得的那些人。

所有这些对奥古斯丁来说都是诅咒，他认为，整个人类从某种意义而言都参与了亚当的原罪，因此所有人都从他那里通过有性繁殖继承下了遗传性的罪恶和道德。下凡之后，我们没有任何做善事的自由。我们需要上帝的恩典，不仅是为了能够去天堂，也为避免一个继续作恶的生活。在年轻时代，奥古斯丁曾经从哲学上证明人类享有选择的自由，现在他认为，我们人类所拥有的自由只是选择这种恶而不是那种恶的自由。恩典被分派给这些人而不是那些人不是根据任何现实的或者可预见的优点，而只是根据上帝不可预测的善。当我们作为亚当的后人都受到诅咒时，我们没有人有理由抱怨，我们中的一些人因为上帝的怜悯而获得赦免。

佩拉纠的教义在公元418年迦太基会议上受到谴责，但是争论仍在继续，而奥古斯丁的地位也在继续加强。非洲和法国的修道院僧侣们抱怨说，如果奥古斯丁关于人类自由的观点是正确的，那么劝告和指责就
109 是徒劳的，而僧侣生活的所有戒律也就毫无意义了。对此，奥古斯丁坚持认为，不仅是基督的最初召唤，而且最虔诚的基督徒的死亡也只是出于恩典。他以一个84岁的僧侣包养情妇来说明这点。

如果语言对拯救而言是必须的，那么批判者问，那也是充分的吗？一个被赐予恩典的人能够拒绝它吗？如果这样，那么人类自由在个人的命运中将真正发挥重要作用。那样在历史终结时，人类将分成三类：因为被赐予恩典并接受恩典而进入天堂的人，因为被赐予恩典但拒绝接受它而下地狱的人，因为根本没有被赐予恩典而下地狱的人。奥古斯丁最终否认了人类哪怕是最微小的选择。恩典不能被拒绝，也不能被克服。如果自由和决定论是一致的话，人类的拯救也是自由的。最后只有两种人，即被赋予恩典的人和没有被赋予恩典的人、命运注定了的人和道德堕落者。但是为什么一个是注定的，而另一个人是堕落的，这是个无法回答的问题。

> 如果我们举出两个小孩来，他们同样都受到原罪的约

> 束，那么为什么一个死了，而另一个活下来了。如果我们举出两个有罪的成年人，那么为什么一个受到上帝的召唤，而另一个没有。无论如何，上帝的决定是不可理解的。如果我们举出两个圣洁的人，那么为什么一个获得永生，而另一个没有，上帝的这个决定甚至更加难以理解。

所有这些关于原罪、恩典和预言的教义都是以圣保罗，特别是《罗马书》为根据的。然而奥古斯丁比圣保罗更进了一步。他关于预言的教义使他以或多或少令人信服的方式解释了《提摩太前书》的叙述：上帝愿意让所有人都得到拯救并获得真理。

奥古斯丁死于公元430年，留下他的后继者继续跟佩拉纠和他的追随者们战斗，直到公元529年奥兰治会议上谴责甚至大量修改了佩拉纠主义。令人费解的并不断受到攻击的解释预言的神学家们与可爱的《忏悔录》作者很不相同，他在整个基督教历史上都享有更高的重要性。在整个中世纪基督教中，奥古斯丁比任何其他基督教父都享有更高的权威。而在宗教改革后，他的影响也是不降反升。约翰·加尔文（John Calvin）进一步加深和巩固了奥古斯丁教义，正如奥古斯丁加深和巩固保罗的教义一样。即使现在，当越来越多的人不再读它而是憎恨它时，奥古斯丁对基督徒思想的影响也是不可避免的。他的天才继续吸引甚至征服了许多基督教传统以外的人。 110

波爱修和菲洛浦诺

促成《上帝之城》的罗马洗劫事件其实只是一系列野蛮人攻击西罗马帝国及其首都的第一次。正当奥古斯丁垂死之时，汪达尔人就在希波城门口。不久之后，他们成为了非洲大部和西班牙的统治者。到中世纪，匈奴人侵占了高卢（Gaul）和意大利，只是在利奥教皇的斡旋下，他们才没有攻击罗马。法兰克人占领了高卢，盎格鲁—萨克逊人占领了不列颠。公元476年，西罗马帝国走到尽头，末代皇帝罗慕路斯·奥古斯图卢斯（Romulus Augustulus）被放逐。意大利成了阿里乌斯派基督徒皇帝统治下的一个行省。

最强劲的意大利哥特王是公元493年到公元526年在位的狄奥多里克（Theoderic）。他的大臣之一就是罗马贵族和元老议会议员马尼利乌斯·塞维里努斯·波爱修（Manlius Severinus Boethius）。波爱修年轻时曾利用希腊资料写了几本音乐和数学的小册子。他还计划翻译柏拉图和亚里士多德的所有著作。虽然最终没有完成，但是正是波爱修对亚里士多德逻辑学著作的翻译确保了西罗马帝国在中世纪早期接触到它们成为可能。波爱修也修订了普罗提诺的学生波菲利（Porphyry）的逻辑学介绍，并以亚里士多德的《工具篇》作为附录。他在这一方面也作出了自己的贡献，写了几本亚里士多德著作的注释本，把他的著作与斯多亚派对命题逻辑的发展联系在了一起。

波爱修的逻辑学著作已经成为许多学者最近研究的对象，而他关于三位一体的神学论著也包含了许多具有哲学趣味的章节。但是在整个历史上，他的最著名的单行本著作是《哲学的慰藉》（The Consolation of Philosophy）。这是他在公元524年写的，当时他因怀疑参与反阿里乌斯的阴谋已经被判处死刑而关在监狱里了。这本书受到广泛欢迎，首先是因为它很大程度的文学性；其次是因为它对人类自由和神圣的先知问题作出了细致的分析。但是这本书对于一个虔诚的打算殉教的天主教徒来说会大失所望，它更多的是诉诸于哲学，而不是宗教慰藉。

《哲学的慰藉》分为五部分，每部分都由韵文和散文相互穿插，并以与在狱中出现的哲学女神的对话来进行。第一部分他为自己的无辜作出辩护，而哲学女神让他想起了苏格拉底的遭遇，并鼓励他像苏格拉底那样超然于尘世。第二卷发展了斯多亚派的观点，一个人的命运与他自身的价值相比是毫无意义的。他已经从命运那里获得很多好的东西，那么他也必须接受命运给他的厄运。然后，幸福不是在财富、权力和名声
111 中获得的这一观点通过柏拉图和亚里士多德得到加强。真正的幸福只有

在上帝那里才能获得。确实，要得到幸福就必须获得神圣性。虽然自然的上帝只有一个，但是每个幸福的人都是神。第四卷通过提出“为什么恶人大行其道”的问题讨论了“恶”。他利用为人熟知的柏拉图的观点来表明恶人的这种得逞只是外在的。

从第一卷到第四卷，哲学女神大量提到运气，但是第五卷放弃了这种兴趣而是提出这个问题：在神圣的上帝统治下的世界里，能够存在运气和偶然这样的事吗？虽然波爱修能够区分自由选择和人类的选择，但是他也承认，即使没有自由，人类的选择也很难与上帝预见将来发生的一切相协调。如果上帝预见一切并且不可能是错误的，那么他所预见的一切就必然发生。

波爱修的问题不同于奥古斯丁的问题，他所讨论的不是预言（上帝让善良的人获得重生），而是先知（上帝知道人类将做什么和不做什么）。如果我们认为人类行为自由，而不是按照上帝所预见的那样行事，那么他们似乎就可以说上帝错了。因为如果人类的行为以一种区别于预见的方式行事，那么就不再有关于未来的肯定的先知，而是不确定的。波爱修认为，一个真正自由的行为不可能完全被预知，即使是上帝也不例外。他用神圣的永恒概念来说明上帝的预见不是真正的预见。

> 同样是未来的事情，当它与神圣的知识相关时，它是必然的。当它与自己的本性相关时，它是自由和独立的……上帝把将来根据自由意志而发生的事视为现在。

波爱修解释说，存在着两种必然性。一种是清晰的直接的必然性，用命题说明即，

> 所有人都是必然会死的。

有条件的必然性，用命题说明即，

如果你知道我正在散步，那么我必然在散步。

上帝将之视为现在的将来之事并不是直接的必然性，而是有条件的必然性。

但是在波爱修以不同的必然性解决两难境地的论述中，问题仍然存在。毫无疑问，有些事情正如上帝所预见的那样。因此如果上帝预见到
112 明天的海战，那么它就是如此。然而，波爱修的理论为随后的几个世纪留下了解决这个问题的方案。

波爱修已经被称为“最后一位罗马哲学家，第一位经院哲学家”。毫无疑问，他在其著作中将古典哲学和中世纪学校的繁琐哲学联系起来，其紧密程度也许比奥古斯丁更甚。但是古代的最后一位基督教哲学家并不是他，而是文法家约翰，或者说约翰·菲洛浦诺（John Philoponus）。与波爱修不同之处在于，他是东罗马帝国的御用学者。

菲洛浦诺活跃于查士丁尼皇帝统治时期。这位皇帝在公元527年即位，即波爱修被判处死刑的三年后。查士丁尼关闭了雅典的所有学园，并以主持编纂《罗马法》而闻名。他的将军们不久之后占领了前西罗马帝国的主要地区。当雅典的异教徒学园全被关闭时，身为亚历山大派基督徒的菲洛浦诺是泰然自若的，而且还能很满意地看到他们最著名的学者，亚里士多德的注释家辛普里丘（Simplicius）的垮台。因为菲洛浦诺正是亚里士多德最激进的批评者，而辛普里丘是他当时最著名的对手。

首先，菲洛浦诺攻击亚里士多德关于世界永远存在的观点。就世界的存在依赖于上帝的意义而言，有些异教徒愿意接受上帝是世界创造者的观点；就我们所知的秩序井然的宇宙是在某个特定的时间由混沌而来的意义而言，有一些异教徒也愿意接受世界存在一个起点。但当时所有异教徒哲学家都相信物质的永恒性，而基督徒认为，这与天地产生于无的世界起源说是不一致的。在其《论世界永恒性》（On the Eternity of the World）一书中，菲洛浦诺进一步认为，这和亚里士多德自己关于无能够达到无限的观点也是自相矛盾的。因为如果世界没有起点，那么它必然存在了无数年，更糟糕的是，存在了一个无数365倍的天数。

第二，菲洛浦诺也攻击亚里士多德的动力学。亚里士多德的自然运动理论在解释射弹运动时存在一个难题。如果我扔出一个石头，当它离开我的手后，是什么在推动它向上和向前运动。它的自然运动是向下的，而我的手为了推动它向上运动，也已经不再跟它接触了。亚里士多德的解释是，石头在每个给定的点上被它紧跟其后的空气所推动。菲洛浦诺揭示了这个解释的缺陷，他认为，推动者赋予了射弹一种内在的推动力。

在亚里士多德那里，自然运动的概念是和自然位置的概念紧密联系在一起的。一个元素的自然运动是趋向于它的自然位置的运动。菲洛浦诺认为，如果我们把宇宙看做一个整体就像动物有头，有四肢和其他部
分一样，那么自然位置的概念也是恰当的。进而，即使我们把宇宙看做 113
是一个创造者的创造，这个观点也仍然是可信的。

在其著作《论创世》中，菲洛浦诺将他的动力理论广泛应用于整个宇宙。例如，天体在各自的轨道运行，不是因为它们有灵魂，而是因为上帝在创造它们时给了它们合适的动力。动力理论破除了亚里士多德天文学中物理学与心理学的混合物。它使得一个统一的动力理论成为可能，这对亚里士多德的理论无疑是个巨大的改进，而直到伽利略（Galileo）和牛顿（Newton）的惯性理论提出之前，再也没有哪个理论超过它。

菲洛浦诺同样反对亚里士多德关于天体是由非地面的元素，是由不可朽的精华创造的观点。如果动力理论扩展到天体和地球，那么这个反对是必然的结果。但是对于虔诚的基督徒来说，它同样也可以推翻太阳、月亮和星星等的世界是超自然的观点。它确认，上帝不同于他的人类创造物所赖以生存的地球。

菲洛浦诺是一个哲学家，也是个神学家。他后来写了大量的有关基

督教教义的专著。遗憾的是，他关于三位一体的论述导向了三神论，而关于道成肉身的论述又为基督一性论作了辩护。当查士丁尼为了捍卫自己的道成肉身理论而召他到君士坦丁堡时，他却不知所踪。在他死后，当教会权威审查他的三位一体教义时，他的观点被定为异端。所以，他对基督教思想的影响是微乎其微的，但是他的影响超出了古罗马帝国的限界，而在查士丁尼和征服者威廉之间的世纪里，最伟大的哲学家就出现在那里。

（鲍建竹　译）

第七章　早期中世纪哲学

约翰·司各脱

菲洛浦诺（Philoponus）死后的两个世纪里，哲学史家们几乎无史可记。然而，正是这一时期的两件大事使得孕育出古典哲学和教父哲学的世界面目全非了，一是伊斯兰教的传播，二是神圣罗马帝国的出现。 114

公元633年先知穆罕默德（Prophet Muhammad）去世后的十年间，伊斯兰教通过征战从阿拉伯本土传播到了周边的波斯帝国、罗马帝国的叙利亚、巴勒斯坦和埃及等行省。公元698年穆斯林（Muslims）占领了迦太基（Carthage），十年后他们成为整个北非的主人。公元711年，他们跨过直布罗陀海峡（the Straits of Gibraltar），轻松打败了哥特人的基督教国家，血洗西班牙。到公元717年，他们的帝国已经从大西洋延伸到中国长城。只是在公元732年，法兰克人领袖查理·马特尔（Charles Martel）在普瓦捷（Poitiers）获胜，暂时阻止了他们向北欧的推进。

查理·马特尔的孙子查理曼（Charlemagne）于公元768年成为法兰克王，他将穆斯林赶回了比利牛斯山脉（Pyrenees），但是他对穆斯林西班牙辖区的打击不过是点到为止。法兰克的东部沿线才是他更想施展军事和政治抱负的地方。他征服了隆巴迪（Lombardy）、巴伐利亚（Bavaria）和萨克森（Saxony），并让他的儿子在意大利称王。从一次罗马革命中成功解救出教皇利奥三世（Pope Leo Ⅲ）以后，查理曼于公元800年的圣诞节在圣彼得大教堂（St Peter’s）加冕为罗马帝国皇帝。当查理曼814年去世时，西欧大陆几乎所有的基督教居民都在他的统治下联合起来了。作为将军，当他被激怒时，他令人敬畏，而且残酷无情，但作为整个基督教界的统治者，他对自己在任期内寄予厚望。他最喜欢的著作之一就是《上帝之城》。他渴望恢复学术研究，将欧洲各地的学者召集起来和著名的约克的阿尔琴（Alcuin of York）一起主持位于亚琛（Aachen）的学校。虽说其中大多数成员从事其他学科，但有时也
115 会表现出一种业余的哲学兴趣。

正是在查理的孙子、就是秃头查理曼的宫廷里，我们发现了9世纪最重要的西方哲学家约翰·司各脱（John the Scot）。约翰并没有出生在查理曼的属地，而是在爱尔兰，为了避免混淆，他在自己的名字“司各脱”后加上姓氏“爱留根纳”，意为爱尔兰人的儿子。他第一次从事哲学工作是在公元852年，当时他受兰斯（Rheims）的大主教邀请，写一篇论文说明悲观僧侣戈特沙尔克（Gottschalk）的异教观点。这位异教徒被宣称的罪过使他认为有两个神圣的预言，一是圣徒将被送上天堂，一是受诅咒的人将下地狱。他认为这一主张是合理的，以至于奥古斯丁也有如此暗示。就像奥古斯丁时代的僧侣一样，辛克马大主教（Hincmar）认为这种教义对教化不利，所以请出爱留根纳。

但是辛克马也认为，爱留根纳的辩驳，作为一种治疗比疾病更糟。首先，他反对戈特沙尔克的论证是愚蠢的。他虽然认为不可能有两个预言，因为上帝是单一的，不可分的，但是他又认为甚至没有预言这样的事，因为上帝是永恒的。第二，他通过否认地狱的存在来否定被诅咒者的命运。上帝对他们的惩罚只是不让他们灭亡，而他们却想从上帝那里逃向虚无。福音书中提到的火刑的判决对于好人和坏人是共有的，不同之处在于，受到祝福的灵魂成为永恒的以太，而受诅咒的灵魂只是成了空气。戈特沙尔克和爱留根纳后来都受到了宗教议会的谴责，前者在公元853年的齐泽会议上（Quiersy），后者在公元855年的瓦伦斯会议上

（Valence）。

尽管如此，秃头查理曼还是委托爱留根纳翻译大法官狄奥尼修斯（Dionysius the Areopagite）的拉丁文本。它们有四卷专著，内容上属于新柏拉图主义，可能成书于六世纪。人们错误地以为它们是某个保罗使徒的雅典皈依者所著。爱留根纳的希腊知识显示了9世纪爱尔兰文化的高水平，他带着决心投入工作，一并完成了翻译和注释。

这项工作也激起了他自己创立体系的欲望，为此他写出了5卷本的《自然的区分》（Periphyseon），或者叫《论自然》。他将自然分为四个：能创造而不被创造的自然，能创造而且被创造的自然，被创造而且不能创造的自然，不被创造而且不能创造的自然。很明显，第一个自然就是上帝。第二个能创造而且被创造的自然是理智的世界，是柏拉图的理念，是上帝之子。第二个自然创造了第三个自然，即被创造而且不能创造的自然，这就是处于时空中，诸如动物、植物、石头等我们可见可感的事物所构成的日常生活世界。第四个，不被创造而且不能创造的自然，仍然是不被创造的上帝，但是这里他不是造物主，而是万物最终的归宿。

爱留根纳对上帝的描述很大程度上是不可知论的。上帝非人类语言所能描述，他不适用于亚里士多德的十范畴。因此上帝高于一切存在物，说他不存在比说他存在也许还更正确。爱留根纳试图将自己从彻底 116
的无神论中拯救出来，他说，上帝的现在所作，比现存的还要好。我们不能从字面上来理解圣经中上帝所说的话，相反，他的每句话都有着数不清的意义，就像孔雀的羽毛有无数种颜色一样。

弄清人类在爱留根纳四分法中的位置并不容易，它好像属于第二自然，也好像属于第三自然。动物的躯体可以明确地归于第三自然，但它们由我们的灵魂所创造，而灵魂与第二自然的对象也许更相似。爱留根纳也曾经暗示整个人类的家园在第二自然。“人类是某种理智的观念，是神圣的上帝心灵的永恒创造”。整体上来讲，按照柏拉图主义的风格，他必然要考虑人的理念；种比属于它的个体更真实，共相比殊相更真实。一旦世界走到尽头，时间和空间都将消亡，所有创造物都将在不被创造而本身也不创造的自然中获得拯救。

尽管受到希腊思想的影响，爱留根纳的观点还是常常富于原创性和想象力，但是他的教义与基督教正统显然是难以相容的，所以《论自然》被反复谴责就不足为奇了。论著出版三个半世纪以后，一位教皇下令烧毁所有的版本，当然这个命令并没有得到有效的执行。

铿迪和阿维森纳

有意思的是，在西方中世纪哲学的先驱中，基督徒爱留根纳与现今伊拉克（Iraq）和伊朗（Iran）境内的一批穆斯林思想家比起来，倒显得不那么重要了。这些穆斯林不仅是哲学家，而且还为西方拉丁世界打开了获得更多希腊文化的通道。

公元4世纪，一批叙利亚（Syrian）基督教徒认真研究了希腊哲学和医学，但是5世纪末，芝诺（Zeno）皇帝视之为异端，关闭了他们的学校，于是他们迁徙到波斯（Persia）。在波斯和叙利亚被伊斯兰教征服之后，他们寄于开明的巴格达哈里发（Caliphs of Baghdad）的庇荫之下，而这时正是《一千零一夜》所描述的时代。公元750到900年间，这些叙利亚人将亚里士多德译成阿拉伯语，并使得穆斯林世界接触到欧几里得（Euclid）、阿基米德（Archimedes）、希波克拉底（Hippocrates）和盖伦（Galen）的科学和医学著作成为可能。与此同时，数学和天文学著作从印度引进过来，阿拉伯数字也已被采用。

阿拉伯思想家迅速挖掘了希腊文化遗产。爱留根纳的同代人铿迪（Alkindi）写成亚里士多德《动物志》的注释本。他对亚里士多德提到两种理智的令人困惑的章节作了出色的阐释。亚里士多德的两种理智指创造事物的理智和变成事物的理智。铿迪提出，创造的理智是唯一的，
117 超人类的智慧，它作用于个别的被动的智慧（变成事物的灵魂），从而产生出人类的思想。公元950年死于巴格达的阿尔法拉比（Alfarabi）成

为这一解释的追随者，当然，作为一名伊斯兰教苏非派成员（Sufis），他使这一解释具有了神秘色彩。

这个时期最重要的穆斯林哲学家是伊本·西纳（Ibn Sina）或阿维森纳（980—1037）。他出生在布哈拉（Bokhara）附近，是一个早熟的学者。十几岁时，他就精通了逻辑、数学、物理学、医学和形而上学。二十岁的时候，他出版了一部涉及这些学科的百科全书。他的医术无双，而且大受欢迎：他给伊斯法罕王（Isfanhan）做了半辈子的御医。他的叙利亚语著作只有少数几本，阿拉伯语著作则有很多；有一百多部作品流传下来，有的是原著，有的是拉丁译本。他的《医典》（Canon of Medicine）细致地收集了希腊和阿拉伯的临床经验，又加入了他自己的见解，该书一直到十七世纪还为欧洲的医生们所使用。他们从阿维森纳那里学到四气质说，或者叫四体液说（血液、黏液、黄胆汁和黑胆汁），这些体液决定了人的体质和性格，使他们或热情，或冷静，或易怒，或抑郁。

阿维森纳的物理学体系以亚里士多德为基础，但是他的修正对后来的亚里士多德主义十分重要。他将质料和形式说（任何有形实体都是由质料在实体形式下形成的）搬过来作了一番改造：所有的物体都属于一定的种，但是任何物体，如狗都不止有一个，而是多个实体形式，如动物性使它成为动物；狗性使它成为一条狗。

对于亚里士多德主义者来说，灵魂是形式。在这个理论中，人有三种灵魂：植物灵魂（司营养、生长和繁殖），动物灵魂（司运动和知觉），以及理性灵魂（司理性思想）。灵魂都不是先于身体而存在的，两种低等的灵魂是可朽的，但是最高级的灵魂是不可朽的，不管人如何死亡，依其所过的生活而定，灵魂都将存续下去。根据阿尔法拉比对亚里士多德的解释，他区分了两种理智能力：接受性的人类理智通过各种感官获得信息；唯一的，超人类的主动理智赋予人类以掌握普遍概念和原则的能力。

主动理智在阿维森纳的体系中扮演着中心角色：它不仅照亮了人

类灵魂，而且是人类灵魂存在的原因。世界的质料和各种形式都是由主动理智流溢出来，主动理智本身是由不动不变的最终因即上帝流溢出来的，它处于上帝的智性流溢的末端。

在描述上帝的独特本质时，阿维森纳引进了一个著名的区分：本质和存在。这是他从对通名，如“马”的描述中得出来的。在物理的世界
118 中只有个别的马，然而“马”这个词却可以用于多个不同的个体。马的本质与这两种情况都不同，它既不是一，也不是多，而是介于任何存在和不存在的马之间。

无论是任何事物，我们都不可能找到作为其存在之原因的本质，即使我们对之作最详尽的考察也不能揭示它为何存在。因此，如果我们发现某类事物存在着，我们必须从它之外找出原因加到其本质上。这样的原因可能有一个序列，但不可能没有尽头。这个序列的尽头必须是这样一个实体，它的本质解释了它的存在，它的存在不是由任何外在于它的东西而来的，而是与它的本质相伴随的。这样的存在被阿维森纳称作必然的存在，当然，只有上帝才符合条件。正是上帝让所有其他事物之存在加到各自的本质之上，因此上帝的存在不依赖任何东西除了他自己的本质，他的存在是永恒的，所以他的本质是永恒的。阿维森纳总结说，既然上帝是永恒的，那么从他流溢出的世界就是永恒的。

阿维森纳是虔诚的穆斯林，他认为先知们的教导和要求是唯一来自主动理智的启示，他小心地使自己的体系与之相一致。正如希腊哲学在荷马史诗的背景下运作，《旧约》和《新约》为犹太教和基督教哲学设置了背景，穆斯林哲学以可兰经（Koran）作为背景。但是阿维森纳对圣书的解释被保守派认为是非正统的，他在基督教中比在穆斯林中的影响要大。

封建制度

阿维森纳去世时，基督教界正在发生巨大的变化。查理曼的统一

并没有持久，他之后的神圣罗马帝国皇帝几乎都没能对德国以外的地区实行有效的统治。然而他们占据了复杂的金字塔型社会政治结构的顶端，这个金字塔就是封建制度。整个欧洲的大小庄园由地方地主统治，他们拥有自己的法院和军队；这些地主又效忠于上一级的，更大的地主，给予他们军事和财政上的支持，作为接受其保护的回报。这些大地主反过来又是国王的下属或封臣。在很长时间里，这种封建制度为分裂的欧洲维持了和平，但是争夺封地的战斗也时有发生。征服者诺曼·威廉（Norman William）于公元1066年入侵英格兰的理由就是上任萨克森王哈罗德（Harold）既已宣誓效忠于他，却又违背誓言继续在英格兰称王。

当土地所有权和封臣对最高统治者效忠的誓言成为社会长治久安的基础时，教会组织就变得越来越重要了。确实如此，修道士们是大土地所有者，大修道院长和主教是有权势的封建地主，而当历史跨进11世纪之时，他们在罗马梵蒂冈（Holy See in Rome）的统治下地位更加尊崇。
10世纪和11世纪早期前后几个庸碌无能的教皇让路于改革者的脚步，这 119
些改革者力图根除神职人员的无知、放纵和腐败现象，并通过实行独身制度结束了教士的同居现象。其中最主要的改革者是教皇格列高利七世（Pope Gregory Ⅶ），他对教权的强调使得他与同样有为的德国皇帝亨利四世（Henry Ⅳ）发生了冲突。

几乎所有的中世纪思想家都认为，教会和国家是相互独立的，各有其神圣的来源，二者的权威都不源自对方。虽说基层组织各不相同——国家中的封建地主和君王；教会中的主教、修道院以及宗教等级，但是两者都承认其最高的领袖，即神圣罗马帝国皇帝和教皇。两个机构的目的是不同的：国家为世人提供安全和福利，教会则是满足信仰者通往天国的精神需要。因此二者原则上是互补而不是相互竞争，但事实上也有很多重叠之处，有引起冲突的可能。

格列高利和亨利之间的争端与主教的提名和任命有关。这显然是教会的事情，因为主教是个精神职务，但是主教经常是个实实在在的拥有领地的大地主，国家的统治者对于他们的任命经常抱有浓厚的兴趣。亨利四世曾不顾教皇的禁止擅自任命了德国的主教，拥有废除主教权力的格列高利教皇又放逐了他，禁止他参加任何教会活动。这就剥夺了封臣对皇帝的效忠，而要恢复它，皇帝必须到卡诺萨（Canossa）在雪地里向教皇表示臣服。

圣·安瑟尔谟

英国在征服者威廉继任者的统治下，教会与皇权之间的关系也时常紧张；教皇和国王之间的争执成了11世纪最重要的哲学家坎特伯雷的圣·安瑟尔谟（St Anselm of Canterbury）生活中的重要部分。安瑟尔谟是在阿维森纳死前出生的，作为哲学家他与阿维森纳有些相似，但其哲学的出发点却有很大的不同。他出生在意大利，在诺曼的贝克修道院学习奥古斯丁著作，老师是后来成为威廉的坎特伯雷大主教的兰弗朗克（Lanfranc）。安瑟尔谟在贝克当过僧侣、副院长和院长，他写了一系列简短的哲学沉思。在《论语法学家》（On the Grammarian）中，他反思了语法和逻辑的分界以及能指与所指的关系。例如，他发现了名词和形容词之间的区别，实体和性质的区别，并著文论两个区别之间的关
120 系。在他的《独白》（Monologion）中，他提出了上帝存在的一系列证明。其中有一个是这样的：任何存在物都从他物获得其存在，但并不是所有存在物都能由他物而存在，因此必须有某种东西是由自己而存在的。这个论证曾激起了阿维森纳的兴趣，但安瑟尔谟发现它不能完全令人满意，在一篇名为《宣讲》（Proslogion）的对上帝的沉思中，他提出了一个不同的论证，并因此而在哲学史上成名。

安瑟尔谟这样论说上帝：

> 我们认为，存在一个没有比它更伟大的存在是可以构想的。或者，没有这样的存在，就像愚人心中想的，没有上帝。

> （诗篇14:1）但是无论如何，这位愚人，当他听到我所说的这个无与伦比的存在，理解了他所听到的，他所理解的就在他的理解当中存在，虽然他并不理解它的存在。因为，一个事物在理解中存在是一回事，而理解一个事物存在是另一回事……至少这个愚人确信那可构想的无与伦比的存在在他的理解当中是存在的。因为当他听到，他就理解。任何理解了的东西都存在于理解中。而可以肯定的是可构想的无与伦比的东西是不能仅仅存在于理解中的。因为，假如它只存在于理解中，我们可以构想一个可以存在于现实中的，而后者更伟大。
>
> 因此，如果可构想的无与伦比的存在只存在于理解中的话，那么我们还可以想见比它更伟大的东西。很明显这是不可能的。所以，毫无疑问，可构想的无与伦比的存在既存在于理解中，又存在于现实中。

阿维森纳提出上帝的本质伴随着他的存在，而安瑟尔谟主张上帝的概念就揭示了他的存在。如果我们知道当我们谈论上帝的时候我们指的是什么，那么我会自然地知道存在着上帝；如果你否认他的存在，那么你不知道你在说些什么。

安瑟尔谟的论证有效吗？从他的时代到现在，答案仍然还在持续不断地被争论。附近的僧侣高尼罗（Gaunilo）说可以用同样的方式证明最为美丽的海岛是存在的，不然人们可以想象出一个更加美丽的海岛。安瑟尔谟回答说这两种情况不同，因为即使是最美丽的海岛我们也可以将其想象为不存在，因为我们可以想象它消失，然而我们不能这样想象上帝的不存在。

指出这一点是很重要的：安瑟尔谟并不是说上帝是可想象的最伟大的东西。实际上他明白地说过上帝是不可想象的，他比任何其他可以想象的事物更伟大。细究之下，一个可构想的无与伦比的事物太伟大而不可以形之于概念，并不自相矛盾。我可以说任何比我的《宣讲》大的东 121

西我的口袋都装不下。这是对的。但这并不意味着我的口袋能装下《宣讲》，实际上它太大，装不进去。

安瑟尔谟真正的困难是说明一个不能想象的东西是怎样存在于理解中的。可以确定，我们理解“无与伦比的事物”这个短语中的每个词。但这意味着我们知道这个短语的意思吗？如果是这样，那么我们似乎真的可以想象上帝，即使我们对他没有完全了解。如果不是，我们甚至不能担保那可构想的无与伦比之物在理智中的存在，或“可构想的无与伦比之物”表达的是一个可理解的观念。20世纪的哲学家讨论过这个表达式“最小的自然数不能用少于22个音节来命名”，这听起来是对一个数字的可理解的描述——直到我们发现其中的悖论，这个表达本身只有21个音节。然而，即使认为安瑟尔谟的证明无效的哲学家们，对于错误究竟出在哪里也没有达成一致，每当这个证明好像被最后驳倒时，总有人让它以新的面目复生。

安瑟尔谟在《上帝为什么成为人》（Cur Deus Homo）中为道成肉身的信仰所作的辩护同样具有原创性且影响深远。安瑟尔谟的答案利用了这条原则：正义要求罪罚相抵。犯下的罪必须由犯罪者作出相等的补偿，此补偿是不利于补偿者的。罪责的大小从受害者方面去衡量，而补偿的大小从补偿者方面去衡量。亚当的罪是无限的，因为那是对上帝所犯的罪。任何人类所作的补偿都是有限的，所以必须由无限的创造物来补偿。因此，人类若不获帮助就不可能抵偿亚当的原罪。只有由人（亚当的后人）和神（能够作出无数补偿）一起作出的补偿才是足够的。因此，如果要消除原罪，要救赎人类，上帝的道成肉身就是必要的。

安瑟尔谟的理论直到宗教改革以后很长一段时间里还影响着神学家们，他的补偿观念被一些关于判罚的哲学理论所吸收。

在写作《上帝为什么成为人》的时候，安瑟尔谟已经接替兰弗朗克成为坎特伯雷的大主教。他生命的最后时光大都花费在处理国王威廉二世（William Ⅱ）与教皇奥本二世（Urban）的权限之争上。这在一定程度上是此前乔治七世和亨利四世之争的翻版。安瑟尔谟于1109年终于坎

特伯雷，就葬在那里的大教堂里。 122

阿伯拉尔和艾洛伊丝

安瑟尔谟死时彼得·阿伯拉尔（Peter Abelard）刚好30岁。公元1079年他出生于布列塔尼（Brittany）的一个骑士家庭。他在图尔（Tours）受教育，1100年去巴黎参加由香浦的威廉（William of Champeaux）主办的巴黎圣母院（Cathedral Notre Dame）附属学校。由于与老师意见不同，他到默伦（Melun）创办了自己的学校，后来又在巴黎的圣热内维埃夫山上（Mont Ste Genevieve）建立学校与之分庭抗礼。自公元1113年起，他成为威廉在巴黎圣母院附属学校的继任者。在那里任职期间，他寄宿在管堂神父富尔贝尔（Fulbert）家，并成为其侄女艾洛伊丝（H é loïse）的家庭教师。大约公元1116年，他成为艾洛伊丝的情人，在其怀孕后，他们秘密结婚了。艾洛伊丝本来不想结婚，婚后不久她就去了修道院隐居。富尔贝尔恼怒阿伯拉尔对其侄女的所为，派了两名亲信乘夜在阿伯拉尔房内阉割了他。阿伯拉尔成为巴黎郊区圣丹尼斯修道院（St Denis）的修士，而艾洛伊丝也在阿让特伊（Argenteuil）做了修女。我们对阿伯拉尔生活的了解到此为止都来自于《我的苦难史》（History of my Calamities），这是他后来写给艾洛伊丝的自传体长信，当然也是自奥古斯丁《忏悔录》之后最为生动的自传了。

阿伯拉尔在圣丹尼斯继续教书（部分是为了供养艾洛伊丝），并开始了他的神学写作。但是他的第一本著作《神学》（Theology of the Highest God）于公元1112年在索松会议（Soissons）上被指责为是对三位一体的曲解。短期的牢狱之灾后，他被送回到圣丹尼斯，但是已经不再受欢迎了，于是不得不离开巴黎。公元1125到1132年，他成为圣吉尔达斯（St Gildas）修道院院长，那是布列塔尼偏远地区的一个腐败、喧闹的修道院。他在那里生活悲惨，还因为试图改革而险些遭到谋害。与此同时艾洛伊丝已成为阿让特伊修道院的副院长，但她和她的修女们在公元1129年被弄得无家可归。阿伯拉尔为她们建立了一个新的修道院，即香蒲的圣灵学院（Paraclete）。公元1136年，他重返巴黎，还在圣热内维埃夫山上教学。他的教学引起了圣贝纳尔（St Bernard）的敌意性的关注。贝纳尔是克莱尔沃（Clairvaux）修道院院长，西多会的第二创始人，十字军的第二传道者。圣贝纳尔在教皇面前攻击阿伯拉尔的教学，使他在公元1140年桑斯会议（Sens）上又遭谴责。阿伯拉尔向罗马教廷申诉但没有成功，教廷令他放弃教学到克拉尼（Cluny）修道院隐居。两年后他在那里平静地结束了自己的生命。克拉尼修道院院长彼得写信给艾洛伊丝，描述了他富于启示的死亡。

阿伯拉尔在哲学史上有着不寻常的地位，也拥有世界上最为著名的爱情，虽然他悲剧性地被迫过着独身生活，不过无论中世纪还是现代，独身都是大哲学家的典型标志。但是在文学经典中，阿伯拉尔不是作为哲学家，而是作为一个命运悲惨的兰瑟罗特或罗密欧被称颂的。在蒲柏
123 （Pope）的《艾洛伊丝致阿伯拉尔的信》中，艾洛伊丝在冰冷的修道院里回忆了那可怕的一天，她的爱人被剥得精光，绑着绳索，血淋林地躺在她面前，她祈求他不要放弃他们的爱情。

来吧，用你的目光，你的话语来抚平我的哀伤，
这至少还是你能给予的。
还有你那令我着迷的胸膛让我依偎，
你的眼神让我从中品味甜美的爱情，
并感受你的呼吸，倾听你的心跳；
至于那些你所不能给予的，就让我在梦中去享受它们吧，
哦，作为奖赏，教我获得其他的乐趣，
用这些来解放我偏狭的心灵，
丰富我的思想，打亮它的住所，

> 让我的灵魂在暂离阿伯拉尔时归于上帝。

阿伯拉尔的逻辑学

阿伯拉尔之所以成为重要哲学家在于他对逻辑和语言哲学的贡献。当他开始教学生涯时，西方的逻辑学研究主要是亚里士多德的《范畴篇》和《解释篇》加上波菲利（Porphyry）的介绍和一些西塞罗（Cicero）和波爱修的著作。亚里士多德的主要逻辑学著作还不为人知，他的物理学和形而上学著作也同样如此。因此阿伯拉尔的逻辑学研究比起阿维森纳他们，信息资料不足。但是他有着杰出的洞察力和创造力，公元1118年至1140年间，他写了三部独立的逻辑学著作。

12世纪逻辑学家的主要兴趣是共相问题，比如“人”这样的词在诸如“苏格拉底是人”，“亚当是人”等句子中的地位问题。阿伯拉尔是位集大成者，他反驳了几位老师对这一问题的解答，并在这一过程中形成了自己的观点。在这些句子中，苏格拉底和亚当的共同之处是什么？他的第一个老师罗色林（Roscelin）说他们的共同点在于他们都是名词，只是声音。他被后来的哲学家称作唯名论者。阿伯拉尔的第二个老师香浦的威廉认为，他们之间重要的共同点是人的种。他在以后被称为实在论者，拉丁文用“事物”表示“实在”。

阿伯拉尔反对两位老师的解释，给出了一条中间道路。一方面认为，苏格拉底和亚当只具有名称上的共性是荒谬的，该名称适用于二者是由于他们之间有着客观的相似性。另一方面，相似性并不像一匹马或一棵白菜那样是实实在在的，只有个体存在，而认为人的种存在于每个人当中同样是荒谬的。因此，必须既反对唯名论，也反对实在论。

124

> 当我们说事物之间的相似性不是一个事物的时候，我们也必须避免认为它们之间没有任何共同点的错误，因为我们认

为两者的相似性在于他们都是人，也就是使他们成为人的那个东西。除此之外，我们没有别的意思。

作为两者的共同点，人并不是某个个体，而是名词成为个体的共同原因。

阿伯拉尔指出，唯名论者和实在论者的对立并不足以构成一个对立。除了词与物，我们还必须把我们自己的理解考虑在内。正是我们的概念使得我们能够谈论事物，将声音转化为有意义的语词。没有区别于通名“人”的普遍的人，但我们的理解将“人”的发音变成了通名。同样，阿伯拉尔说道，雕刻师将石头变为塑像，我们也可以说我们的思想创造了共相正如雕刻师创造了塑像。

赋予词语以意义的是我们的概念，但是对阿伯拉尔来说意义本身不是一个简单的概念。他区分了一个词指称什么和它代表什么。以“男孩”为例，无论它出现在句子中任何位置，它的指称都相同（年轻的男性）。在“一个男孩穿过草地”中，它出现在主语的位置上，它代表的是一个男孩；然而在“这个老人曾经是个男孩”中，它出现在谓语的位置上，它并不代表任何东西。粗略地说，只有在给定的语境中，我们可以问“哪个男孩”的时候，“男孩”才代表了什么。

阿伯拉尔对谓语的讨论显示了许多原创性的逻辑洞见。亚里士多德以及其后的许多哲学家都在为“是”担忧，如“苏格拉底是聪明的”，“苏格拉底是白的”。阿伯拉尔认为这没必要：我们可以将“是聪明的”、“是白的”视为一个动词词组，将系动词“是”作为谓语的一部分。“是”什么时候等同于“存在”？阿伯拉尔说在“一个父亲存在着”中，我们不能认为“一个父亲”代表了任何东西，应该说这个句子等同于“某物是一位父亲”。阿伯拉尔的这个建议包含了逻辑发展的巨大可能性，但是在中世纪人们并没有很好地跟进，这个方案直到19世纪才被重新提起。

阿伯拉尔的伦理学

阿伯拉尔对伦理学的创新并不逊于逻辑学。他是第一位以“伦理学”为题写作的中世纪作者，而且也不像他的后继者们，他没有以亚里士多德的《伦理学》作为起点。但是他在伦理学中的革新也不让人更加 125
兴奋。他反对当时普遍的说教：杀人和通奸是错误的。他说错误并不存在于行动中，而在于行动的思想状态。但是如果这里的意志只是指某种想想而已的欲望，那么说人的意志才是重要的也不对。有的犯罪是无意的（如逃犯为自卫而杀人），有些坏的意志并没有罪行相伴随（如不可抑制的肉欲）。确实，所有的罪行都是可以避免的，都是某种欲望的结果（如逃犯想要逃跑），从这个意义上讲，它们都是自愿的。但是，阿伯拉尔说，真正重要的是罪犯的目的，他指的是罪犯知道他正在做什么。他认为一个人可能做了违禁的事，却是无辜的，比如在不知道的情况下娶了自己的姐妹。罪恶不是在行动中，而是在意志中。“上帝所衡量的不是做了什么，而是凭什么这样做，对行为者的抛弃或赞扬不是根据他的行为而是根据他的目的。”

因此，阿伯拉尔说，恶的动机可能毁掉善的行为。两个人绞死罪犯，一个出于正义，另一个出于根深蒂固的厌恶。行为是正义的，但是一个做得对，而另一个不对。善的目的可以辩护违禁的行动。那些被基督治愈的人违背基督的命令将药方公开是对的，因为他们公开药方的动机是好的。当上帝自己命令亚伯拉罕杀掉以撒克时，他怀着正确的目的作了错误的行动。

一个没有付诸实施的善的目的可能与善的行为一样是值得赞颂的。比如你决心修建一所济贫院，但是损失了钱财。同样，恶的目的与恶行一样是要受到谴责的。那为什么我们只惩罚行为而不是目的？阿伯拉尔回答说，人类的惩罚只要没有过错就可得到辩护；一个妇女用罩子罩住婴儿，她没有意识到让别人更加小心也是一种惩罚。我们惩罚行动而非目的的理由是人类的脆弱，我们觉得明显的恶是更大的恶。但是上帝不会这样来判断。

阿伯拉尔的教导并没有达到“只要你是真诚的，不管你做什么都没有关系”的地步，但也非常接近于结果能为手段辩护的观点了。使他的同辈最为震惊的是，他声称迫害基督徒的人，包括杀死基督的人是无罪的，因为是怀着好的信念，并不知道自己在做些什么。这个观点是受到桑斯会议谴责的观点之一。

阿伯拉尔在神学中的尝试也同样大胆。一个例子就够了：他对上帝全能的全新解释。他提出这样的问题：上帝能否创造出比他已经创造出的更多更好的东西？上帝能否阻止他自己不像现在这样行动？他承认，无论如何回答，我们都会使自己陷入困境。

一方面，如果上帝能够创造出比他已经创造的更多更好的东西，但他没有这样做，难道这是善吗？毕竟，这根本花不了他什么力气！上帝
126 所做的和他所没有做的都是合理的，正义的。这样，对上帝而言，让他去做超出他已经做的事，那才是非正义的，因此他只能做他事实上已经做过的。

另一方面，如果我们谴责一个罪犯，说他明明可以做得更好，因为如果不能，他就不需要为他的罪行负责。但是只有上帝把他创造得更好，他才能做得更好，所以，至少有些事情上帝是可以做得更好的。

阿伯拉尔第一个指出了这一两难选择。假设现在没有下雨。既然这是出于智慧的上帝的意志，那么现在肯定不是下雨的时候。如果我们说上帝可以让现在下雨，那么我们是在把做蠢事的能力归于上帝。任何上帝想做的都是他能做的，但如果他不想做什么，那么他没有能力那么做。

批评者反对说这是对上帝万能的侮辱：就连我们这可怜的创造物都能有另外的行动方式。阿伯拉尔回答说，有另外的行动方式的能力并不值得骄傲，而是虚弱的标志，像行走、吃饭和犯罪的能力。如果我们只能做应该做的，我们都将活得更好。

只有上帝拯救罪犯，该罪犯才可以获救，那么如果他可以获救，上帝就会拯救他。对于这个论辩，阿伯拉尔将其深处的逻辑推理否定掉了。这个推理是：如果p蕴涵q，那么可能p蕴涵可能q。他给出了一个反例：如果一个声音被听到，那么有人听到了这个声音，但是这个声音是可听见的，即使没有人能够听见它（说不定在能听见的范围内都没有人）。

阿伯拉尔关于全能的讨论是辩证法的杰作，但是还不能说他达到了令人信服的高度，他确实没能说服他的同辈，著名的如圣贝纳尔。桑斯会议中受到谴责的一个命题是这样的：上帝只能以同样的方式，在同样的地点做或不做他事实上已经做了或没有做的事。

阿威洛伊

阿伯拉尔是12世纪最有才华的基督教思想家。同一时期其他重要的哲学家还有阿拉伯的阿威洛伊（Averroes）和犹太人迈蒙尼德（Maimonides）。两人都是穆斯林统治下的西班牙境内地道的科尔多瓦人（Cordoba），这个城市后来成为整个欧洲最重要的艺术和文化中心。

阿威洛伊的真名是伊本·鲁西德（Ibn Rushd）。他生于公元1126年，父亲和祖父都是律师和法官。他的教育情况人们所知甚少，但他肯定具有一定的医学知识，他将之写进了他的一本教科书《医学原理》（Kulliyat）。他到过摩洛哥（Marrakesh），在那里他得到了苏丹（Sultan）的保护。在那里可以看见一颗在西班牙看不到的星，这让他
确信亚里士多德所说，世界是圆的。他对亚里士多德的全部哲学产生了 127
浓厚兴趣，哈里发鼓励他对亚里士多德的学说进行系统的注释。

公元1169年，阿威洛伊被任命为塞维利亚（Seville）的法官，后来他回到科尔多瓦，晋升为大法官。然而他仍然保持着与摩洛哥的联系，在被疑为异端之后，他回到那里直到公元1198年终老。

阿威洛伊早期不得不为自己的哲学活动辩护，反对一位更加保守的穆斯林思想家阿尔加扎里（Al-Ghazali）。后者曾写了一本题为《哲学家们的矛盾》（The incoherence of the philosophers）的书来攻击宗教中的理性主义。阿威洛伊以《矛盾的矛盾》（The inherence of the inherernce）回敬，支持理性考察神学问题的权利。

阿威洛伊在哲学史上的地位是由于他对亚里士多德的注释。这些注释有短中长三种篇幅。有些著作，三种篇幅的注释都有，有些著作有两种，有些著作只有一种；有的以阿拉伯文原本幸存下来，有的只留下希伯来文和拉丁文译本。阿威洛伊也评注了柏拉图的《理想国》，但是他对亚里士多德的极度崇拜（“他的思想是人类思想的顶点”）并没有延及柏拉图。实际上，他将注解柏拉图当做一项任务，以便将亚里士多德从新柏拉图主义的阴影下解放出来，但事实上其中的柏拉图主义因素是他始料未及的。

阿威洛伊不像阿维森纳是原创性的思想家，但是他的百科全书式的著作是拉丁中世纪了解亚里士多德的桥梁。他试图将亚里士多德从后来的附会中分离出来的愿望使他与阿维森纳在某些方面分道扬镳了。于是，他抛弃了阿维森纳从第一因到主动理智的流溢说，他也否认主动理智创造可见世界的形式的观点。但是就某方面而言，他比阿维森纳更加远离对亚里士多德最为合理的解释。经过一番犹豫，他得出了这样的结论：主动理智和被动理智都不是人的能力；被动理智与主动理智一样，也是单一的，永恒的，无形的存在。这种存在以某种神秘的方式介入人的精神生活。只是因为人的想象的作用，大家才认为我们有自己的思想。

因为思想中真正的理性因素是非个人的，个体的人并没有不朽性，死后灵魂也湮灭了。阿威洛伊的论证与柏拉图在《巴门尼德》中第三人的论证类似。

> 扎伊德（Zaid）和艾玛尔（Amr）在数量上是不同的，但在型相上却是一个。举例来说，如果扎伊德的灵魂之于艾玛尔

> 的灵魂正如扎伊德之于艾玛尔一样在数量上是不同的，那么扎
> 伊德的灵魂和艾玛尔的灵魂在数量上是两个，而型相上是一 128
> 个，这样，这个灵魂就会拥有另一个灵魂。因此，必然的结论
> 是，扎伊德的灵魂和艾玛尔的灵魂具有同一的型相。一个型相
> 内在于一个数量，就是说，一个可分的多样性是通过事物的多
> 样性实现的。如果躯体消亡而灵魂没有消亡，或者如果它是不
> 朽的，那么当它离开躯体时，必然成为一个量上的个体。

灵魂在躯体死亡时进入普遍的理智正如水滴进入大海一样。

阿威洛伊至少在印象上是一个正统的穆斯林。他在论著《论宗教和哲学的和谐》（On the Harmony between Religion and Philosophy）中谈到几种通达真理的层次。各个层次的人们都必须而且能够接受先知的教诲。简单的信仰者接受经过讲解了的经文。受过教育的人们也许能够体会经文背后的启示。最后，只有少数人，那些天才的哲学家需要而且也能够发现无可辩驳的真理。这个观点很自然地被后世理解为双重真理论：有的东西在哲学中是真理，在宗教中不是真理，反之亦然。

阿威洛伊对他的同辈穆斯林影响很小，他的哲学风格很快令人生厌。但是当他的著作翻译成拉丁文后，影响巨大：他为包括托马斯·阿奎那（Thomas Aquinas）在内的十三世纪的哲学家排好了日程表。但丁（Dante）在他的《地狱篇》（Inferno）中给了阿威洛伊以崇高的地位，称他为伟大注释的作者。研究亚里士多德的学者在好几个世纪里直接称他为“评注者”。

迈蒙尼德

拉比·摩西·本·梅蒙（Rabbi Moses ben Maimon）为以后的作家所更为熟知的名字是迈蒙尼德（Maimonides），他比阿威洛伊小九岁。他十三岁时离开出生地科尔多瓦。本来穆斯林西班牙是宽容犹太人的，

但是被狂热的阿摩哈德（Almohads）蹂躏之后，迈蒙尼德举家迁到了菲斯（Fez），后来又到了巴勒斯坦（Palestine）。他的最后40年在埃及度过，公元1204年死于开罗（Cairo）。

迈蒙尼德用希伯来文和阿拉伯文写作，在犹太法律和医学方面著述甚丰，而使他作为哲学家闻名的著作是《迷途指津》（The guide for the perplexed），这本书意在调和让信仰者为难的哲学和宗教之间的明显冲突。他认为，若按字面来解释，圣经的大部分将是有害的，哲学必须确定它的真正意味。关于上帝，我们无法从正面来述说他，因为他与我们这样的被造物没有任何共同之处。他是单一的个体，没有诸如正义和智
129 慧这样鲜明的特征。当我们将谓语联系到那个神圣的名字上时，当我们说“上帝是智慧的”，我们实际上是说上帝不是什么，我们意指上帝不愚蠢。（不像神圣的智慧，我们有关于愚蠢的丰富经验。）

> “知识”、“目的”、“创世”，如果用来述谓我们，其意义与它们在描述上帝的时候是不同的。如果两个知识，目的和创世的意义成为相同的，那么困难和疑问就出现了。而另一方面，当我们了解述谓上帝的任何东西与述谓我们的都是不同的，真理就开始出现了。这种不同在“你们的路不是我的路”中表达得很清楚。（以赛亚书55:8）

这种“否定的神学”在基督教和犹太哲学家中都产生了巨大影响。

人类可能获得的关于上帝的确切知识——即使是受到偏爱的摩西——是关于上帝统治下的自然世界如何运作的知识。然而，我们不能说上帝对世界中的每个事件都予以安排。神的眷顾只及于每个人，对其他的创造物只在总体上予以关注。

> 上帝的眷顾只属于人类的个体，属于他们的一切行事，降临到他们身上的善恶只是他们的应得之果。但是至于所有其

他的动物、植物和别的东西，我的观点与亚里士多德一样。因为我根本不相信这片叶子的坠落是上帝安排的……也不相信宰德（Zayd）的唾沫掉到一只小虫身上并杀死了它是由上帝安排好了的……在我看来，这些纯粹是偶然的巧合，正如亚里士多德所认为的。

迈蒙尼德对于自然界的结构和运作的描述大多是从亚里士多德“人类智慧的顶点”那里拿过来的。但是他信奉这样的犹太教条：世界是出于某种神圣的目的而被创造的，所以他反对亚里士多德关于所有物种都是固定不变和必不可少的这种永恒宇宙的观念。他说，无法相信上帝不能使飞蛾的翅膀长得更长一些。

对迈蒙尼德来说，生活的目的就是去认识、信仰和模仿上帝。先知和哲学家都能获得关于上帝的一切知识，但是先知能更快更准地做到这一点。知识导向信仰，信仰表达于对上帝行为的冷静模仿中，这些行为可以在圣经关于先知和立法者的描述中找到。但是没有先知和哲学家的知识的人们会被那些并不严格可信的信仰所左右，比如上帝能够立即回应祈祷者，上帝会对恶人行径表示愤慨。 130

就像阿伯拉尔之于基督徒，阿威洛伊之于穆斯林，迈蒙尼德的教友们也指责他不够虔诚和亵渎神灵。这是十二世纪的哲学思想家遭遇到宗教思想家时的共同命运。十三世纪的基督教界有所改观，一系列一流的哲学家在教会中也被尊为圣徒。

（鲍建竹　译）

第八章　十三世纪的哲学

革新的时代

131　十三世纪是基督中世纪的最高峰。十二世纪基督教界的伟业是十字军东征。它以第一次十字军从萨拉逊人（Saracens）手中血腥地夺回耶路撒冷开始，以对第四次十字军东征的鼓噪结束，然而这次东征的唯一成果不过是对希腊基督教中心君士坦丁堡的洗劫而已。在这期间，不论是圣贝尔纳尔（St Bernard）对第二次十字军东征的激情布道，还是狮心王理查一世（Richard the Lion Heart）的军事才能都没能阻止圣城耶路撒冷重回穆斯林之手。总的来说，十字军东征是以羞耻心的丧失为代价的。虔诚的远征被贪婪、奸诈、残忍和杀戮所扭曲，直到成为非正义战争的样板。

十三世纪的基督教界比十二世纪更为兴盛。东征仍在继续，但不再像第一次和第四次东征那样无所节制。皇帝弗里德里希二世（Frederick Ⅱ）于公元1229年获得了一个将耶路撒冷暂归基督教界治下的条约。他的远征花费最少，成果最大，虽说它并没有算在传统的十字军东征里头。第五次十字军东征耗费了圣洁的法国国王路易（Louis）的大半生，这次东征远没有前几次那样残酷，但也并不比它们更为成功。他在1270年去世时也没能到达圣城，临终前还在呼唤“耶路撒冷”、“耶路撒冷”。

十三世纪早期，专制的改革者教皇英诺森三世（Innocent Ⅲ）召集了西方第一次基督教会议——拉特兰（Lateran）会议，其出席者多达1200名高级教士。这次会议确立了对教规的改革并制定了一条规则，基督教徒应当每年向牧师忏悔，并在复活节参加圣餐仪式。这个规则现在被纳入到天主教的七圣礼，或正式仪式中，表明教徒在从襁褓到终老整个生命中的郑重其事并满足其精神需要： 132

婴儿期的洗礼，童年的坚信礼，婚礼，宗教或非宗教职业的就职礼，为了净化心灵的忏悔和圣餐礼，最后是为了慰藉病痛和死亡的临终涂油礼。举行圣餐仪式是公共教堂的主要功能。如果信徒希望获得圣洁生活或至少在死时达到圣洁，那么圣餐被认为是必不可少的，通过它可以获得天堂的永恒生命，避免地狱中的永恒受罚。

也正是在十三世纪，遍布欧洲大陆的教堂和大教堂中的建筑将穹顶的功能发挥到极致，这一特征也将哥特式建筑风格和古典风格区别开来。正当拉丁散文和末日经（Dies Irac）性质的拉丁诗歌还在继续时，意大利本土文学成长起来，而但丁的《神曲》（Divine Comedy）达到其顶峰。在十三世纪快要落幕的时候，但丁的朋友乔托（Giotto）开始用叙事方式进行绘画，成为过去拜占庭肖像风格与未来意大利文艺复兴时的绘画风格之间的纽带。在相对和平的基督教世界，独立的民族开始形成，并建立起各自的民族机构。公元1215年英国签署了《大宪章》（Magna Carta），公元1258年西蒙·迪·芒特福特（Simon de Montfort）召集了第一次英格兰内阁会议。

北欧的那些大学是在十三世纪建立的。巴黎大学在公元1215年获得了它的特许状，而上个世纪阿伯拉尔在他学术生涯的鼎盛时期也不过是一位校长。一年前，教皇特使也承认了幼年时期的牛津大学的地位。萨莱诺大学（Salerno）和波洛尼亚大学（Bologna）分别专于医学和法学，它们比巴黎大学和牛津大学都要更古老，但是在中世纪鼎盛期，它们没有获得类似的主导地位。

大学是中世纪的产物，如果我们所说的大学是指一群有组织的人全职地从事教学和拓展知识的活动，在公认的教学大纲、教学方式和职业标准下将知识教给学生。典型的大学由四个机构组成：大学文科本科学院以及三个高级学院：神学、法学和医学，每个都与一种职业相联。在某一学校获得教学许可的人则可以在任何学校执教，而在所有学术都以拉丁语为共同语言的时代，毕业生的流动量是相当频繁的。教学计划围绕指定的经典文本来拟定。在文科院，亚里士多德的拉丁译本被奉为规范。医学院的教材有许多；在法学院，查士丁尼编的《罗马法》构成了课程的核心。神学院的教材除了圣经之外，还有《箴言》（Sentences）也很出名，它是十二世纪巴黎主教彼得·隆巴德（Peter Lombard）编写的，书中都是《旧约》、《新约》、教会会议和教父们的权威文本，按
133 照论题，将赞成或者反对某个神学命题的各种观点分类编辑而成。

中世纪的大学生既要听学长讲课，在取得进步之后又要给低年级同学讲课。还有一种备受赞赏的学习方式：学术辩论。老师将他的一些学生，可能是一个高年级的加上一个或多个低年级的，集中到一起，就某个论题进行辩论。高年级学生一般要为某个理论辩护，比如，世界不是被创造在时间中的，或者世界是被创造在时间中的。其他人会反驳这个理论，提出相对立的理论。在相互辩论的过程中，学生们必须遵守形式逻辑规律，当双方都陈述完毕之后，老师做总结，力图找出立论的一方的正确之处，以及批评方的合理之处。

像议会一样，大学也是我们至今还受益的中世纪遗产。从短期来看，还有一件对当时的理智生活和信仰生活都很重要的事，就是托钵修士会的建立，主要包括弗朗西斯会（Franciscans）和多米尼克会（Dominicans）。

阿西西（Assisi）的圣弗朗西斯（St Francis）为他的旅行教士团体所制定的规章于公元1210年获得了教皇的认可。在所有中世纪的圣徒中，他在其教会内外都享有最高的声望：他禁欲却充满快乐，他是自然诗人，是圣诞马槽（Christmas Crib）的发明者，他为鸟儿讲道，亲身经受了救世主在十字架上所受的伤痛。他甚至拜访苏丹，试图将他转变为

基督徒，他的办法更接近于福音而不是十字军的那一套。

相反，圣多米尼克（St Dominic）在他的教会之外没有吸引到多少爱戴。他把大部分时间都倾注在反对异端上面，尤其是反对当时兴盛于普罗旺斯（Provence）的亚尔比根派异端（Albigensian），实际上它是一种死灰复燃的摩尼教。为了这个目的，他建立女修道院用来祈祷，建立贫苦的游方修士社团用来布道。但是高层教会更喜欢血腥的方式，亚尔比根派异端成为又一次十字军的目标。在生命的最后几年，多米尼克穿行于欧洲，建立男女修道院，他的修会于公元1216年得到教皇的认可。与弗朗西斯会一样，多米尼克会也是靠捐助生活，但是从一开始它们的气质就不那么浪漫而更加学术化。但是多米尼克会最后参与了宗教裁判所（Inquisition），使人们普遍把它与阴森恐怖联系起来。

圣弗朗西斯死后，弗朗西斯会在学术上很快获得了同样的成功。到公元1219年，两个教会都在巴黎大学确立了自己的地位，从那时起直到宗教改革以前，少有例外，几乎所有最杰出的哲学家和神学家都出自这两个教会。在十三世纪，两位思想家在其中尤为杰出，一位是弗朗西斯会的圣波那文图拉（St Bonaventure），一个是多米尼克会的圣托马斯·阿奎那（St Thomas Aquinas）。两个人是严格意义上的同辈：都在20年代出生，相隔不到几年，在同一天获得巴黎大学的学位，死于同一 134
年，即公元1274年。然而两人之间无论是在哲学，还是在神学上的显著差异将他们区别开来。

圣波那文图拉

波那文图拉是一个意大利医生的儿子，据说圣弗朗西斯曾治愈了他儿时的病。公元1243年，他成为托钵教士，在哈勒斯的亚历山大（Alexander of Hales）的指导下学习。这位老师是巴黎大学弗朗西斯会的第一位领袖，他编写的巨著《神学大全》被作为教会的课本。波那文图拉于公元1248年获得教学执照，此后他为《箴言》写了大量注释，公元1253年他成为巴黎大学弗朗西斯会的领袖。在这个职位上仅4年，他就被选为教会总监。圣弗朗西斯于公元1226年去世后，教会一片混乱，不同的派别都宣称自己是圣徒精神的继承者。波那文图拉是个能干的行政领袖和模范的禁欲者，他重新统一并重组了教会；他写了官方的圣弗朗西斯生平，并试图将所有其他版本全都消灭。公元1273年，波那文图拉成为红衣主教，一年后，他在里昂（Lyon）会议上死去，这个会议曾使希腊和拉丁教会有过短暂的统一。行政职务使波那文图拉很少有时间来做研究，但他依然保持着对哲学的兴趣，其最著名的著作是一篇神秘的论文《心向上帝的旅程》（The Journey of the Mind to God）。

波那文图拉以奥古斯丁传统写作，是一位明显的柏拉图主义者，他从哈勒斯的《神学大全》中了解到并欢迎来自希腊和阿拉伯的新柏拉图主义因素。柏拉图的理念只存在于神圣的心灵中，是“永恒的原因”，但它们却是人类知识的主要对象。只有在另一个世界中，当永享天堂极乐之人与上帝面对面的时候，他们才能直接获得这些理念；在现世生活中，人类心灵只能从它们的反光中获得必然的和永恒的知识。因此，我们的心灵受到上帝的启示，但是我们看不到上帝，正如我们的眼睛借助太阳看见万物，但它们并不在太阳本身之中。

根据波那文图拉的观点，我们是通过感官获得信息的，但是这本身还不足以生出真知识所必需的清晰性和确定性。只有我们与生俱来的关于上帝的知识以及上帝的永恒原因才能使我们到达不变的真理。波那文图拉接受了主动理智和被动理智的区分，但与阿拉伯哲学家不同的是，他认为它们都是个体灵魂的功能。两种功能一起，足以使人类思考理性
135 的思想——理解我们的语句。但是只有通过神圣的光照我们才能决定这些思想是否正确，是否与我们心灵之外的事物相联系。

不管是在字面意义上，还是在隐喻意义上，光在波那文图拉的形而上学中都扮演了重要角色。“要有光”是上帝创世时第一个命令，这意味着光是给予原初质料的第一个形式，是一切形体的基本的实在的形式，相当于其他人所说的形体的存在。有形的创造物包含多种其他的形

式：以人为例，除了最基本的形式光和最高形式理性灵魂之外，还有使之成为生物的形式和使之成为动物的形式。另一方面，质料并不是形式的空的容器，它包含遗传趋势（理性种子），以幼芽的方式包含了它以后发展的历史。上帝以外的所有事物都是由质料和形式组成的，即使是没有形体的天使精神，它也含有“精神质料”——虽然这个观念看起来自相矛盾，不能成立。

波那文图拉虽然想要将源自亚里士多德的概念运用起来，但是他对大学文科院中刚刚时兴起来的亚里士多德主义持高度怀疑的态度。到十二世纪下半叶为止，许多未知的亚里士多德的文本被译成了拉丁文。十三世纪早期，这些译本涌进了西欧的图书馆。到公元1159年，《分析篇》和《论题篇》也出来了，这是一种“新”逻辑学，是对《范畴篇》和《解释篇》的补充，后两者是发源于波爱修的传统逻辑的一部分。威尼斯的詹姆士（James of Venice）翻译了新逻辑学的一部分，并将《物理学》、《动物学》和《形而上学》的一部分也译成了拉丁文。翻译的源文本不仅仅是希腊文：克雷莫纳的吉拉德（Gerard of Cremona）到西班牙去翻译亚里士多德科学著作的阿拉伯译本。20年代，迈克尔·斯科特（Michael Scot）不仅将剩下的《形而上学》译成了拉丁文，而且也翻译了阿威洛伊注释中的主要章节。《尼各马可伦理学》也突然间被翻译出来；第一个完整的版本是十三世纪中期由罗伯特·格罗塞特斯特（Robert Groseteste）完成的，他是牛津大学的第一任校长，他本人并不是哲学家。最后的也是最重要的翻译者是莫尔伯克的威廉（william of Moerbeke），他在公元1260年至1280年间重译和修订了已知的所有作品，并将还没有译过来的一些著作补充进来。

巴黎大学刚开始并不欢迎这笔财富，这些新材料将改造拉丁哲学。公元1210年，出台了一条法令，禁止关于亚里士多德自然哲学的任何写作，他的著作也被命令烧毁。这个谴责出自教皇的训令，但很快就成了一纸空文。到1225年，巴黎大学彻底倒转了，不仅亚里士多德的物理学，而且他的形而上学和伦理学，实际上，已知的他的所有著作成了文科院的必修课程。

十三世纪的逻辑学

136 新环境中繁荣起来的第一批学科之一就是形式逻辑，亚里士多德全集的发现加快了新的发展，这一点可以从两本巴黎大学教科书中发现，一本出自英国人舍伍德的威廉（William of Sherwood），另一本出自西班牙的彼得（Peter of Spain）。

这些书展示了亚里士多德的三段论法则，并提供了打油诗以便记忆和操作。其中最著名的一首是这样的：

Barbara celarent darii ferio baralipton

每个单词展示了一种有效的三段论，元音表示构成三段论的三个命题的性质。例如，字母“a”代表全称肯定命题，“e”代表全称否定命题。因此barbara式三段论，包括三个全称命题（比如：所有的幼犬都是狗；所有的狗都是动物；所以所有的幼犬都是动物）。相反，Celarent式三段论则有一个全称否定前提和一个全称肯定前提以及一个全称否定结论（例如，所有的狗不是鸟；所有的幼犬是狗；所以所有的幼犬不是鸟）。字音也有它的功能，它提示了三段论的类型以及它如何转变成对等的其他三段论。这种诗歌在文艺复兴时期被讥为生硬的和粗鄙的，但是它们确实是有效的助记符号。

逻辑学更为重要的发展是中世纪逻辑学家们对词项的论述，词项是构成命题的要素。首先，他们将词项分为范畴词（给句子以内容的词项，如“狗”、“幼犬”、“动物”、“鸟”）和非范畴词，即功能词，如“与”、“或”、“非”、“如果”、“所有”、“每个”、“有些”、“只有”和“除了”等体现句子的结构和论证形式的词。非范畴词才是逻辑学的专门对象。

中世纪逻辑学家对具体的范畴词的意义不怎么感兴趣，他们对这些词项有意义的用法讨论了很多。他们研究的东西用我们今天的术语来说应该是词项的语义属性，他们清理了词项可能的不同用法。他们最为彻底地研究过的一个属性就是他们所说的“指代”。粗略地说，词项的指代就是它代表的东西，但是，事情比这要复杂得多。

首先我们将实质的指代和形式的指代区分开来。在现代语言中，这个区分用引号标注出来：如果我们指的一个词本身，而不是它平常的用法，我们将它放进倒写的逗号中。考虑“水”这个词。“水”有两个音 137
节，是个名词。在这样的句子中，中世纪人会说，“水”这个词有实质的指代。我们只是在谈论物质的符号，而不是它的意义或它代表什么。在平常的用法中，我们使用的是它的形式的指代（声音是它的实质，意义是它的形式）。

然而，形式的指代有几种类型。中世纪人区分了简单指代和人称指代。这个区分在英语句子中相当于一个名词前有还是没有不定冠词。在“人是有死的”中没有任何冠词，这里的名词是简单指代；但是在“一个人在敲门”中，“人”就是人称指代。更多的专门术语被引入以标注这样的区别：“胡椒是辣的”和“胡椒在罗马有售”（每一粒胡椒都是辣的，但并不是每一粒胡椒都在罗马出售），“人是动物”和“一只动物闯进了园子”（在第二种情况中，有理由问“哪只动物”，而在第一种中不可以）。

中世纪对词项性质的分类关注于这些词项在逻辑重要性上的语法差异，这些词项的逻辑重要性与语义学研究相关。由于中世纪拉丁语不是我们的母语，中世纪逻辑学家的术语在我们看来是令人生厌的。部分原因是我们这样的反应：在我们从小就学习的现代语言中，我们能够有其他的，更有效率的方式来标注这些差别。

中世纪逻辑学家发展亚里士多德逻辑学的另一个方面是在模态逻辑上，即关于“必然”和“可能”的逻辑。这个领域是以波爱修为基础的。像波爱修一样，中世纪哲学家试图用模态逻辑来解决上帝的全能和人类的行动，以及自由和决定论这些棘手的问题。

阿奎那的生平和著作

就将中世纪哲学亚里士多德化而言，十三世纪巴黎大学的教授中，没有哪一位哲学家能与圣托马斯·阿奎那（St Thomas Aquinas）相提并论。

托马斯约于公元1225年生于意大利阿奎诺（Aquino）附近的洛卡塞卡（Roccacecca）。他在蒙特·卡西诺的本尼狄克修道院（Benedictine monks of Monte Cassino）中接受教育，后在那不勒斯大学（Naples）学习文科。他不顾家人的坚决反对于公元1244年加入多米尼克会，并在巴黎大学和科隆大学学习哲学和神学。他在一位年长的多米尼克修士、博学的大阿尔伯特（Albert the Great）指导下学习，后来开始了评注亚里
138 士多德著作的庞大计划，有些著作评注还不止一次。

阿奎那是大阿尔伯特喜爱的学生，后者很快发现了他的天赋。公元1254至1259年，阿奎那在巴黎教书，并于1256年成为全职教授。公元1259至1269的十年间，阿奎那在意大利职位更迭频繁，来往穿梭于奥维托（Orvieto）、罗马和维特博（Viterbo）为教皇服务。从公元1269至1272年，在这个神学和哲学争论活跃的时期，他再一次执教巴黎大学。公元1273年，他的教学生涯因为健康原因而被迫终止。公元1274年3月7日，阿奎那死于弗萨诺瓦（Fossanova），正是在去里昂参加旨在联合希腊教会和拉丁教会的宗教会议途中。

阿奎那卷帙浩繁的著作都是在20年间完成的。由于他的著作第一次采取了机读格式，所以我们能够说他写作了达8,686,577之多的字数。其中最为著名的是哲学和神学的两本大部头综合性著作，约325,000字的《反异教大全》（Summa contra Gentiles）和1,500,000字的《神学大全》（Summa Theologiae），后者以更长的篇幅展示了他的成熟思想。这些百科全书式的著作虽然以神学为目的，并以论题为主，但也包含了大量

哲学的内容和方法。托马斯最早的一部神学综合著作是对彼得·隆巴德（Peter Lombard）《箴言》的注释。一个世纪之后，托马斯的这本书从哲学上讲已经索然无味了，最有哲学性质的是对亚里士多德的一系列注释和在巴黎期间为教学和论辩所写的大量小册子。比如《论存在与本质》是一本关于存在与本质的通俗读物，《论理智的统一性》批驳了阿威洛伊主义认为人类只有单一理智的观点。《论世界的永恒性》（De Aeternitate Mundi）说明了哲学不可能证明宇宙在时间上有个开端的观点。阿奎那遗著中最经久不衰的一部是《问题论辩集》（Quaestiones Disputatae），其中记录了各种各样的哲学和神学的学术争辩。即使在他对圣经的评注中，我们也可以找到具有哲学趣味的东西，比如他对《约伯记》的说明。

阿奎那笔下的拉丁文字紧凑、易懂，不带感情色彩，虽然被文艺复兴时期的评论者斥为粗鄙，但仍可作为哲学论文的典范。《神学大全》的每一章的结构都是从学术辩论的方式而来。每当提出某个理论，他总是先摆出他所能想到的反对这个理论的最强的理由，有的时候是权威的文本，更多的时候是基于概念分析的证明，使用这些概念的命题是问题的所在。然后是“相反”（sed contra），给出他认为正确观点的理由，这通常是一些烂熟的套话和布道文。然后是阿奎那陈述真正的理由，这是文章的主体部分。最后，文章得出开头就给出的否定结论。这种结构
一开始并不容易理解，但任何人只要熟悉了它，就会发现这是一种很好 139
的思维训练。

阿奎那对哲学的第一个任务是让基督教了解并能够接受亚里士多德著作，反对保守神学家毕生的排斥态度，比如波那文图拉总是对经过穆斯林评注过滤过的异教哲学家持怀疑态度。阿奎那对他的朋友莫尔伯克的威廉的翻译的评注使得西方大学生熟悉了亚里士多德本人的观点。在他的神学著作中，他揭示了在何种程度上可以将亚里士多德的哲学观点和基督教的神学结合起来。就像亚里士多德之于柏拉图一样，虽然阿奎那的主要哲学论题和方法是亚里士多德式的，但他不仅仅是附和亚里士

多德。除了找出亚里士多德和基督教的关系之外，阿奎那还在哲学的意义上发展和修正了亚里士多德诸多观点。

当然，阿奎那的自然哲学被自然科学的进步所否定，他的逻辑学与19世纪、20世纪的数理逻辑学相比也早已显得陈旧了。但是他对形而上学、宗教哲学、哲学心理学以及道德哲学的贡献使他在世界一流哲学家行列中长久地占有一席之地。

贝兰特·罗素（Bertrand Russell）写道："阿奎那谈不上什么哲学精神。他不像柏拉图笔下的苏格拉底，一开始就跟随论证走，而不管它导向哪里。在开始哲学化之前，他已经知道了真理；它已经在天主教的信条中了……为先前给出的结论寻找证明不是哲学，而是一种特殊的辩论。"很多人认为，这最后的评论出自一个在《数学原理》（Principia Mathematica）中花了几百页来证明$1+1=2$的哲学家之口显得奇怪了点。实际上，阿奎那的很多结论在他那个时代是新颖的，其中有几个对保守派来说也甚为可疑。而且，他在评价别人的论证时是非常有鉴别力的，他从不仅仅因为别人的论证支持自己所接受的观点而赞成它。因此，他驳斥了安瑟尔谟关于上帝存在的证明，也反对了那种认为仅凭推理就可以证明世界在时间上有个开端的观点。

阿奎那的自然神学

阿奎那对宗教哲学最著名的贡献就是"五路"或者说关于上帝存在的五种证明，这早在《神学大全》里就提到了。阿奎那认为，世界的运动只有以存在一个不动的推动者为前提才是可理解的；世界的一系列
140 动力因必然上溯到一个不被引起的原因；偶然的和可朽的存在必须依赖于独立的和不可朽的必然存在；世界中等级不同的实在和善必然趋向一个实际存在的最大的实在和善；宇宙中无意识的物体的有规律的目的性需要一个有智慧的共同的指导者。五路中有几个似乎依赖于过时的物理学，并且没有一个是以一种清晰无误的方式被陈述的。最近，对《自由

论辩集》中冗长复杂的上帝存在的证明又激起了哲学的兴趣，弄清楚它能否以一种让怀疑者信服的方式来重新阐述是件有趣的事情。

阿奎那宗教哲学最有价值的部分是他对传统的上帝属性的考察，如永恒性、全能、全知、全善。他努力对由此引起的许多哲学问题作出说明和解释。在更宽泛的宗教哲学领域，阿奎那最有影响的贡献是对哲学与神学关系的陈述以及对哲学独立性的捍卫。根据阿奎那，信仰与知识一样，是一种不可动摇的信念，但与知识不同的是，信仰不以理性为基础，取而代之的是，它依赖于对上帝启示的接受。信仰不与哲学相冲突，但是信仰既不从哲学推理而来，它本身也不是哲学论证的必要基础。然而，信仰是心灵的合理的、公正的表述，因为即使当它无法说明它所揭示的真理时，其中的理性也能适当地接受神启。

类似于现代哲学家，我们必须区分自然神学和启示神学，而对阿奎那而言，这也同样是必不可少的。假设一位哲学家为某个神学结论提出论证。我们就要问，它的前提是出于神圣启示，还是其他？是出于神圣的经典，还是属于个人的意见？或者，是出于观察事实，还是出于理性的真理？如果是前者，我们就是在处理启示神学的问题，如果是后者，我们就是在处理自然神学的问题。自然神学属于哲学的一部分，而启示神学不属于哲学，虽然神学家们也许会用哲学的手段来深化他们对宗教文本的理解。

阿奎那相信，有些神学真理需要诉诸理性才能获得，如上帝的存在。有些神学真理或者诉诸理性，或者诉诸信仰，如神恩和善。有些神学真理则只能诉诸信仰，如三位一体和道成肉身。而在阿奎那看来，世界有一个开端是只能诉诸信仰才能获得的神学真理，他对这一问题的哲
学论证之复杂可谓空前绝后：通过细致的考察，他不仅驳斥了亚里士多 141
德对世界永恒存在的证明，而且驳斥了穆斯林和基督徒们所提出的世界是在时间中被创造的论证。这两个命题都不能依靠理性来证明，哲学在这个问题上是不可知的；我们应该相信，所谓世界被创造在时间中只是因为《创世纪》是这样告诉我们的。

质料、形式、实体和偶性

在形而上学方面，阿奎那是亚里士多德的忠实追随者，但不是奴仆式的，正如在世界的永恒性问题上他就与亚里士多德相左。他接受的论点有：物体由质料和形式组成；变化是由相继的、不同的形式降之于相同的质料所产生的；质料是个体化原则：如果海边的两颗鹅卵石在任何方面都是相同的，它们在形式方面没有任何不同之处，但是它们是两颗鹅卵石而不是一颗因为它们是两团不同的质料。

但是这些亚里士多德的观点也带来了麻烦，因为《圣经》所说的天使在基督教传统观点中是没有形体的。阿奎那认为波那文图拉关于天使也有质料——精神性的质料的观点是不适当的。反之，他认为天使是纯粹的不朽的形式。但是如果质料是个体化原则，那怎么可能有一个以上的不朽天使呢？阿奎那的答案是，每个天使都是一种不同的形式，每一个种都只有一个个体。所以米迦勒和加百利之间的区别不像彼得和保罗的区别，而只是羊和牛的区别。

质料和形式被亚里士多德用来分析实体的变化，即一个事物是如何变成另一个事物的。实体和偶性则用来分析一些不那么剧烈的变化，如同样一个事物得到或失去了一个暂时的性质（如长高和晒黑）。托马斯对亚里士多德概念最不寻常的也是最有影响的运用是他对圣餐性质的说明，这种圣餐仪式将耶稣的最后晚餐固化下来，耶稣吃了面包并说“这是我的身体”，酒是他的血。阿奎那主张，当牧师复述耶稣的这些话时，面包和酒作为一种实体转化成了作为另一种实体的基督的身体和血。这个变化被称为“变体论”（transubstantiation）。

阿奎那认为，变体论是一种独特的转化，这种一物转化为另一物的转变是独一无二的。在所有其他转换中，当A变成B时，总有某些原料开始是属于A的，后来又属于B了。用亚里士多德的话说，同样的质料开始具有A性，后来则具有B性。但是在圣餐转化中并没有某些开始是面包后来变成耶稣身体的质料，不仅一种形式让位于另一种，而且每一粒质料都让位于另一种质料。在通常的变化中，形式A让位于形式B，这是形式的转化。而在圣餐仪式中，不仅一个形式让位于另一个形式，而且一种实体也让位于另一种实体，它不仅是一个转化，而且是一个实体的转化。

我们也许会感到困惑，那么“转化”在这里意义何在？为什么还要将这个概念引入关于圣餐的讨论中？圣经中从未提到过一物向另一物的转变，阿奎那在这里的理由是什么？

这一概念之所以被引入其唯一可能的解释是，耶稣隐藏于面包和酒的表象之下。在献祭之后，我们就真正可以说耶稣就在某个地方，如在波希纳（Bolsena）教堂的祭坛上。阿奎那提出，某物开始存在于它之前并不存在的地方，这只有三种可能的方式：或者该物从原处移到该处，或者将该物创造于该处，或者将该处之物转变成该物。但是，基督的身体并没有移到圣餐里去，也没有被创造到圣餐上，因为他本来就存在。因此，只有一种可能，某物——就是面包和酒，转变成了他的身体。

祭坛上剩下的可见和可触的东西，阿奎那说，是面包和酒的偶性——形状、颜色等；根据阿奎那，这些偶性已经没有实体了。阿奎那不相信献祭之后偶性会进入基督身体的质料中。如果是这样的话，举个例子，面包曾有的大小和形状会变成基督身体的大小和形状，这将意味着基督是圆的，直径二英寸，等等。

圣托马斯给圣餐变体论以极大的重要性，他对圣餐的虔诚不仅表现在他的神学散文中，而且表现在他为新圣体节（the new feast of Corpus Christi）所写的虔诚的赞美诗上。其中的一节由G·M·霍普金斯（Gerard Manley Hopkins）翻译如下：

看到的，接触到的，品尝到的都是骗人的；
听到的是怎样可信的？那是该相信的：

上帝之子告诉我的，我将奉为真理；
他如实地道出了真理，不然就没有真理。

霍普金斯的翻译比阿奎那更加格式化，但它确切地表达了原文的意思。这些诗句让人瞠目结舌，因为阿奎那的正式论点是：在圣餐仪式中没有感官上的欺骗，感观如实地记录了偶性，但判断实体却不是它们的工作而是理智的工作。在圣餐礼中，理智也许会导向去判断面包的存
143 在，但是如果它听到了来自上帝的召唤，那就不会。

没有实体的偶性，这符合逻辑吗？一方面，离开了猫来谈论猫的笑是荒诞不经的。而另一方面，在圣餐礼中，酒喝完后它的香味还在。天空的颜色也许是无实体的偶性的实例，因为天空的蓝色不是任何实体的蓝色。

然而，没有实体的偶性的概念也给阿奎那留下了一个可能致命的问题。“地点”属于亚里士多德的偶性范畴，例如，“在祭坛上”就是一个偶性谓词。但是如果在献祭之后曾经属于面包的偶性不再属于基督的实体，那么很显然，也不能将主持人在祭坛上的存在与基督在祭坛上的存在同等看待。于是当初引入变体论的目的最后还是没有实现，还是不能证明基督的身体隐藏于圣餐的表象之下。

阿奎那论本质和存在

当然，变体论的困难并没有给实体和偶性概念的通常使用造成麻烦，毕竟那是一种特殊的，或许是反常的，神学上的运用。但是阿奎那考虑的是亚里士多德对于变化的分析所产生的其他问题。如果偶性的变化是被理解为同一质料之具有不同的偶性，实体的变化被理解为同一质料之具有不同的实体形式，那么，我们是否应该认为物质世界的起源是一种本质从不存在过渡到存在？当然，亚里士多德不会面临这样的问题，因为他不相信从无可以产生出世界，但是一些后来的亚里士多德主

义者提出了这个问题并给予了肯定的回答。阿奎那坚决地反对这个观点：创世与变化是完全不同的，不能从与本质紧密相连的存在来理解创世。

尽管如此，阿奎那接受了本质和存在的术语，并频繁地出现在他的形而上学中。他认为，在所有的创造物中，本质和存在都是不同的。但对于上帝而言，两者是同一的：上帝的本质就是他的存在。这常被认为是一个卓越的形而上学洞见。实际上，这个论点似乎基于某种概念的混淆。

我们应该将种的本质和个体的本质区分开来。如果从种的意义上理解本质（在现实中相当于这样的谓语"……是上帝"、"……是人"、"……是拉布拉多"），那么本质和存在确实是不同的。就是说，对某个特定的种而言，有没有属于它的个体是一回事，而这个个体的本质是什么则是另一回事。例如，有没有独角兽与独角兽是否哺乳动物。但是 144
如果我们从这种意义上来理解本质，那么对上帝而言，本质与存在的同一论就是毫无意义的：当我们问，上帝属于哪个种，回答是上帝是存在的。这毫无意义。

另一方面，如果我们在个体的意义上理解本质，按照这种方式，我们可以谈论苏格拉底和个别的苏格拉底所拥有的人性，那么事物之间真实的区别就变得模糊而不可靠了。阿奎那也一贯认为，一个人的存在就是他持续成为人的过程，如果他不再存在，那么他也不再是人，而他的个体化本质也随之消逝。

阿奎那的心灵哲学

在论说人类心灵时，阿奎那有其明确的任务：他试图表明接受亚里士多德的心理学而不追随阿威洛伊否认个体灵魂的不朽是可能的。与波那文图拉一样，阿奎那也不赞成阿拉伯哲学家的人类共享一个普遍理智的观点。阿奎那认为，将人类从动物中分离出来的理智可以看做是一种能力，这种能力让使用语言者能够思其所思。对阿奎那而言，这种能力是个体灵魂的功能。遵循亚里士多德的传统，阿奎那也区分了主动理智和被动理智，他坚持，我们每个人都拥有这两种理智。主动理智是形成普遍性的观念和获得必然真理的能力，被动理智是已经获得的观念和知识的仓库。

根据阿奎那的观点，理智通过反思感观经验获得概念。我们日常的知识既不来自经验，也非来自神启，经验对形成概念而言必要但不充分。这就是我们之所以具有形成概念的能力即主动理智的原因。阿奎那认为，我们需要它是因为我们的外部世界中的物体本身并不构成智性理解的对象。柏拉图式的普遍的、无形的、不变的、唯一的理念，或许是主动理智的对象，但是在我们的世界中并没有这样的东西，即使上帝有这样的东西，那也无关乎我们的现实生活。所以，阿奎那的结论是，我们需要一种能力来创造“事实上可思想的对象”，从我们关于世界的经
145 验中抽象出观念。这个能力就是主动理智。阿奎那用视觉和思想的对比来说明他的意思。颜色对视觉来说是可感知的，但在黑暗中，这种感知只是潜在的，而非现实的。只有当一个人看见了颜色，视觉才得到实现——有了光才使得颜色现实地可感知。同样，阿奎那说物质世界中的事物本身只是潜在地可思想或可理解。动物和我们有一样的感官，也像我们一样感知物质对象，但它们并没有理智的思想——比如说它们不能科学地理解事物的本性——因为它们缺乏主动理智的光照。因为我们可以从自然世界的原始的状态中抽象出概念，所以我们不仅能够感知，而且能够思考和理解这个世界。

心灵通过它的观念理解世界，但这并不是说观念是外物的复制品和图像，心灵可以从事物中读出其本性，因为观念是普遍的、永恒的，事物是具体的。但是，阿奎那说这并不意味着没有纯粹的、关于个体的智性知识。这一结论来自亚里士多德的两个观点：理解某个事物就是掌握其形式而非质料；质料是个体化原则。

正如阿奎那所认为，如果柏拉图是错误的，那么在心灵以外不存在

人性自身这样的东西，只有属于个体的人性，如汤姆的人性，迪克的人性和哈里的人性。但是因为个体的人性埋藏在质料中，它不可以成为纯粹思想的对象。要知道汤姆的，迪克的和哈里的人性，我们需要感官和想象的帮助。用阿奎那的术语，个体的人性是“可思的”（因为它是形式），但不是“现实地可思的”（因为它存在于质料中）。就是说，因为它是形式，所以是理解的合适对象，但是如果要被现实地思想，它需要经过变形。在我们对个体人性的经验的基础上创造出这样智性对象的正是主动理智，这样的人性并没有头脑之外的存在。

研究人类心灵的理论家曾被分为经验论者、唯理论者和理念论者。粗略地说，经验论者相信所有关于世界的知识来自经验；唯理论者认为重要的知识是天生的；理念论者认为人类头脑中的知识只能及于它本身的观念。阿奎那的观点与他们都不同，但与他们又都有共同之处。他与经验论者都反对天生的知识；没有经验的心灵是一张白纸。但是他也同意唯理论者反对经验论者的方面：经验是人和动物共有的，它无力在那张白纸上写下任何东西。与理念论者一样，他认为纯粹理智的直接对象即普遍概念是他自己创造的；但不同于很多理念论者的是，阿奎那相信 146
人类通过普遍概念，辅之以感官和想象，可以获得心灵以外的真正知识。

阿奎那的道德哲学

阿奎那的伦理学体系在《神学大全》第二部分中篇幅巨大。这近乎900,000字的论述分为两部分：第一部分是伦理学的通论；第二部分是具体的个人道德生活说教。这部著作在内容和形式上都是以亚里士多德的《尼各马可伦理学》为蓝本的，阿奎那同时也对这部著作作了逐字逐句的评注。

亚里士多德的大部分观点是温和的。与亚里士多德一样，阿奎那将人类生活的最高目标定为幸福，同样，他也认为幸福不能等同于快乐、富有、尊严或任何身体的善，而必须存在于与美德一致的活动中，尤其是理智的美德。智力活动要达到亚里士多德对幸福的要求只有在对上帝本质的沉思中才是可能的；现实生活中的幸福注定不完美。因此，对亚里士多德而言，真正的幸福只有在天国之人的心灵中才能找到。圣徒们在适当的时候将得到幸福的奖赏，但亚里士多德始料未及的是，这种奖赏是以身体的光荣复活而实现的。在将这些教导与神圣律法和尊严联系起来之前，阿奎那扩展和证明了亚里士多德对美德、行动和情感的描述。

阿奎那对人类行为的长篇大论与亚里士多德及以前的基督教思想家相比进了一大步。亚里士多德在他的《伦理学》中引入了自愿的概念：如果行为出于自由，而不是强迫或者误导，那么它就是自愿的。在他的道德体系中目的性选择的概念也扮演了很重要的角色：对一个行为的选择是整个生活计划的一部分。亚里士多德对自愿的定义非常笨拙，目的性选择的定义又太狭窄，仅限于日常生活中的道德选择。（英文中没有与“目的性选择”对等的词这一事实就显示了这个概念的尴尬，而亚里士多德的大多数道德术语都已经纳入了欧洲语言。）阿奎那一方面保留了亚里士多德的概念，另一方面又引进了一个新概念，即目的（intention），填补了两个概念之间的空白，大大便利了道德哲学的思考。

在阿奎那的体系中，有三种类型的行为。有些行为是出于它们自
147 身，它们本身就是目的，例如对哲学的追求。有些行为是作为手段，比如吃药是为了健康。在这种行为中我们体现了目的：我们试图通过手段达到目的。最后还有一些行为，它们是我们有目的的行为带来的后果和副作用，但这些后果和副作用也许是我们始料未及的。它们不是我们的目的，而只是自愿的。这样，自愿就成了最大的范畴，任何有目的的行为都是自愿的，反之却不然。目的覆盖的领域比自愿小，但比亚里士多德的目的性选择要宽。

阿奎那解释目的和道德之间的关系。人的行为可分为几种，有些

是善的（如使用自己的财产），有些是恶的（如偷盗），有些是中性的（如在乡间散步）。每个具体的行为都是在特定的环境中，带着特定的目的所实施的。对于一个善的行为，它所属的种类不是恶的，环境是适当的，目的是高尚的。否则其中的任何一个条件缺失，该行为都是恶的。因此，恶的目的会毁掉善的行为（为虚荣而施舍），但是善的目的不能补偿恶的行为（为救济穷人而偷盗）。

阿奎那考虑了错误的道德意识问题，即行为者对其行为的善恶有着错误的信念。做一件自己认为是错误的行为总是错的；意志不与理性相一致总是不好的，即使理性犯了错误。因此，错误的道德意识总是使我们盲目。然而，它并不总是能为我们开脱。如果错误的原因是疏忽，那么行为者不能原谅。通奸是不能原谅的，即使通奸者认为那是合法的，因为这项罪恶是对上帝律法的不可饶恕的无知。但是，一个男人不是处于疏忽，而是因为他错以为他人的妻子是自己的妻子而与之发生性关系，那么他是无罪的。

阿奎那同意阿伯拉尔的这个观点：善的行为之善源于其善的意志，但是他又认为只有得到理性认可的意志也才是善良的意志。而且，除非其行为正适宜，否则善的意志也不能被认为是完全名副其实的。如果行为的失败与道德无关，那么它的失败也是非自愿的，这样，阿奎那就避免了阿伯拉尔自相矛盾的结论，这一窘境使得阿伯拉尔的目的论声名扫地。

阿奎那认为行为的道德属性会受其结果的影响。他区分了可预见的故意伤害和可预见的非故意伤害。对于前者阿奎那举了杀人者和强盗的例子；对于后者，他是这样说明的："一个男人走过一片更容易通奸的田地，他可能会损害地里的庄稼；他知道会损害庄稼但这并不是他的目的。"在这些例子中，有恶的结果，也有恶的行动，因此，在每个情形中，罪恶都加重了。但是当好的目的产生了恶的结果，行为者应怎样 148
承担责任呢？阿奎那在讨论为自卫而杀人的合法性时谈到了这个问题。奥古斯丁曾教导过，这对基督徒来说是违禁的；但是官方的法律规定用暴力对抗暴力是合法的。阿奎那说，行为可有两种结果，一种是出于目的，一种是附于目的；这样，保护自己的行为可有两个结果，一是保存了自己的生命，另一个是杀死了袭击者。假定没有使用超过必需的暴力，那么这个行为是可允许的；然而，除非在公共的权力下，如士兵和警察，否则，故意杀人总是不合法的。

后继者通过评论阿奎那发展出了著名的双重后果理论。一个本身非恶的行为既产生了善的后果，也产生了恶的后果，这种情况是允许的，条件是（1）恶的后果不是出于目的，（2）善的后果不是因恶的后果而产生，（3）权衡起来，善的后果大于恶的后果。双重后果原则在日常生活中有很多应用，例如，任命最好的人选担任职务，虽说你知道这样做会给其他候选人带来痛苦。这个原则对严肃的伦理思考来说是基础性的。但是由于稍后将要谈到的原因，现代早期的伦理学家对此争论不一。

在第二部分，阿奎那讨论了各种具体的美德以及与它相冲突的恶。这里他也追随亚里士多德，但也有重要的补充和修正。在古希腊四种美德即智慧、节制、勇敢和正义的基础上，基督教传统又增加了三种神学的美德，即忠诚、信心和仁慈。相应地，阿奎那讨论了忠诚的美德与怀疑、异端以及叛教的恶，信心的美德与绝望及空想的恶，仁慈的美德与仇恨、忌妒、争斗以及蛊惑的恶。

虽然阿奎那努力将《尼各马可伦理学》所表现出的更多的异教特征基督教化，但他的美德系列与亚里士多德也不是一一对应的。例如，对基督徒来说，最重要的美德之一就是谦卑。亚里士多德是个好人，但另一方面，他又不够谦卑：他具有一颗伟大的心，有着强烈的超越其他人的自我优越感。在论述谦卑的时候，阿奎那评注了圣保罗的原文："要尊重别人多于尊重自己"。这如何可能，如果可能，为什么是一种美德？阿奎那睿智地说，认识到自己是最坏的罪犯不可能是美德：如果我们这样做，那么我们就是在相信一个笨蛋，发扬错误信仰不可能属于美德。因此他这样补充原文：我们的善来自上帝，我们所能称谓自己的只是我们的恶。但是谦卑并不要求人们更加看重上帝对他人的恩赐而不是对自己的恩赐。

阿奎那将谦卑定义为克制追求超出合理限度之外的上帝恩赐的欲望。适度的欲望，或者说，欲望的适度，而不是欲望的反面才是一种美 149
德。虽然不是等同于，但它是基于对人的自我缺陷的合理评估。最后，通过引人入胜的智力戏法，阿奎那不仅将这一美德变得与具有伟大心灵的人所宣称的宽宏之美德相一致，甚至使它们成为相互对应的了。他说，谦卑确保了人们将欲望置于对自己缺陷的合理评估之上，而宽宏则被置于对自己天赋的合理评估之上。

阿奎那急于将以美德为基础的亚里士多德伦理学与基督教道德体系中神圣律法一致起来。在亚里士多德那里，正是理性设定了行为的目标，设定了行为的评估标准；而对圣经来说，该标准则根据其神圣律法。但它们并不冲突，因为律法是理性的产物。人类的立法者，社会公众或者他们的代表，用他们的理性为所有国家的共同利益制定法律。但是世界作为一个整体是由上帝的理性来统治的。上帝作为宇宙的统治者，他心中的永恒的治理蓝图才是真正意义上的律法。自然法是所有理性生物天生就有的一种自然倾向，要去追求适合他们的行为和目标。自然法只是理性生物对上帝永恒法则的分享，它要求我们爱上帝和自己的邻居，接受正确的信仰，奉上我们的崇拜。

阿奎那多次回到《尼各马可伦理学》的最后章节，亚里士多德在这里将沉思的生活看得高于行动的生活。他从几个不同的方面论述过这个问题，其中最有意思的是他将亚里士多德的观点用于论述不同教会的使命。他说，所有的教会都是为着慈善的目的组建的：但是慈善包括对上帝的爱和对邻居的爱。沉思的规则要求把时间只花在上帝身上，行动的规则要求为伙伴服务。那么，哪一个更好？沉思的或行动的？阿奎那区分了两种行动的生活。一种只包括外在行动，如施舍或救助徒步旅行者；但是还有一种由说教和布道组成的行动生活。在这些行动中，宗教人士摘取过去沉思的果实，将所掌握的真理传达给别人。如果纯粹沉思比纯粹行动的生活更应偏爱的话，那么最好的宗教生活就是说教和布道。“正如照亮别人比独自发光更好，与别人分享沉思的成果比孤独地沉思要好。”圣托马斯并没有细说他指的是哪个教会，但是他的成语“默想所得，与人分享”（contemplata aliis tradere）成为多米尼克会的座右铭。

在生前以及死后很长一段时间，阿奎那都未被认为是唯一权威的天主教思想家。在他死后三年，一些与其观点相似的命题受到巴黎和牛
150 津教会权威的谴责，直到半个世纪以后，他才有了神学上的名声。公元1323年被册封为圣徒之后，即使在他自己的教会内部，阿奎那也没能享有天主教多次赋予的殊荣。19世纪，教皇利奥十三世（Pope Leo ⅩⅢ）在教会通谕中正式称他是基督教最重要的神学家，20世纪，教皇皮乌斯十世（Pope Pius Ⅹ）给予他的哲学以类似的厚爱。在天主教以外，教会的这种认可对托马斯的声名没有帮助反有损害，但是他的天才也逐渐为世俗哲学家们重新发现。

（鲍建竹　译）

第九章　牛津的哲学家

14世纪的大学

阿奎那（Aquinas）去世后，其批评者中包括众多牛津弗朗西斯派 151
人士（Franciscans）。而整个13世纪，巴黎的大学无疑统治了学术界。到13世纪末，由于许多学者在巴黎和牛津之间的交流，两地差不多像一个大学的两个校园。但到1320年，牛津确立了自己独立的学术中心地位，取代了巴黎在欧洲学术界的霸权地位。巴黎不断地培养出杰出的学者：如1340年的巴黎大学校长让·布里丹（Jean Buridan）再次引入菲洛浦诺（Philoponus）的刺激理论，以及纳瓦赫（Navarre）大学校长尼柯勒·奥莱斯姆（Nicole Oresme）于1356年把亚里士多德的大量著作翻译成法文，并秘密地研究地球每日围绕其轴心转动的自转假设。然而，比较而言14世纪的思想家中所有牛津学术同行为哲学史的发展作出了更大的贡献。

令人吃惊的是，在14世纪的大学中，如牛津有两个典型的一眼看去自相矛盾的特点：即课程设置时间长和机构设置极年轻化。艺术类课程持续八到九年，五年获得文学学士学位，七年获得文学硕士学位。获得文学硕士学位的学生或者是从事神学研究的学生需要花四年的时间听圣经和《箴言四书》的讲座，三年后即可自己开设讲座。首先（作为学士）是讲授《箴言四书》，然后（作为训练有素的学士）开设圣经讲座。大约经历十一年的神学研究，学生即可成为主讲教师。在学生的学业完成之前至少还需要再开两年圣经讲座并指导学生。这样的研究性课程可能从学生十四岁时持续到三十六岁。

漫长的训练过程会使人们期望老人统治，然而这个时期没有任何人可以在大学呆到四十几岁，原因是当时大学里学生和老师不存在在现代
152 大学中那种令人熟悉的明确分别。讲课和指导学生由学生自己在学习的特定时间内完成。在14世纪的牛津，像阿奎那这样差不多从事长期教学和写作到五十岁去世的学生是非常少见的。

牛津在13世纪的最后几十年中，文学院和神学院的关系并不总是和谐的，与巴黎相似，一直受到奥古斯丁派（Augustinian）神学家和亚里士多德派哲学家的理论冲突的困扰。用艾迪安·吉尔松（Etienne.. Gilson）的话说："短暂的蜜月后，神学和哲学发现它们的联姻一直都是一个错误。"神学家的首要目标是让学者们用阿威洛伊风格去解读亚里士多德，而且攻击阿奎那的部分哲学训诫，并不理会阿奎那本人所表现的对阿威洛伊风格训诫的敌意。

1277年，牛津大学的联合会公开谴责了三十篇修辞学、逻辑学、自然科学的论文。阿奎那训诫中关于人的个体仅是单一独特的形式，即名义上的理智灵魂，而这些论文中有几篇属于这种推论的必然结果。牛津的联合会谴责了这种观点，例如：理智灵魂进入了人的胎盘后，感性灵魂和植物灵魂就消失了。因为神学家关注的问题和哲学家是不同的，而阿奎那的观点暗示耶稣的肉体在坟墓之中，在耶稣死和再生之间其活着的肉体除了纯粹质料什么也没有。长期的争议之后，胜利属于如波那文图拉（Bonaventure）这样认为在人类个体形式中存在多元形式的人。尽管圣托马斯的支持者全力向罗马教廷申诉，但失败了。

牛津联合会对论证单一个体形式的论文的谴责主要由坎特伯雷大主教罗伯特·基尔华德拜（Robert Kilwardby）主持，他像圣托马斯一样，也是一个多米尼克会修士（Dominican）。不久以后，作为主教他被传唤到罗马，其大主教职位也由牛津的弗朗西斯派约翰·佩克汉姆

（John.Peckham）继任。佩克汉姆更热衷于迫害支持阿奎那立场的人。有一段时间牛津出现了由弗朗西斯派思想家控制的局面，尽管他们很了解亚里士多德，然而在不同问题上仍然反对亚里士多德主义的不同认识。

邓斯·司各脱

在思想家中最杰出的是约翰·邓斯·司各脱（Duns Scotus），生于1266年的特威德河畔的贝里克镇（Berwick-on-Tweed）的邓氏家族。司各脱1288年到1301年间求学于牛津，1291年受礼牧师。默顿学院习惯称其为研究员，但是现在看来这个称谓毫无根据。他在牛津讲过修辞学，1302—1303年在巴黎讲相同的课程，可能一年后还在剑桥呆过。在短暂生命的最后一年他在科隆讲课，死于1308年。留下来的关于他的讲课记 153
录都是不完整和混乱的，既有他自己修改的自传，又有学生的笔记。他的作品的规范性的版本仍然有待完善。其作品的语言是模糊的、技术化的、缺乏宽容。但是通过这些作品识别出其不平常的智慧一直都是可能的。司各脱确实能够担当得起他“精细博士”的绰号。

几乎每个主要的观点司各脱都刻意地采取同阿奎那相反的立场。他的内心认为如果不是历史的原因，他对前辈先圣根特的亨利（Henry of Ghent）的异见必然获得同样的声名。亨利是13世纪80年代的一个观点独立的巴黎学者，其理论介于奥古斯丁主义和极端亚里士多德主义的中间立场。与亨利相比，司各脱一直很关注他自己的地位，同时通过亨利的理论司各脱了解了许多前辈。

亚里士多德把形而上学定义为研究“存在之为存在”的学问。司各脱极大地利用了这种定义，并把视野无限地扩大到上帝的存在。司各脱认为某物真实存在是因为它有谓项，不管是肯定还是否定。任何事物属于亚里士多德的范畴之一的，不管是本质的还是偶然的都已经存在，是存在的部分。但是存在比在此更富有内涵，亚里士多德范畴中的一切都是有限的，而存在包含无限。如果我们希望把存在细分为部分，首先要做的就是区分有限和无限。

阿奎那也曾述及存在，但他认为需要从不同角度去认识存在。每一个别事物皆有属于自身的存在：例如，对于有生命之物，存在即是生存。在众多有生命的事物中存在不同类型的存在，即有不同类型的生存。这并不暗示动词“存在”在指向不同事物时有不同的意思。在我们述及知更鸟是鸟和鲱鱼是鱼的时候，我们并没有用这个词“是”设置双关语。按照阿奎那的术语，动词“存在”既不类似也不单一。比如一个直接的谓项“黄色”即是模态的，在此意义上其相似于“好”这个词。我们能够说好的草莓和好刀，“好”就不带双关，尽管使草莓好的特质不同于使刀好的特质。相同的是我们能够清晰地说：许多不同事物存在，尽管它们的存在的组成状态是不同的。

在此司各脱不赞同阿奎那的观点，因为他的存在并不是类似的，而是单义的：准确地讲无论它指向任何事物它的意义都是同样的。不管它指向上帝还是跳蚤，它的意思是一样的。实际上，存在是一个分离的谓项。如果你列出从A到Z的所有可能谓项，那么动词存在就等同于存在A、存在B、存在C……存在Z。因此，存在的意思就依赖于谓项的含
154 义。在任何一种意义上都不依赖句子出现的主项。司各脱认为，如果某物在不矛盾原则下指向它，而且通过演绎推论利用它，一个谓项肯定就是单义的。

司各脱认为存在包含无限。为什么他这样看呢？他怎么能够在众多的事物中确定上帝是无限的？他提出大量一眼看上去很相似于阿奎那的证据：例如，一个证据是利用偶然性概念证明第一原因的存在。设想我们能够接近存在的某些事物，什么使这个事物存在？其肯定是某物，因为任何事物都不可能起源于无物，它肯定是非它自身的其他某物，因为无物是由它自身产生。譬如我们可以称某物为A，A是它自身的原因吗？如果不是，它就是第一原因。如果是，那么它的原因是B。我们可以从B开始重复同样的过程，或者我们可以永远这样下去，但那是不可

能的；否则我们就必有一个绝对的第一原因。

就这点而言会认为司各脱可能说：“一切人皆是上帝”。但是情况不是这样，同阿奎那把世界上因果秩序的确实存在作为理论出发点不同，司各脱简单地把因果联系的可能性作为理论出发点。对于这点的争论仅证明第一原因的可能性：我们还需要证明它确实存在。实际上，司各脱做得更好，他证明了第一原因确定存在。证据相当简练：定义的第一原因不能由其他任何事物引起，或者它存在，或者不存在。如果不存在，为什么不？存在完全可能，无物源于非存在。但是我们已经表明第一原因是可能的，因此它肯定存在。而且它必定是无限的，因为任何它物都不能限制其权威。司各脱认为，如果在无限的存在概念中有任何不一致的地方，极早的时间就已经被察觉——耳朵能迅速地测知不和谐的声音，睿智的人甚而更易发现不相容性。

司各脱更倾向于他的证据而不是阿奎那的五种证明方法，因为第一原因并不始于自然中的偶然事件而是始于纯抽象的可能性。他相信，如果你从纯物理学出发，就绝不会超越有限的宇宙；任何情况你都可能导致你的物理学步入歧途（阿奎那就是如此）。

无限的上帝看到能够用不同的、可能的、特定的方式去再生和模仿，并反映其本质：即在创世之前已经产生了事物的本质。司各脱认为，这些本质本身既不是一也不是多，既不是普遍也不是特殊。它们相似不是通过偶性，如阿维森纳（Avicenna）的马论：许多个别的马中任何一匹都不具有惟一的特征，在人的心灵中马的概念也不具备普遍性。借用主权权威和不可测的意志行为，上帝强令用具体事例描述这些本质，因而世界是被创造的。

司各脱和其他一些经院学者一样，认为世间的被造物由于它们拥有彼此不同的形式而相互区别开来。苏格拉底有人的形式；布朗尼的驴（弗朗西斯会哲学家最钟爱的一个例子）拥有不同的形式。但是就这点 155
司各脱引入了一种新的形式，或者说准形式。据阿奎那的观点，有两个人彼得和保罗（Peter and Paul），彼此差异不是因已有的形式，而是因他们的质料。司各脱拒绝这种观点，主张个体有各自的清晰的形式的因素：他的个性特征和在此的状态。彼得与保罗相比有不同的个性特征，就像布朗尼不同于爱约雷（Eeyore）一样。

据司各脱的观点，在一个像苏格拉底的个体中，既有共同的人性又含有个体化的原则。在苏格拉底和柏拉图之间人性是共同的、实在的；如果不是实在的，苏格拉底就不会像柏拉图而是像一条划过黑板的直线。相似的是个体化原则也肯定是实在的，否则苏格拉底和柏拉图会完全同一。本质和个体化原则必定彼此统一，一方离开另一方就不能实在存在：我们不会在世界上遇到一种人性它不是任何一个人的本性，我们也不会遇到一个个体，它的本性既不是这一种也不是那一种人性。然而我们不能分辨本质和个别特性。如果驴的本质和布朗尼的此在性是一致的，那么每一头驴就是布朗尼。

本质是不是真的不同于特征？看起来我们进入了死胡同。双方都有充足的理由，为了解决这个问题，司各脱利用了一个新概念，他也因此声名鹊起：客观形式区分度。如果说苏格拉底和柏拉图是可分的，或者我们的两只手也是可以区分的，那么本质和个体并不是真实可分的。他们也不只是在思想上是有区别的，譬如苏格拉底和柏拉图的老师。司各脱认为，对于他们而言，先于关于他们的任何思想：他们在形式上是有区别的。他们是两种不同的规定性在同一个东西或事物中。对于我而言有点糊涂，司各脱的许多追随者也不是很明白：这个术语的使用怎样说清楚了这个问题或者说解决了这个问题。司各脱不仅把他的术语运用于该情况，而且广泛地运用在其他地方，例如：同一个上帝的不同特征之间的关系和植物灵魂、感觉灵魂和人的理性灵魂之间的关系分析上。

引入个体概念影响了司各脱的人类理智概念。阿奎那曾经否定个体纯理智知识的可能性，因为理智不能把握质料，而质料属于个体化原则。但尽管个体不是一种与质料明确区分的形式，却足以像一种形式出现在理智中。司各脱认为由于每个个别事物之中都有一个易辨别的原则，所以人类理智可以把握千奇百怪的个体。

司各脱把理智的范围延伸到不同方向。阿奎那坚持认为，在日常生活中的理智是获取知识的场所，靠从经验中抽象获得对于物质事物的本质的知识。司各脱说用这种方式正确地定义理智客体就像定义用烛光照 156
亮的客体一样。天国的神都偏好理智的上帝；如果我们将迈向未来的生活并且思考目前的生活，我们就必须说合理的理智客体就像存在本身一样宽广。事实上，司各脱并不否认我们所有的知识来源于经验，但是他认为在现世生活中理智对感觉的依赖可能出于对罪恶的惩罚。

司各脱把直观的知识和抽象的知识做了一个区分。考虑到抽象源于客体存在与否的争论，所以抽象知识是客体的本质知识。直观知识是存在客体的知识：它分为两类，关于客体存在的完全直观知识和靠回忆过去和预测未来客体的不完全直观知识。

在理智与意志的关系上，司各脱在几个方面一再偏离圣托马斯的立场。哲学史家称他为“意志主义者”——意志反对理智的坚决的支持者。准确地讲这意味着什么？司各脱问：在意志中是否还存在某种不同于意志的东西有效地影响意志的行为？他回答：除了意志以外没有什么是意志力产生的原因。阿奎那曾经坚持意志自由源于实践理性的不确定性。理性能决定，为了达到一个好的目的，不止一种选择同样是一个好的手段，所以让意志自由地选择。司各脱认为任何偶然性必有不确定性原因，这个原因只能是意志本身。但是在使意志成为它自身自由的原因时，司各脱的理论有导致自由选择无限倒退的危险：自由选择依赖于以前的自由选择，自由选择又依赖于先前的选择自由，一直逆推。

这并不是司各脱没有预见到这种危险，他在讨论上帝对自由行为的预知能力的过程中引入了一种新的潜能，人类独有的自由选择特征，从而避开倒退的可能性。

司各脱说，当我们在自由行动时，这种自由伴随着一种明显的力量做着相反的事情。确切地讲，意志对于意志X和非意志X不能同时具有控制力——这是废话——但是在意志中有一种非意志后的意志力量，或者是产生一系列相反的行为。也就是说当A在时间t是意志X，A能够在时间t+1是非意志X。他说，这是一种明显地在后一个时间做了一件不同的事情的力量。

但是，司各脱说有另外一种不明显的力量，它没有任何时间的顺序。他靠想象一种创造性意志仅存在于某个瞬间的情况来说明这种力量。在此瞬间意志仅有惟一的意志力，尽管这样的意志力是不必要的，却是自由的。连续性的缺乏所涉及的这种自由在想象的迅疾的意志中是最明显的，但是事实是它一直在那儿存在。也就是说，当A是时间t的意
157 志X时，A不仅在时间t+1有力量作用于非意志X，而且正是在此时刻A还有力量作用于时间t的非意志X。这是一次明确的理论革新，一次非宣示性的设定，甚至我们能够说有神秘的力量存在。

司各脱小心地把这种力量和可能性区别开来：它是伴随着但不等同于逻辑可能性的某种东西。这不是一个简单的事实——此时此刻在A的非意志X中没有矛盾，它是某种更高的东西、一种真实的积极的力量——它是人类自由的核心。

该句“意志正在意志X或者不可能意志X”能够从两个方面来说明。一个方面（从合成的意义说）意味着意志即意志X而非意志X，可能为真，可能为假。另一方面（从分离的意义上说）意味着该意志现在即在t时间是意志X，但它在t+1时间有非意志的力量，这明显是真的。

但是该句“意志在t时间意志X或者可能在t时间不能意志X”作何理解呢？由此，同司各脱的革新理论一致，我们能区分合成意义和分离意义。其并不是这种情况：该意志可能同时既是在t时间的意志和在t时间的非意志。真实的是：t时间的非意志源于该意志，确切地讲既是源于t时间的意志X。

在这点上司各脱区别了时间瞬间和本质瞬间：在同一个时间瞬间可能有多于一个本质瞬间。再次我们在哲学上首次遇到了被后来的逻辑学家称作“可能世界”理论。在该记述中，同一个时间瞬间也许有几种同时发生的可能性。这些历时性的可能性不需要彼此相容。譬如这样的情况：它们在不同的可能世界中是可能的，而不是在同一个可能世界中是

可能的。

不论好坏，可能世界的概念在哲学史上都将有一个声名显赫的未来。司各脱对世界起源的描述就像先前所描述的一样，把上帝创世看成是选择在无限可能的宇宙中把一个宇宙变成现实。以后的哲学家从创世的概念中分离出了可能世界的概念，在更抽象意义上获得了“世界”这个术语，因此任何共存形式的总体性都构成一个可能世界。由此这一抽象概念被用来作为解读各种力量和可能性的工具。通常而言，可能世界概念的引入被归功于莱布尼茨（Leibniz），但实际上它应属于司各脱，已经证明影响持久的敏锐判断使他胜任他的绰号。

尽管作为哲学家，司各脱天赋非凡，但他在著作中系统地限制了哲学的范围。阿奎那区分出通过信仰而获得的关于上帝的真理，例如三位一体和一些由理性而获得的真理。在次一级的知识中包含了上帝的所有主要属性，如上帝万能、无限大、无所不在，等等。相反，司各脱认
为，理性思想却不能证明上帝是万能的、公正的和富有同情心的。他争 158
辩：一个基督徒知道，万能包含生育圣子的能力，但纯粹理性并不能证明上帝具有这样的能力。用相同的方式，阿奎那的许多陷入哲学领域的论题被司各脱踢到空中楼阁由神学家们来处理。

就神学本身而言，司各脱最出名的是他对于“无玷始胎”说的信仰。这种学说并不是通常被认可的那样，相信玛丽以处女之身生育耶稣；而是这样的信仰：玛丽当她自己怀孕的时候，并摆脱了天生原罪的玷污。（今天的人们不相信原罪，所以相信玛丽无玷始胎是不言而喻的。）这个学说在哲学史上之所以重要，是因为它关涉到长期的哲学分争。阿奎那否认了玛丽怀孕时的纯洁，同亚里士多德一样，他不相信刚刚怀上的胎儿在存在的头几周内就具有理智灵魂。司各脱相信灵魂在婴儿一怀上就进入了肉体，“无玷始胎”最终被教堂接受标志着他的理论胜利。这个哲学的纷争明显与今天的天主教徒对流产的态度相关。

吉纳德·曼利·霍普金斯（Gerard. Manley Hopkins），现代最著名的司各脱主义者，专门赞美了司各脱对“无玷始胎”的捍卫，把司各脱

排在最伟大哲学家之列。他这样描述司各脱：

> 归顺实在的清道夫；还有，
> 以无与匹敌的洞察力，傲视意大利和希腊；
> 为了纯洁玛丽，向法兰西开火。

奥卡姆的语言逻辑

司各脱主张限制哲学研究范围的倾向被其理论继承者威廉·奥卡姆（William Ockham）进一步继承下来。威廉同司各脱相同，都是弗朗西斯会修士，来自萨里郡（Surrey）的奥卡姆村，生于约1285年，在司各脱离开牛津不久到牛津求学。自1317年到1319年，奥卡姆讲授《箴言四书》，但是从没获得过文学硕士学位，由于一直讨厌学校校长约翰·拉特雷尔（John Lutterell），14世纪20年代，奥卡姆去了伦敦，写下了他的牛津讲授笔记，并成了一本系统性的逻辑学著作和对亚里士多德以及波菲利（Porphyry）的评论性论文，在1324年他被拉特雷尔带到阿维尼翁（Avignon）接受异端控告的传唤，之后不久，就放弃了其对理论哲学的兴趣。

许多奥卡姆的形而上学和逻辑学立场要么发展了司各脱，要么就
159 与司各脱相对立。尽管他的思想比司各脱缺少睿智，然而他的语言更清晰。同司各脱一样，奥卡姆也把存在看做是单一的名词，既可以指上帝也可以指动物。然而他允许一个更不具有延伸性和多变的创造性的存在进入他的体系，把亚里士多德的十个范畴减为两个：即实体和性质。同司各脱一致，奥卡姆接受了抽象知识和直观知识的区分，仅有通过直观的知识我们才知道是否能获得偶然的事实。然而，奥卡姆超越了司各脱，允诺上帝能通过他的万能使我们有对于不存在的对象的直观的知识。他认为，无论上帝通过次级原因能做什么，上帝都能直接做到。因

此，如果上帝能通过白墙遇上我们的眼睛使我们知道墙是白的，那么在根本没有任何白色的墙的存在的时候他也能使我们有同样的墙的信念。这种观点明显是对怀疑主义大开方便之门，很快在奥卡姆追随者中流行开来。

奥卡姆同司各脱最显著的争议是关涉到宇宙本质的问题。他断然拒绝了在许多个体中，在我们称呼的同一个名称下存在共同本质的观点。没有宇宙存在于我们的心灵之外；世界中的每个事物都是独特的。奥卡姆提出了许多论点反驳共同本质，最形象的例子就是：

> 追随司各脱的理论，那么基督的本质的部分就会被蹂躏和诅咒，因为真实存在于基督中的同一个共同本质也真实存在于犹大的肉体中，而犹大是被诅咒的。

共相不是别的，不过是符号，一个符号代表许多事物，分为自然的符号和约定俗成的符号：自然的符号是在我们心灵中的思想；而约定俗成的符号是一些我们制造来表达这些思想的词汇。

奥卡姆的宇宙观常被称为唯名论。而在他的体系中，符号不仅是名称，而且是概念，它们是共相。然而，该称谓有某种倾向性，因为奥卡姆认为心中的概念形成了语言系统，一种针对所有人的语言，优于所有不同的日常语言。从这个意义上讲，奥卡姆是对的：仅有名称是普遍的；但是我们必须在名称中不仅指出属于自然语言的名称，而且在我们心理语言中未说出来的名称——奥卡姆描述的一种语言，其被证明了同中世纪的拉丁语有相当强的结构相似性。

在奥卡姆生涯的不同阶段，他对心理语言的名称和世界中的事物之间的关系做了不同的描述。根据他早期的理论，心灵中盛有的精神形象或者表象相似于真实的事物，他称之为“虚构”的形象，它们是服务于心理命题的元素，取代了它们相似的真实事物的位置。虚构具有普遍意义是从许多不同的事物有相似性的意义来讲。之后，奥卡姆不再相信 160

虚构的意义，认为在个人的精神史中心理语言中的名称是简单的思想行为。这些心理的名称是出现在心理的语句中（设想是语句思想的连续阶段）。如果在它之中产生的系列名称是同一个事物的名称，那么一种思想、一个句子就是真实的思想、真实的句子。因而苏格拉底是一个哲学家的思想就是真实的思想，因为苏格拉底既被称为“苏格拉底”又被称为“哲学家”。在该陈述中，怎样理解一个句子如“苏格拉底不是一条狗”为真的条件并不容易。但是可以肯定的是奥卡姆在处理不同的情况时遇到了麻烦。

奥卡姆最有名的地方是，“如无必要，勿增实体”，尽管这并不是他本人的原话。这个原则，一般被称为“奥卡姆剃刀”，却不能在他的作品中发现。尽管他说过同样的事情如“所能少做的做多了是无用的”和“如无必要，不应用多”。实际上，这种情绪长期以来预设了奥卡姆的理论发展，概述了他对于前贤的技术哲学发展成就了还原主义的态度。有时这种态度使他能剪掉虚构实体，显得不平常的是，这导致他忽视了哲学上有重要意义的区分。

奥卡姆的政治理论

奥卡姆被传唤到阿维尼翁并没有使他被指责为异端，尽管一个委员会花了几年的时间审查他《箴言四书》上的评论。然而在阿维尼翁的时间给他的事业一个全新的转折。这个时期的教皇约翰十二世同弗朗西斯会在关于贫困的两个问题上发生了冲突：是否基督和使徒曾生活在绝对贫困中的历史问题和当代弗朗西斯教派的财产所有权的现实问题。奥卡姆陷入了这种争议，使他不受教皇欢迎，他和弗朗西斯教派的首脑切斯纳的麦克尔（Michael of Cesena）一起，不得不从阿维尼翁逃到慕尼黑（Munich）。他们处于神圣罗马皇帝巴伐利亚的路德维西（Ludwig of Bavaria）的保护下。据传奥卡姆说过：“陛下，用你的剑保护我，我将用我的笔保护你”。这是不是真的呢？奥卡姆由此卷入了有关教皇和皇帝、教会和国家关系的更广泛的问题的争议中。

为了解释这个问题，我们必须回到那个时代。在11世纪对于主教的任免权的冲突，就体现在教皇乔治七世（Gregory Ⅶ）和皇帝亨利四世（Henry Ⅳ）的争吵上。在接下来的很多年中多次重复这种争吵。在英格兰，正如我们看到的，圣安瑟尔谟（St Anselm）作为大主教与威廉 161
二世（William Ⅱ）在这个问题上的冲突，他的继任者托马斯·贝克特（Thomas Becket）与亨利二世的冲突导致他的殉教并被列入圣史和教徒对坎特伯雷的长期朝圣行为。

第二个主要问题导致教会和国家不和是关于为世俗目的向牧师征税。在13世纪末法国国王菲力普（Philip the Fair）希望为了支持同英格兰的战争对牧师财产征税。在1296年的角力中教皇卜尼法八世（Boniface Ⅷ）颁布法令制止了这个行为，尽管他不得不缓和矛盾，菲力普为了报复就禁止法国出口的贸易业支付教皇税收。冲突持续着，司各脱那时正在巴黎，由于支持教会而被流放。宣传册子的战争紧随而来。罗马的吉尔斯（Giles），圣托马斯的拥护者，陈述了极端的教会主义立场：在世俗事务中世俗权力服从于教会权力。巴黎的约翰，国王的支持者反驳：教皇并不是所有者，仅是教会财产的监护人，他服从于教会的最高权力机构大宗教会议。

这场争论最杰出的贡献者诗人但丁（Dante），在他的《论世界帝国》（De Monarchia）中再述了传统的平行权威概念，即在追求世俗的和永恒的目的时，各自按照神圣命令成功处理各自的事务。但是，实际的问题已经明显了，并不是靠哲学争论而主要是靠武力。在1303年，菲利普派军队在阿纳尼（Anagni）绑架了教皇卜尼法，并使他在法国受到了宗教会议的审判。尽管他的这个阴谋失败了，但是当卜尼法不久死去之后，他成功地确保法国主教当选为教皇。新教皇克莱门五世（Clement Ⅴ）在1309年把教皇驻地移到阿维尼翁，并在那里达七十年之久。

奥卡姆总结了第三次教会和国家之间的激烈冲突。阿维尼翁教皇诅咒激进的弗朗西斯教派禁欲主义财产观的说教。约翰十二世以前曾经干涉过一次有争议的帝国选举，反对最终的成功当选者路德维西四世。因为他对弗朗西斯主义的态度，教皇于1324年开除了他的教籍，作为报复路德维西呼吁大宗教会议诅咒教皇是异端。在1328年，路德维西进入罗马，自己加冕为皇帝，焚烧了约翰的肖像，选了一个反对教皇的教皇。在罗马他的资深助理是帕杜阿的马西柳斯（Marcillus of Padua），《和平的护卫者》（Defender of the Peace）的著者，这是一部出现在中世纪的最有影响力的政治哲学作品。

马西柳斯在巴黎写了该著作，他曾在短期内做过大学的校长。同奥卡姆一样，在写出了该著作后，就不得不逃亡去寻求路德维西的保护。在这本书里，他坚定地对教权和法衣权力干涉合法的自治领域和自足的政权发动了进攻。马西柳斯坚持，正是教皇的傲慢和野心导致意大利流行混乱、腐败、冲突、战火。但是他的立场并不限于地方事务上，还包
162 括普遍原则。纵览圣经、亚里士多德、古典作家和教父作家，他证明了国家是完美的社会，即是说国家在自己领域内既是最高权威又是自足的。

马西柳斯划分了两种政府：由统治者主权同意的统治和由反对他们的意志的统治；前者是合法的，后者是专制的。国家的法律源于公民的权威或者源于他们中的精英，国家可以代理团体和机构的立法任务，在不同国家就有不同的合法形式。储君是国家的执行首脑。如果他是被选的官员，那公民的同意就成了他的统治的最好表现；但是，有其他的合法方式表达支持。一个不守规则和软弱的储君应该被立法机构罢免。

马西柳斯坚持基督和禁欲主义者对世俗权力做的任何宣言都无效，教皇对最高权力的声明没有圣经权威的许可。教会由全部基督信仰者团体所组成，最能反映权威的机构是大宗教会议。但是甚而宗教会议也只能执行世俗权力批准的决定。如果异端被迫害，那也只会是国家而不是教会。

奥卡姆同情马西柳斯的很多观点，但是有所保留。在任何情况下他

都不是系统的政治思想家。他的政治作品仅是攻击性的小册子而非政治理论的教科书。同教皇在禁欲财产观的冲突导致奥卡姆形成了自然权利理论。他区分了两个方面：合法地放弃的权利（比如私人财产权）和与人不可分离的权利（比如人的生命权）。奥卡姆在这场教会与国家的权力争论中最重要的贡献是他的《对话录》——一本小册子的集录本。相反马西柳斯清晰的政府观念形成于该时代的意大利的城邦社会，而奥卡姆急切关心的重点集中在神圣罗马帝国。

他坚持，尽管有帝国的选帝侯的中介层，帝王的权力合法性源于他的民众，而不是源于教皇。帝王做他应该做的事情，对一些问题做必要修正，执行其他世俗主权。选择统治者是人的自然权利之一。如果人民希望通过树立一个有继承权的君主政体来行使他们的权利，他们就会那样做；但是如果这个君主滥用权力，人民就有权罢免他。

奥卡姆对教皇的敌意远没有马西柳斯激进。他不怀疑事实上教皇的至高无上性是通过专制暴君的方式来行使的；但是他希望允许一种合法律的最高权力，他构思了一种君主立宪制。教皇的权力应该被大宗教会议限制，即可能相似于议会民主制的代表大会，其成员由地方选区和宗教团体选举。

牛津的算学家

当奥卡姆于1349年在慕尼黑死于黑死病时，他离开牛津已有四分之 163
一个世纪了。在这段时间内，牛津大学无可争辩地变成了经院派哲学的智慧中心。尽管有托马斯主义者反对司各脱主义者，唯名论反对唯实论等论争，但简单地把它看做思想斗争的战斗堡垒是错误的。在这段时间内，阿奎那在牛津并不很受欢迎，甚而多米尼克教派（多明我会）也对其显得冷淡。司各脱主义者也不占统治地位。在14世纪的前半期牛津弗朗西斯教派处于领先地位。甚而奥卡姆之后，在牛津就没什么突出的唯名论者。在法国的唯名论者如米尔库尔的约翰（John of Mirecourt）和奥库尔特的尼古拉（Nicholas of Autrecourt）把他的说教发展成极端怀疑主义，上帝的无限力量使人类宣称对任何绝对真理具有确定的知识成为可疑的。

在1320—1340年间牛津一群精力充沛和独立的思想家推动了课程的各个方面的发展。许多学者出版了逻辑学的论文，把传统逻辑扩展到许多新的领域，特别探索了运动和变化、膨胀和紧缩、量度和时间的前提条件。最重要的逻辑学家是沃尔特·伯利（Walter Burley），他的《逻辑的纯粹艺术》（Pure Art of Logic）在中世纪的逻辑学的规范过程中标志着颠峰状态。

形式规范化在神学上也显得很重要，出现一种共识即神学也几乎被数学化了。最大值和最小值问题即直线是无限可分和无限延伸，这可能被考虑为数学家的事而非神学家的事，这是首次在忠诚的灵魂中和测量天国的神的无限的祝福的容量上去计算和分析出善的成长。

不管这些追问是否帮助了神学的进步，而它们会被证明在物理学研究上是最有价值的。物理数学的发展已经很明显，特别是在默顿学院（Merton college）。牛津的这些算学家的询问办法是提出和解决诡辩论问题、逻辑困境和逻辑悖论。一个前设“苏格拉底是比开始变白的柏拉图白了许多”被提出来分析和评估其真和假的可能性。对于现在的读者而言，这种方法看起来有点怪异。其产生于解决诡辩论的比率和比例概念的过程中。而且，新的概念用直线图表给予图解说明，这在测量运动、时间和距离的相互作用上被证明很有效。利用这种方法物理学革命
164 的基础被确定，与此相关的更著名的是伽利略（Galileo）的理论。

默顿的最著名算学家之一是托马斯·布拉德沃丁（Thomas Bradwardine），他发展了一种展现作用力、反作用力和速度在运动中的相互作用的比率理论。很快不仅在牛津，也在巴黎取代了亚里士多德的运动定律，同时被柯勒斯姆所接受。布拉德沃丁是14世纪中期的牛津另一种新倾向的代表人物——即奥古斯丁主义的复兴者。当然奥古斯丁一直是被尊重和引证的权威，但是新兴的学者开始更多地注意他的作品的

历史关联，而且在他身后受到了反原罪主义的高度关注。布拉德沃丁在他的巨著《论上帝之因》（De Causa Dei）中围绕预定命运和自由的问题体现了奥古斯丁主义对这些问题的处理。在这段时期神学家的兴趣已经从三位一体理论和基督史转向了善、自由和上帝万能的限制等问题上。例如，如果你能拒绝一小时的罪恶，你就能一生拒绝罪恶吗？上帝能命令他应该被仇恨吗？如果上帝向一些人展示了其未来的命运，又能怎么样呢？

约翰·威克利夫

在布拉德沃丁之后（短暂的坎特伯雷大主教的经历之后死于1349年）时代里最耀眼的人物是奥古斯丁主义复兴者约翰·威克利夫（John Wyclif）。他做牛津贝利奥学院（Balliol）的院长是在1360年，1372年获得博士学位，写了哲学大全方面的著作，其最重要的部分是《存在者大全》（Summa de Ente），包括一篇宇宙观的论文。该书设想为唯实论辩护并反驳唯名论的批评。

威克利夫最喜欢的例子是宇宙观中的种（如一条狗）属（如动物）问题。唯实论简单地定义属，断言许多事物在种上是不同的。唯名论把自身陷入了复杂的饶舌修辞："种是许多象征特别清晰的事物的术语中的一个断言式的术语；相对的部分也是断言式的。"唯名论不能说确切断言对一个术语是本质的：也许周围就没有任何事物可做任何断言。也并不能说任何特殊术语——任何特别的声音或者形象或者在纸上的标志——必须可被断言；绝大部分符号都不能为多样化断言而持续足够长的时间（由此谈到对应部分），唯名论通过尽力辨别种概念（即是一种声音和在纸上的标记）开始其定义，最终不得不放弃种属仅是符号的伪装而承认符号化的事物与非符号的事物的特殊差别。威克利夫坚持，当我们谈到种属概念时并没有谈到纸上的墨点。如果我们是这样的话，那么我们就能通过改变术语的符号象征而把一个人变成一头驴。但是当我

165 们改变词的意义的时候，我们却不能通过命令而改变事物的种属。

威克利夫的唯实论观点本质上是简单的。他坚持在真实的宇宙中任何相信客观真理的人已经确定了信仰。假设你看到个体A相似于个体B，A相似于B就确定有相似方面C。但是在“看到A在C方面相似于B”同“看到A和B的共项C”是相同的，一个想象中的C是A和B共同的普遍特征。因此，任何人能自主判断相似性就知道什么是普遍性。

威克利夫对实在宇宙的热情使他远远超越了逻辑学和形而上学的狭隘基础而深入到伦理学和政治学。他声称所有统治世界的罪恶是由理智和感情对宇宙的错觉而引起。唯名论倾向于更少的善，而不是更大的善并也更不注重个体本身建立在共同人性基础上的价值判断。从早期的形而上学的元素中他发展了一种全面的共同体主义理论。

在1374年威克利夫短暂为英国国王服务并受邀参与长期问题的讨论——世俗统治者向牧师征税的权力。在他的书《论民法的范围》（On Civil Dominion）中，提出令人吃惊的两个论点：一个罪人没有财产所有权，一个处于神的恩典的状态的人拥有宇宙的所有的善。

这第一个观点是轻率的，除非你能正义地使用一件东西，否则你不能正义地拥有它。但是罪人的每一个行为都是不正义的，因此，没有罪人可以正义地使用和占有任何东西。

第二个观点需要进一步证明。一个公正的人是上帝养育的儿子，因此是上帝统域的领主。当上帝赋予善时，他赋予自己和在他之中的一切，所有生物的现实理想在上帝之中，他们确切的存在仅是一种通向上帝的存在。如果每个在神的恩典状态中的基督徒都是一切的主人，那么就是这样的一种情况：他与其他在神的恩典状态中的人共同分享上帝的统治权。

> 上帝所有的善应该是普遍的，这已获证明。每一个人应该都在神的恩典中。如果他在神的恩典中，他即是世界的主人，即是世界的一切。因此每个人应该是宇宙的主人。但是这

同许多人的存在并不一致，除非他们有一些共同的东西。因此所有的事物应该是共同的。

不管其含义多么激进，从一开始，威克利夫关于民法领域的作品看起来并未在最高统治者的问题上给他惹麻烦。世俗当局用他的理论来支持解除牧师权力，世俗的人并未很慎重地看待它们。教会当局仅是短暂地受到打击，因为从1378年起教会处于分裂，出现了两个教皇，一个在罗马、一个在阿维尼翁；每一个教皇都声称有最高权力，彼此把对方开除教籍。受到之后的丑闻的刺激，威克利夫发动了一系列对教皇的攻击，远远超出了奥卡姆和马西柳斯对教会的审查。

然而是什么导致威克利夫思想的衰落？不是他对教皇的攻击，而是 166
他关于与上帝灵交的说教。当他谴责教皇和质疑教会的各种断言时，他甚至在高级教士中能找到同情者。当他呼吁解除教会的权力时，许多行外人士和托钵僧能够在他那儿找到共同语言。但是放弃托钵僧的圣餐变体论学说时，贵族和主教都转而反对他，甚而他所在的牛津也把他驱逐出去。因此，他在1384年的路特倭士（Lutterworth）去世时，无依无靠并且脸面扫地。

教会的分离持续了许多年：调和两个竞争的教皇（罗马和阿维尼翁）的分歧最勇敢的尝试导致在比萨出现了第三个值得怀疑的教皇。直到1415年的康斯坦茨大公会议（the Council of Constance）确定了教皇的选举应该得到整个基督教世界的同意。同时会议重点转向了长期被搁置的威克利夫异端思想的声讨。（到这个时候其理论的政治影响已经戏剧性地传播开来，远及波希米亚）。威克利夫的学说多年前就在牛津被禁止，现在一长串威克利夫理论被整个基督教世界所诅咒。

威克利夫最出名时期是在他的生命后期：作为作家或者至少是一个鼓动家；他第一个把圣经翻译成英文。谴责托钵僧的圣餐变体论和对教皇的攻击使他被视为宗教改革的启明星，但是他也是经院哲学的暮星。许多世纪以来他的哲学著作仍然难读，新教作家讨厌他的经院哲学的繁琐；天主教作家喜欢集中研究有一个正当结尾的经院哲学著作。最近几年，他的主要的论文的出版使我们更能清晰地认识到这最后一位牛津经院哲学著作者是值得尊敬的哲学思想家，排在司各脱和奥卡姆之后是完全合适的。

（李先敏　译）

第十章 文艺复兴时期的哲学

文艺复兴

中世纪和文艺复兴时期的区分并没有可靠和明确的分界线，因为不是一个时期结束后另一个时期就开始，其中的间隔非常短暂；更由于文艺复兴时期的发展特点是在不同的领域、不同的时间和不同的地域有不同的发展速度。哲学变迁的影响是碎片式的和散乱的，因此它的历史没有明确的界线。的确，从许多大学的历史课程中，我们可以得到该结论。在15和16世纪期间，在奥卡姆哲学沉寂之后，就再未产生有影响的哲学思想，直到笛卡尔（Descartes）完全改变哲学思维形式后，哲学才再度复兴。 167

这有点夸大，实际上那些伟大的中世纪大学不再产生像13世纪巴黎和14世纪牛津那样有影响力的哲学家。在15世纪和16世纪有影响力的人物分散在欧洲，许多不同团体的成员和独立的思想家乐于得到地方达官显贵的资助，因而没有人成功，也没有人值得称为伟大的有长远的影响力的哲学家。当17世纪再次出现一流的哲学家时，我们发现文艺复兴时期没有任何大学教授能获得相应的声名。

在巴黎和牛津（它们都是国际性的大学）的黄金时代，拉丁语的普遍使用使学术交流异常容易，那些皈依托钵僧的教师很喜欢接近大陆的学术团体和网络。而在14世纪末，这种情况发生了变化。在所有的欧洲国家方言文学开始繁荣，尽管拉丁语仍然作为学术语言，它却不再是最有力的思想表达工具。例如，在英格兰，威克利夫（Wyclif）的同事开始用英语写作和祈祷；在他的同时代人中如乔叟（Chaucer）、朗格兰德（Langland）和高尔（Gower）都把英语作为心灵表达的最佳媒介。英法之间的百年战争把牛津和巴黎隔离，它们都贫乏地走独自发展之路。

168 政治变迁和语言是不可分割的。教皇中央当局由于致命的大分裂而削弱了，神圣罗马皇帝仅是德国和奥地利的皇帝。在康斯坦茨宗教会议上，重新确立了一个教皇的制度，大会代表开了一个先例即投票是由独立的国家体来完成。到15世纪末，经过长期的国际动荡、国内的内战，独立的和集权化的专制强权君主在英格兰、西班牙和法兰西站稳了脚跟。北意大利由一些自治的和繁荣的城邦组成，这些城邦由有着天生统治继承权的寡头和财阀王朝统治。在阿维尼翁被废弃和长期教会分裂之后，罗马教皇毫无竞争地确立了统治地位，他成为意大利所包围的中央部分的统治者。接下来的很多年他们太多地奉献他们的精力于世俗政府的事务中。自从欧洲在宗教改革中一半陷入新教徒之手后，传统天主教当局就不再有过曾经的辉煌。

在意大利，特别是在佛罗伦萨和罗马，文艺复兴首先开始繁荣，它们是古典文化的复兴基地，被视为这个时代的中心。不是针对种族理论的思潮，而是奉献于人性文学发展的思潮，这就是“人文主义”。实际上，这意味着多神教拉丁文作家与基督教拉丁文作家相比有优越性。他们有读希腊权威的原著而不是译著的理想，后者的理想由两件政治事件所培养起来：希腊的君士坦丁堡（Constantinople）帝国遭到土耳其人的奥斯曼（Ottoman）帝国的连续攻击，处于持续的战争压力之下，急需西方国家的军事援助；教皇圣犹金（Eugenius）四世在1439年与拜占庭（Byzantine）帝王和最高主教在佛罗伦萨签订了一份事关东西方教会的联盟条约。这次联盟同1270年那次一样是短命的，但是长期地影响了同希腊学者之间的联系。在1453年，当君士坦丁堡陷入土耳其人之手后，逃亡的希腊学者带给西方的不仅是他们关于希腊的古典知识，而且有古代作家的宝贵的手稿。该时期的教皇尼古拉五世，一个具有广泛爱好的藏书癖好者，在他死后，留下了大约1200本希腊和拉丁文手稿，使他成为梵蒂冈（Vatican）图书馆有影响的奠基人。

自由意志：罗马与鲁汶

在尼古拉的宗教法庭上有一位人文主义者——洛伦佐·瓦拉（Lorenzo Valla），一个有影响的拉丁文书法大师，指责通行的拉丁文的标准圣经译本的书写风格。瓦拉是娴熟的语文学家，于1441年证明了康斯坦丁的捐赠（Donation of Constantine）是与时代不合的虚构，而很多世纪以来教皇都是据此而自任世俗的统治者。尽管如此，教皇尼古拉在1448年宽容地任命他为教皇秘书。瓦拉对哲学很感兴趣，但是认为哲学没有修辞学重要。他写了一些挑战性的作品讽刺阿奎那，并置伊壁鸠鲁于亚里士多德之上。 169

他最引起人兴趣的哲学著作是一篇关于自由意志的小对话，该对话批判了波爱修的《哲学的慰藉》（Consolation of Philosophy）。其反叛的主题从一个熟悉的问题开始："如果上帝预见到犹大是一个叛徒，却不可能不让他成为叛徒，就是说，犹大的背叛是必然的，除非——应该与我们无关——我们设想上帝缺乏神意。"对话的绝大部分篇幅都服从于经院哲学讨论中的一系列熟悉的动机和反动机。这篇对话同司各脱的著作一样被作为高等学校的教材。但是，差不多在结尾的时候，两个令人吃惊的动机被提炼出来。

首先两个多神教的神出现在这篇经院哲学风格的作品中。阿波罗（Apollo）对罗马皇帝塔昆（Tarquin）预卜他会被流放并死于傲慢和罪恶。为了回应塔昆的抱怨，阿波罗说他希望他的预卜使人更快乐，但是他仅知道人的宿命，而不决定他们；如果一切秩序良好，那么最好反过来谴责丘庇特（Jupiter）。

丘庇特，他创造了狼的凶猛、兔的温顺、狮子的勇敢、驴的憨实、狗的野蛮和羊的温柔；他也创造了一些人的铁石心肠和其他人的柔弱性格；他给予了某人邪恶，也给予其他人美德；他把宽容给了善于改正的人，也使其他人知错不改。对你，他安排了无法更改的邪恶的灵魂。因此，在你之中，由于你天生的性格将会作恶，丘庇特记下你的行为和它罪恶的影响，将会冷酷地惩罚你。

首先引入阿波罗和丘庇特看起来是一种无聊的人文主义的虚荣，但是这种设计使瓦拉不带任何渎神行为就分离出了万能的智慧和不可抗的意志两种特点，而这在基督神学中是一个上帝内在不可分的。如果自由被扼杀，它是出于神的意志而非神的预知。

现在出现了第二个惊奇，瓦拉绝不会提出在神的预知和人的意志之间达成哲学调和，他引用了一段使徒书信的内容：关于雅各布（Jacob）的预定命运和以扫（Esau）的申述。并于逃亡中重复着波尔的话，“噢，富人既有高深的智慧，又有对上帝的认知！他的判断和他的过往的认知是多么深不可测。”这样的动机从奥古斯丁或者加尔文（Calvin）那儿完全可望获得：但是这根本不可能从某个享有盛誉的人文主义者的作品中读到，并给它戴上人类意志的独立和自由的花环。该对话以对这些哲学家和亚里士多德基本原则的指责而结束。因而，毫不吃惊的是，在他同路德（Luther）的圆桌谈话后，路德把他描述为“我所见过和发现的最好的意大利人”。

瓦拉的《对话录》可回溯到15世纪40年代。几年后他的命题又成了鲁汶（Louvain）大学激烈辩论的命题。鲁汶大学是北欧新兴的大学之
170 一，建于1425年。在1465年由于艺术学院教员彼得·德·里沃（Peter de Rivo）的学生提问而讨论了这个问题：在基督说了“你要三次不认我？”后，圣彼得的权威不能否决基督。他说，这个问题必须做肯定的回答：如果我们接受基督所说的话是真的，那么要做到肯定的回答是不可能的。替代的方式是我们既不坚持为真也不坚持为假，也就出现第三种真理标准。里沃为了支持这种可能性而求助于亚里士多德的权威。

在亚里士多德《解释篇》（De Interpretatione）的第九章似乎是证明，如果每一个有关一个特殊事件的未来时态的命题——如“明天会有一场海战”——是或真或假，那么每件事情必然发生，不需要过多去考虑并找麻烦。最一般的解释，亚里士多德的观点意味着归谬法：如果关于单一事件的未来时态的命题已经是真的了，那么宿命论出现了：宿命论是荒谬的，因此，许多未来的事情不能被确定，这些事件的陈述既非真也非假，尽管之后出现那样的情况。

里沃引入的第三种真理价值观受到其神学同事亨利·范·佐默伦（Henry van Zomeren）的攻击。亨利说圣经中充满了单个事件的未来时态的命题，却是以预言的形式出现。对于彼得而言，说这些命题希望变成现实是不充分的，除非它们已经为真，否则预言家就是撒谎者。彼得对否认第三种真值的可能性作出的反应陷入了决定论，这被康斯坦茨会议诅咒为威克利夫主义异端。不久艺术院和神学院彼此交恶。

在鲁汶，资深的权威们似乎是支持里沃，佐默伦决定向教皇圣座申述。他有一个罗马朋友贝萨利昂（Bessarion），作为希腊主教之一而参加了佛罗伦萨宗教会议，作为主教留在罗马。贝萨利昂在同意支持佐默伦之前首先咨询了一个弗朗西斯教派的朋友弗朗西斯科·德拉·拉罗夫（Francesco della Rovere），他写信给他询问关于经院哲学对这个逻辑问题的评价。拉罗夫总结了反对第三种真值的理由，是基于该理论被诅咒否认未来时态的基督法令。他们被诅咒确定虚假，但是如果未来时态的命题不是真而是中立的，那么其矛盾就非假而是中立。

直到20世纪三值逻辑还进一步被逻辑学家所探讨，德拉罗夫尔（della Rovere）所阐明的逻辑规律开始受到慎重的对待。然而在15世纪的背景中有两件事情引起人的兴趣。第一，正是在经院哲学的鲁汶，而不是人文主义的意大利，重点是放在自由意志上而非神的权威上。对于三值逻辑的接受是对人的自由和开放的选择的极端肯定：关于人的行为的未来陈述不仅是不必要的，而且根本不为真。第二，里沃事件完全说 171
明了哲学上的主导权在中世纪和文艺复兴时期分化了。对致力于这场突出的学院派之争的拉罗夫一点也不比关注于做梵蒂冈的图书馆员的人文主义者普拉廷纳（Platina）所采用的梅洛佐·达·福里（Melozzo da Forli）的壁画并由教会僧团支撑的教皇西克斯塔斯四世（Sixtus Ⅳ）占优势。

教皇西克斯塔斯1471年的当选确实对里沃是一个灾难。三年内教皇诏书《论基督的权力代理》（Ad Christi Vicarii）诅咒他的五个前提是丑闻和对基督教忠诚的背叛。因此读读这两个最有决定性意义的批判："对未来可真的命题，并不肯定是毫无阻难的情况。我们肯定说了这两件事之一：关于未来的信仰的文章中或者没有现实的和确切的真，或者他们所说的是某种甚至神圣的力量都不能阻止的东西。"其余被诅咒的命题是彼得尽力在圣经中寻找来支持他的三值逻辑系统的证据。

文艺复兴的柏拉图主义者

主教贝萨利昂不是亚里士多德理论的敌人，他把未来的教皇引入这次争吵中：他写了一部新的拉丁文译本的《形而上学》。但是他本人牵涉到亚里士多德和基督教教学的关系的不同争论。在教皇法庭上希腊学者现在用拉丁文强调着柏拉图的作品的可借鉴性，但是他们中的一些人带着勉强的态度做这样的事情。其中之一是特热比松的乔治（George of Trebizond），出版了一篇愤怒的短论指责柏拉图在每个方面都不如亚里士多德（他展现了一种高尚的基督精神）。贝萨利昂写了一篇反驳《反对柏拉图的诽谤者》（Against the calumniator of Plato），同时用希腊文和拉丁文出版。辩驳说柏拉图和亚里士多德都不完全同基督教教义一致，他们两人的冲突是完全新颖的，至少在柏拉图和基督教之间就像亚里士多德和基督教之间一样有很多的相同点。他的短论是西方从古代以来第一次坚定地以柏拉图的哲学记述为基础。

然而是在佛罗伦萨而不是在罗马——从1396年起希腊人开始在此从事教学——柏拉图主义强有力地繁荣起来。到佛罗伦萨宗教会议时代梅迪奇（Medici）银行家族在这个城市已经取得了统治权。家族首脑卡西莫·德·梅迪奇（Cosimo de Medici），一个宗教会议的戏剧化人物的代表，同他的孙子洛伦佐和久利厄诺（Giuliano），在梅迪奇皇宫的小教堂中的比诺佐·戈佐利的麦琪（Benozzo Gozzoli’s Magi）的壁画前陪伴着希腊皇帝和最高主教。他命令他的宫廷哲学家马西利奥·费奇洛（Marsilio Ficino）翻译柏拉图的全部作品，这个任务在1469年完成，这一年大洛伦佐（Lorenzo the Magnificent）即位成了梅迪奇家族的首脑。 172
费奇洛周围聚集了一群富有柏拉图知识的学生，他把它称为他的“学术圈”。不仅尊奉柏拉图高于亚里士多德，而且他的一些批评者抱怨高于摩西（Moses）和基督。确实他相信如果基督教可以被它的时代的智者接触的话，那么柏拉图的复兴是必然的要求。在他的作品《柏拉图的神学》（Platonic Theology）中，开始记述他自己的新柏拉图主义的灵魂、起源和命运。

佛罗伦萨柏拉图主义费奇洛团体中最引人注意的成员是皮科（Giovanni Pico della Mirandola）。他学过希腊语和希伯来语，作为一个年轻人对在犹太神秘主义和事关赫米斯·托利司梅吉思托司（Hermes Trismegistos）的希腊文本（刚刚被费奇洛翻译的一本占卜和星象学作品集）所发现的神秘因素印象深刻。他很急于把希腊、希伯来、穆斯林、东方和基督教的思想耦合成一个整体，在这个时期他一天24小时工作并到罗马展示和为他的体系辩护，同时发表了900篇论文。然而这种异见被禁止了，他的许多论文被诅咒，这些论文中有一篇肯定“没有任何科学比神秘主义哲学给基督更多的确定性”。

皮科并不是一位毫不区分的古代伪科学的崇拜者。他写了一套12卷的丛书反对星象学家的虚伪性：天体能够影响到人的肉体但不能影响到人的心灵，没有人能够确切知道星象的预见对人的特殊影响。另一方面，他坚持星象和象征性的仪式能够给予一种合法的神秘力量，确切地区分被魔鬼的力量刺激而能够操作的黑色魔法。在皮科作品中持续的驱动力是高扬人本质力量的欲望：星象学是遭到反对的，因为其决定主义限制了人的自由；白色魔法被鼓励，因为其扩张了人的力量使人成了“创造的主人”。

大洛伦佐死于1492年，他的最后一年是在悲伤中度过的，因为他的弟弟久利厄诺被教皇西克斯塔斯和他的侄子所指使的一个小人物谋杀。他死之后两年梅迪奇家族被驱逐，而改革异端萨旺纳罗拉（Savonarola）使佛罗伦萨短期内变成了清教共和国。皮科成了萨旺纳罗拉的追随者，在1494年虔诚地结束了自己的生命。他的最后一部著作是《论存在和唯一性》（De Ente et Uno），体现了柏拉图主义和亚里士多德形而上学的一种调和。

马基雅维里

由于萨旺纳罗拉（Savonarola）思想的倾向，他被作为异端将于1498年被烧死，但佛罗伦萨共和国挽救了他。在梅迪奇家族重新掌握了城市的权力以后，他的外交官员之一尼可罗·马基雅维里（Niccolo
173 Machiavelli）自1498年到1512年服务于内阁。在他的生命历程中，他成了恺撒·博尔贾（Cesare Borgia）——教皇亚历山大六世的非婚生儿子的朋友和崇拜者。教皇亚历山大六世在1492年成功地控制了权力。恺撒·博尔贾同他彬彬有礼而有爱心的父亲，通过贿赂和谋杀来为博尔贾家族谋得意大利中部领土的最重要部分。这是事实，亚历山大的死阻止他达到目标，马基雅维里相信博尔贾处于死亡的边缘。

在梅迪奇家族回来以后，马基雅维里被怀疑参与了一个阴谋，他被抓进监狱并被折磨。在这段时期，他写了《君主论》（The Prince），是最出名的文艺复兴时期的政治哲学作品。

这本小册子是完全不同于经院哲学关于政治的论文。其不试图从第一原则出发而找到理想国家的本质和一个有素质的好统治者。然而，他描述了一种可能的统治者，其终结是自身的选择，追求成功而接受成功。从最近的意大利城邦历史、从希腊和罗马历史的一些例子，马基雅维里总结和描述一些地区是怎样失败和被战胜的，以及怎样保持最好的控制。博尔贾被作为善于玩弄政治技巧的典型，“回顾公爵所有的行为，我没发现值得责备的事情，相反，我肯定，正如我所做的，支持把他作为模仿的榜样”。

《君主论》给人的印象是把君主设想为冷酷的、愤世嫉俗的：许多人为他的道德缺乏而震惊，其他人厌弃他的贫穷。君主应该不断地工于心计而不是以道德的面貌出现。要成为一个君主，必须宽容自由，但是一旦掌权，自由就应该避免。君主应该表现出同情而不是冷酷，但现实中君主被人害怕比被人爱戴更安全。然而，尽管恐惧笼罩在臣民的头上，君主还是应该避免被人仇恨。

只要一个君主不干涉财产权、不骚扰其女公民和臣民，那么他可能被人害怕而不被人仇恨。当有明显的原因和理性的判断应该减少应用死刑时，他就应该那样做。但是最重要的是，他必须放弃获取其他人的财产权，因为人民可能更快忘记他们父辈的死亡，但不能忘记财产被人掠夺。

马基雅维里提到君主是否应该信守诺言的问题，他回答，当他作出保证的原因已经改变，而信守诺言又会对他有害时，他就既不能守信也用不着守信。他说，所有的君主都会因说得通的理由而披上守信的外衣。但是人们怎么会相信一个不断违反诺言的君主呢？这仅是简单的欺骗技巧问题。教皇亚历山大六世（Pope Alexander VI）在这个方面可作为样板受到表扬。“没人会有更有效的郑重声明的方式，或者以更为隆 174
重的抗议而作出承诺，或者很少关注它们。因为他明白人本质的这一面，所以他的欺骗总是很成功。”

那么，总的来讲，一个君主应说起和记住他自己，以让人景仰和服从他，别人可能认为他是同情、忠诚、诚实、人性和信奉宗教的象征，但是他为了保住他的王位频繁地破坏所有的原则，其行为与信守诺言、慈善、人性和信奉宗教正相对立。

马基雅维里特别指出为“基督教界最高的君主”那个晚近的君主

是阿拉贡的费尔迪兰德（Ferdinand of Aragon）。这个国王的成就确实是令人恐惧的。费尔迪兰德同他的妻子卡斯提尔的伊莎贝拉（Isabella of Castile）经过多年的内战统一了西班牙王国，确立了和平。他结束了格兰纳达（Granada）的摩尔人王朝，鼓励哥伦布（Columbus）到美洲寻求西班牙的殖民地。他把犹太人和摩尔人赶出了西班牙。从教皇西克斯塔斯的手中获得了建立独立的西班牙王国的权利，从教皇亚历山大六世手中确立了西班牙和葡萄牙之间的缓冲区，西班牙获得了较大的份额。马基雅维里所归纳出来颂扬的这些素质是费尔迪兰德的“虔诚的残酷”。

马基雅维里把《君主论》一章的内容用于记述教会的君主。他说：只有这些君主有无须保护的领土，无须统治的臣民，他们的领土不会因其不保护而丧失，臣民也不会因为不统治而不关注他，或者导致放弃他们的效忠，他们的能力也不允许他们那样做。据此这些君主是安全和快乐的。

马基雅维里归功于“宗教德高望重的法令”的事物的这种状态，在朱利阿斯二世（Julius Ⅱ）掌权期间几乎就再也没有出现过。这个好战的教皇继承了亚历山大六世并结束了博尔贾的希望。正如马基雅维里本人所描述的“他从事于征服博洛尼亚（Bologna），打倒威尼斯人，把法国人赶出了意大利，所有的这些事业他都成功了”。

朱利阿斯二世是教皇西克斯塔斯的手下一个名为德拉·里沃的人的侄子，更多的是一个君主而非一个牧师。但他并未完全兑现马基雅维里所描述的最高点，即君主应该只关心战争。他是一个艺术的资助人，拉法尔在梵蒂冈装饰的房间包括一些最受人欢迎的哲学家的形象和艺术史上的一些哲学警句。他雇米开朗基罗（Michelangelo）来装饰他叔叔的西斯廷教堂（Sistine Chapel）的天花板。他同布拉曼特（Bramante）协商建一座新的圣彼得教堂，自己拿着锤子开始捣毁旧的罗马教堂的大厅。甚而在1512年的拉特兰教堂召开大宗教会议讨论为适应普遍的宗教改革的要求而修缮教堂。

在会议召开后不久，朱利阿斯二世去世了，由梅迪奇家族的第一任教皇大洛伦佐的儿子继任，取名为列奥十世（Leo X），一个快乐主义者。他几乎对改革没有任何热情，宗教会议的主要功绩是定义了个体灵 175
魂的不死，反对帕杜阿的亚里士多德主义者，他们否认那种学说，与柏拉图主义的复兴唱反调。

帕杜阿的亚里士多德主义者中最重要的是皮特罗·彭波纳齐（Pietro Pomponazzi），他的书《论灵魂不朽》（On the Immortality of the Soul）在宗教会议开始后出现了。这个论题是如何慎重地对待亚里士多德区别有肉体形式的灵魂，那么相信它能够摆脱死亡是不可能的。所有人的知识都源于人的感知，所有人的思想都要求实在的形象。自我意识并不体现人的优越性，它同时也由凶猛的野兽具有，野兽爱自己也爱它的同类。人的自我意识不会低于动物，其依赖于人的肉体和灵魂的合一。灵魂的不死不能由求助于为其他生命提供善恶行为制裁的必然性而获得证明，在当下的生活中，道德是对自身的回报，邪恶是对自身的惩罚，如果这些内在的动机不够的话，那么将获得刑法制裁的支持。

莫尔的乌托邦

彭波纳齐的书很快被诅咒，没有太大的影响。但在同一年出现了另一本更流行的著作，莫尔写的《乌托邦》（Utopia）。莫尔在三十岁时，已经在亨利八世统治下为皇家服务，在伦敦做律师。莫尔是一个敏锐的人文主义者，对英格兰研究希腊和拉丁文学的进步感到忧虑。他的密友德西德利乌斯·伊拉斯谟（Desiderius Erasmus），是一个一直致力于编撰希腊文新约的学术性版本的学者公爵。《乌托邦》用拉丁文写成，描述了一个繁荣的虚构的共同体，讲给那些渴望发现新的海外殖民地的听众听的故事。

乌托邦（“乌有之乡”）是由6000户人家和54个城池组成的一个岛国，每一城池都有自己的主要农业基地，城市的居民轮批被派去乡村搞两年农业种植。在城池中，每隔10年靠抽签来交换房屋；没有私人财产，也没有什么东西需要被锁起来。每个公民，除了种植农业以外，还要学习一门技术，每个人都必须工作，但是每天工作仅六小时。没有其他的事情烦扰，就像欧洲一样，许多人使工作变得很轻松，大量的空余时间用于开展文化活动。仅有很少的人可以不从事手工劳动，如学者、牧师或者是当选管理城市的官员。

在乌托邦里，同柏拉图的理想国里不一样的是，社会的基本单位是家庭。结婚后的女子搬到男方家居住，而男性只要他还正常、适合被人统治，则要由所生养的家族中最老的成员统治。所有家庭里都不少于10
176 个不多于16个成年人。多余的成员应被转移到另外的成员数量低于上述标准的家庭。如果一个城市的成员的数量超过了限制，而其他城市没有多余的空间，那么就开垦没人占领的海外殖民地，如果城市居民拒绝定居，乌托邦人会用武力来建立定居点。

乌托邦城市的内部来往，需要使用通行证。只要被当局批准，旅行者会受到其他城市的欢迎，就像到了自己家。但是无论在哪儿，任何人都不能不劳而获。乌托邦人不使用货币，使用黄金和白银是为了制造室内便壶和罪犯的锁链。珍珠和项链是用来给孩子做玩具的。乌托邦人不理解在其他民族受到高度评价的荣誉，他们喜欢把玩骰子，乐于打猎。

乌托邦人不是禁欲主义者，他们把肉体的羞耻感看做某种自身就是邪恶的。但他们尊敬无私的人，从事那些一直做别人视为无趣的事情的人，例如修公路和照顾病人。一部分乌托邦人过着禁欲和素食生活，而另一部分人吃肉并过着正常的家庭生活。乌托邦认为前一种生活方式更神圣，后一种生活方式更聪明。

男性22岁，女性18岁就可以结婚。婚前的性行为严格禁止，但在婚前新娘和新郎必须完全检查对方的裸体。乌托邦人执行的是一夫一妻制，原则讲婚姻是持续一生的大事。但是通奸可能破坏一桩婚姻，在那种情况下，无辜者而不是通奸者被允许再婚。通奸行为被严肃处罚，再次通奸将被处以死刑。乌托邦人相信如果烂交行为被允许的话，那么几乎就没人愿意接受一夫一妻制婚姻的约束。

乌托邦人不把战争看做光荣的事情，但他们也不是和平主义者。男人和女人都接受军事训练，发动战争是为了驱逐侵略者和解放被专制政权奴役的民族。相对于发动一场激烈交锋的战争，他们更倾向于通过暗杀对方的统治者赢得战争。如果海外的战斗不能避免，他们就派遣外国雇佣军。在国土保卫战中，丈夫和妻子都应该站在战斗的前线，或者男人并排冲杀。如果丈夫未同妻子回家或者妻子未同丈夫回家将被视为耻辱和不忠诚。

绝大部分乌托邦人都崇拜一个唯一的不可见的最高存在者——“一切人的父亲”。有一些结了婚的男性和女性牧师，他们都极为神圣，“因此人数也极少”。乌托邦人不强加宗教信仰给其他人，其原则就是宽容，任何对忏悔的骚扰行为，就像基督徒祈祷地狱之火一样，将被处以流放。所有乌托邦人相信不死的灵魂和福音式的死后生活。他们认为，死人作为看不见的保护者会再访他的朋友。源于私人动机的自杀是不被允许的，但是那些不能治好和剧痛的病人可以和牧师以及官员协商结束他们的生命。一个人死亡的葬礼被看做神圣的时刻，那些意外死亡 177
的人被庄重地埋葬，那些死时很快乐的人是伴随着愉快的歌声下葬的。

同柏拉图的理想国一样，乌托邦不乏有魅力的和独特的人物，他们交流一些看起来可行的设想，这些设想在其他人看来很神奇。像柏拉图一样，莫尔描述了一个虚构的社会作为政治哲学的理论工具去批判当时的社会政治构造；也像柏拉图一样，莫尔经常让他的读者深入地猜想他描述的制度安排在多大程度上是一个严肃的政治建议，在多大程度上揭开了真实生活的歪曲的面纱。

宗教改革运动

莫尔成长的时代正发生戏剧性的变化，在他看来，江河日下。在1517年，维滕贝格（Wittenberg）的神学教授向教皇的欺世盗名提出了挑战，导致了半个欧洲否定教皇的权威。马丁·路德，埃尔福特（Erfurt）修道院的一个奥古斯丁主义修道士，研究了圣保罗给罗马的使徒书信导致他从根本上怀疑文艺复兴时期的基督教的道德。他公开反对为建筑在罗马的圣彼得的新教堂而捐献会得到上帝福音回报的赎罪券宣言。赎罪——即是豁免罪恶的惩罚——是基督徒行为的正当的部分，但是这样的特殊的赎罪券出现在一种不合规则的捞钱行为中，是这个时期的浮躁所产生的，是十足的丑闻。

马丁·路德对基督徒行为的攻击不久就超出了赎罪券的范围。到1520年对教会的七条圣律中的四条提出了疑问，论证只有洗礼、圣餐和苦行才获得福音认可。在他的著作《基督徒的自由》（The Liberty of Christian Man）中，陈述了他基本的学说：对于一个原罪者的公平审判急需的东西是忠诚或者信任基督的善；缺乏这样的忠诚就什么也没有；有了这样的忠诚就可能有了一切。列奥十世教皇在1520年教皇宣言《权力的膨胀》中诅咒他的学说。当这份宣言到他手里时，他在一大群人面前烧毁了宣言。在1521年，他被逐出教会。国王亨利八世在莫尔和他的朋友的帮助下出版了《肯定七条圣律》（An Assertion of the Seven Sacraments），反驳路德的学说，列奥教皇感激地授予他“忠诚的卫士”的头衔。

路德住在曾经属于神圣罗马帝国的萨克森，当时由奥地利哈布斯堡家族（Habsburg）的皇帝查尔斯五世（Charles V）统治。查尔斯由于继承了他的祖父母费尔迪兰德和伊莎贝拉的领地而成为西班牙领地的国
178 王，是欧洲大部分和美洲的部分土地的统治者。他传唤路德到沃姆斯（Worms）的帝国会议。这位改革家拒绝撤消他的任何学说，所以被判逐出帝国。但萨克森公爵给他提供了避难所，假装把他抓捕在瓦特堡的监狱。

在接下来几年时间里，路德奋笔疾书，把圣经翻译成清晰的有激情的德语，为其他语言的未来翻译家树立了典范。他迅疾地写了一篇轻蔑的和咒骂的回复给亨利八世（Henry VIII），莫尔（More）代表国王

写了相当庸俗的反驳。路德的学说认为人本身并不能自由选择善与恶，该学说一直遭到伊拉斯谟的小册子《自由意志论》（On Free Will）的攻击，该书与瓦拉的“对话”在很多方面相似。伊拉斯谟是比瓦拉更出色的人文主义者，但并不是一个可与其匹敌的哲学家。当路德在《论意志的束缚》（On the Bondage of the Will）中对此作出回应时，正是他作了更好的论证。路德不是，也没有希望是一个哲学家。他谴责亚里士多德，特别是他的伦理学，是“神恩的最邪恶的敌人”。

路德发起的运动并不一直受他控制。独立团体的改革者，特别是在法国和瑞士，在加尔文和茨温利（Ulrich Zwingli）的领导下，共同反对教皇，但却又不同于他的圣餐和神恩的分配理论。1524年的农民起义表明对教会的等级制度的不服从可以导致对国家的反叛。1530年新教地区之间由路德的和解提议的支持者墨兰顿上尉策划在奥格斯堡签署了和解协议。

新教徒数量增加了，教会领袖发生了争吵，教皇在犹疑不决。在1523年，经过一段短暂的权力冲突后，列奥十世的职位由他的梅迪奇家族的侄子克莱门七世继任。当欧洲的最资深的银行家连续控制两代教皇后，教会对高利贷的反对就成了一堆废话。查尔斯同亨利八世结成联盟反对法兰西的弗朗西斯一世。教皇克莱门不能决定该支持查尔斯还是弗朗西斯。他的背叛惹恼了查尔斯，导致在1527年圣城被天主教皇帝的路德教军队劫掠。亨利八世也要求克莱门废除他同查尔斯的舅母阿拉贡的凯瑟琳王后的长久的婚姻，他做得很勉强导致亨利八世1533年断绝了同圣庭的来往。

托马斯·莫尔不愿协助亨利离婚，从而失去了皇帝的宠信被诛杀，在1535年，为教皇的最高权威而做了烈士。在同路德教徒的争议中他度过了他生命的最后一年。特别是威廉姆·丁道尔（Willliam Tyndale），他接受许多路德的学说并把路德作为榜样，在1526年著了一本语言非常本地化的《新约》，是之后的所有英语版本的模本。

综观莫尔和路德教徒之间的争议可以很清楚地看到人文主义运动教

育的否定性方面的内容。他们争吵的命题一直是几个世纪以来学者们争
179 论的问题；学者们的争论，如果某个时间沉寂下来，那只能说他们一直很慎重和有礼貌。在人文主义的教育中，对争论的正规范型的研究已经为获得修辞上的效果而进行系统性的追问而取代。对西塞罗（Cicero）的崇拜成为了这种风格的范型，那意味着人文主义争议者对待他们的对手就像律师威胁有敌意的证人一样。托马斯·莫尔写作反对路德是深入地利用托马斯·阿奎那的风格：一直注意把那些他不同意的对手的立场尽最大的可能解释清楚。路德和托马斯·莫尔一样瞧不起新近的经院哲学的风气，并分享了莫尔对古典风格精巧的修辞学的滥用的热情。人文主义者争强好胜的习俗是导致宗教改革分裂双方的立场僵化的一个因素。

天主教的反改革运动在教皇保罗三世（Paul III,1534–1549）掌权期间展开。他本人是波尔加斯（Borgias）冲突岁月的幸存者，现在他更进一步地向主教们提出严格的禁欲主义可能导致教皇教廷相当大的变化。在1540年，他批准了对于耶稣会的新的宗教条令，该条令建立在前士兵依格纳修斯·罗耀拉（Ignatius Loyola）所确立的对教廷毫无疑问的顺从和忠诚上。在1545年，教皇保罗在特伦特召开了宗教会议，该会议没有中断地持续到1563年。这次宗教会议改革了教会戒律，并确定了建立神学院来培养牧师。它诅咒了路德主义因信称义的学说，宣布人的自由意志从来都不会因为亚当的堕落而毁灭。它再次肯定圣餐变体论和七条圣律，强调伴随圣经的教会传统的权威性。

到此时宗教会议结束了它的任务，加尔文行将就木，而路德已经过世了。因此，查尔斯在一场反对新教君主的毫无结果的斗争后，于1555年的沃格斯堡（Augsburg）和平地接受了德国被路德教和天主教分裂的事实。英格兰也从亨利八世的天主教教廷分离运动，到他儿子爱德华六世时的加尔文主义，以及他大女儿玛丽和她丈夫西班牙的菲力普二世反宗教改革的天主教，最后他小女儿伊丽莎白一世达成了英国国教圣公会妥协。

在教皇彼乌斯（Pius）五世统治下，反宗教改革运动达到了高潮。他是16世纪教皇中野心最大、最不肯妥协让步的。在他的统治时期，土耳其向地中海的扩张被利班多（Lepanto）海战阻止。他加强了教皇的书报审查制度并列出了一系列天主教书籍禁止阅读和收藏的书目索引。他为宗教法庭或裁判所——教会的官方思想警察——建了一座庞大的宫殿。他开除伊丽莎白王后的教籍，解除了她的臣民服从于她的义务：使这个审判生效的一个严肃的企图是，当菲力普的西班牙无敌舰队在1588年被击败和摧毁后，让人感到悲伤。

16世纪是哲学的荒原，尽管在中世纪许多最好的灵魂奉献于形而上学的建设，但是文艺复兴把我们的注意力转向了文学，宗教改革和反宗教改革运动转向了教派的纷争。基督界的分裂是从一个宗教观点开始 180
的，这完全是不必要的悲剧。把路德信徒和加尔文信徒同天主教的反对者分离开来的神学问题在中世纪一直被反复地讨论但并没有导致教派的战争。如果没有经过神学专业的培养，极少的20世纪的天主教徒和新教徒能够看到对立理论的真实差别，而这些差别包括：圣餐理论、神恩理论和预定论，正是这些差别才导致16世纪的彼此交恶和血腥屠杀。例如：对绝大部分天主教徒而言，吃惊的是，发现他们完全相信没有人能到达不存在预定命运的天国；很少有新教徒能准确地解释天主教圣餐变体论和路德的真实存在的差别。这个世纪的专业神学家表明如果在宗教改革运动中很好地把握教义问题，带着良好愿望和耐心细致（这应该是那些最好的经院学者的特点），他们就会毫无困难地在各种立场之间找到一种调和方式来取代顽固的不妥协立场。

当然，对权威的疑问比对于教义的疑问更容易理解但更难裁决。但要是基督教界被一个服从于大宗教会议的立宪制教皇统领，那么它的统一就会一直被维持。正如奥卡姆（Ockham）曾经暗示的，正如15世纪所践行的，也正如莫尔在他的生命的绝大部分时间所陈述的那样，相信教会是神的设计。

但它既不是神学也不是哲学，那是一种绝对的力量在破坏欧洲的宗教团结：他是国王和教皇的野心和贪欲，以及民族主义对国际性的控制的厌恶。但是宗教改革和反宗教改革运动对哲学的影响相对在几个方面出现。

首要的影响是破坏了思想的自由。可以确定的是在中世纪异端遭到迫害，许多贫民悲苦地受难于跟随非正统的祈祷者，他们被看做是已有社会秩序的威胁。然而，当局在应付这些顽固的有改革思想的大学教师时一直是相对宽容的：威克利夫16世纪提出他的学说，然而多年以后才被牛津停止其教职并被送到宗教裁判所的监狱。中世纪大学的课程，在后特伦托主教会议的神学院（post-Tridentine Seminaries）中，尽管被限制设置科目，却也允许评论者更大的思想自由而不是严格的课程管制。印刷术的发明使各种思想比过去得到更广泛的传播，但是严格的书目索引使能够被传播的观点受到了更严格限制。

在基督教国家思想控制的范围是特别引人注目的，而且也可以在相对自由的新教徒控制的国家譬如荷兰感觉到。事实是不再有单一、正统
181 的标准去片面地应对地方力量的增长。当哲学家站在不同的宗教派别的立场上能够阅读对方的著作，那么就会观察到宗教审查的局限。但是这样做的优越性只有经过很长的时期才能被感觉到。

宗教改革运动之后的哲学

宗教改革运动的分歧涉及哲学家所关心的所有领域，我们可以从三个方面来说明：形式逻辑、怀疑主义和自由意志。

形式逻辑在中世纪得到了稳定发展，它是建构在亚里士多德和斯多亚学派的基础之上的。这项研究在16世纪大学里持续着，人文主义学者却对此不感兴趣，把它看做野蛮的、没有感情的术语学和令人讨厌的复杂推理形式。据载，巴黎人彼得·拉莫斯（Peter Ramus）（1515-1572）的硕士学位论文答辩的论题即是亚里士多德所教的东西全是假的，他用法语出版一本新的逻辑学课本的范本，声言它表现了思想的自

然运动。现代逻辑史家从他的书里根本不能发现任何有价值的东西，该书最好的地方就是对亚里士多德的节选。然而，拉莫斯在1561年改宗新教，死于圣巴索洛缪（Bartholomew）日的巴黎可怕的异教大屠杀，作为一个殉教的烈士，其作品也获得其本身的优点根本不可能获得的崇高地位。后来的几个世纪这些作品的流传使逻辑学的研究逐渐贫瘠，直到20世纪，许多中世纪的逻辑学著作被独立的数理逻辑学家发现。

当思辩哲学被文艺复兴带入了缺乏闪光点的时代后，犬儒主义神学由宗教改革运动转向了矛盾对立的战场，沉思的心灵开始感知怀疑主义的魅力。当古代怀疑论著作如塞克斯都·恩披里柯（Sextus Empiricus）的理论被重现后，这种怀疑倾向加强了，并在中世纪变得很有影响。散文作家米歇尔·德·蒙台涅（Michel de Montaigne）在他的作品《向雷蒙德·西邦德致歉》（Apology for Reimond sebond）中，用优美的法国散文展现了古代对真正知识可能性的反对意见：感觉的欺骗性，区分梦和现实生活的困难，由酗酒和疾病产生的幻觉，人的判断能力的差异和哲学体系之间的冲突和对立。

蒙台涅低估了他的时代的人文主义和科学成就，对他的同代人的最受人欢迎的信念表示怀疑。他比较了文明化的欧洲的缺陷和新大陆居民的淳朴和高雅。他并不怀疑基督教，相反，他坚持所有古代哲学中怀疑主义最符合基督教精神。正如圣保罗所说，基督宗教对于聪明人一直都被遮蔽了而对于无知者则是彰显着。是神恩和信仰，而不是哲学，向我们展现了通往真理的惟一道路。 182

耶稣会的建立导致一大群新的天主教哲学家在反对异端的斗争中与多米尼克修会（Dominicans）和弗朗西斯修会（Franciscans）站在一起。就其十足的智慧力量而言，耶稣会士弗朗西斯科·苏阿雷（Francisco Suarez）曾强烈地声称他是这个世纪的最令人钦佩的哲学家，但是在哲学史上他并没有获得与他的天赋相应的地位，因为他的作品的绝大部分都是中世纪命题的重新表述和精致化，而不是探索新的领域。他的作品仅提供一个提示：尽管受到了许多批评和竞争，但亚里士多德主义在整个16世纪的大部分时间里继续兴旺繁荣。

区分天主教和新教阵营的最纯粹的哲学问题是人的自由意志，事实是自由意志问题在特伦特宗教会议上已经被利用来反对路德的决定论。事情已经被苏阿雷和他的耶稣会同伴路易·德·莫林纳（Luis de Molina）带着极大的热情提出来。他们提出了一个自由行动者公式，后来成为了经典："行动者被称作自由的是指在所有产生行动的必要条件都出现时就可以行动和不行动，或者作出一件事情同时也能作出相反的事情"。自由，因此是根据可以选择的能力来定义的，就是人们熟知的"无所谓的自由"。

莫林纳对哲学最原始的贡献是他记述了神的先知。司各脱说过上帝通过领会自己的神律而知道人会做的事情，这也是路德的信条。莫林纳相信这个理论同人的自由信念是不相容的，真实发生的是一些特别不同的事情。当这个世界是不确定的而且还有很多的可能世界时，我们不得不在思想上回到上帝创世的律令。上帝知道任何可能的造物将在任何可能的环境中自由地行动：知道了这点，知道了他打算创造的哪一种造物，也知道了他打算把它们放在什么环境下，那么实际上上帝就知道实际的造物事实上在做什么。

莫林纳说上帝有三种不同类型的知识。首先是关于他的本质的知识，借助这种知识他认识到自己的本质和所有对他可能的事物（或者是通过他自己的行动或者是通过可能自由的造物的行动而成为可能的）。然后是上帝的自由知识：他对在自由的神的决定之后实际上将发生的事物的知识用来创造某种自由的造物并把它们放在确定的环境里。在这两者之间存在上帝的"中间知识"：这是他对任何可能的造物在任何可能的世界做任何事情的知识。莫林纳声言，中间知识是调和神的先知和人类自由的关键。因为中间知识是基于造物的假设性决定，高扬人类的自治；因为中间知识是先于上帝创造的决定的，上帝对实在世界的全知被保留下来了。

莫林纳的天才的解决方案并没有在他的宗教同道人中流传开来。

多米尼克修会不比路德主义以及加尔文主义逊色的是，他们把他的思想看做对人的自由的过度颂扬，削弱了神的权威。对这个问题的争议，183
1605年在耶稣会和多米尼克修会之间变得很激烈，因此教皇克莱门八世不得不颁布了一条禁令平息双方的分歧。具有讽刺意味的是，一个改革派的莱顿（Leiden）神学教派的神职人员阿米尼乌斯（Arminius）开始为莫林纳所熟悉的一些学说辩护，在1619年这些学说在多特的教会会议（the Synod of Dort）上失败而被正统的加尔文主义宣布为是站不住脚的。

布鲁诺和伽利略

16世纪智慧伟大的进步不是在哲学本身，而在于自然哲学和物理学的分离，两个学科都致力于探讨同一个主题，但是物理科学是靠观察和假设来进行的，而不是依靠先念的思辨和概念分析。随着科学物理学的进步，哲学在这个领域就像科学哲学本身一样扮演了逐步消失的角色。

物理学和自然科学之间相应的方面可由这个世纪末的两位思想家来作清晰的说明：乔尔丹诺·布鲁诺（Giordano Bruno）和伽利莱·伽利略（Galilei Galileo）。两人的作品都受到尼古拉·哥白尼（Nicholas Copernicus）（1473–1543）的巨大影响。哥白尼在一本献给教皇的书里提出地球围绕太阳旋转的假设，那么这个行星系的中心是太阳而不是地球。然而他们各自在发展哥白尼革命性的观念时存在很大的差别。

布鲁诺（1548–1600），一个意大利的流浪学者，曾经是多米尼克修会的成员，其理论出发点是新柏拉图主义的立场。我们在世界中看见的现象激活自然并使它成为单一的生物体的世界灵魂影响的结果。在布鲁诺的思想中，上帝有时看起来很遥远而且不可知，另一些时候上帝看起来完全与自然世界一致。在布鲁诺的书中存在不清楚的表达，上帝是产生自然的自然，也表明自己在由自然产生的自然中。

布鲁诺的自然世界是无限的，无边界、无表面，也无局限。在这个无限的天空中有许多太阳星系，我们的太阳仅是行星中的一颗，没有一颗行星可以被叫作宇宙的中心，因为所有行星的位置都是相对的。我们的地球并没有绝对的优势地位，我们知道在宇宙中的其他地方也有勤劳的生命。太阳升起来、发光、消失，在这个周期性的时刻，单个生物体的生存过程中它的灵魂就是世界灵魂。宇宙由精神的和物质的原子组成，每个人就是一个有意识的和不死的原子，其本身也可在宇宙中反观到。

布鲁诺的观点并不令人吃惊，也没有发现对教会的好感。从一个宗教审查所被交到另一个宗教审查所，但是他都拒绝撤消他的任何理论，最后在1600年被烧死在罗马。他的理论，用一种使人兴奋的方式，预示
184 着以后的科学发现和思辨活动，其仍然被如今的科学家欢迎。但他的理论本身是思辨性的，我们知道他并没有在观察和实验上作出贡献。

当我们把目光转向布鲁诺的同时代人伽利莱·伽利略（1564—1642），一个帕杜阿（Padua）大学的终身教授和图斯坎尼（Tuscany）的梅迪奇大公爵的宫廷数学家时，事情就完全不同了。伽利莱·伽利略的确是一个杰出的科学哲学家，比先前任何重要的物理数学家都有更强的捕获知识的能力。他写的关于宇宙的书在我们了解了他的文字和语言风格以前是无法读懂的。“它是用数学语言写成的，而且它的文字是一些三角形、圆形和其他的一些几何图形，不了解它们是不可能明白任何一句话的。”但并不是他的哲学而是他的实验著作使他同他的前辈区别开来并超越了他的前辈。

伽利莱·伽利略利用新发明的望远镜能够观察到月球上的群山和太阳的黑子；这表明天体的形成不是出于亚里士多德的本质性的叙述而是与地球同样的物质所组成的。他对火星的状态的观察为哥白尼的太阳中心说假设提供了新的证据。依靠对倾斜的飞行物和自由下落的物体的实验，他观察并确定了摩擦定律，而且表明自由落体的加速度和时间是一致的。在一个较短的时间内，他用实验反驳了亚里士多德备受批评的物理学许多方面的理论，而非从约翰·菲洛浦诺（John Philoponus）时代

起的哲学家对实验性的否定。

伽利略的工作自然地使对亚里士多德理论有着强烈兴趣的学者不欢迎他，但是使他与宗教裁判所发生冲突的是他对太阳中心假设和圣经文本描述太阳围绕地球转的理论的评论。伽利略声言，在这些段落中圣经的作者们简单地采用了一个流行的说法，它必须给科学以确实性。耶稣会主教贝拉尔米内（Bellarmine）反驳了太阳中心说，因为太阳中心说尽管被少量的肯定性证据支持，却仍然是一个假设，还没有确定的理论。在这些交锋中有一个普遍认可的讽刺：即物理学家表明他们自己是圣经更好的批评者，而主教表明自己是更好的科学哲学家。但是任何一方都没有获得任何荣誉，伽利略撤回了他的理论，宗教裁判所判处他无期徒刑。不管教皇乌尔班八世（Urban Ⅷ）怎样执行其审判，作为科学研究在反宗教改革运动中的一个主要的榜样所具有的可怕的影响力已经确定下来。

弗朗西斯·培根

在文艺复兴时期杰出的科学哲学家本身不是一个研究者。如差不多同伽利略同时代的散文家弗朗西斯·培根（Francis Bacon）（1561– 185
1626）。他在剑桥三一学院读书；参与了格雷的小饭馆（Gray's Inn）团体聚会，并继承这个酒吧的传统选择自己的事业进入下议院。1591年他成为伊丽莎白和埃塞克斯（Essex）公爵最宠信的客人，之后在埃塞克斯被证明犯有叛国罪时，他首先在对他的控告中揭发了他。因为他的揭发，在1603年他被詹姆士一世授予骑士爵位，成为了大律师。在1605年他写了主要的哲学著作《论学术的进展》（The Advancement of Learning），详细地区分了所有可能的科学。他很快被提升为大法官，最后在1618年做了大法官和维鲁拉姆男爵。在1620年他出版了第二本主要的著作《新工具》，它是被看做庞大工程《科学的大复兴》的一部分，该工程涉及到所有的知识领域。在1621年，他由于被控告贪污，交由议会审查部门，因此被法院解除了职务并被暂时关进了监狱。据说是在1626年他因为实验用雪裹住一只鸡来观察冷冻鸡肉的保质效果，得了一场感冒死于海盖特（Highgate）。

培根把心灵分为三个方面：记忆、想象和理性，每一个方面都对应一个知识的领域：历史、诗歌和哲学。历史包括“文明史”，培根在这部分还记述了亨利七世时期的统治；而且还包括“自然史”，自然史分成三个部分：正常的自然发展、超常的奇迹和技术学。培根本人写了两本自然史的研究集即《风的历史》和《生命与死亡的历史》。在亚里士多德的诗集流行之后，他把诗歌描述为“构造史”，包括诗类小说和诗。诗歌可以用陈述的方式、戏剧的方式和比喻的方式来表现。这最后一种方式通过爱索普（Aesop）的神话来说明。最后我们来谈哲学，其分化和区别形成了他的主要著作《论学术的进展》。

哲学被分成三类：被其他人称为自然神学而培根慎重地把它称为神学，在更大的程度上被定义的另外两类是自然哲学和人文哲学。这三类理论就像一棵大树的分支，而树干就是第一哲学——其他人（不是培根）认为这个原则就是形而上学。对于培根本人形而上学是思辨的自然哲学的一个部分，这个部分处理形式上的原因和终极原因。除了思辨自然哲学外，还有一些操作性的自然哲学，大致被称为技术。技术进一步被分为机械学和魔法（magic）。机械学是物理学的实际应用，魔法学是形而上学应用于实践。

包括传统的亚里士多德的“四因说”的术语和挑衅性的词语“魔法”都是误导。培根告诉我们自然的神奇力量，他明确地区分占卜学和
186 星象学的可信和迷信的想象。而且，尽管是形而上学的实际应用，自然的神奇力量对终极原因没有任何作用。培根告诉我们，当他说到形式时即意指规律：热的形式和光的形式和热的规律和光的规律是同一回事。

> 询问狮子、桦树、黄金、水以及空气的形式是没有意义的追求：但是询问感觉、自动力、植物、重力和重量、密

度、紧度、冷和热以及所有的本性和性质的形式，这就像字母表一样不是很多，所有被造物组成了它的本质（本质由物质所支撑）。询问这些的真实形式，是我们现在定义的形而上学的确切部分。

这些形式是培根的世界秩序，与伽利略用来表示世界秩序的数学形状和符号相比，确实更加让人费解。正是培根科学哲学的系统性缺陷，他低估了数学：在他的分类中，数学只是自然哲学的附属品。

哲学的另一重要分支即人生哲学，对应于解剖学、心理学，以及现在所谓的社会科学。逻辑学和物理学被作为心理学的分支，这在标准学科分类和经验科学之间造成了混乱，略显草率。政治理论是公民哲学的一部分，这一哲学分支关注人类从社会生活中的获益。

在《论学术的进展》中，培根观察到目前的逻辑是无效的，因为其缺乏科学发现的理论。

这就像这样的情况，如果没有发现航海指南针，那么西印度就绝不会被发现，尽管这是一个大的地区和一件小的运动之间的关系。因此，如果科学没有进一步的发现，如果发明的艺术和发现消亡，那么我们就不应该感到奇怪。

培根预见性地用他的《新工具》来弥补这个缺陷，其被设计，就如其标题所暗示的一样，超越了亚里士多德的逻辑——用一些不同的和更有用的东西取代了。

功利性确实是培根主要的科学目的。调查的目的是为了进一步延伸人对于自然的开发的力量。三段论将不会产生新的概念并扩展知识。我们所需要的是归纳而不是从一些不确定的样本中作草率的概括。但是谨慎的设计行为是从特殊例子迈向逐步增长的概括性的核心。

为了把原则引入到科学总结的艺术中去，我们必须首先观察可能在

我们的观察中产生偏见的因素。这些就是培根称为的“假象”，种族假
187 象、洞穴假象、市场假象和剧场假象。种族假象是对于所有人的普遍诱惑：判断事物依靠表面的观察并接受流行的观点的趋势。洞穴假象是个别人物的个性化特征，例如，一些人是天生保守，另一些人被新奇的事物吸引。市场假象是我们使用的语言被陷阱隐藏了，因此我们的语言包含无意义、模棱两可和错误定义的语言。剧场假象是哲学的虚假系统，是否如亚里士多德一样睿智，或者如威廉·吉尔伯特过分的经验化（实际上是一个完美的出名的科学家，磁极的发明者），或者如新柏拉图主义者一样迷信而不能有效地区别神学和哲学。

尽管相对于他所谴责的其他人，不如他们表达的生动，而培根积极的建议很有助益。归纳是调查事物隐藏的形式，所以它必须从精确的和规范化的记录开始。例如，如果我们希望发现热的形式，我们必须做一个热的具体存在的表格（例如，不同时间和不同环境的动物）。当我们比较这个表格的时候我们会发现当热存在的时候它就一直存在；比较其存在时，不同的是当它不存在的时候就一直不存在。这种方法能够被总结出来。

相反，麦考利（Macaulay），一个培根哲学的崇拜者，却把归纳法虚化为最不具有普遍意义的方法。他想象一个人的胃在一段时间内出现了功能紊乱，“我在星期一和星期三吃了肉馅饼，我却整夜由于不消化而不能入睡。在星期四和星期五我没吃任何东西，我的状态很好。在星期天我吃得很少，在晚上我就有点不舒服。但是当我在圣诞节吃了所有的东西，我就病得处于极大的危险中。我就一直不能喝白兰地，尽管以前多年我每天都喝白兰地身体的病情却没有恶化。”严格地同培根原则一致的话，这种无效性总结出肉馅饼不适合他。

麦考利没有意识到培根的方法最重要的步骤是使用他的表格排除不同于被观察到的形式的情况。在建立这个原则的时候，否定性的举例比肯定性的举例更重要。正如所说的，培根是第一个指出自然规律不能被结论性地证明，但是能够被结论性地证伪的人。

在一个过多的强调个体天赋能力的时代，培根是意识到自然科学可以靠在大范围的合作努力而取得进步的第一批人中的一个。在《新大西岛》（New Atlantis）——他去世时留下了未竟的事业——中，他描绘了一个岛屿上面有一个叫作所罗门之家的研究所，致力于许多项目，其中 188
包括电话、潜艇和飞机。该研究所的所长是这样描述他们的目的的：

> 我们的目标是掌握关于原因的知识，探究事物运动的奥秘，拓展人类活动的疆界，以及影响一切可能之事。

这总结了培根的自然观和科学观：该愿景被他的爱国同胞接受，并在三十五年以后建立了皇家学会。

（李先敏　译）

第十一章 笛卡尔时代

宗教战争

189 17世纪的前半期欧洲由政治和军事手段促成并产生了宗教改革，这是宗教战争的时代。在法兰西，当加尔文教领袖亨利·德·纳瓦赫（Navarre）转向罗马而成功地成为亨利四世教皇，确立了在基督教前提下对加尔文教徒宽容的南特敕令时，基督教徒和加尔文教徒的三十年国内战争于1598年结束。在1618年神圣罗马皇帝费尔迪兰德二世（Ferdinand II）组成了一个基督教联盟反对德国的新教君主，它在布拉格附近的怀特山战斗中击败了新教君主弗里德里西五世，重新在波西米亚恢复了基督教的权威。然而基督教的胜利被新教的瑞典国王古斯塔夫·阿道尔夫（Gustavus Adolphus）一系列的胜利所压倒。在他死后三十年宗教战争由1648年的西费里亚和约结束，确立了在帝国内两种宗教信仰的共存。

在英国，自1588年在阿马达击败西班牙后，从苏格兰来的加尔文教徒詹姆士一世于1603年登上英格兰王位后，尽管1605年出现了火药阴谋叛乱，英格兰就几乎没有任何回到正统基督教统治的可能，但是英国内战导致詹姆士的儿子查理一世在1649年被处决，在许多参与叛乱的人心目中，这既是国王和议会之间的也是英格兰教会和其他新教徒之间的冲突。但是在1650年后欧洲不再被分成敌对的基督教和新教两大军事阵营。在三十年宗教战争以后的年代里战争确实停止了，而战争期间法国的路易十三在主教黎塞留（Richelieu）的撺掇下同新教的瑞典国王站在一起反对奥地利的基督教皇帝。

宗教战争期间第一次出现了从道德方面对战争进行全面的哲学分析，主要体现在雨果·格老秀斯（Hugo Grotius）在1625年出版的《论战争与和平的优劣对比》（On the Rights and Wrongs of War and Peace）中。尽管在整个欧洲普遍未被认同，格老秀斯坚持在国家之间有共同的 190
法则，在和平与战争期间都有效。在战争的双方之间的道德关系未确定时，战争不会停止和结束，仅是在确定的道德原则被审慎地观察到，战争才可正义地进行。

尽管有一些中世纪的理论先驱，但格老秀斯能被称为正义战争理论的主要作者。根据这个理论一场战争仅可用于修正特别的错误才可被发动：即是有权利发动战争的战争法。战争的发动仅能作为最后的手段，仅当其他拒绝痛苦和阻止侵略的方式失败之后。从事战争都有获胜的良好愿望，而这个愿望的成功是依赖于修正的错误比战争作为一种选择方式所造成的危害更重要。即是说，战争法本身主张正义战争。有意地杀戮非战斗人员和战争的伤兵战俘就会使可能从一开始有着充分理由的战争成为非正义的。由格老秀斯和他的追随者所详细说明的这个体系直到今天对于讨论战争伦理学都是最使人满意的理论构造。

笛卡尔的生平

在三十年宗教战争期间那些站在基督教立场上战斗的人中最重要的是17世纪哲学家勒内·笛卡尔（Rene Descartes）。笛卡尔生于1596年一个叫作拉·海伊·笛卡尔（La-Haye- Descartes）的村庄。他在耶稣会学校受教育并且终身都是一个天主教徒，但是他选择在新教的荷兰度过他的成年生活。他是一个世界名人，一个运气很好的悠闲的绅士；他从没在大学上过课却为一般的读者写作。他的最出名的作品是《谈谈方法》（The Discourse on Method），不是用规范的拉丁文而是用流畅的法语写就，因此阅读它很容易，正如他说的，“甚至是女人也能阅读”。

他曾经在国王的军队中服役，其间获得了做一个哲学家的信念。在1619年的冬天的一日他原创性地构思了从事于人类知识改革的想法，那将展现一门单独的神奇科学的所有原则。当他睡觉的时候，做了三个他视为预言性的暗示的梦，使他对他的工程充满了激情。

在追求他的目标的时候，笛卡尔是许多原则的改革者。到现在他的哲学作品也是最易读的：在他的时代，他的名声仅限于数学和科学。他是解析几何学的奠基人，笛卡尔坐标体系取名于他的拉丁姓氏笛卡尔，这个体系把数学和几何学联系起来。在他三十几岁的时候他写了一篇关于屈光学的论文，是谨慎地对眼球和光的关系的本质的理论推演和实验
191 的结果。他还写了他的第一批论文中的一篇关于气象学的科学论文，在文中提出彩虹的本质理论。

他的早期科学著作的顶峰是一篇叫《可见世界》的科学论文。在文中，他对宇宙的起源和本质以及人体工作的原理作了冗长的科学记述。他同伽利略一样接受了地球围绕太阳转的假设，但是在做这个工作以前他首先研究了对伽利略的诅咒。他决定不出版以此秘密地保留他的太阳中心说的立场。这个决定毫不怀疑是出于谨慎而不是出于恐惧的动机，但是没有必要怀疑他的基本宗教信仰的真实性。

在1637年他决定出版三篇较短的论文即屈光学、几何学和气象学。同时他写了一篇短序《谈谈方法》。这三篇科学论文目前仅被一些科学史的专业人士阅读。但是这个前言现在被翻译超过了一百种语言，仍然被数以百万计的人们快乐地阅读着。该前言用自传的风格写成并展现了他对科学系统和哲学方法的最精练的总结。它是笛卡尔优雅地梳理复杂的哲学信条的优秀天赋的明证，这些哲学原则在第一次读到的时候充满了智慧，而且还为高层次专家的反思提供了素材。他很自豪于他的著作能够像小说一样被阅读。的确，他的主要观点能够被如此精确地表达以至于它们被写在贺卡的背面。然而这些观点是如此富有革命性以至于他

们改变了很多世纪以来的哲学发展的道路。

如果你想把笛卡尔的主要观点写在贺卡的背面，你就会需要这样两句话：人是思考的心灵，运动的物质是广延性。在笛卡尔体系中的每样事物都能用心灵和物质的二元论观点解释。的确，我们认为心灵和物质是我们居住的宇宙中的两个巨大的相互独立和相互关联的分支应该归功于笛卡尔。

对于笛卡尔来讲，人是一种思考的存在。他拒绝了亚里士多德的灵魂是肉体的形式的学说。完全可能的是，这样一种分离的存在表现是一些不完整的存在。相对立的是，一个中世纪的亚里士多德主义者认为人是一种理性的动物，而笛卡尔认为人的全部本质就是心灵。在《谈谈方法》中，他说“我认识到我是一种所有的基质和本质在思考的实体，而且并不要求空间和依赖于任何质料”。他同意，在我们目前的生活中，我们的心灵天生与我们的肉体统一起来，但不是我们的肉体使我们真实地存在。而且在笛卡尔的体系中心灵的构造完全是用一种全新的方式：人的心灵的本质不是智慧而是意识，对我们自己的思想和它们的对象的直觉。

与心灵对应的是物质。对笛卡尔来讲，运动的物质是广延性。广延性意味着具有形状、大小、可分割度等几何特征，这些独有的特征是笛 192
卡尔在一般程度上对物质的归纳而得出的。在他获得压倒性喝彩的论文《可见的世界》后，有生之年他出版了修订本，他提供了关于不同大小和形状的小分子的运动中的热、光、颜色和声音现象的所有解释。

同培根一样，笛卡尔把知识比作一棵大树，但是他认为树根是形而上学，树干是物理学，其结果的枝条是伦理学和实用科学。在《谈谈方法》之后，他自己的作品中服从了其暗示的秩序。在1641年他写了他的形而上学著作《第一哲学沉思集》（Meditations），在1644年出版了他的《哲学原理》（Principles of Philosophy）（《可见的世界》的修订本），而在1649年出版的《论灵魂的激情》（Treatise on the Passions）很大程度上是伦理学论文。在17世纪的40年代，他的生命的最后十年，结出了最后的、最重要的哲学成果。

怀疑与我思

笛卡尔坚持哲学第一任务是靠怀疑所有能被怀疑的东西而使自己摆脱所有的偏见。哲学家的第二个任务是提出这些怀疑是要防止他们陷入怀疑主义。这种策略能够在《第一哲学沉思录》中清晰地找到。正如标题所暗示的，这部著作不是被作为学术论文来阅读。它意味着在心灵结构中对宗教的放弃，譬如圣伊格纳修·罗耀拉（ST Ignatius Loyola）的《精神的漫游》（Spiritual Exercises），提供了一种思想治疗的形式，把心灵同虚假的真区别，同样宗教沉思把灵魂同世界以及肉体区别。

在该智慧原则中，用询问传递的感觉首先被称作从感觉的欺骗性中提炼的思考以及被称作从梦想中提炼的争论。

> 就我们所接受的真实的，特别的东西而言，我们或者从感觉中得来，或者从感觉的方法中得来。现在某个时候我们获得有欺骗性的感觉，一个聪明的人决不会完全地相信曾经欺骗过他一次的人。
>
> 但是尽管感觉有时在一段时间内或者不常见的物体上欺骗了我们，尽管这些是从相同渠道收集起来的事实，仍然有许多其他的事实证明怀疑是不可能的。例如：我在这儿，靠火坐着，穿了一件冬天的外套，手里拿着这张纸，等等。
>
> 很精彩的论证！尽管我不是一个习惯于在晚上睡觉的人，然而却有和那些该睡觉时睡觉的人相同的印象（或者更野蛮的种类）！在宁静的夜晚，我隔不久就会有熟悉的观念，我在这儿，穿了一件外套，靠火坐着——尽管我没穿衣服躺在床上。

但是尽管感觉有欺骗性，清醒的生活就像做梦一样的幻觉，确切的理性是可以依赖的，科学知识如数学是确切无疑的！

> 我们是否醒着还是睡着了，二加三等于五，一个方形有四条边，这些看起来明显的真理被怀疑为虚假是不太可能的。 193
>
> 但是一直被植入我们心灵的旧观点如上帝能做任何事，能使我成为如此这般的我。尽管所有的事物现在正如它们所是的存在，但如果当事实是没有地球、天空、广延的物体、形状、大小和空间，我怎么能知道上帝没有产生这些东西呢？而且，其他人自认为他们完全知道他们所想的，我判断他们有时候做错了。无论什么时候在我加二和三时，或者数方形的边时，或者做任何可能被想象为更简单的事情时，上帝就不能使我们做错吗？但是也许这样欺骗我不是上帝的意愿，毕竟他被称作是至善。

但是尽管上帝不是欺骗者，我怎么能知道没有邪恶的灵魂在最有能力和智慧的上帝中尽其所能地欺骗我呢？如果我打算避开同意虚假的可能性，我必须考虑所有的外部的物体都是虚假的梦幻以及我没有肉体仅有一个虚假的信念在其中。

这些怀疑被笛卡尔的著名的他自己存在的论证而终结。然而，无论邪恶的天赋欺骗了他多少，但这些天赋绝不会欺骗他的思想在他不存在时去认为他存在。“毫不怀疑的是，如果他欺骗我就让他尽其所能地欺骗，当我思考我是什么的时候，他绝不会使我不是什么成为现实。”当我思考的时候“我存在”就是真的；但是思考即是在怀疑。“我存在”是被看做可推证的，因为无论什么时候我试图怀疑它也就意味着我自动地明白它是真的。

笛卡尔的观点常被用更精简的方式表达，如他在《谈谈方法》中所使用的术语："我思故我在"（Cogito, ergo sum）。从这简单的几个词中笛卡尔不仅引出了他的存在的证据，而且寻找并发现了他的本质，表明了上帝的存在，并提供了在寻求真的过程中引导心灵的标准。不奇怪的是这句话中每个词都被哲学家称赞了一千次。

"我思想"，在此什么是"思想"？从笛卡尔在其他地方的陈述可以看到，很明显任何内在意识行为的形式都可被看做思想；但是处于询问中的思想是他正在思想的自我反思的思想。在"我在思想"这句话中的"我"有多重要呢？在日常生活中这个词"我"获得它的意义是同肉体联系起来而表达的。一些人怀疑是否他是在肉体的层次上独立地使用"我"，一些批评者认为他确实应说过"思想在思想"。

"故"这个词使我的思考看起来是从前提到结论的论证。笛卡尔在其他地方说过，他自己的存在是某种能够直接直观到的某种东西。据此，存在太多的争论是，我思是一种推论，还是一种直观？可能笛卡尔的意思是一个推论，但是这种推论是直接的，而不是一种前设的、某种更加普遍的原则如"一切在思想的东西都存在"。

194 "我存在"。如果这个条件是"思想一直在思想"，结论就应该仅是"存在一直存在"。批评者争论怀疑的笛卡尔没有权利得出有一个耐受力和实体性的自我。也许他宁可总结出一瞬间的思想就是一瞬间的主体，也许甚至存在没有所有者的思想。笛卡尔所设想被方法论的怀疑揭示的"我"是未被怀疑纯化，只对以勒内·笛卡尔的名字的人负责的同一个人吗？一旦肉体和心灵的联系被切断，任何人怎样确定《第一哲学沉思录》的思考者的个体特征呢？

这些问题在最近两个世纪的哲学中已经有力地被提出来。笛卡尔的时代，询问"我思故我在"同"我走路故我在"的区别。笛卡尔的回答是作为论证第一个问题同第二个一样精彩，但是第一个前提是无可怀疑的，而第二个的前提是脆弱的值得怀疑的。如果我没有肉体，那么我就不能走路，尽管我认为我存在；但是无论我怎么怀疑，由我正在怀疑的事实完全可以认为我在思考。但是"我思考我在走路，所以我存在"是

“我思”一个完全有效的形式。

心灵的本质

《第一哲学沉思录》的绝大部分，笛卡尔都用来回答这个问题“我是什么，我知道这个我存在吗？”直接的回答是，我是一种思维物体。“一种思考的东西是什么？它是一种在怀疑、求知、构想、确证、否定、意欲和拒绝，还是在想象和感知的东西。”“思想”是在广泛的意义上使用：对笛卡尔而言，思想并不一直思考某物或者他物，思想不仅包括理智的沉思，也包括意志力、感情、痛苦、快乐、神经幻象和感觉。以往没有任何一个作家在如此广泛的意义上使用这个词。但是笛卡尔不相信他改变这个词的意思：因为他相信如果正确地理解，他附加新的内容于该词中就成立；如果它们被正确地理解，它们就会被发现拥有传统的内容的最重要的特征；这个特征是当下意识，对他而言就是所定义的思想的特点。“在这种方式下，我使用该术语包括了在我们之中能够被我们马上意识到的每样东西，因而，意志、理智、想象和感觉的所有活动都是思想。”

思想的东西是一种“理解和构想”的东西。对于笛卡尔以及一些中世纪的哲学家来说，概念的掌握和连贯的思想的形成是清晰明白的理智、思想和知觉的活动，对于他来讲尤其是理智的活动。但是，比起他的前辈们，笛卡尔在理智和判断之间作了更清晰的区分。笛卡尔并不把 195
心灵对于它本身思想本身的意识作为判断的一种情况，仅简单地记录心灵的内容，一个观念或一系列观念并不足以作判断。

理解“115+28=143”这个命题是依靠理智的直觉；但是作这个命题是真的判断和确定115加28等于143，据笛卡尔的观点不是理智而是意志的一种行为。理智提供观念作为意志作出判断的内容。在很多情况下，意志可能对理智提出的观点不作判断，但是这仅在理智直觉不清晰明白时才会发生。一种清晰明白的知觉有强迫意志的力量，一种无论人们多么努力都不能被怀疑的知觉，这就是由我思所产生的关于他自己存在的知觉。

除了理解和构想之外，那么一个思想的存在就会肯定或者否定，以及同意或反对。意志对命题（关于什么情况）和设计（关于做什么）说“是”或“否”。人的意志在某中意义上讲其力量是无尽的。“我在我自身中所经历的意志，或者选择自由是如此的大以至于更伟大的机能我是把握不了的。”因为在人中意志的无限性是对上帝的特别的反照和模仿。

然而把笛卡尔看做非决定论是错误的，就像把耶稣会的信仰者看成无所谓的自由一样。笛卡尔给予最高评价的自由形式不是无所谓的自由，而是自生自发的自由，是被看做一种我们想做什么和服从我们的愿望的能力。清晰明白的知觉能力使意志只有赞同而无他法，除去无所谓的自由而不是自生自发的自由。“如果我们想清楚地看到一些事情对我们是有好处的，那是困难的——根据我的观点是不可能的，只要一个人持续地在同一思想中——阻止我们欲望的进程。”对于笛卡尔而言，当人类的心灵是自发地而不是无所谓地同意清晰明白的知觉资料时，那么就是最好的。

最后，我即思维物体即“想象和感觉”。想象和感觉是被笛卡尔作了广义和狭义两种理解。从宽泛的解释来说，感觉和想象必须依赖于肉体，因为感觉涉及到肉体器官的运动，甚而想象最低限度地被笛卡尔设想为涉及到大脑中的形象的审查。但是从狭义的角度去理解——就像他们是关于我即思维物体的定义——感觉和想象就仅相当于思想的方法。正如笛卡尔提出的，当他从怀疑中摆脱出来时：“现在我看到了光，听见了声音和感觉到热。这些东西是不真实的，这些就是所谓我们正当地称为我的感觉的东西。”笛卡尔在此孤立了无可怀疑的直接经验，似乎是看到了光并不会被误解，其内容对于真实的和虚幻的经验是共同的。
196 对于笛卡尔，正是这一点，其就是“被严格地称作感觉”，它是纯粹的思想。它并未牵涉到任何判断，相反，作为笛卡尔怀疑训练的部分，它是我不做任何判断时所有的一种思想。

上帝、心灵和肉体

笛卡尔式怀疑的令人吃惊的结论以及我思是笛卡尔的结论，即认为他是一个在思想的东西，一个有意识的存在。但是那就是他的全部吗？在这个阶段，这是他所肯定的全部。“思想存在，这个并且只有这个我不能排除。我思，我存在，这是确定的。但这能持续多久呢？因为只要我在思想，也许如果我完全停止思想，我就该完全马上停止存在。就目前而言我仅承认是必然为真的东西，有这样的能力，我就是一种在思想的东西”。后来，笛卡尔总结“事实上我的本质单独地形成了我是一种在思想的东西”。

当然现在不确定的是我有除了思想以外的任何本质，这同确定我除了思想就没有任何本质完全不是一回事。学者仍然在讨论是否笛卡尔没有区别清楚这两者。但是在他的《第一哲学沉思集》中，因为他最后有关于心灵和肉体的关系的论述，所以我们不需要等待他考虑上帝的存在与本质。

在《第五个沉思》中笛卡尔告诉我们他发现上帝作为最高的、完美的存在的观念，他清晰地直觉到永恒的存在属于上帝的本质。这种直觉同在算学和几何学中的任何东西一样清晰。如果反思它，就会明白上帝是必定存在的。

> 存在源于神的本质以及大量的三角形（即是相当于两个直角）也源于三角形的本质，或者源于从山的观念中获得的山谷的观念。思考上帝（一种最高的、完美的存在）缺乏存在（即是缺乏确定的完美）同思考一座没有山谷的山一样荒谬。

对这个观点（常常被叫作笛卡尔的上帝存在的“本体论”证明）的

第一反应是一种简单求助于对上帝存在的询问。是否在世界上有一种确切的东西是三角形，但是笛卡尔清楚地想到关于三角形的定理能够被证明。因此，相似的是，关于抽象上帝通过询问能够被陈述是否有这样的存在。一个上帝是完全的完美的存在的定理，可以推证出上帝包含了所有的完美。但是存在本身就是一种完美，由此，包含所有完美的上帝一
197 定存在。

在笛卡尔出版他的《第一哲学沉思集》以前，他把他的手稿在大量的学者中流传以获得他们的评价，对于这些评价他作出必要回应后，最终出版了目前所看到的版本。他的一位批评者，数学家皮埃尔·伽桑狄（Pierre Gassendi）反对说，用这样的方式不能处理存在的问题。

> 存在作为一种完满既不在上帝中也不在任何他物中，然而没有他物就没有完满……不能说像一种完满的存在存在于一个事物中。如果一个事物缺乏存在，那么它就不仅是不完美而且是缺乏完美，甚而根本什么也不是。

对于这个反驳笛卡尔最终没有给出很有说服力的回答。对于三角形定理的非询问式陈述是说：如果有什么东西是三角形的，那么它就有三个相当于两个直角的角。相似的是，对于完满的非询问式陈述方式就是说如果任何东西是完满的，那么它就存在。这也许是真的，但那是完全相容于不存在任何东西是完满的理论。但是如果没有任何事物是完满的，那么就没有什么神圣的甚而根本没有上帝，因此笛卡尔的证明失败了。

目前我们所展现和批判的观点致力于表明上帝的存在是依赖于简单的始于上帝的观念。在其他任何地方，笛卡尔寻求表明上帝的存在不单源于上帝的观念，而且源于就像他自己一样在有限的心灵中的观念内容的引申。因而在《第三个沉思》中，他讨论到尽管他的绝大部分观念——如思想、实体、坚韧性和数目——可能完全源于自身有一个上帝

（不能使他的自身成为自身）的观念。他讨论到，我不能总结出无限性、独立性、最高的智慧和最高权力的特征源于对像我自身一样有限的、依赖的、无知和无能的动物的反思。但是一种观念的原因肯定不会比观念本身缺乏真实性。仅有上帝是产生上帝的原因，因此上帝不会比我和我的观念缺乏真实性。在此这个论点看起来用模棱两可的方式撒谎似的利用“真实”这个概念（比如“宙斯不是真的，但是神秘的”与宙斯确实是一个恶棍）。

笛卡尔的证明不同于阿奎那的“五路”，后者讨论的是上帝的存在源于我们生存的世界特征。尽管笛卡尔仍然怀疑是否存在包括他自身和他的观念的存在，但是他的《第一哲学沉思集》中仍然出现这两个观念。这是很重要的麻烦，因为上帝的存在是笛卡尔确立外部世界存在的基本步骤。仅因为上帝是真实的，那么肉体独立于我们的心灵的存在就不是虚假的。因为上帝的宽容，我们可以确定无论我们明确地直觉到什么都是真的。如果我们坚持区分直觉，我们将不会被我们周围的世界所混淆。 198

安托瓦纳·阿尔诺（Antoine Arnauld）是受笛卡尔之邀对《第一哲学沉思集》提出评论的人之一，他认为他检查到在笛卡尔求助于上帝作为清晰明白知觉的保卫者中存在一个循环论证。“所以能确定上帝存在仅因为我们清楚明细地感知到他确实存在。因此，在肯定了上帝存在之前，我们需要肯定我们清楚分明地感知到的任何东西都是真的。”

事实上，在笛卡尔的论证中没有任何循环性。要看到这一点我们必须在特殊的清楚分明的知觉（例如，我存在，2加3等于5）和一般原理（我清楚分明地感知到的就是真的）之间作出区分。只要我继续清楚分明地感知到它，个人的知觉就是不可怀疑的。但是，对于我来说，在证明上帝存在之前怀疑，怀疑我清楚分明地感知到的就是真的这个原理是可能的。

过去我一再假设我所有的天赋观念是能被怀疑的，当我不再反对他们时。现在我很奇怪我是否在五分钟内有天赋观念是真实的。因为单纯的天赋观念是不能被怀疑的，在心灵的面前，当它们在没有任何需要确立它们的观念时。的确对于笛卡尔来讲天赋观念作为一种自身具有的真理是不能被讨论的。仅在与普遍原则相联系的时候，与对特殊假定的循环的怀疑相联系时，这时诉诸上帝的真是必要的。因此阿尔诺断言笛卡尔陷入了循环论证，笛卡尔是无辜的。

在《第六个沉思》中笛卡尔说他知道他能清楚地了解一种不带其他条件的东西，以此表明两种东西是有区别的，因为上帝至少能够把它们分开。因为他知道他存在，但却除了他是一种思考的东西，没有其他东西属于他的本质，他总结他的本质是简单存在于一种思考的东西中；他确实把他的肉体分离并能在没有肉体的情况下存在。

仍然他有一个肉体紧紧地依附于他。他的理性相信他现在知道有一个上帝，上帝不会欺骗他，上帝给了他一种本质并告诉他有一个肉体，当我们感觉到疼痛的时候是受到了伤害，当他感觉到饥渴的时候，也告诉他需要食物和饮料。自然也告诉他，他就像一艘船上的舵手一样不在肉体中，但是被肉体紧紧地包围在其中以至于形成一种同肉体一起的单一的单位。如果自然告诉我们的这些是虚假的，也不管明确的存在，那么上帝，自然的创造者将被证明是一个欺骗者，这是荒谬的。因此，笛卡尔总结道人是肉体和心灵的组合。

但是，这些组成成分的本质和这种在肉体和心灵之间的“天然联盟”是笛卡儿体系中最令人迷惑的特点之一。我们被告知，除了在大脑的松果腺中心灵不直接受到身体的任何部分影响，物质的组成就更模糊了。所有的感觉都由身体中的运动所组成，这些运动穿越神经到松果腺，在那里给心灵一个信号唤起了某种经验。

199 松果腺在身体和心灵之间的符号传递活动是非常神秘的。有一种物质作用于心灵抑或心灵作用于物质的偶然行为吗？确切地说，没有，因为在笛卡尔的体系中物质的偶然性的唯一形式是运动的传递，心灵也不是在太空中做周期运动的某种东西。相反，随着心灵解读了由大脑提供的信息和符号，心灵和肉体的之间的交流相似于人和其他存在的交流吗？如果是那样，心灵最终被虚构为人体模型，即某人在某人之中。尽管心身问题没有解决，但是依靠引入松果腺理论已经把问题最小化了。

物质世界

笛卡尔的《第一哲学沉思集》使他在整个欧洲都获得了盛誉。他开始同当时的大部分学者通信和讨论，特别是与智慧的方济各会士马林·麦尔塞纳（Marin Mersenne）之间的交流。他的一些朋友开始在大学里教授他的观点；他用课本的形式在《哲学原理》中提出了他的物理学和形而上学。其他一些教授看到他们的亚里士多德体系受到威胁，使新的学说受到猛烈攻击。然而，笛卡尔并不缺乏有影响力的朋友，使他的理论免于陷入真正的危机。

他的通信者之一是英格兰国王查尔斯一世的侄女，帕拉汀（Palatine）的伊丽莎白公主。她尖锐地提出大量反对笛卡尔心身相互作用的陈述，而他又不能给出令人满意的答复。他们的通信演变成了笛卡尔全部作品的最后部分《灵魂的激情》（Passions of Soul）。然而当这本书被出版的时候并不是献给伊丽莎白的而是献给对他的哲学感兴趣的皇族、瑞典女王克里斯蒂娜（Christina）。出于更好的判断，笛卡尔被说服接受了做克里斯蒂娜女王的宫廷哲学教师，之后女王派遣了一位将军驶一艘军舰到荷兰去接他。女王坚持在早上五点钟上哲学课。在权威的要求下，笛卡尔这个一生都习惯于晚起的人，受不了瑞典冬天恶劣的气候，死于1650年。

笛卡尔的信条中最重要的一些并未完全出现在他出版的著作中，仅在他死后出版了大量的通信才开始变得清晰。其中之一的信条就是永恒真理的创立；另外一条是动物是无意识的机器的理论。

在1630年，笛卡尔写信给麦尔塞纳：

> 你所称的永恒的数学真理已经被上帝确定了并完全依赖

> 于他而在，相当于就是他的创造。确切说来，在谈到神圣的他时，这些真理独立于上帝，好像他是朱庇特或者是农业神并使
> 200 他受制于冥神和命运。请毫不犹豫地宣称和坚持上帝无处不在，上帝为自然确立了这些规律，就像一个国王在他的国家确立了法律一样。也就能够说如果上帝确立这些真理他就能像国王改变他的法律一样改变它们。对于这点的回答是“是的他能，只要他愿意改变”。“但是我明白，他们是永恒的和不可更改的”——“对于上帝我做了同样的判断”，“但是他的意志是自由的”。——“是的，但是他的力量是难以预想的”。

在创造逻辑和数学的真理上它是一种依赖于上帝的革新。前哲学家的思想认为真理并不完全独立于上帝。根据绝大部分思想家的观点，它们是独立于上帝的意志，但是依赖于上帝的本质。的确从某种特别的意义上讲，笛卡尔是第一个使数学世界就像物理世界一样依赖于上帝主权意志的独立创造。

笛卡尔说这些信条是他的物理理论的必要的基础。他系统地反驳了亚里士多德的质料和实体形式的系统，把两者都看做是幻想的实体。他坚持事物的本质不是亚里士多德构想的形式；它们简直就是永恒真理，包括摩擦定律和其他的运动定律以及逻辑和数学的真理。亚里士多德的体系中是形式和本质在现象的变换中提供了稳定的基础使它可能成为普遍的科学知识。拒绝了形式和本质，笛卡尔需要为他希望构建的确定不变的物理学寻找到新的基础。如果没有实体形式，是什么把这一刻的某物的历史和另外的某物的历史联系起来呢？笛卡尔的回答是：不变的上帝意志。为了再确定自然规律在某一点上不会发生变化，我们再一次求助于上帝的宽容，如果他让我们的推论走入歧途，那么他就是一个欺骗者。

在笛卡尔的体系里我们有一个被自然的决定论式的规律所控制的物理世界，也有独立意识的精神世界。人类作为肉体和心灵的组合不安地

在这两个世界中徘徊。非人的动物也是相似的吗？

根据笛卡尔之前的绝大部分思想家的观点，动物区别人类是因为缺乏理性，但在感性能力的层次是相似的。笛卡尔陈述的感性的本质使它很难在把其归于人的意义上同样地归于动物。根据笛卡尔的观点，在人体中，感觉有两种元素：一方面，是一种思想（例如，当它看到光的时候，产生疼痛或者经验），另一方面，在人的肉体内由机械的运动产生思想。相同的机械运动可能产生在人和动物的肉体中，如果我们喜欢我们能够在广义的层次上都把它们称为感觉；但是动物并没有思想，它的思想严格意义上讲由感觉组成。对笛卡尔来讲，认为动物没有疼痛，尽 201
管其肉体机器可能引起同人一样的疼痛的表情反应。正如笛卡尔写给一个英国绅士的信：

> 我认同动物没有思想的观点，除了它们与人相似都有眼睛、耳朵、舌头以及其他感官的事实，所以可能看起来有同我们一样的感觉；因为思想是被包含在我们的感觉方式中，因而相似的思想可以归于它们。很明显的是，这种观点占据了他们最早的时代的所有人的心灵，但是有其他更强烈的和更大量的而对于每个人不太明显的观点强烈地推动了相反的观点的发展。

这种原则看起来不像今天对所有人产生的震撼那样强烈地震撼着笛卡尔同时代的人，但是当他的一些信徒声称人类就像动物一样仅是复杂的机器时，他们对此感到恐惧。

笛卡尔的两个基本原则——人是思想的实体和物质在广延中运动——被激进地虚构了。在他的有生之年所发现的现象是不能用运动中的物质来直接解释的。血液的循环和心脏的跳动被英国物理学家威廉姆·哈维（Harvey）发现，其要求的动力弹性空间在笛卡尔的系统里是无法存在。仍然，他对世界的起源和本质的科学记述在他死后流行了约一个世纪；而其他相对的、硕果累累的自然的科学概念被感到有义务寻找到相关于他的理论地位。

笛卡尔的心灵本质的观点比他的物质的本质观点影响的时间更长：的确，在整个西方它仍然是在那些受教育的、非专业哲学人士中最广为传播的心灵观。正如我们所看到的，这个观念之后就被康德（Kant）的实践理性所批判以及遭到20世纪的维特根斯坦（Wittgenstein）的决定性的反驳，维特根斯坦表明，甚至当我们思考我们最秘密和精神的思想时，我们也使用了一种不能同公众和肉体的表情切断联系的语言中介。在最终的分析上，心灵和物质的笛卡尔式二分法是经不起考验的。但是一旦被传播，它的影响决不会完全消失。

比起其他任何哲学家而言，笛卡尔突出的地方是作为一个独立的、原创性的、更出色的天才，他从自己的大脑中创造了一套思想体系控制智者的世界。事实是，在他的哲学作品中几乎没有任何哲学观点从未出现在他的前哲学家的作品中，或者在这儿或者在那儿，只是他没有读到而已。但是没有其他的任何人曾经展现这样的能力：把这些思想连成一个紧密的系统并把它们用可以在下午阅读的课本的形式提供给普通的读者，但是他提供这些沉思的资料却耗费了几十年时光。

（李先敏　译）

第十二章　十七世纪英国哲学

托马斯·霍布斯的经验论

托马斯·霍布斯（Thomas Hobbes）作为同代人中杰出的英国哲学 202
家，是笛卡尔《第一哲学沉思集》（Meditationes de Prima Philosophia）的特邀评论人之一。这次英语世界的哲学（Anglophone Philosophy）和大陆哲学的早期相遇并不友好。笛卡尔认为霍布斯的对该书观点的反对微不足道，而据说霍布斯曾说“如果笛卡尔让自己完全局限在几何学上，那么他就是世界上最好的几何学者，但他的脑袋不是为哲学而设”。

霍布斯比笛卡尔长8岁，生于1588年，这一年正好西班牙无敌舰队抵达英格兰。霍布斯在牛津受教育，然后在卡文迪什（Cavendish）家族做家庭教师，并在这片土地上度过了大部分时间。英国内战期间，他在巴黎写下了他关于政治哲学最著名的著作《利维坦》（Leviathan）。国王查理（King Charles）执政3年后，霍布斯回到英国，住在他以前的学生也就是后来的德文郡伯爵（Earl of Devonshire）家里。霍布斯出版过两卷自然哲学著作，就像在年轻时翻译过修昔底德的著作一样，晚年时他将荷马的全部著作翻译成英文。霍布斯于1679年去世，享年91岁。

霍布斯直接而又率真地坚持自奥卡姆到休谟的英国经验论传统。“人类心里的概念没有一种不是首先全部或部分地对感觉器官发生作用时产生的。”霍布斯认为知识有两种：事实的知识（knowledge of fact）

和因果的知识（knowledge of consequence）。事实的知识由感觉或记忆给予，这是一种需要见证人的知识。因果的知识是某事跟随某事的知识，这是一种需要哲学家的知识。在我们头脑中，有一个思想的连续或系列，是它们构成心内的谈话；在哲学家那里，这个系列由对原因的寻求所支配。这些原因在语言中可以用条件律表达，它的形式表达为“如果A，则B”。

203 霍布斯认为哲学家把握语言的本质是非常重要的。说话的目的是将我们思想的系列转换成语词的系列，这有四种用途：

> 第一，表示我们通过思考所发现的任何现存或过去事物的原因以及我们所发现的现存或过去事物可能产生的结果。总起来说，这就是获得学术知识。第二，向他人说明我们所获得的知识，也就是商讨和互教。第三，使别人知道我们的意愿和目的，以便互助。第四，无害地为了娱乐和炫耀而玩弄语词以自娱和愉悦他人。

霍布斯是一个忠实的唯名论者。像“人”、“树”这样的通名（universal names）并不是对世界上任何事物或心灵中任何观念的命名，而是对个体集合的命名，“世界上除了名词以外便没有普遍，因为被命名的对象每一个都是一个个体和单一体”。句子是由结合在一起的一对对名称组成的，当每对名称中的两个成分都是同一事物的名称，这个句子才是真的。寻求真理的人因此必须对他使用的名称多加小心，尤其必须避免使用空洞的名称或无意义的声音。霍布斯注意到，经院哲学家将不一致的名称放在一起，制造了大量的空洞名称或无意义的声音，他举例说“非物质实体（incorporeall substance）”就像“圆的四边形”一样荒谬。

霍布斯所选的这个例子其实是唯物主义的一个发人深思的声明。所有的实体必然是物体，当哲学寻求物体变化的原因时，它所发现的普遍原因只有一个，那就是运动。这样说，霍布斯的观点与笛卡尔哲学中关于物质的那半部分非常接近。但与笛卡尔哲学的另半部分全然不同的是，霍布斯否认笛卡尔意义上的心灵存在。对于霍布斯的唯物主义是否包含对上帝存在的否定，或是否仅仅意味着上帝是一种无限的、不可见的物体，历史学家意见不一。但无论霍布斯是否无神论者（似乎未必如此），他确实否认笛卡尔意义上人类心灵（spirits）的存在。

笛卡尔夸大了人与动物的区别，而霍布斯则在缩小这个区别，并认为人类活动是动物行为的特殊形式。霍布斯认为动物有两种运动：必需的和自发的。必需的运动包括呼吸、消化和血液流动。自发的运动是"随心所欲地走、说和移动肢体"。感觉是由外物对感觉器官直接或间接的压力引起的，"这种压力通过人身的神经以及其他经络和薄膜的中介作用，继续内传而抵于大脑和心脏，并在这里引起抗力，反压力或心脏自我表达的倾向，这种倾向由于是外向的，所以看来便好像是外在之 204
物"。似乎正是这些构成了颜色、声音、味道和气味等，也正是这些表明了物体的起源只有运动。

如此描述的活动与亚里士多德主义者归因于植物性和感觉性（vegetative and sensitive）灵魂的活动相对应。对亚里士多德主义者来说，在具有理智和意志力的理性灵魂中，是什么把人和动物区分开来呢？在霍布斯看来，想象作为所有动物的普遍能力取代了这种人与动物的区分，想象的进行被解释为机械性的：任何种类的思想都是头脑中的微小运动。由语词或其他信号引起的具体想象被称作"理解"，这对人和兽类都是一样的，"狗训练习惯了以后，就能理解主人的呼唤或呵斥，其他许多兽类也能这样"。人之理解方式的独特之处在于"当我们想象任何事物时，探寻其可能产生的一切结果而产生的系列；也就是当我们想象自己具有这种对象以后，可以怎样处理时所形成的系列。这种系列除开在人类身上之外，我在任何时候都没有发现过存在的迹象。"

霍布斯没有把这种差异归因于人类理性，而是诉诸包括多种多样激情的人类意志，这种人类意志是动物所不具备的。人类意志和动物欲望一样，其本身就是习惯力量的结果。“能思考的兽类，也必然有意志。”实际上，意志只是思考之后的欲望，人类的意志自由并不比动物更强。“在人和兽类中都找不到脱离必然性的自由。但如果我们把自由的能力或力量理解成不是来自于意志，而是来自于做想做的事，那么我们肯定得承认人和兽类都拥有这种自由，而且是同等地拥有这种自由。”

霍布斯的政治哲学

霍布斯的决定论使他对因果律的寻求从自然哲学（探索自然现象的原因）扩展到公民哲学（探索政治现象的原因）。《利维坦》就是以此为主题，这本书不仅是政治哲学的杰作，也是最伟大的英文著作之一。《利维坦》开始描述了相互作用的诸力量导致国家（State）的建立，或按霍布斯的术语是联邦（Commonwealth）的建立。霍布斯首先描写了人们在联邦之外的自然状态下生活的状况。由于自然能力大致相等，且同样自利，人们就会为食物、权力和荣誉持续争吵并无序竞争。这种自然状态无异于战争。在这种情况下，不会有工业、农业或商业：

205 地貌知识、时间记载、文艺、文学、社会等都将不存在。最糟糕的是人们不断处于暴力死亡的恐惧和危险中，人的生活孤独、贫困、卑污、残忍而短寿。

霍布斯认为无论历史上是否曾经存在过这样一个国家，我们都可以看到这样的实例，那就是当代美洲；我们也可以从文明国度中人们对他人的防备证实这一点。

自然状态下没有真正意义上的法。但存在着一种“自然法”，它是自利的理性化原则，可以使人的生存机会最大化。这种法迫使自然状态下的人们寻求和平，放弃自己不受拘束的自由以换取他人同样的让步。这些法使他们放弃除自我保存外的所有权利，并把这些权利交给能够通过惩罚加强自然法的中央权力。这个中央权力可以是个人的，也可以是联合体的；无论是单人的还是多人的，它是最高的主权者（sovereign），一个代表社会每一成员意志的单一意志。

这个主权者是基于每个人与每个人的契约而建立的，在所有其他人都让出自己权利的情况下，每个人也让出他们各自的权利。“做到这一点，像这样统一在一个人格之中的一群人就称为国家。这就是伟大的利维坦的诞生——用更尊敬的方式来说，这就是活的上帝的诞生；我们在永生不朽的上帝之下所获得的和平和安全保障就是从它那里得来的。”

主权者与契约同时获得存在。主权者本身不是订约的一方，因而不存在破坏契约的情况。这个应被遵守的契约是自然的法则，但“无剑的契约不过是空气”，主权者的职责就是维护契约的实施，这些契约不仅包括建立国家的初始契约，也包括国民间订立的诸多个人契约。

不仅自由订约可以产生国家，战争也可以产生国家。这两种情况中，恐惧都是国民服从主权者的基础。而且在这两种情况下，主权者都享有同等的、不可剥夺的权力。每个国民都是主权者行动的授权人，“因此抱怨主权者进行侵害的人就是抱怨自己所授权的事情”。

主权者是法律和财产权的来源，也是教会的最高统治者。是主权者拥有解释经文和确立教条的权力，而不是长老会或主教。对狂热教徒的傲慢解释引发了英国内战，但以宗教的名义对主权进行的最大篡夺发生在罗马。“人们如果看一看这庞大的教权原来的情况的话，他就很容易觉察到，教皇之位不过是已死亡的罗马帝国的鬼魂带着皇冠坐在帝国的坟墓上。”

在如此强大的主权者统治之下，国民还有什么自由呢？一般而言， 206
自由只是法律的缄默：国民可以自由地做任何主权者没有费心制定法律去反对的事情。霍布斯也不无矛盾地说，没有人应该在主权者的命令下被迫去杀害自己，或使自己负罪，甚或参加战斗。此外，如果主权者不能履行其保护国民的主要职能，那么国民对他的义务也即消失。据推测，霍布斯的这些公理是在作为保皇党人流放至巴黎写完《利维坦》之后，1652年与克伦威尔（Cromwell）言和时产生的。

霍布斯从来不是国王神圣权力的支持者，他也不信奉极权国家。国家的存在不为别的而是为国民的利益；主权者的权力不是来自上帝而是来自那些交出权力成为其国民的诸个体。神圣权力理论成为哲学家的问题，不是在内战时期，也不是在共和国时期，而是在斯图亚特君主政治（Stuart monarchy）复辟之后，查理二世统治时期。这场争论开始于1680年罗伯特·费尔默（Robert Filmer）爵士的《父权论》（Patriarcha）出版，这本书主张国王的权力来自亚当（Adam）王权的家族世袭，因而应该免于议会的限制。这为17世纪最有影响的政治哲学家约翰·洛克（John Locke）提供了一个易于攻击的目标。

约翰·洛克的政治理论

洛克生于1632年，受教于威斯敏斯特公学（Westminster School）后，1658年在牛津大学基督教堂学院（Christ Church, Oxford）获得文学硕士。洛克也取得了行医资格，并做了国王查理二世内阁成员莎夫茨伯利伯爵（Lord Shaftesbury）的内科医生。1660年，在反对克伦威尔暴政和严厉统治的大众浪潮中，国王查理流放归来。然而，在查理统治期间，王室不再那么受大众喜爱，尤其王位继承人是国王的兄弟詹姆士（James），他是一个坚定的天主教徒。莎夫茨伯利领导的辉格党（Whig party）旨在把詹姆士排除在继承人之外。1683年，莎夫茨伯利因涉嫌一起反对皇室兄弟的阴谋而不得不逃离英国。洛克陪莎夫茨伯利一起到荷兰，在流放期间洛克写了他最伟大的哲学著作《人类理智论》（Essay Concerning Human Understanding），这本著作在洛克晚年曾多次再版。

1688年，“光荣革命（Glorious Revolution）”赶走了詹姆士二世，奥兰治亲王威廉（William of Orange）接替其位，他用《权利法案》

（Bill of Rights）和地位提高了的国会，将英国君主政体置于新的法律基础之上。洛克跟随威廉来到英国，成为新政体的理论家。1690年，洛克出版了《政府论两篇》（Two Treatises of Civil Government），这本书成为自由思想的经典之作。90年代，洛克一直在贸易委员会工作，1704年去世。

在《政府论两篇》的第一篇中，洛克简短地讨论了费尔默关于国王 207
神圣权力的观点。费尔默的基本错误在于否认人生来就自由和平等。在第二篇中，洛克提出了自己对自然状态的观点，与霍布斯的自然状态理论形成有趣的对比。

洛克主张，人们在有任何国家制定法令之前就知道自然法，这个自然法告诉人们所有人都是平等和独立的，没有人有权伤害他人的生命、健康、自由和财产。这些在世俗世界中没有权威凌驾其上的人就是处于自由状态的，但这种自由状态并不是被他人特许的状态。即使在自然法限制下，人类也拥有自然权利，特别是生命、自我保护和自由的权利。他们同样也有责任，尤其是不出让其权利的责任。

一个重要的自然权利就是财产权。上帝没有给任何特定的人安排特别的财产，但是私有制的存在是上帝对世界之安排的一部分。在自然状态中，人们通过打水、采集果实和耕种土地，通过对自然物“附加劳动”而获得财产。洛克认为不仅对私有财产的获取是一种自然权利，而且继承私有财产也是一种自然权利。

显然，洛克对自然状态没有霍布斯那么悲观。洛克的观点更像后来蒲伯（Pope）在《人论》（Essay on Man）中的乐观：

> 不用思考，他们悠然信步；
> 上帝指出自然之路：
> 自爱并交际，生来即始，
> 使万物相连，诸人相系。
> 傲慢无存，再不助长艺术；

人兽同行，共为荫庇住户；
同台而食，同榻而眠；
既无谋害相加，也不谋害为生。
同一神殿，万木皆鸣，
凡歌者，齐赞共有之上帝。

然而在自然状态中，人们对任何财产的拥有都不牢靠，这种拥有仅仅比他们与动物分享的荫庇稍稍稳固些。每个人都可以从自然获得教益，违背自然法就将受到惩罚。但是在自然状态下，每个人都必须自己决定自己的事，没有人有足够的力量去惩罚违规者。正是这一点导致了国家的建立。“人们结为共和国，使自己置于政府之下，最大和最主要的结果是保护他们的财产——那些在自然状态下所需要的诸多事物。”

国家由社会契约产生，人们把他们的权利交给政府，以此使自然法得到实行。人们把为共同利益制定法律的权利交给立法者，把实施法
208 律的权利交给执法者（洛克有充分理由分离统治者的这两个权力）。立法者和执法者的特定形式由国民的多数决定（或至少由财产所有者们决定）。

洛克的社会契约与霍布斯的有很多不同。有别于霍布斯的主权者，洛克的统治者本身就是签订初始契约的一方。公众委托选定的政府保护他们的权利，如果统治者毁坏了公众对它的信任，人们可以推翻或更换政府。如果政府行事专横，或某一政府部门侵占其他部门的职能，那么这个政府就可以被终止，谋反就是正当的。这里洛克显然是指斯图亚特王朝的专制统治和1688年的光荣革命。

难以置信的是，洛克认为他所说的社会契约都是历史性的。他坚持认为，统治者无论以何种方式建立，其维护都依赖于每代公民的持续同意。洛克承认，这种同意很少能明确地表达出来，但是人们无论是继承遗产还是仅仅在高速公路上行驶，享受这种社会利益本身就是对统治者的默许。尤其税收必须以同意为基础：“未经本人同意最高权力不能拿

走任何人的任何财产。”

洛克的政治理念并不新颖，但是它们的影响力巨大。在人们不再相信自然状态理论以及支撑自然状态的自然法后，这种影响仍然持续了很久。任何知道《独立宣言》和《美国宪法》的人都会在其中发现与洛克的观点相似甚至表达相似的东西。

洛克的观念和性质

洛克的影响绝不局限于政治领域。他的《人类理智论》（Essay Concerning Human Understanding）常常被看做是某个英国哲学学派的基本章程。哲学史家们经常这样比较十七、十八世纪的英国哲学和大陆哲学：大陆哲学家是唯理论者，相信理性思考；英国哲学家是经验论者，把知识建立在感觉经验基础之上。笛卡尔和洛克往往被推为这两个对立学派的始祖。实际上，姑且不论二者之间的差异，这两派哲学家其实有很多共同的预设。我们可以在考察唯理论和经验论间冲突的试金石，即天赋观念之可能性的著名争论时，看到这一点。

洛克永远都是在谈论“观念（ideas）”。他的“观念”与笛卡尔的“思想（thoughts）”非常相似，而且实际上，笛卡尔自己也时常把思想说成观念。其实二者都诉诸当下意识：观念和思想是我们内省时遇 209
到的。在两种情况下，往往都很难说“观念”是意味着所思之物（被思考的东西）还是思想活动（思考本身所在和等同的东西）。洛克说观念是“心所能想到的任何东西”。“心所能想到的”一词所具有的含糊不清极具破坏性，既可以意味着心灵所想（之物），也可以意味着心灵所做（之事）。

经验论和唯理论的区分也不是毫无根据，洛克对哲学问题的回答都与笛卡尔的回答相冲突。但尽管答案不同，洛克的问题就是笛卡尔的问题。动物是机器吗？灵魂总是思考吗？有无物质的空间吗？有天赋观念（innate ideas）吗？

最后一个问题可以有很多含义，一旦我们分解这个问题，我们就会发现洛克和笛卡尔的立场之间并无鸿沟。

首先，这个问题可以意指“子宫中的胎儿有思想吗？”笛卡尔和洛克都认为未出生的胎儿有简单的思想或观念，例如疼痛、温暖的感觉。笛卡尔和洛克都不相信胎儿拥有哲学式的复杂思想。

其次，这个问题也可以被认为与思想活动无关，而仅指思考能力。存在人类特有的与生俱来的普遍理解力吗？笛卡尔和洛克都相信这是存在的。

然后，这个问题也可以被认为与普遍的理解能力无关，而是对某些特定命题的同意，例如：“一加二等于三”或者“同一事物不可能既存在又不存在”。笛卡尔和洛克都同意我们对这些自明真理的赞同不需要依赖经验。然而，洛克强调学习过程必须先于对这些命题的掌握。而笛卡尔认为对天赋观念的理解和同意并不都是同步的：有些天赋观念只有在辛苦的沉思之后才能清楚明白。

最后，我们会问是否存在普遍同意的原则，无论这种原则是理论的还是实践的。洛克认为答案是不存在，即使有，也没有充足理由推断这种原则为天赋的，因为这种原则只能被解释为由一个普遍的学习过程得来。但是笛卡尔却认为普遍同意不需要天赋，反过来，天赋也不需要普遍同意。一些人（也许是大部分人）不认同天赋原则是因为偏见。

洛克和笛卡尔之间的论证实际上是擦肩而过的。洛克坚持认为不依赖于经验的天赋概念不能对人类知识的现象作出充分的说明，笛卡尔则
210 认为不含有天赋成分的经验不能对我们所知道的东西作出充分的说明。两种观点都有可能是对的。

洛克声称唯理论的论证将可能使人“假设我们的颜色观念、声音观念、滋味观念、形相观念等，都成了天赋。这样便和理性及经验相反了”。笛卡尔不会把这些结论看成是完全荒谬的，因为即使洛克也会完全同意这样一个理由，即我们对于诸如颜色、声音和味道这些性质的观念完全是主观的。

洛克把物体的性质分成两类。第一类是“第一性的质（primary qualities）”，诸如硬度、广延、形状、运动、静止、增量、数目、质地以及尺寸，洛克认为“无论我们是否感知”这些性质都存在于物体之中。第二类的性质被称作“第二性的质（secondary qualities）”，诸如颜色、声音和味道，按照洛克的观点，这些性质“并不是物体本身的东西，而是能在我们心中产生各种感觉的能力，而且是依靠于第一性的质”。所有的性质，无论第一性的或第二性的，都在我们的心灵中产生观念。按照洛克的观点，不同之处在于显示出第一性的质的物体性质与它们所产生的观念是相似的，然而第二性的质在我们心中产生的观念无论如何也不与产生它们的性质相似。

洛克的这种区分有很多先行者。亚里士多德主义传统区分了诸如形状的性质和诸如味道的性质，前者不只是被一种感官所感知（“普遍可感性”），后者则只是被某个单一的感官所感知（“个别可感性”）。伽利略和笛卡尔对这一区分的考虑比洛克更为充分。笛卡尔曾说对感知的生理学说明只需要第一性的质作为解释性因素：当我们看、听和尝的时候，我们体内发生的不过是有形物体的运动。即使这些被证明是真的，也并不要求第二性的质是纯粹主观的，也不能说明第二性的质不属于那些看似拥有它们的物体。但洛克对这一结论的论证比他的任何先驱所作的都更为有力。

洛克的第一个主张是只有第一性的质与它们的主体不可分离：所有物体都具有形状或尺寸，而有的物体不具有气味或味道。例如，如果你把一粒小麦不断分割，它会失去第二性的质，但每一部分仍保留硬度、广延、形状和可移动性。我们因此可以得出什么结论？一个物体一定具有形状或其他性质，但是任何特定的形状都肯定可能丢失，就像一块蜡可以由方变圆。洛克对第一性的质的描述也可以被用于对某些第二性的质进行描述。虽然运动是第一性的质，但物体也可以是静止的。只有我们把运动和静止看做“移动性”坐标轴上的一对可能值，我们才能说我们有一个与物体不可分割的性质。但在相同意义上，我们可以把热和冷 211

看做是温度计上的刻度值，并可以说物体一定具有温度或其他什么性质。毕竟，1665年物理学家罗伯特·胡克（Robert Hooke）创立了温度计刻度。

洛克说第二性的质只是使我们产生感觉的能力。让我们先假设这是真的，或至少是对真理的一个好的接近。这并不意味着第二性的质是纯粹主观的，而是说它们不是看似拥有它们的物体的真正性质。举一个相似的例子，有毒只是具有对动物产生一定效果的能力，但它是客观的问题，一个在事实上可查明其是否有毒的问题。我们同意洛克所说的第二性的质由它们与人类感知的关系而得到定义，但当性质具有完全的客观性时它才能是具有相关性的。“比白朗峰（Mont Blanc）高”是一种关系性质，但它是对干城章嘉峰（Kanchenjunga）是否高于白朗峰这个简单事实问题的回答。

洛克认为是物体的第一性的质使我们产生第二性的质的观念。例如，热的感觉是由其他物体微粒导致的我们身体微小部分的运动增加或减少而产生的。但如果可以把第一性的质解释成物质的微粒，为什么就要说热的感觉只是“我们神经元的某种一定程度的运动”？这里洛克似乎倾向于诸如因果律之类的古老原则。但是接受这个原则的理由是什么呢？某实体当然可以自身没有病却可以导致疾病。

洛克认为没有感知就不可能存在第二性的质。但这与他认为第二性的质是一种能力是不相符的。这种能力在被运用的时候才导致感知者的感觉。但能力在没有被运用的时候是能够存在的——大多数人能够背诵《三只瞎老鼠》，但是我们很少实际去背诵它。因此我们有理由说第二性的质是持续存在的能力，而不是靠运用使得我们能够感知这些性质。糖总是甜的，但只有在某人尝它的时候它才实际上有甜的味道。这里亚里士多德比洛克更清楚：对我来说糖的甜味和我尝到糖的甜味是一回事，但感觉的性质和感觉的功能是两种不同的能力，缺少另一方彼此都可以继续存在。洛克主张物体在黑暗中没有颜色，但这是他的命题结论而不是对他命题的论证。

洛克否认“白”和“冷”真实存在于物体之中，因为他说这些第二性的质的观念与在物体本身中的性质并不相似。如上所述，这个说法使洛克的观念概念变得模糊。如果对某物的观念就是感知某物，那么就像我们没有理由期望吃土豆就得像土豆一样，我们也没有理由期望对一种颜色的感知就得像那种颜色。但另一方面，如果对某物的观念是对某物 212
的一个影像，那么我们必须说当我看到飞燕草，我所看到的不是“蓝”的影像，而是“蓝”本身。洛克只有贸然认定他尚需证明的结论才能否认这一点。

最后，洛克从感觉（feeling）与感知（sensation）的相似上展开论证。如果我把手放入火中，火既引起热也引起疼；疼不在物体中，为什么我们认为热在物体中呢？又一次，相似性被带入错误的道路上。火令人疼痛也是热的。说某物令人疼痛不是说我们感觉到了物体的疼；同样，说某物是热的，也不是说我们感觉到了物体的热。如果洛克的论证有效，将会反过来反对他自己。当我用刀割自己的时候，我感觉到刀的切割，也感觉到疼。那么这个刀的运动是刀的第二性的质吗？

洛克认为第二性的质是使人产生知觉的能力，这基本上是对的。他常论证说同一物体产生的知觉会在环境中变化（冷水对于冰凉的手会显得热，对于温暖的手会显得冷；在显微镜下看到的颜色与不在显微镜下看到的是不同的）。实际上，第二性的质确实是人类中心的和相对的，但这并不是说它们是主观的或是某种幻想。在爱尔兰化学家罗伯特·波义尔（Robert Boyle）提出的一幅惊人画面中，第二性的质是打开不同人类感官的钥匙。一旦我们掌握了它，按照洛克的观点，我们就能接受：草实际上是绿，雪实际上是冷。

实体和人格

在亚里士多德主义传统中，性质和其他事物一样都属于实体。对笛卡尔来说实体概念也是首要的。洛克认为实体概念产生于我们总是观察到某些观念一起出现。人们对实体没有清晰的观念，“只是假设有一种莫名其妙的东西，来支撑能给我们产生简单观念的那些性质”。

诸如马或金子这些特定种类的实体观念不是简单观念，而是复杂观念。洛克称之为类观念（sortal ideas）：同时出现的若干简单观念使我们产生了一个混淆不清的关于某物的一般观念，而我们知道这个观念所代表的东西并不是我们可以观察到的东西。特定实体是归属于这些不同种类的有形个体，它们属于物质和精神这两种一般范畴：物质实体，以第一性的质为特性；非物质实体，则以拥有理性、意志和引起运动的能力为特性。

人和树这样的实体具有本质，即作为一个人，或作为一棵橡树，就
213 是具有人的本质或橡树的本质。但是对洛克来说，有两种本质。名义的本质（nominal essence），只不过是某个名称，名义的本质很大程度上是人类语言的任意创造。但事物也有真正的本质（real essence），这个本质是大自然的杰作而不是人的。我们一般对此一无所知，至少超出了我们实验观察的范围。

洛克实体概念的模糊性令人费解。他似乎是主张实体不可描述是因为它没有性质：但谁能很认真地说因为实体承载诸性质所以实体没有性质？在洛克自己对观念起源的说明中，很难对这种混淆不清的实体一般概念的出现进行说明。似乎为了使个项有所归属，或使个项有所固着，才假定有一个实体。但在洛克的系统里，个项固着于何处呢？可以说是“性质”吗？但洛克的系统中，性质隐藏在它和感知者之间的观念之幕后。那么可以说是“观念”吗？但观念已经有固着之物了，即感知者的心灵。这给贝克莱后来对整个物质实体概念进行毁灭性的批判开辟了道路。

在亚里士多德主义传统中没有无性质的实体，没有这种可以被确定为特定个体却不能参照任何种类的东西。菲多只有在它仍然是狗，只有在“狗”的种类仍然适用于它的情况下，它才是一个个别的实体。如果不问A是否与B一样是这同一个体种属的F，我们问A是否与B是同

一个体就是不明智的，在这个意义上，所有的同一性都是相对的。（A可以和B是同一本书，但是不同版本；或者是同一版本，但是不同的复本。）洛克相互混淆的实体概念使他陷入同一性和个体性不可解决的困难之中；但也激发他写了一些有趣的哲学著作，这表现在他对人格同一性（personal identity）问题的讨论上。

关于同一性的哲学问题产生于许多不同的背景。有些是宗教背景，我们谁能免于肉体死亡？如果一个不死的灵魂死后仍然存在，它是否还是人类？一个灵魂能否可以连续居于两个不同的肉体之中？两个灵魂或精神能否同时居于同一肉体？其他的是属于科学和医学背景。当单个人体在不同时期表现出不同的认知能力和对立的行为模式，很自然会被说成是人格分裂或双重人格。但单个人体真的能在不同时间表现出不同的人格吗？如果切断大脑两个半球的联系，单个人体的两部分其能力和行为就会互不相干。这是单个人体同时存在两个人格的例子吗？像这样的问题要求对人体、灵魂、心灵和人格概念进行反思，并对这些概念同一和再同一的标准进行反思。

然而，为洛克的讨论提供背景的是宗教问题。基督徒相信死者将会在末日复活：是什么联系着现在死了埋入土里的人体和将来光荣复活的 214
人体呢？因此天主教徒认为在死亡和复苏之间，个体使灵魂脱离肉体，在天堂享受喜悦或者在地狱或炼狱受难。亚里士多德主义的基督徒努力使这个理论与他们关于物质是个体性的原则这一哲学信仰相融合。但是由于脱离肉体的灵魂是非物质的，什么可以区分彼得的脱离肉体的灵魂和保罗的脱离肉体的灵魂呢？

洛克很清楚地看到，只有人们接受同一性是相对的，人格同一性的问题才能得到解决：A可以与B一样是同一个F而不是同一个G。洛克说A作为一匹小马，长成一匹成年的马，有时胖，有时跛，但始终是同一匹马，尽管已经不是同一团物质。“在物质的质量方面，和在活动的生物方面，同一性所指的并不是同一的东西。”

植物和动物的同一性存在于与组织器官特有的新陈代谢一致的持

续生命中。但洛克又问同一个人的同一性存在于何处呢？（当然，对于“人”，洛克的意思是包括男女的“人类”。）一个类似的回答会这样说：一个人就是“一个组织适当的身体，而且这个身体中的各个物质分子虽在不断地变化着，可是那些分子同这个身体都联为一体，营一种共同的生命组织，而且这个身体不论你从哪一刹那来观察它，它以后仍是要继续着与此刹那相同的组织”。只有这个定义可以让我们接受一个胎儿和一个成年疯子是同一个人，而不需要认为苏格拉底、比拉多和凯撒·波几亚是同一个人。如果我们说拥有同一个灵魂就足以成为同一个人，我们无法排除再生和灵魂轮回的可能性。我们不得不说人是某种动物，实际上是某种形态的动物。

但是洛克区分了人（man）的概念和人格（person）的概念。一个人格就是一个会思考、推理和自我意识的生命，人格的同一就是其自我意识的同一。“这个意识在回忆过去的行动或思想时，它追忆到多远程度，人格同一性亦就达到多远程度。现在的自我就是以前的自我，而且以前反省自我的那个自我，亦就是现在反省自我的这个自我。”

这里洛克的原则是：有相同自我意识的地方，就有同一个自我的意识。但这一段包含一个致命的模糊性。我的当前意识可以追忆到什么呢？

如果我的当前意识追忆到：这个意识具有一个持续的历史。问题仍待回答：什么使这个意识成为它所是的那个意识？因为洛克已经把人和人格区分开来，这里洛克拒绝回答说这个意识是这个人的意识。

另一方面，如果我的当前意识追忆到这个程度：我记得，那么如果我忘了，我的过去就不再是我的过去，我就可以否认这些我不再能回
215 想起来的活动。洛克有时看起来已经准备好接受这一点，我不是这同一个人格，但只是这同一个做了我已经忘记的事的人；我不应该为他们受罚，因为惩罚应该直接对人格，而不是对人。然而，洛克似乎不愿思考进一步的结果，如果我错误地认为：我记得我作为希律王下令屠杀无辜，那么我就应当为他们的谋杀受罚。

按照洛克的观点，我在此同时是一个人，一个精神，一个人格，也就是说，一个人类动物，一个非物质实体，一个自我意识中心。这三种实体（entities）都是可以区分的，并在理论上可以不同方式结合起来。我们可以想象一个灵魂在两个身体里（例如，如果邪恶的皇帝黑利阿伽巴卢斯（Heliogabalus）的灵魂进入他的猪体内）。我们也可以想象一个人有两个灵魂：例如，如果现在皇后镇（Queensborough）的市长还拥有苏格拉底的意识。或者我们可以想象一个灵魂在两个人中（这就是洛克的一位柏拉图主义基督徒朋友所相信的，他的灵魂曾经是苏格拉底的灵魂）。洛克继续发展了更为复杂的结合，诸如举例说明一个人格一个灵魂两个人的情况，或举例说明两个人格一个灵魂一个人的另一情况，这些我们在此不必考虑。

我们从洛克的三位一体（灵魂、人格、人）中能得出什么结论？不仅在洛克的体系里，在当今少数使用这一观念的洛克崇拜者中，都很难使非物质实体有意义。但与自我意识相关联的人格同一性仍然在某些方面大受欢迎。18世纪约瑟夫·巴特勒主教（Bishop Joseph Butler）提出，这一观点的主要困难产生于与记忆概念的关系。

如果史密斯声称记得做了某事，或在某处，从常识观点看，我们可以通过看史密斯是否事实上做了此事来检查：这个记忆是正确的，还是仅仅在某种情境下的呈现。这是通过观察史密斯的行踪和活动来进行的。但是洛克对人格和人的区分意味着这种观察不能使我们对史密斯的人格有所了解，而只是知道史密斯这个人。史密斯本人也不能从内在方面区分真正的记忆和对过去事件的当前想象，这种想象和记忆一样自我呈现，具有欺瞒性。洛克这种构想意识的方式使得区分真实记忆和欺骗性记忆根本就是困难的。区分只有在我们准备把洛克分成碎片的东西黏合在一起，并认识到人格就是人的时候才能作出。

洛克作为一个理论哲学家并不像他作为一个政治哲学家那样具有影响力。但由于洛克的名字常常与他的同胞、同时代稍年轻的牛顿相联系，洛克的影响也随之广阔。1687年艾萨克·牛顿爵士（Sir

Isaac Newton）出版了《自然哲学的数学原理》（Philosophiae naturalis principia mathematica），这本书所导致的科学革命比随后一年发生的光荣革命，有着更为持久的重要性。

216 在诸多科学成就中，牛顿的伟大之处在于建立了万有引力定律，这一定律表明物体间具有引力，这种引力的大小与物体质量成正比，与物体之间的距离成反比。这使牛顿不仅把地球上的自由落体运动纳入一个单一的定律之中，连绕地球运动的月球以及绕太阳运动的其他行星也都纳入到这一定律之中。通过显示地上和天上的物体都遵守同一定律，牛顿最终给予亚里士多德物理学以致命一击。但他也驳倒了笛卡尔的机械系统，因为引力是高于和超越广延物质的纯粹运动的。实际上笛卡尔考虑过物体之间的吸引概念，但因为这个概念类似于亚里士多德主义的终极因，意味着把意识归因于惰性物质，笛卡尔拒绝了这个概念。

因此，牛顿物理学与它所取代的竞争性理论系统截然不同，而且在后来的200年里，物理学完全是牛顿物理学的天下。由伽利略肇始的物理学与自然哲学的分离现在完成了。牛顿和他的后继者的工作不是哲学史的一部分，而是科学史的一部分。

（汤明洁 译）

第十三章　路易十四时期的大陆哲学

布莱士·帕斯卡尔

笛卡尔的《第一哲学沉思集》出版两年后，国王路易十四继承法 217
国王位。在路易十四统治的最初十八年里，他只是小角色，统治权实际上掌握在他的母亲奥地利的安娜（Anne of Austria）和她的首相卡丁那·马扎然（Cardinal Mazarin）手中。1661年，马扎然去世以后，路易十四开始自己掌权，并成为欧洲专制君主中最专制的一个。在法国，政治生活都集中在路易十四的宫廷内。“L’ état, c’ est moi”，我就是国家，或国家就是我，这是路易十四的名言。他在凡尔赛修建了宏伟的宫殿以显示他像太阳神一样的辉煌。他废除南特敕令（Edict of Nantes），迫害法国新教徒；并派他的天主教神职人员批判教皇主张的大多数权限。在路易十四统治期间，高乃依（Corneille）和拉辛（Racine）为法国戏剧贡献了完美的杰作；普桑（Poussin）和克劳德（Claude）的作品使法国绘画得到了最辉煌的呈现。

路易十四使法国军队的效率达到无以伦比的水平，使法国成为欧洲最有力的专制统治。他对邻邦荷兰和西班牙采取激进政策，通过使英国查理二世成为他的联盟军加入荷兰战争，显示了他在执政早期瓦解潜在敌人的技巧。只有与他同声相气的其他欧洲政权联盟才能了解他的领土野心。即使是被英国马博路公爵（English Duke of Marlborough）手下的联盟国打得一败涂地，也不能阻止他的野心。1713年的乌德勒支和约（Peace of Utrecht）中，他使西班牙君主成为自己波旁王朝的一个分支。但在他1715年去世的时候，留下的却是一个几乎崩溃的国家。

路易十四统治期间，哲学思想都集中在笛卡尔的影响之下。我们已经看到笛卡尔的自然哲学是如何被英国科学家摧毁的，但英国哲学家仍然有意无意地接受笛卡尔关于心物的二元论。通过这个渠道，笛卡尔的
218 仰慕者和批评者更多地聚焦于他二元论中的张力，以及在他的系统中心灵、物体和上帝之间的关系。笛卡尔之后的这一代中三个重要的大陆哲学家都是以不同方式深深信奉宗教的人：帕斯卡尔（Pascal）、斯宾诺莎（Spinoza）和马勒伯朗士（Malebranche）。

和笛卡尔一样，帕斯卡尔既是数学家又是哲学家。实际上，帕斯卡尔是否承认自己是哲学家都是值得怀疑的。帕斯卡尔1623年生于奥弗涅（Auvergne），活跃在几何学和物理学领域，直到1654年他经历了一次宗教皈依，使他与皇港女修道院的修道者们联系紧密。这些被称为冉森教派的信徒崇敬冉森主教的回忆，这位主教写了一篇奥古斯丁的注释，这篇注释在教会权威的眼里，与加尔文的风格十分接近。与冉森教派信徒贬低人类堕落本性的能力一致，帕斯卡尔怀疑哲学的价值，尤其是与上帝的知识相关的哲学。帕斯卡尔曾写道："为整个哲学工作一个小时都不值得"。1662年，他去世时，一张纸条缝在他的外套里，上面写着："亚伯拉罕的上帝，以撒的上帝，雅各的上帝，不是哲学家和学者的上帝"。

冉森派教徒因为他们对人类自由意志的观点而总是处于与这一观点的护卫者耶稣会士（Jesuits）的战争中。帕斯卡尔在他的《外省人信札》（The Provinicial Letters）中攻击了耶稣会士的道德神学，他还宣称，耶稣会信徒的松懈在他们世界性的附属机构中是被鼓励的。帕斯卡尔的一个特定的攻击目标是耶稣会对"目的指向（direction of intention）"的实践。帕斯卡尔书中虚构的耶稣会说"我们的引导方式在于自我祈愿，就会得到许可之物。我们会尽我们所能使人们远离禁

止之物，即使不能阻止这样的行为至少我们涤净这种目的。”例如，因而我们允许为报复侮辱而杀人。“你所需要做的就是把你的目的从有罪的复仇变成被允许的保卫荣誉。”这种目的指向显然仅仅是想象的，而与真正的目的毫无关系，因为真正的目的是自我决断的。阿奎那（Aquinas）认为有目的行为和非目的行为的效力有着重要的道德区分，但耶稣会的学说，以及帕斯卡尔对耶稣会的攻击，使阿奎那这个双重效力的学说名声扫地。如果这个双重效力理论与耶稣会对目的指向的实践相结合，那它最终就成为正义的伪善斗篷。

与赫拉克利特（Heraclitus）一样，帕斯卡尔是一个格言大师，他的很多话成了我们所熟悉的引语。“人只是一根苇草，大自然中最脆弱的东西；但他是一根思考的苇草。”“我们独自死去。”“如果克娄巴特拉（Cleopatra）的鼻子短一些，整个世界的面目都会不一样。”但和赫拉克利特不同的是，帕斯卡尔的话是有语境的，它们出自《思想录》（Pens é es），这本书原打算作为基督徒的护教论文，但到帕斯卡尔去世时仍没有完成。在上下文中读他的话，我们有时可以发现帕斯卡尔的 219
意思与我们通常采用的表面意思不太一样。这些话中最有名的一句是“心有它的理由，而理智对这些理由一无所知”。如果我们研究帕斯卡尔对“心（heart）”这一词的使用，我们会发现他在这里并不是把情感置于理性之上，他是在比较直觉知识和演绎知识。帕斯卡尔告诉我们是心教给我们几何学的基础。

然而，帕斯卡尔确实注意到一个事实：不拥有真实性的证据而相信一个命题，这是可能的。他对数学理论感兴趣，并参与了那个时代数学概率论的发展，而且他可以被称作是博弈论（game theory）的奠基者之一。他对这一新学科的最有名应用就是关于上帝的存在。信仰者向不信仰者如是说：

> 上帝或者存在或者不存在。我们将选择哪一个呢？理性在这里什么也决定不了。一个无限的深渊阻隔了我们，但穿越

这个无限的距离，我们可以玩一个游戏，得出正面或反面的结果。你赌什么？

无论是否赌，你都没有选择；这个游戏已经开始，这不由你决定；理性表明，机会对每一面都是同等的。假如你赌上帝存在：如果你赢了，上帝存在，而且你获得无限的幸福；如果你输了，上帝不存在，你什么也不会失去。因此这是一个好的赌博。但我们应该押上多少来赌？假如你以当前的幸福来赌上帝存在，赢了的话就可以获得三次幸福的生命——如前所述，假设输赢的机会五五分。拿整个生命来赌上帝存在没有意义吗？但实际上，你可以得到一个永恒的幸福生活，而不是仅仅三次生命，因此这个赌具有无穷的吸引力。即使输的可能性是巨大的，只要它们是一个有限的数，与现世所能提供的幸福相比，无限幸福的分量使得赌上帝存在一定是好的。

帕斯卡尔的赌局就像众所周知的安瑟尔谟（Anselm）对上帝存在的证明，无论有神论者还是无神论者都能感觉到这个论证是有问题的，但不能确切知道是什么问题。如果这二者的方法确实有效，那看起来就太有效了，可以使我们不仅接受上帝的存在，而且可以接受许多伟大的纯想象事物的存在。在这个赌博问题上，赌上帝存在到底意味着什么根本就是不清楚的。帕斯卡尔无疑想说赌上帝存在大致相当于过一个朴素的冉森教派信徒的生活。但正如帕斯卡尔所想的那样，如果理性本身不能告诉我们关于上帝存在及其本质的任何事情，我们怎么能够确信这就是上帝将奖赏给我们的永恒幸福？或许我们所赌的存在，不是上帝的存在，而是冉森教派上帝的存在。但若如此，如果有人让我们赌耶稣会的上帝存在，或路德的上帝存在，或穆斯林的上帝存在，那我们该怎么办？

斯宾诺莎和马勒伯朗士

笛卡尔大陆哲学最重要的继承人实际上与笛卡尔哲学和希伯来人上帝之间的关系相关。巴鲁赫·斯宾诺莎（Baruche Spinoza）出生于阿姆斯特丹（Amsterdam）一个说西班牙语的犹太人家庭。他接受了正统犹太教徒教育，但他很早就拒绝了大量犹太人的信条。1656年斯宾诺莎24岁的时候，他被犹太教驱逐。一开始斯宾诺莎去了阿姆斯特丹，后来去了莱顿（Leiden）和海牙（Hague），以磨制眼镜和望远镜镜片为生。虽然有人曾向斯宾诺莎提供海德堡（Heidelberg）大学的一个职位，但他拒绝任何学院任命。虽然他与包括皇室第一秘书亨利·奥登博格（Henry Oldenburg）在内的大量专家通信，但始终他过着思想者的孤独生活，终身未婚。1677年斯宾诺莎死于肺结核，部分是因为吸入玻璃尘埃，这是镜片磨工的职业病。 220

斯宾诺莎的第一部也是惟一一部以他自己名字出版的著作是几何学形式的《笛卡尔哲学原理》（Descartes' Principles of Philosophy）。这部早期著作深受笛卡尔影响，并极富几何学的严格性，这些特征在他的成熟大作《伦理学》（Ethics）中仍可以看到，《伦理学》写于17世纪60年代，但直到斯宾诺莎去世后才出版。在这两部著作中间，还匿名出版过一本神学—政治论著作：《神学政治论》（Tractatus Theologico-Politicus）。这本书主张推后旧约的年代，并自由阐释旧约；还表明了一种类似于自霍布斯以来关于人类处于自然状态的政治理论，由此得出民主政府、言论自由和宗教宽容的必要性。

斯宾诺莎的《伦理学》就像欧几里得（Euclid）的几何学。它的五部分分别是关于上帝、心灵、感情、人类的奴役和人类的自由。每个部分都由一套定义和公理开始，接着对标号的命题进行形式论证，都遵从公理和定义，而且以"谨此作答"结束。斯宾诺莎认为这是哲学家使其初始假定清晰，并显示各论题间逻辑关系的最好方式。但是对逻辑关系的阐明并不仅仅服务于思想的清晰性，对斯宾诺莎来说逻辑关系就是使世界联系在一起的东西，观念的秩序和关系与事物的秩序和关系是一样的。

斯宾诺莎哲学的核心是他的一元论，也就是说，只有一个实体，这个无限神圣的实体就是自然：Deus sive Natura（上帝或自然）。上帝和自然的同一性可以按两种截然不同的方式理解。如果把其体系中的“上帝”当做一种代码方式，以指涉自然界的有序系统，那么斯宾诺莎就不过是一个有所掩饰的无神论者。另一方面，如果认为斯宾诺莎主张科学
221 家谈论“自然”时也就是在谈论上帝，那么斯宾诺莎就像是克尔凯郭尔（Kierkegaard）所说的“沉迷上帝的人”。

斯宾诺莎一元论的正式出发点是笛卡尔对实体的定义，即“自己存在而其存在并不需要别的事物”。从字面上看，这个定义只适用于上帝，因为所有其他事物都由他创造也将被他消灭。但笛卡尔认为实体不只是上帝，还有被造的物质和有限的心灵。斯宾诺莎比笛卡尔更严格地遵守了这个定义，并得出结论说只有一个实体就是上帝。心灵和物质不是实体，思想和广延作为心灵和物质的特性，实际上是上帝的属性（attributes），因此上帝既是有思想的也是有广延的。斯宾诺莎认为因为上帝是无限的，它必然有无限多的属性，但我们只知道思想和广延这两种。

除了上帝之外没有别的实体，如果有别的实体就会使上帝有局限性，上帝就不会如他所是的那样无限。个体的心灵和身体不是实体，而是思想和广延的两个神圣属性的样式（modes），或特定结构。因此，任何个体的观念都包含上帝的永恒性和无限性。

在传统神学里，所有有限实体都依赖上帝作为它们的创造者和第一因。斯宾诺莎认为上帝和创造物之间的关系不是物理形式的原因和结果，而是逻辑形式的主词和谓词。任何关于有限实体的清晰陈述事实上是一个关于上帝的论断：指涉像我们这样的被造物的正确方式不是用名词而是用形容词。

对斯宾诺莎来说，由于“实体”有如此深刻的意义，我们不能想

当然认为确实有一个像实体这样的东西。斯宾诺莎本人也没有想当然地说：实体的存在不是他的公理之一。实体最初不是以公理出现，而是以定义出现：它是“在自身内并通过自身而被认识的东西”。另一个初始定义把上帝定义成一个无限实体。《伦理学》的第一个命题致力于论证至多有一个实体，直到命题十一才向我们提出至少有一个实体，这个实体是无限的，因而就是上帝。

斯宾诺莎关于实体存在的证据是上帝存在的本体论证明的一个翻版。斯宾诺莎的论证就是这样进行的：实体A的存在不能是另一事物B导致的，因为如果它可以，B概念就会是A概念的本质要素，因而A就不能满足上面提出的实体定义。现在假设上帝不存在。在这种情况下他的本质不包含存在，因而他就不是实体。但这是荒谬的，因为上帝由定义而来是一个实体。因此，通过归谬法（reductio ad absurdum），上帝存在。 222

这个论证的最大弱点是声称：如果B是A的原因，那么B概念必须是A概念的一部分。这意味着诉诸因果关系和逻辑关系间无法保证的同一性。我们不知道什么是肺，就不知道什么是肺癌。但是不知道肺癌的原因是不是就不知道什么是肺癌了呢？在实体的初始概念中就潜藏了因果和逻辑的同一，这使存在和被构想的存在相混淆。

虽然斯宾诺莎关于上帝存在的证明说服力并不大，但是很多人同意他把自然看做一个单一的整体，一个在自身中包含对自身的所有说明的统一系统。许多人也同意斯宾诺莎的结论：如果世界包含对它自己的解释，那么所发生的任何事情都是被决定了的，除了实际的事实次序以外不可能有别的了。“自然中没有任何偶然的东西，反之一切事物都受神的本性的必然性所决定而以一定方式存在和动作。”

尽管自然在必然性中运转，斯宾诺莎仍声称上帝是自由的。这并不意味着上帝可以任意选择，而只是说他依照自己本质的纯粹必然性存在，不由外部事物决定。上帝和被造物都是被决定的，但是上帝是自我决定的，被造物是被上帝决定的。然而，即使是人也有不同程度的自由。《伦理学》的最后两章是“论人类的奴役”和“论人类的自由”。人类的奴役就是被我们激情奴役，人类的自由就是我们理性的解放。

人类错误地认为自己生来自由选择，不受决定，因为我们不知道我们所做选择的原因，于是就假设没有原因。对我们来说惟一可能真实的自由就是我们使自己意识到潜在的原因。斯宾诺莎认为，所有事物都坚持自己的存在，事物的本质实际上就是使自身得到延续。对人类来说，这种趋向伴随着意识，这种意识趋向就被称作“欲望”。快乐和痛苦就是意识在心灵和身体中转向完美的较高或较低水平。其他激情都来自欲望、快乐和痛苦这些基本情感，但我们必须区分积极的和消极的情感，像恐惧和愤怒这样的消极情感，产生于外部力量；积极的情感产生于对人类处境的心灵感悟。一旦我们对消极情感有了清楚明白的观念，它就变成积极情感；积极情感取代消极情感，这就是自由之路。

特别是我们必须放弃恐惧的情绪，尤其是对死的恐惧。“一个自由的人绝不是从不考虑死亡，但他的智慧在于沉思生命而不是沉思死亡。”道德进步的关键是欣赏所有事物的必然性。当我们认识到人的行
223 为是由自然决定的，那么我们就不会仇恨他们。复仇只会增加仇恨，报之以爱就会克服仇恨。我们需要做的就是用上帝的眼光看待整个由必然性安排的自然事物，“以永恒之光”看待事物。这种对世界的看法同时是一种有智者对上帝的爱，因为上帝和自然是一体，越理解上帝就会越爱上帝。

心灵对上帝的智慧之爱，与上帝对人的爱是一回事：这就是说它是通过思想的属性来表达上帝的自爱。但另一方面，斯宾诺莎警告说“爱上帝的人不能指望上帝以爱他作为回报”。实际上，如果你要上帝因你爱他而爱你，你就是要让上帝不是上帝。

很明显，斯宾诺莎拒绝传统犹太教徒和基督徒所构想的人格神。他还把灵魂不死的宗教观念看做是幻想。对斯宾诺莎来说，心身不可分：人类心灵实际上只是人类身体的观念。“我们的心灵只能被说成是忍耐，它的存在只具有现世的局限，只有就此范围来说它包含身体的实际

存在。”但是当心灵以永恒的眼光看待事物，物质没有了时间；过去、现在和未来都是相同的，时间是不真实的。

我们认为过去是不能改变的，未来是可以选择的。但是在斯宾诺莎确定性的世界里，未来与过去一样确定。因而，在智者眼里不存在过去和未来的区分，我们毋需担心未来，也不必懊悔过去。任何作为这个单一、无限、必然世界的一部分而被给予的心灵，它只此一次的存在是永恒的事实；以永恒事实的眼光看待事物，心灵可以穿透无止境的必然的永恒世界。在这个意义上，任何心灵都是永恒的，可以被看做生前存在，死后依然存在。但这与那些虔诚期望死后复活的流行观点完全不同。这使斯宾诺莎很平静地面对自己的死亡，但毫无疑问犹太教徒和基督徒都把他看做异端。

同时代的基督徒尼古拉斯·马勒伯朗士（Nicolas Malebranche）其观点正好处于斯宾诺莎和笛卡尔之间。马勒伯朗士1638年出生于巴黎，1664年成为奥拉托利会（Oratory）的牧师，写了一系列哲学和神学论文，并保持着旺盛的创作力直到1715年去世。在哲学上，他处处追随笛卡尔。但和许多其他人一样，如之前的伊丽莎白公主（Princess Elizabeth），他发现笛卡尔关于心身相互作用的教导是不可接受的。

对马勒伯朗士来说，很显然像人类意志这样的精神性存在是不可能移动哪怕最小的物质微粒。如果我要移动我的胳膊，真正导致胳膊运动的并不是我的意志；惟一的真正原因是上帝，就是他在我想要运动的时候使我的胳膊移动。我们人类只有在一种意义上是原因，那就是我们 224
为上帝提供实现其真正原因的偶因。这就是马勒伯朗士著名的“偶因论（occasionalism）”。

如果心灵对身体没有真正的作用，同样，身体对心灵也不会有真正的作用。如果心灵不能移动身体，同样，身体也不能给予心灵观念。我们的心灵是被动的不是主动的，不能创造它们自己的观念；观念只能来自上帝。如果我用针刺我的手指，疼痛不是来自针，而是直接由上帝产生的。我们在上帝那里看到一切：上帝是心灵存活的境域，就像空间是身体置于其中的境域一样。

马勒伯朗士绝不是第一个说我们通过某种神秘的方式与上帝心灵相通，但认为物质和物体变化的偶然历史直接来自于上帝，这是一个新进展。当然笛卡尔认为，只有上帝的真实才使我们关于外部世界的经验知识无可怀疑。但对马勒伯朗士来说，没有什么关于外部世界的经验知识，它只是一种启示，和其他关于拯救的必然真理一起，包含在圣经中。

因此，像笛卡尔而不是斯宾诺莎那样，马勒伯朗士认为物质和精神这样的有限实体是存在的。但与斯宾诺莎相似，而与笛卡尔不同的是，马勒伯朗士认为心灵与上帝的联系，以及物质与上帝的联系，都比心灵和物质彼此间的联系更紧密。

莱布尼茨

马勒伯朗士和斯宾诺莎对戈特弗黎德·威廉·莱布尼茨（Gottfried Wilhelm Leibniz）的思想都有重要影响。莱布尼茨生于1646年，是莱比锡（Leipzig）大学哲学教授的儿子。莱布尼茨很小就开始阅读形而上学，13岁就十分熟悉学者们的著作，他比同时代人对这些著作有更多的同情。他在耶拿大学（Jena）学数学，在阿尔特多夫大学（Altdorf）学法律，21岁那年阿尔特多夫大学邀请他做教授，但他拒绝了。他效力于美茵茨（Mainz）大主教，在一次去巴黎的外交任务中，结识了当时的许多主要思想家，并深受笛卡尔后继者的影响。1676年，他在对牛顿早些时候未发表的新发现毫不知情的情况下，发现了微积分。在他回德国的路上，他拜访了斯宾诺莎，研究了《伦理学》手稿。

从1676年直到他生命终结，莱布尼茨一直服务于汉诺威的选举人。他曾是沃尔芬比特尔（Wolfenbuttel）宫廷图书馆的图书管理员，花了很多年汇编布伦兹威克家族（House of Brunswick）史。他建立了诸多学术团体，并成为普鲁士科学院的第一任院长。他在神学上和哲学上都主张联合，曾多次尝试重新联合基督教派，并建立欧洲联盟。1714年，当选举人汉诺威的乔治（George of Hanover）成为英联邦国王乔治一世的时候，莱布尼茨被弃之脑后。毋庸置疑，因为他和牛顿争夺发现无穷小微分学的所有权，他在英国是不受欢迎的。1716年莱布尼茨满怀遗憾地离开了人世。 225

莱布尼茨一生写了许多极为原创的著作，涉及不同哲学部门，但是他只出版了其中少量相当短的论文。他最早的论文是简短的《形而上学论》（Discourse on Metaphysics），1686年他把这篇论文交给《皇港逻辑》（Port Royal Logic）的作者冉森教徒安托尼·阿尔诺（Antoine Arnauld）。随后1695年莱布尼茨又写了《自然的新系统》（New System of Nature）。他在世时出版的最长著作是献给普鲁士女王夏洛特（Queen Charlotte of Prussia）的《神正论》（Essay in Theodicy），这本书针对现世的邪恶为神圣正义辩护。莱布尼茨两篇最重要的短论《单子论》（Monadology）和《自然和神恩的原则》（The Principles of Nature and Grace）都写于1714年。《人类理解新论》（New Essay on Human Understanding）是对洛克经验论的实质性批判，但直到莱布尼茨死后近50年才出版。莱布尼茨还有许多有意义的著作直到19世纪和20世纪才出版。

由于当时莱布尼茨的许多最为有力的观念都没有包含在已出版著作中，正确解读他的哲学一直是一个很有争议的事情。他写了很多关于逻辑、形而上学、伦理学和哲学神学的著作，他对这些学科的知识是百科全书式的，实际上他曾计划通过学术团体和宗教制度的通力合作，写一本包罗万象的人类知识百科全书。

莱布尼茨对这些不同学说有着重要贡献，它们之间在多大程度上能够调和，哪些部分是其体系的基础，哪些是上层构造，这些都仍然不甚清晰。虽然他的著作乍看起来各执一端，实际上却有着紧密的联系。在莱布尼茨的《组合术》（De Arte Combinatoria）中，他提出一种人类思想的字母，通过它一切真理都可以被分析；他还打算发展一种单一、普遍的语言，这种语言可以成为世界结构的镜像。他的这种兴趣部分地产生于他想统一基督徒的忏悔，他认为这些忏悔的差异是由不理想的和含糊的各种欧洲自然语言产生的。一个这样的统一语言，还可以促进不同国家科学家之间的国际合作。

由于莱布尼茨没有系统地发表他的哲学著作，我们只能零碎地考察他的观点。在逻辑上，他区分了推论的真理（truths of reason）和事实的真理（truths of fact）。推论的真理是必然的，它们的对立面是不可能的；事实的真理是偶然的，它们的对立面则是可能的。事实的真理不像推论的真理那样建立在矛盾律上，而是建立在完全不同的法则上：即任何事情的发生都有一个为什么它应该这样而不应该那样的充足理由。充足理由律是莱布尼茨的创新，我们将会看到，它将会引至令人惊讶的结
226 论。

所有必然真理都是分析性的：“当一个真理是必然的，就可以通过分析找到它的理由，也就是说，我们把它分解成简单的观念和真理，直至达到最初的真理”。偶然性命题，或事实的真理，显然不是分析的，人们只能通过经验观察发现它们。但从上帝的眼光看，它们也是分析的。

以亚历山大大帝（Alexander of Great）的历史为例，它就存在于一系列事实真理之中。上帝看到亚历山大这个个体的概念，也即是看到这个概念中包含着所有真正归之于他的属性：他是不是会征服大流士，他是不是会自然死亡，等等。在“亚历山大征服大流士”这句话中，谓词在某种意义上已经包含在主词之中，在完满的、完善的亚历山大概念中，这些谓词就会显现。那个无法对其主张这些谓词的人不会是我们的亚历山大，而只是其他什么人。因此这个命题在某种意义上是分析的。但能够做这个分析的必然是一个无限的分析，这只有上帝能够完成。但由于任何一个亚历山大都可能拥有所有这些属性，这个实际存在的亚历山大只是一个偶然的亚历山大，即使在上帝眼里也是如此。惟一必然的存在只有上帝。

莱布尼茨对阿尔诺（Arnauld）说：所有真判断都包含在主词的概念之中，这使我们得出：所有灵魂都是一个分离的世界，除了上帝它们独立于所有其他事物。一个这样的“分离的世界”就是莱布尼茨后来所说的“单子（monad）”，在他的《单子论》（Monadology）中，莱布尼茨提出了一个与马勒伯朗士的体系相似的体系。但他是通过一个新颖的路径达到这一点的。

莱布尼茨认为无论一个事物多么复杂，都是由简单事物组成的，而简单事物则是不能再扩展的，因为如果它可以被扩展，那么它就可以继续被分割。但所有物质性的东西都是可扩展的，因此必须有简单的非物质，像灵魂一样的东西：这就是单子。对斯宾诺莎来说只有一个实体，这个实体具有思想和广延的属性；对马勒伯朗士来说，存在独立的实体，这些实体有的具有物质属性，有的具有心灵属性；而对莱布尼茨来说存在无限多的实体，这些实体只有精神的属性。

与马勒伯朗士的实体一样，莱布尼茨的单子不受其他创造物的影响。“单子没有窗户，没有东西可以进出单子。”因为它们没有部分，它们不能成长或腐烂：它们只能由创造而生，由毁灭而结束。然而，它们能够变化，甚而是经常变化，但它们只在内部发生变化。由于它们没有物理属性可以改变，它们的变化只能是精神状态的变化。莱布尼茨说单子的生命是一系列的感知。

但是感知不包括因果关系吗？当我看见一朵玫瑰，难道我的视觉影像不是玫瑰引起的吗？莱布尼茨说：不；马勒伯朗士也说：不。一个单子就是这个世界的镜像，不是因为它受这个世界的影响，而是上帝预定了它与世界同步变化。一个好的钟表匠能制造两个完全守时的钟表，它们永远在同一时刻打点。上帝与他的被造物的关系，就是钟表匠与钟的 227
关系：始初，他预定了这个世界的和谐。

所有的单子都有感知，也就是说，它的内在状态可以呈现世界上的所有其他事物。这个内在状态会在环境变化时发生变化，但这种变化不是环境引起的，而是由于内驱力或“欲望”，这种内驱力或“欲望”是上帝早已为之安排好了的。单子是非物质的自我操作：莱布尼茨以称之为“隐德来希（entelechy）”来强调这一点。

> 这是一个创造物、生物、动物、“隐德来希”和灵魂的世界。物质的每个部分都可以设想成一座充满植物的花园，一个充满着鱼的池塘。可是植物的每个枝丫，动物的每个肢体，它们的每一滴体液，也是一个这样的花园或这样的池塘。

我们现在很熟悉这一观念：人体是细胞集合，每个细胞都有其个体的生命。在莱布尼茨的系统里，单子相当于人体中有个体生命史的细胞，但与细胞不同的是：单子非物质且不死。每个动物都有作为其灵魂的隐德来希，但其身体充满其他拥有自己灵魂的生命体。人占统治地位的单子是理性灵魂。与其他单子相比，这个占统治地位的单子有着更为活跃的精神生活和更为专横的偏好。不仅能感知还能“知觉”，也就是对感知这个内在状态的意识或反思认识。它自己的善就是目的或终极因，这个目的或终极因不仅是它自己行为的目的或终极因，也是它所支配的所有其他单子的目的或终极因。莱布尼茨的系统里，笛卡尔关于灵魂作用于身体的观念在此暴露无遗。

那么，给自由意志留下什么空间了吗？根据莱布尼茨的“充足理由律”，人类像所有无论有限还是无限的事物一样，都需要一个行动的理由。但对于自由事物来说，莱布尼茨认为是动机为“不受强制的倾向”提供了充足理由。然而，很难看到他是怎么能够为人类的特殊自由留有余地。确实，在莱布尼茨的系统里没有任何事物是按照外界刺激而行动的，所有事物都是自我决定的。但是，也没有任何事物能够走出其预定和谐的生命史，无论是理性事物还是非理性事物。因此，莱布尼茨的“自发自由（freedom of spontaneity）”，即按自己的目的行事的自由，其实是一种虚幻的自由。

莱布尼茨回应了这个反驳，他的回答就像耶稣会士莫利纳（Molina）关于上帝与被造世界关系的论述。莱布尼茨认为，在决定创世之前，上帝对无限多可能的被造物进行了通盘考虑。在可能的被造物中，有很多可能的朱留斯·凯撒（Julius Caesars），在这些凯撒中，有 228
穿过了卢比肯河（Rubicon）的，还有没穿过的。每个可能的凯撒都因某个理由而行动，但没有一个是必然的（逻辑上并不要求卢比肯河一定要被穿越，或不被穿越）。所以，当上帝决定使穿越卢比肯河的凯撒存在，上帝就会创造一个现实的、自由选择的凯撒。因而，我们现实中的凯撒自由地穿越了卢比肯河。

但是什么决定了上帝自己的选择，使得我们现实生活的世界存在，相反无数其他可能被创造的世界却不存在？这个选择是有理由的吗？它是自由选择吗？莱布尼茨的回答是：上帝自由决定什么是他所能创造的世界中最好的一个；同时，他不需要为创造一个这样的而不是那样的世界提供充足理由。

不是所有预先可能的东西都可以被实际地安排在一起，按照莱布尼茨的话说，A和B可以分别可能，但是A和B可能无法共存。因此任何被创造的世界是一个可共存的系统，最好的可能世界就是善远远超过恶的系统。一个有自由意志，而自由意志可能被不道德地误用的世界，要比一个既没有邪恶也没有自由的世界要好。因此世界上的恶不能用来反对上帝之善。因为上帝是善的，且是必然的善，所以他选择的是最完美的世界。而他也是自由行动的，虽然他只会创造最好的世界，但他本不必这样做。

将莱布尼茨这里的立场和笛卡尔和阿奎那的立场相比较是很有趣的。笛卡尔的上帝是完全自由的：即使逻辑规律也是上帝任意命令的结果。莱布尼茨与之前的阿奎那一样，主张永恒的真理不依赖于上帝的意志，而是依赖于上帝的理智；在涉及逻辑的地方，上帝也别无选择。阿奎那的上帝虽然没有笛卡尔的上帝自由，但比莱布尼茨的上帝受到的约束要少。按照阿奎那的观点，虽然上帝所做的无论是什么都是好的，但他永不会被强制去做最好的。实际上，对于假设全能上帝的阿奎那来说，“所有可能世界中最好的”这个概念完全与“所有可能的数字中最大的”这个概念一样无意义。

伏尔泰在其《老实人》（Candide）中对莱布尼茨乐观理论的嘲笑令人难忘，在这本书中莱布尼茨主义者潘葛罗斯（Pangloss）博士应付着一系列不幸和灾难，这些灾难都伴随着一个咒语：“所有这一切都是为了在最好的世界中最好的东西”。

莱布尼茨主义的单子论是笛卡尔主义形而上学的一个巴洛克式的产物。莱布尼茨的著作标示了大陆唯理论观点的高度，他在德国的后继者尤其是沃尔夫（Wolff）发展了一套教条的烦琐哲学，而康德（Kant）就是在这种哲学中成长起来的；在康德的成熟时期，这个教条也成了他毁灭性批判的目标。莱布尼茨主张的伟大之处不在于其体系化的创造，而是他贡献给许多不同哲学部门的概念和区分，这些概念和区分铸造了后
229 继哲学家们的相关标准。

我们已经看到了这些概念和区分中的几个，诸如对于不同真理种类的区分，以及分析性（analyticity）和共存性（compossibility）的概念。最后，我们还要加上莱布尼茨对同一性的论述。根据充足理由律，莱布尼茨得出结论说，两个事物彼此并不会在本质上不可辨别，因为如果这样的话，上帝就没有理由区别对待这些事物。根据这个关于不可辨别的同一性原则，他得出了词项同一性的定义。“词项是同一的，只要我们高兴我们可以在任何地方替换词项，而不改变任何陈述的真理性。”如果对于A都是真的东西对B也是真的，反之亦然，那么A等于B。莱布尼茨的这个对同一性的说明虽然没有洛克的说明微妙，但已经被许多后继的哲学家接受，并作为他们讨论同一性的基础。

（汤明洁　译）

第十四章　十八世纪英国哲学

贝克莱

1715年，法国国王路易十四辞世。此前一年，英国最后一个斯图亚特国王安娜女王（Queen Anne）去世，为了保护新教的延续，在她去世的那一天，英国君权被授予汉诺威王朝。凭着詹姆斯二世的儿孙（“一老一小的王位觊觎者”）恢复斯图亚特血统的努力，汉诺威国王乔治得以获得王位。在安娜统治下的十八世纪之始，她统一了英格兰和苏格兰（Scotland）的皇室；在乔治三世统治的世纪之末，他统一了英格兰和爱尔兰（Ireland）。这就形成了大不列颠及爱尔兰联合王国（United Kingdom of Great Britain and Ireland）。如我们所见，虽然18世纪用英语写作、最具才能的哲学家都认为自己继承的是英国人约翰·洛克的传统，但他们实际上是爱尔兰人和苏格兰人。 230

乔治·贝克莱1685年出生在爱尔兰，毕业于都柏林三一学院（Trinity College, Dublin）后，出版了大量短小而重要的哲学著作。1709年出版了《视觉新论》（New Theory of Vision），1710年出版了《人类知识原理》（Principles of Human Knowledge），1713年出版了《海勒斯与斐洛诺斯的三篇对话》（Three Dialogues Between Hylas and Philonous）。1713年，贝克莱到英国并成为斯威夫特（Swift）圈子的成员和主教。贝克莱曾到欧洲和美洲旅行，想在百慕大（Bermudas）建立一个传教士大学。1734年贝克莱成为克罗因主教（Bishop of Cloyne），1753年在牛津退休后去世，葬在牛津大学基督教堂学院的大教堂（Christ Church Cathedral）里。美国耶鲁（Yale）大学的一所学院和加利福尼亚（California）州大学系统的一个分校都以贝克莱的名字命名。

贝克莱哲学的出发点是洛克的语言理论。按照洛克的观点，语词通过代表观念而获得意义；一般语词，诸如种类谓词（sortal predicates），对应于抽象的一般观念。形成这些观念的能力是人类与不说话的动物之间最重要的区别。

231 贝克莱从洛克的《人类理智论》中抽取出对普遍词项意义的两个不同解释。一个是表征理论（representational theory），普遍观念就是通过代表某个种类中的所有事物而成为普遍性的观念，就像几何老师画一个特定的三角形来代表所有的三角形。另一个是抽除理论（eliminative theory），普遍观念是只包含同一种类所有特殊事物之共性的特殊观念，如人的抽象观念抽除了彼得、詹姆斯和约翰的特殊性，只留下他们的共同点。因而，人的抽象观念包含肤色，但不是某个特定的肤色；包含身高，但不是某个特定的身高，等等。洛克曾在一篇文章中将这两种理论的特色结合在一起，他解释说形成一个三角形的普遍观念需要耐心和技巧，“因为这个三角形观念不是单单斜角的，直角的，等角的，等腰的，不等边的，它是俱是而又俱非的”。

贝克莱认为这是荒谬的。“我构筑自己关于人的观念时，这个观念必须由白种人或黑种人或褐种人，直发或卷发，高或矮或中等身材的人组成，我无论如何努力也想不出一个抽象观念。”如果贝克莱这里的“观念”意味着一个图像（image），他的批评似乎是错的。精神图像（mental images）不需要具备它作为图像所包含的所有属性，正如画布上的肖像不需要重现被画者的所有特征一样。即使任何实际的服装都必然有某种特定的颜色，但服装款式不需要详细说明服装的颜色。服装的一个精神图像没有特定颜色，与一个未说明颜色的服装款式一样是没什么问题的。一个图像可以具有任何一种颜色又不实际具有任何一种颜色，像洛克的三角形既可以具有任何一种形状又不实际具有任何一种形状一样，这是够古怪的了。但从这篇带修辞色彩的文章来判断洛克的说明是不公平的。

洛克真正走入歧途的是认为掌握概念（这种概念是以使用一个词的能力所标示的）就是具有图像。而其实，使用一个图形或一个图像来表示X，必须已经有了X的概念。此外，概念不能仅通过剥离图像的某些特征来获得。除例外情况，有一些概念没有图像可对应：逻辑概念，例如相应于“所有”和“非”这样的词。还有一些概念从来就不能毫无歧义地与图像相关联，例如算术概念。同一个图像可以表示四条腿和一匹马，或七棵树和一片灌木丛。

与洛克相反，贝克莱认为可以将对语言的掌握与拥有一个一般的抽象图像分离，这种观点是对的；但是贝克莱提供的解决方法，即称为“一般性地指出大量个别观念”也是同样错误的。一旦区分了掌握概念与构造图像，精神图像在哲学上就变得无足轻重。图像对于思想就像插图对于一本书一样不是本质性的。不是我们的图像解释了我们对概念的 232
掌握，而是我们的概念把意义给予了图像。

贝克莱反对抽象观念的论证主要在他的《人类知识原理》（Principle of Human Knowledge）中充分表现出来；在《海勒斯与斐洛诺斯的三篇对话》中，他对洛克的其他批评表现得极为优雅。贝克莱自己的哲学体系浓缩在格言esse est percipi中：对于可感事物来说，存在即是被感知。

在《三篇对话》中，其体系分四个层次展开。第一，贝克莱认为所有的可感性质都是观念。第二，他推翻了惰性物质的存在。第三，他证明了上帝的存在。第四，他重新解释了日常语言以符合他自己的形而上学，并为其体系的正统性辩护。贝克莱的语言简洁、明晰且大众化，区分他的论证是否合理并不困难，因此这个对话不失为哲学初学者的一个理想文本。

在第一个对话中，贝克莱与洛克为伍，论证了第二性的质的主观性；然后他掉过头来反对洛克，用一个类似的论证来说明第一性的质的主观性。贝克莱从洛克的前提出发，即只有观念是当下感知的，得出结论说没有观念与物体类似，即使是第一性的质的观念也是如此。

对话中的两个人物是海勒斯（Hylas），他是洛克唯物论的支持者；另一个是斐洛诺斯（Philonous），贝克莱唯心论的代言人。一开始，海勒斯就被证明是唯物论的一个怯懦的支持者，因为他不加论证就接受：我们不是感知物质事物本身，而只是感知它们的可感性质。海勒斯说“可感事物除了这些可感性质以外什么也不是”。物质事物可以被推断出来，但它们不是感知到的。“感官不能感知到它们不能当下感知的东西，因为感官不作推论。”

然而，海勒斯着实主张可感性质的客观性。为了摧毁这个观点，贝克莱让斐洛诺斯来阐释洛克用以显示心之主观性的论证段落。正如我们已经看到的，在洛克这个论证中有大量的谬误。而贝克莱巧妙地通过海勒斯之口，把这个论证中错误的观点改变安排在下面的段落中：

> 斐洛诺斯：那么热是可感事物吗？
>
> 海勒斯：当然。
>
> 斐洛诺斯：可感事物的真实性在于被感知吗？或者它区别于它们的被感知，并与心灵毫无关系？
>
> 海勒斯：存在是一回事，被感知是另一回事。
>
> 斐洛诺斯：我说的只是可感事物。我问对于可感事物来说，你是否认为它们的真实存在就是心灵之外的一个实体，且区别于它们的被感知？
>
> 233 海勒斯：我的意思是一个真实的绝对存在，区别于它们的被感知，并且与它们的被感知毫无关系。

一个更精明的客观性拥护者本可以在坚持客观性与实际的感知截然不同的情况下，仍然承认客观性与被感知有关系。

抛开这个对话的形式，论证是如此进行的：任何程度的热都是被感官感知的，越热越容易被感知。但是极大程度的热是巨大的痛苦，物质实体不能感觉到痛，因而极大程度的热不可能在物质实体中。所有程度的热都是同样真实的，那么如果极大程度的热不是存在于外部物体之中，那么任何程度的热都不存在于外部事物之中。

当海勒斯需要对斐洛诺斯的引导性问题作出区分的时候，他总是回答“是”或“否”。斐洛诺斯问：“最强烈的热是极大的痛苦吗？”海勒斯本应该回答：对热的感觉是痛苦，也许吧；热本身是痛苦，绝不。没有感知的事物确实不能感受到痛苦，这并不意味着它们不能是使人痛苦的。斐洛诺斯又问道：“你的物质实体是无感觉的事物呢，还是富有感觉（sense）和感知（perception）呢？”海勒斯应该回答：有些物质实体诸如岩石是无感觉的，其他的诸如猫则是有感觉的。一句句追踪海勒斯是如何陷入骗局而否认热的感觉具有客观性，将是单调乏味的。关于味觉、嗅觉、声音和颜色的论证继续犯着同样的错误。

在第一个对话中要作出结论时，斐洛诺斯问观念和事物是否可能根本就是一样的。一种可见的颜色如何能够和一个自身不可见的真实事物相似呢？有什么事物可以与一个感觉或观念相似而不与另一个感觉或观念相似？海勒斯同意只有观念能够和观念相似，没有心灵则没有观念能够存在；因此，海勒斯完全不能为物质实体的真实性辩护。

然而在第二个对话中，海勒斯试图反击，提出很多物质存在的辩护，但每一个辩护很快就被打发了。物质不是被感知的，因为已经承认了只有观念是被感知的。斐洛诺斯使海勒斯相信物质是具有广延、固体的、可移动的、无思想的、不活动的实体。这样的事物不可能成为我们观念的原因，因为无思想的东西不可能成为思想的原因。我们应该说物质是神圣原因的工具吗？当然，仅靠意愿行事的上帝不需要无生命的工具。或者我们应该说物质给上帝提供行动的机会吗？但显然全知的上帝不需要提示。

斐洛诺斯嘲笑道：“你最后没有发现，所有这些不同的物质意义只

是让你知道一些毫无理由、毫无用处的东西吗？”无论物质被设想为物
234 体、基底、原因、工具或机会，都不能构成对物质的辩护。它甚至也不能被置于最抽象的可能概念实体（entity）的名下，因为它没有存在的地方，没有存在的方式。由于心灵中没有与之相对应的概念，它也就只能什么都不是。

物质是为了作为我们观念的基础而被幻想出来的。但在贝克莱的体系里，这个作为观念基础的角色不属于物质，而属于上帝；并且可感世界的存在为上帝的存在提供了一个证据。这个世界只有观念，观念只能存在于心灵之中。但是由于可感事物完全独立于我的心灵，它在我的心灵之外存在。因此，当我没有感知到它们的时候，它们必须存在于某个另外的心灵之中。“由于对所有其他有限的被造灵魂来说都是如此，必然可以得出：存在一个无所不在的永恒心灵，知道并包含一切事物。”

即使我们假设可感世界只存在观念，这里上帝存在的证明似乎仍然存在一个瑕疵。不可能毫无谬误地从前提“没有一个有限心灵可以使所有事物存在其中”推出结论“所以有一个无限的心灵可以使所有事物存在其中”。（比较“没有一个民族国家可以使每一个人成为公民，所以有一个世界的国家使每一个人成为公民”。）

贝克莱交给斐洛诺斯的最后一个任务是重新解释日常语言，这样我们关于世界的日常信仰就会最终成为真理。关于物质实体的陈述必须被转译成关于观念集合的陈述。“真实的事物就是我的感官看到、感觉到和感知到的那些事物……例如，一片可感的面包留在我的胃里，要比你所说的一百片不可感、无法了解的真实面包要强。”

一个物质实体是各种感官感知的可感印象或观念的集合，由于它们彼此持续联结而被心灵视作一体。按贝克莱的说法，这个被称作“现象主义（phenomenalism）”的观点与使用科学意义上的工具和适应自然法则是完全可调和的：它们不是描述事物而是描述现象之间的关系，也就是说，描述观念之间的关系。我们通常所说的外观和真实之间的差异可以按照生动性或强或弱的观念，以及相伴而来的不同程度的自发控制

来解释。

贝克莱结束论证的时候向传统读者作出了一系列保证。认为世界由上帝心中的观念组成这个论点并不导致这样的结论：即上帝承担痛苦，或上帝是罪恶的始作俑者，或上帝不是一个完全的创造者，他不能创造他自己之外的任何真实事物。

贝克莱的体系比洛克的更为违反直觉，它否定了物质和所有精神之外存在的真实性，除了有限或无限精神的自发中介它没有给任何因果关系留有余地。另一方面，和洛克不同的是，贝克莱允许性质真实地属于 235
对象，可感事物是真实存在的。如果最终两个系统都是不可信的，那就是因为二者共同的根基是错误的，即只有观念是可被感知的。但将经验论的假设发挥得最为淋漓尽致的是大卫·休谟（David Hume）。

休谟的心灵哲学

休谟1711年生于爱丁堡（Edinburgh）。他是一个早熟的哲学家，二十几岁的时候就写成了他的主要著作《人性论》（A Treatise of Human Nature）。用休谟自己的话来说这本书“从印刷机一出生就死亡了”，也许因为这本书矫饰、散漫、重复的风格，这个结果也毫不奇怪。其后，他在两本更受欢迎的书中重写了《人性论》中的大部分内容，这两本书是《人类理智研究》（An Enquiry concerning Human Understanding）（1748）、《道德原则研究》（An Enquiry concerning the Principles of Morals）（1751）。休谟曾谋求爱丁堡的一个教授职位，但失败了。从1754年到1761年，他写了6卷本具有强烈保守倾向的英国史，他的一生作为历史学家比作为哲学家更为有名。18世纪60年代休谟一直担任英国驻巴黎大使馆秘书。休谟为人友善，曾竭力帮助当时身处困境的卢梭，被经济学家亚当·斯密（Adam Smith）称作是极近完美的人。在生命的最后几年，休谟写了《自然宗教对话录》（Dialogues concerning Natural Religion），对自然神学进行了哲学式抨击，这本书在他死后三年的

1776年出版。令詹姆斯·博斯韦尔（James Boswell）（详细记录休谟最终病情的人）颇为沮丧的是，休谟拒绝宗教安慰，安详地死去。

《人性论》一开始将心灵的内容（“知觉”）分为两类：印象（impressions）和观念（ideas），而不是像洛克那样将二者都称为“观念”。印象比观念更为强烈和生动，包括感觉和情感，观念则包含在思考和推理之中。休谟所说的生动（vividness）到底是什么意思一直不甚清晰：它有时似乎是指感知包含多少细节，有时是指它包含多少感性色彩，有时是指它对行为的影响有多大。这个概念太模糊而没有清晰的界限，用它来区分思想和情感只是使得二者更为相似。

休谟认为观念是印象的复本。这初看起来像是对观念的定义，但是休谟要求观念还必须有经验支持。休谟一遍又一遍地要求读者通过观察自身来印证这些原则，他告诉我们事实证明一个天生的瞎子没有颜色
236 的观念。无论这是定义还是假设，这个观点只适用于简单观念。即使我没有见过新耶路撒冷（Jerusalem）这样一个城市，但我可以构造这样一个复杂观念。但是休谟认为对简单观念来说，在观念和印象之间有一个一一对应的关系，这条规则是毫无例外的。“简单”的意思与“生动”的意思一样难以把握。但休谟在批判形而上学时，总是频繁地使用这个原则：印象先于观念。

休谟说印象以观念形式再现的方式有两种：记忆中的观念和想象中的观念。记忆中的观念与想象中的观念有两点区别：记忆中的观念更为生动，并保持原始印象的时空次序。这里到底做了什么区分又是不甚明确的。这些区别是要将真实的记忆从使人迷惑的记忆中区分出来吗？第二个标准倒是足以作出这样的区分，但显然人们无法应用这个标准来分辨在他来看哪个特定的记忆是真实的。或者这两个标准打算把自称的记忆（无论正确与否）和自由的想象相区别？这里可以尝试第一个标准，但它是不可靠的，因为幻想比记忆更具强迫性。

休谟谈论记忆的时候，他似乎总是意味着在想象中对过去事情的回忆，但显然这只是我们对过去知识的一个不是最重要的运用。如果

“记忆”是一个包含很多不同事情的词语，那么“想象”则包含更为多样的不同事件、能力和错误。想象尤其（inter alia）可以是：错误感知（“是我确实在敲门还是我仅仅在想象这件事？”），错误回忆（“我确实寄了这封信还是我只是想象我寄了？”），无根据的确信（“我想象不久前他对娶了她感到遗憾”），消遣性的假设（“想象印度和巴基斯坦之间核战争的结果”），异想天开（“布莱克的想象不可超越”）。这里有些想象包含在休谟作为范例的心理想象（mental imagery）之中。

当想象包含在内，它的角色就与休谟安排给它的决然不同了。休谟认为，我们语言中语词的意义在于它们与印象和观念的关系。照此来说，是我们心中的印象流和观念流使我们的说话不是空洞的声音，而是对思想的表达；如果一个语词不是与一个印象或一个观念相关联，那么这个语词就必须因为无意义而被抛弃。

实际上，语言和图像（image）之间的关系并非如此。当我们用图像思考的时候，思想把意义给予图像，而不是相反。当我们不出声地与自己谈话的时候，我们在想象中说出的话，必须通过理性才能把握。当我们想着视觉性的图像同时想着没有说出来的语词，图像只是为文本提
供插图，而这个文本的意思是由表达思想的语词给予的。我们把握语词 237
的意义，不是通过独自内省，而是通过与他人分享共有的语言。

回忆和想象的区别可能会在对“信念（belief）”这个词的考虑中得到最好的说明。如果我记得p，那么我确信p；但是我可以想象p的存在而不需要有这样的确信。就像休谟所说，我们构想许多我们并不确信的事情。但他发现实际上信念很难符合他对心灵之物的设想。

在休谟的体系里，只是想到p和实际上相信p的区别在哪里呢？这不是内容的区别，如果是内容的区别，那就意味为思想增加一个新的观念——即存在的观念。但休谟说没有这样的观念，当构想某事的时候，我们把它想成是存在的，我们没有向最初观念添加任何东西。

> 当我们肯定说上帝是存在的时候，我们只是照人们向我们描写的样子形成那样一个存在者的观念；我们并不是通过一个特殊观念来想象归属于他的那种存在，并把这个特殊观念加到他的其他性质上，而且还可以把这个特殊观念和那些性质的观念分离开、区别开。

概念和信念的区别肯定不在于它所包含的观念中，而是在于我们把握它的方式。信念存在于观念的生动性之中，与某些当下的印象相关联——这个印象，无论是哪一个印象，都是我们信念的基础。“信念是与当前印象关联着的一个生动的观念。”

休谟说确信和构想不需要在内容上不同，这是对的。如他所说，如果A确信p，而B不确信p，他们不赞成的是同一个观念。但思考上帝和相信上帝存在是两个完全不同的事情。休谟说没有存在概念，这是错的。如果他是对的，那么我们怎么能判断有什么是不存在？我们都赞成存在概念是一个与上帝或独角兽概念完全不同种类的概念。休谟难以接纳存在概念是由于经验论的偏见，即一个概念必须是一幅精神图像。

休谟在说明作为信念标志的生动性时存在很多困难，有些困难内在于他的体系中。例如，我们可能会奇怪，为什么这个与观念相关联的感觉不是印象，我们怎么能用生动性标准把信念和记忆区分开来。其他困难不仅仅是内部的。关键的一个困难是：信念根本不需要包含想象（当我坐下，我确信椅子将支撑着我：但我脑子里不想这件事情）。而一旦想象进入信念，强迫性的想象（例如配偶的不忠）就会比真实的信念更为活跃。

休谟对心理概念的说明也是有问题的，因为他指望第一人称“我”
238 的内省来建立心理术语的意义，而不是探索人类在共有世界中如何相互运用心理学词汇。在休谟考虑自己的存在时，依赖内省的结果生动地体现了出来。

> 当我亲切地体会所谓我自己时，我总是碰到这个或那个特殊的知觉，如冷或热、明或暗、爱或恨、痛苦或快乐，等等的知觉。任何时候，我总是不能抓住一个没有知觉的我自己，而且我也不能观察到任何事物，只能观察到知觉。

贝克莱曾主张观念只存在于心灵之内；休谟现在则坚持在心灵里也没有什么可以供观念固着。这里只有一束印象，没有对自我（self）的印象，因此也就没有对自我的观念。

这个结论使经验论者的共同假设走到了终点，这个假设认为：思想即图像，思考者与其思想的关系就是一个内在之眼与内在画廊之间的关系。正因为人不能看到自己的眼睛，人也不能感知到他自己。但是把想象当做内感知是错误的。持有精神图像并不是一种独特的感觉，而是普通的幻想性感觉。内感知的观点导致一个自我的观念，这个自我是内感知的主体。在洛克和贝克莱的传统中，自我是内在视觉的眼睛、内在听觉的耳朵，甚或既拥有内在之眼又拥有内在之耳。休谟表明这个内在主体是幻想出来的，但他没有揭露这个导致经验论者信奉内在自我神秘性的错误。走出僵局的真正方法是拒绝把思想和图像视为同一，并接受：一个思想者不是一个孤立的内感知者，而是一个生活在共有世界的具体化的人。

休谟以他为心理学所做的贡献如同牛顿对物理学所做的一样而自豪。他提出了一个关于观念联想的（空洞）理论，这个理论相当于物理学中的引力理论。但是责备休谟的哲学心理学如此不成熟是不公平的，他只是从17世纪先辈那里继承了贫瘠的心灵哲学。他的价值之一是相当公正地说出经验论假设中这个固有的无效结论，但他在哲学史上最为重大的价值在于他的因果关系论。

休谟论因果关系

休谟认为，如果我们寻找因果关系观念的起源，我们会发现它不是物体的任何特有性质，因为大多数不同种类的物体既可以作原因也可以
239 作结果。我们必须改为寻找物体间的关系。实际上，我们发现原因和结果一定是彼此相邻，而且原因一定是先于它们的结果。但这还不够：我们感觉到原因和结果之间一定有某种必然联系，虽然这种联系的本质很难确立。

休谟否定了下面这个观点：任何开始存在的事物都一定有一个存在的原因。

> 既然所有个别的观念都是可以相互分离的，而原因和结果的观念又显然是个别的，所以我们很容易想象任何对象在这一刹那并不存在，在下一刹那却存在了，而无需对它加上一个个别的原因观念或产生原则的观念。

当然，“原因”和“结果”就像“丈夫”和“妻子”一样是相互关联的词项，而且就像每个丈夫一定有一个妻子一样，每个结果一定有一个原因。但就像不能因为每个丈夫一定有一个妻子，所以推出每个男人都一定结婚了一样，也不能因此证明每件事都一定有一个原因。因为我们都知道，就像有的男人没有妻子一样，有些事情缺乏原因。

如果根本没有任何原因，就可以毫不荒谬地构想出某个将要存在的东西或正在经历的变化，那么更不必说（a fortiori），我们没有特定原因而构想一个正在发生的事情，这也是毫不荒谬的。因为在逻辑上可以构想从一个特定的原因产生许多不同的结果，只是经验使我们期待那个实际的结果。但这个期待以什么为基础呢？

休谟说事实是这样的：我们看到一个种类的诸个体不断有另一种类的诸个体相伴而来。“接近和接续并不足以使我们断言任何两个对象是

因是果，除非我们觉察到，在若干例子中这两种关系都是保持着的。”但这怎么能使我们更进一步？如果因果关系在单个例子中不能被察觉，而由于相似例子间彼此独立、互不影响，这个因果关系又如何能在重复的例子中被察觉呢？

休谟的答案是观察到这些相似之处后，在心灵中就会产生一个新的印象。一旦我们观察到足够多A随之以B的例子，我们感到心灵就会作出从A到B的决断。在这里我们发现必然联系观念的起源，必然性“只是心灵的一个内在印象，或者是把我们的思想由一个对象带到另一个对象的倾向”。当原因呈现自身的时候，我们就感到对结果的期待，这是习惯性联接产生的印象，这种印象正是必然联系观念的来源。

这看来是很荒谬的，不是我们的推理依赖于因果必然联系，而是必然联系依赖于我们由此及彼的推理。休谟提供了两个因果关系的定义。
第一个是：原因是“先行于、接近于另一个对象的一个对象，而且在这 240
里凡与前一个对象类似的一切对象都和后一个对象类似的那些对象处在类似的先行关系和接近关系”。在这个定义中，没有说到必然联系，没有提及心灵的活动。因而，休谟给出第二个更为哲学化的定义。一个原因是“先行于、接近于另一个对象的一个对象，它和另一个对象那样地结合起来，以致一个对象的观念就决定心灵去形成另一个对象的观念，一个对象的印象就决定心灵去形成另一个对象的较为生动的观念”。

值得注意的是，在第二个“原因（cause）”定义中，一个观念的出现“决定（determinded）”心灵去形成另一个观念。这似乎使定义进入一个循环：“决定”不是与“原因”相似或紧密相关的吗？即使说这个被提及的决定是在心灵里，而不是在世界中，也不能避免这个循环。因为因果关系理论不仅会应用于道德必然性也会应用到自然必然性中，不仅会应用于社会科学也会应用到自然科学中。

休谟因果关系分析的原创性和力度被他使用的语言掩盖了，并因印象和观念机制的模糊性而变得更糟。但我们可以从这些心理学设置中分离出三条具有重要意义的新颖原则。

（1）原因和结果是截然不同的存在，可以彼此分开理解。

（2）因果关系可以用接近（contiguity）、先行（precedence）和恒常结合（constant conjunction）这些词汇来分析。

（3）并不是任何存在都有原因。

这里每个原则都值得并已受到极度详尽的哲学审查。如我们所看到的，这里的某些原则受到康德的彻底批判，而其他原则已被更多的当代哲学家修改或拒斥。但如今对因果关系的日常讨论则是由休谟开始的。

休谟把人类意志定义为“我们自觉地发动（give rise to）自己身体的任何一种新的运动、或自己心灵的任何一个新的知觉时、所感觉到和所意识到的那个内在印象”。考虑到休谟的因果关系理论，我们可能会想知道到底是什么“发动”不得不出现在这个定义中。然而如果我们用“任何被观察到的新运动的出现”替换“我们自觉地发动任何一种新的活动”，那么这个定义看来就根本不可行了。

休谟认为人类活动的必然性不比任何其他自然事物的运行更多或更少。我们所做的一切都是由动机和行为间的因果关联而成为必然。在这个问题上，休谟用于证明恒常结合的例子是势利、偏狭和缺乏说服力的。（“一个做散工的人的皮肤、毛孔、筋肉、神经，与一个名门绅士
241 的各不相同；他的情绪、行为和态度也是这样。”）即便如此，他反对自由意志的论证依然被他死后的其他哲学家反复运用。

经验可以证明自由意志吗？休谟接受了对自发性自由（liberty of spontaneity）和无所谓的自由（liberty of indifference）的传统区分。经验确实显示了我们的自发性自由——我们常常做我们想做的事情——但经验不能够为无所谓的自由提供真正的证据，也就是以不同于我们实际所做之事的方式做事的能力。我们可以想象我们在自身中感觉到某种自由，“但是一个旁观者通常能够从我们的动机和性格推断我们的行动；即使在他推断不出来的时候，他也一般地断言说，假如他完全熟悉了我们的处境和性情的每个情节，以及我们天性和心情的最秘密的动力，他就可以作出这样的推断”。

按照休谟正式的心灵哲学以及对因果关系的正式说明，似乎没有谈论行为“隐秘根源”的余地。实际上，他关于意志必然是原因性的这个论点，很难与他自己对意志的定义或他自己的因果关系理论取得一致。

20世纪休谟被大量研究和模仿，尤其是他对宗教和形而上学的敌意使他拥有很多崇拜者。但他在哲学史上的重要性在于他对因果关系的分析，在于他无论何时都严格遵守经验论的预设。

黎德和常识

给予经验论以决定性打击的著作一个是属于18世纪末的普鲁士哲学家，一个是属于20世纪中期的奥地利哲学家。但英国哲学对此也有它的功劳，与休谟同时代的托马斯·黎德（Thomas Reid）已经预见到了后来康德和维特根斯坦（Wittgenstein）的许多批判。黎德接替经济学家亚当·斯密成为英国格拉斯哥（Glasgow）大学的道德哲学教授，他也是苏格兰常识学派的创始人。1764年黎德出版了《在常识原则下探寻人类心灵》（An Inquiry into the Human Mind on the Principles of Common Sense），作为对休谟《人性论》和《人类理解论》的回应，并在18世纪80年代出版了两篇关于人的理性和积极力量的论文将这个问题探究到底。

起初，黎德和他同时代人一样已经接受了观念理论，但阅读《人性论》后，他突然放弃了这种观点。他向休谟写道：“在我看来，不仅你的体系各部分连贯一致，而且推理所依据的原则也是正当的，这些原则我认为是毫无问题的。但你从这些原则得出的结论，却使我对它们产生了怀疑。”对休谟的反思使黎德看到，不仅在洛克和贝克莱的经验论中有一些根本错误，而且在使用笛卡尔体系中的观念时也存在这种问题。

当我们看到从笛卡尔到贝克莱神父这些最值得铭记的哲学家们集聚诸多论证来证明物质世界的存在，却不能找到任 242

> 何可以经受检验的论证；当我们看到本世纪最为敏锐的形而上学家贝克莱神父和休谟先生主张世界上没有像物质这样的事物——太阳、月亮和星星，我们居住的地球，我们自己的身体，以及我们朋友的身体，只是我们心中的观念，只存在于思想之中；当我们看到人们最后主张既没有物体也没有心灵——自然界除了观念和印象什么也没有——没有确定性，当然也没有可能性，即使是数学原理中也没有：我要说当我们考虑在这些问题上最为敏锐的作者们的过度言辞时，我们倾向于认为整个这些只是一个空想者的梦，他们使自己纠缠在蛛网中消磨脑汁。

实际上，近来的哲学史显示：如果从错误的第一原则开始，即使最明智的人也可能犯错。

观念理论的首要问题就是“观念”这个语词的含糊性。黎德主张在日常语言中，观念意味着一个思维活动：拥有任何事情的观念就是构想这件事情。但哲学家却给了它不同的意思，它不是指构想活动，而是某种思想之物。这些观念最初“以事物之图像或表征的简陋特征”被引入哲学，但哲学逐渐地“替换了这些观念的成分，毁坏了除自身之外的一切”。

黎德主张实际上哲学意义上的观念只是幻想。我们确实拥有许多事情的概念，但概念不是图像，这个认为观念是图像的假设对于解释我们如何获得和使用概念，既无必要也不充分。像洛克这样的哲学家不仅把概念混同于图像，而且他们在考虑概念本身的时候就是从错误的一端开始的。他们认为知识来自与信念相分离的光秃概念，而信念产生于简单观念的比较。真实的情况却完全相反：我们从自然和原初判断开始，我们后来把这些判断分析成逐个概念。例如，看到一棵树不是给我们纯粹一棵树的观念，还包括判断这棵树以某种形状、尺寸和位置存在着。

最初的心灵之物不是一套毫无关联的观念，而是一个原初和自然判断的体系。“它们是我们构造中的一部分，我们理性的所有发现都是以它们为基础的。它们构成了所谓的人类常识（common sense of mankind），任何与这些第一原则明显相反的事物我们都称作荒谬。”作为推理基础的普遍原则中有一些是休谟已经论及的原则：第一，可感的性质必须有一个主体，即所谓的身体，而有意识的思想必须有一个主体，即所谓的心灵；第二，万物皆有始因。黎德在面对休谟所做的详尽批判时，十分生硬地肯定了这些原则，这有一点教条主义的意味；但他 243
会回应说这些原则如此基础，以至于既不需要也不容许有什么证据。

黎德想要继续洛克对第一性和第二性的质的区分。但是与洛克不同的是，黎德认为诸如颜色这样第二性的质是物体的真实性质：它不等同于我们对颜色的感觉，但它是这些感觉的原因。黎德说，没有人认为因为我们用绿色眼镜看一个红色物体，这个物体的颜色就变化了。有一点是毫无异议的，即我们只能通过性质的效果来察觉它的客观性，引力和磁力也是如此。“红”意味着一个普通人用这个词所意味的东西，哲学家不能任意改变它的意义。“普通人毫无疑问有权为他们日常熟悉的事物命名，当哲学家不预先告知就改变一个普通语词的意义时，他们应该因其滥用语言而被指责。”

虽然黎德确信普通语言为词语的意义设定标准，但他绝不是说普通人的信念应该比科学研究更受青睐。相反，黎德认为自己是一个经验论科学家，并与最新的自然科学视野保持同步。实际上，他在研究可见事物的几何学中显示了巨大的科学独创性，并参与了非欧几里得几何学的发展工作。黎德想要展示的是普通人的现实主义与科学追求以及对心灵自身的经验研究完全一致。

黎德是为18世纪苏格兰启蒙运动增光添彩的人物之一，在其所在的世纪里产生了长久的影响，他的重要性已经被我们现在的时代重新发现。但在欧洲主流思想中，他的工作被欧洲启蒙运动更为流行的人物们遮住了，在他对经验论的直率反驳之后，康德更为复杂的批判紧随而来。

（汤明洁　译）

第十五章 启蒙运动

启蒙哲学家

244 在18世纪，法国同英国的社会和政治哲学都受到洛克（Locke）影响。但是不同的是，英国奉行君主立宪制，政府采用议会制，尽管不是很民主，但却主张对包括基督教徒的所有教徒宽容；然而在法国却是专制君主制，在1685年路易十四世曾经公布了南特敕令宣称只有天主教是受官方允许的。然而在他的孙子路易十五世统治下，通过默许而非法令在一定程度上思想自由被允许。一群思想家，法国的启蒙运动哲学家创造了一种敌视教会和国家现状的思想。他们的宣言是18世纪50年代由丹尼斯·狄德罗（Denis Diderrot）和让·达朗贝尔（Jean d' Alembert）编撰的《百科全书》。

同休谟（Hume）一样，启蒙运动的哲学家的目标是建立一门事关人类事务的科学以同牛顿建立的物理世界科学相匹配。看到教会力量对这门科学发展的阻碍，因而他们把用理性取代迷信作为他们的使命。在17世纪末皮埃尔·培尔（Pierre Bayle）在他的《历史批判词典》（Dictionnaire historique et critique）中讨论了在自然和启示神学中的没完没了的冲突，认为道德学说应该完全独立于宗教。而信仰灵魂不死对于道德是不必要的。没有理由说明为什么不能存在一个无神论者的有德性的共同体。

伏尔泰（Voltaire），最出名的哲学家，同意培尔的第一个观点，但不同意第二个观点。他认为，一种精神性、可以分离的灵魂的存在是不能被证明的，或者可能是假的；但是他想这个世界正如牛顿所宣布的解释，上帝的存在如同一只表表明钟表工的存在。如果上帝不存在，他说，就必须创造他来支持道德法。但是伏尔泰不相信上帝已经靠选择而创造了这个世界。如果他那样做了我们将会责备他的邪恶，如1755年里斯本的灾难性的大地震。这个世界不是自由创造的结果，而是上帝存在 245
的必然和永恒的结果。伏尔泰，从术语使用的角度看，他是一个有神论者而非无神论者。

伏尔泰在人类的事务上也主张自由是一种幻象，这种幻象是由历史家们对于伟大的国王和将军的行为长篇大论的习惯所产生。伏尔泰本人写了大量的历史作品，强调过去时代社会、艺术和工业方面的重要性。然而，在政治上，他既不是一个平民主义者也不是一个民主主义者；他的理想是一种开明专制，如他的一次性的资助者普鲁士的弗里德里克大帝。他最关心的自由是言论自由，尽管不能确定他是否曾经说过“我不赞成你说的话，但我会誓死捍卫你说话的权利”。

更重要的政治哲学家是孟德斯鸠男爵（Baron de Montesquieu），写过《波斯人信札》（Persian Letters），在该文中激烈地讽刺法国的政治和教会生活，以及《论法的精神》（The Spirit of the Laws），一本寻求把国家的本质理论建立在大量社会学证据的基础上的宏著。他认为有三种主要的政府形式：共和制、君主制和专制政府。一个人不能推论出一种政府形式在每一个地方都合适：政府应该和气候、财富以及国家的国民特点相适应。因而，共和国适合于冷的气候，专制政府适合热的气候；比起在一马平川的大陆国家而言，自由在岛国和山国更容易获得；一种立宪政府更适合西西里人而不是英国人等。

孟德斯鸠在英国呆了一年，是英国宪法伟大的崇拜者，特别因为它的独立的权力，他把它看做自由的基本条件。政府的立法、行政和司法机构不能被组合在一个人或者是一个机构之下。如果它们彼此分离，它们的行为彼此监督和平衡，就能提供一个坚实的基础反对暴君专制。是否英国的立宪君主制是合理的，孟德斯鸠的理解有长期的影响力，特别是当他的理论在美国宪法里得到体现之后。

卢梭

所有的法国18世纪的哲学家中最有影响力的是让·雅克·卢梭（Jean Jacques Rousseau），尽管他在专业哲学界的影响不如在哲学圈外的影响。像圣奥古斯丁一样，他写了一本自传《忏悔录》（Confessions）；他的忏悔比奥古斯丁的更清晰、更详细，包含更多的罪恶感，更少的哲学陈述，也没有任何的祈祷。他告诉我们，他生于日内瓦，在一个加尔文教徒家庭长大；在16岁时做学徒时逃跑，后成为都灵的一个天主教徒。1731年，他同华伦（Baronne de Warens）男爵夫人
246 成为朋友，并与她同居了九年。在1743年他做了第一份工作即法国驻威尼斯大使的秘书；由于和大使发生争议而去了巴黎并遇到狄德罗和伏尔泰。在1745年，他开始了同一个旅馆的女服务生的终身关系，有过五个孩子，一个接一个，并都抛弃在孤儿院里。在1750年他靠出版了一篇值得赞誉的论文而获得名声，在该文中，使百科全书派恐惧的是，他讨论了艺术和科学对人类的致命影响。随后的四年都花在《论人类不平等的起源和基础》上，他争论说人是自然的善的，但被制度所腐化。这两部作品提出了“高尚的野蛮”理想，认为淳朴的善使文明化的社会感到羞耻。

1754年卢梭回到日内瓦再一次成为新教徒，在与伏尔泰发生了激烈的争吵之后，他回到法国并写了一本小说《新艾洛伊丝》，和关于教育方面的著作《爱弥儿》（Emile），以及一本主要的政治哲学著作《社会契约论》（The Social Contract）。由于这些作品的煽动性的学说，他不得不在1762年逃到瑞士但又被赶出日内瓦。在1776年英国的大卫·休谟为他提供了一个避难所，确保他从乔治三世那里获得了资助。但是不

久他偏执狂的忘恩负义，也使休谟无法保持耐心，因而他又冒着被抓的风险回到了法国。在他生命的最后几年他过得非常贫困潦倒，当他在1778年死的时候，一些人甚至认为他是自杀的。

《社会契约论》是一本很值得读的，能够使人受益匪浅的作品，哲学家本人也成了畅销小说家。它的第一句话尽管是误导性的，却使人印象深刻。“人生而自由，却无往不在枷锁中。相信自己是他人的主人如同他人所认同的一样，但却都是奴隶。”卢梭的早期作品的读者设想枷锁是指那些制度机构。那么我们应该反驳这样的社会秩序吗？不，我们被告知，它是神圣的权利，是所有其他权利的基础。卢梭现在认为社会机构是解放的力量而不是奴役的力量。

同霍布斯一样，卢梭相信社会起源于自然的原初状态不能相容的时候。一种社会契约被订立来确保整个群体的力量在保护每个个别的人和他的财产。每个成员都把他的权利交与群体并放弃任何对权利的反对。但是用这样一种方式怎么能够做到当被团结并服从的时候能够保持像以前一样的自由呢？

解决的办法在普遍意志理论中被找到。社会契约创造了一个道德集体，国家或者主权人。作为公民的每个个体都分享了主权权威，而作为臣民又温顺地服从国家法律。主权人不存在于组成它的个体之外，在它追求公共的善的时候不能够走错。一个个体的意志可能对立于全体意志，但是他能被他的同类公民组成的这个团体强迫同全体意志保持同步——“也就相当于说强迫一个人自由是必须的”。在卢梭的社会契约 247
下，人类由于服从于诱惑而失去自然的自由，但获得了文明的自由，允许稳定的财产所有权的存在。因此，人类确实比他们过去更自由。但卢梭所归于不受限制的不守法的自由是相当特殊化的，掺杂了对普遍意志的表达自由。

主权人是抽象实体：它不会和任何特殊的、无论什么形式的政府相对应。由此，普遍意志理论并不是任何政府都能够利用而使其行为正当的。那么，普遍意志理论是怎样被确定的呢？依靠什么作为参考标准呢？答案是否定的，对于卢梭来讲，“公意”并不是“众意”。“常有相对大的差别在所有人的个别意志和普遍意志之间。后者是关于共同的利益而前者本身是个别意志的总和其所涉及的利益是有偏见的。”因为每个投票者是无知的并受到个体利益的左右，只有当公民大会慎重考虑并完全一致时，才是绝对不会错的。

根据卢梭的观点，公意能够由基于两个条件的直接投票确定：第一，每个投票者都获得充分的信息；第二，任何两位投票者之间相互没有任何交流。这第二个条件阻止了并非整个共同体的集团或党派的形成。这仅发生在完全的国家状态下，在个体意志的自利之间的差别会取消或者产生主权人民的自利。“因此，基本的是，如果公意能够表达自己，那么在这种国家中就不应该有偏私的团体，每个公民都应该能自我思想。”

人民主权是不可分割的：如果你分离了立法权和执行权机构，你就使主权成为被撕成片并打满补丁的奇怪动物。但是主权也是有限制的：它必须仅关注极端普遍的事务。“正如个体意志不能代替公意，同样，当注意力集中在特别的个体对象时，公意也必须改变它的本质。”因为这个，人民尽管有了最高的立法权，还必须行使执行权，通过代理人即政府而关注特别的个体行为。

政府的“建立是作为臣民和主权之间沟通的媒介，是为了执行法律和维护自由”。统治者是人民的雇员：政府从主权接受命令然后把它传递给人民。同孟德斯鸠一样，卢梭拒绝说明一种单一形式的政府会适合所有的环境。但理想的是政府的形式和个体统治者应该为定期的公民大会所批准。在这点上，卢梭对瑞士立法程序的情有独钟似乎超越了他的主权应该只关注普遍问题的原则。

248 尽管卢梭对人民的公意非常关注，在实践上他不是一个全心全意的民主的支持者。“如果存在诸神之国这样一种东西，那将会是民主，一种如此完美形式的政府并不适合于人类。”当然他想到的是直接民主制，政府被公民大会所控制，同时他担心在这种情况下统治者将会是非专业性的争论不休的。他所喜欢的政府形式是一种选举的贵族政治。“它能做最好的和最自然的安排，即睿智者应该管理大众。”这个体系的最大优点是它比公民政府要求更少的道德；它并不要求严格地坚持平等，它要求的是一种在富人和穷人之间的和解的精神。自然地讲，富人的意志能更适于做管理，他们有更多的空闲时间。但是穷人也应该不断地当选行政职务，其目的是使平民百姓振作起来。

在“人生而自由，却无往不在枷锁中”的令人鼓舞的修辞中，这看起来成为是相当温顺和资产阶级化的总结。在那个时代，《社会契约论》仍然被那些掌权者看做是对他们的威胁，作为短期执政的革命者奉行的圣经，它仍然是脆弱的。并不是这本书的标题“社会契约论”激怒和煽动了公民：正如我们看到的，这样的契约理论在现在看来是一文不值的，煽动读者的是公意的全新概念。

慎重地看，这个概念理论上是连贯的而实践上是空洞的。从逻辑上分析，这并不是真实的，如果A意志是A的善而B意志是B的善，那么A和B联合起来希望A+B的善：为了明白这点我们仅需要考虑A看它的善消灭了B的，而B也看它的善消灭了A的。实践上使卢梭的概念变得无用是公意原则证明的困难。正如我们所看到的，他确立了它表达的条件：每个公民都能获得充分的信息，但不允许任何两个公民彼此联合起来。这第二个条件的实现要求一个国家的完全专制，而第一个条件决不会在真实的人类共同体中实现。

革命和浪漫主义

当然公意对于政治目的的价值是一个空洞的概念。在卢梭死后11年法国大革命横扫已经禁止了《社会契约论》的当局。在路易十六世国王所制定的温和过时的系列改革之后，革命迅速地发展并废除了君主专制，处决了国王。雅各宾（Jacobin）派的罗伯斯庇尔（Robespierre）掌权，实行恐怖统治不仅绞死了幸存的古老的统治家族的统治者而且处死

249 了不同立场的许多民主者。罗伯斯庇尔宣布雅各宾的意志是公意，他的专制政府正迫使公民自由。

法国大革命能够宣称不仅是卢梭的产物而且也是卢梭所反对的启蒙哲学家的产物。革命尽它最大的努力破坏天主教会，不仅因为其享有古老政权的政治和经济权力，而且因为他们相信它是科学进步的阻力。在巴黎圣母院中一个女演员登上了理性女神的王位。前牧师被作为自然神论者再次接受培训，并作为理性的使徒被送到各地教区。

革命已经从卢梭那里获得了自由和平等的口号并依靠把公意的表现移交给拿破仑政权而结束，拿破仑在十年的时间内在欧洲享有比从查理曼大帝（Charlemagne）以来的任何一人更大的权力。但是在革命摧毁了自身之后很久，卢梭的影响通过浪漫主义运动以一种非常不同的方式在整个大陆仍然能够被感觉到。

并不是卢梭的《社会契约论》而是他的《忏悔录》和《论科学和艺术的复兴是否有助于敦风化俗》形成了浪漫主义运动的理论架构。卢梭的作品看起来在18世纪的法国复兴了对古代城邦和有礼貌生活以及富有特色的古希腊的愤世嫉俗的生活特色的原始的自然状态高潮的思考。“情感”一直在法国是很流行的，这些彬彬有礼的姑娘在凡尔赛的被修剪的很平整的花园里打扮得像牧羊女，但是浪漫主义运动开始把舒适的闲暇者的田园般生活转变为鼓励追求全面的生活价值。

浪漫主义者并不必然对农村的劳动者的福利有任何真实的兴趣。然而他们高举真实的和被构想的农夫的道德作为社会的反照，他们看到了那些被开垦和多山的土地上的最贫困的人民的生活。另一方面，浪漫主义责备仅提供给城市居民便民设施，如城市图书馆、大学和股票交易所。在一种可以理解的结合中，如果不是不可避免的，那么选择了乡村而不是城镇同时也是对反对智慧的激情的肯定，是渴望激动而不是安全。

在英国浪漫主义接受了华兹华斯（Wordsworth）和柯尔律治（Coleridge）的作品中最雄辩的表达。在《午夜寒霜》中，柯尔律治告诉他的儿子：

因为我
在都城长大，被关进幽暗庵堂，
除了天空的星星，没什么可看的。
而你呢，孩子！你会像清风一般遨游在
湖滨、沙岸和山岭高崖下，
仰望浩瀚的云海——云海也幻化出
湖泽、沙岸和山岭的图形；那么， 250
你就会看到各种瑰丽的景象，
你就会听到各种明晰的音响，
这些，都属于上帝永久的语言，
他在永恒中取法于万物，而又让万物取法于他。①

在那些篇章中，英国的浪漫哲学往往模仿他们所崇拜的斯宾诺沙（Spinoza）泛神论。但是华兹华斯也关注柏拉图的话题：在《永生颂》（Immortality Ode）中，他复活了回忆说和前世论。

人生降世不过是一场昏睡，逐日淡忘；
伴随肉体的灵魂，我们的司命星，
一度沉落他地，
现又升腾而起，迢迢飘来；
既未全然忘却前事，
亦非空空一无所赐，
我们驾着荣耀的云彩，

①[英]科尔律治，《科尔律治诗选》，杨德豫译，广西师范大学出版社，2009年，第75页。——译者注

辞别上苍，我们的归宿。①

在别的地方，华兹华斯用新柏拉图主义的理念来表达了对自然的崇拜。

我感觉到
有什么在以崇高的思想之喜悦让我心动；
一种升华的意念，
深深地融入某种东西，
仿佛正栖居于落日的余晖，
浩瀚的海洋和清新的空气，
蔚蓝色的天空和人类的心灵：
一种动力，一种精神，
推动着思想的主体和思想的客体
穿过宇宙万物，不停地运行。②

这使我们重新回想起了普罗提诺（Plotinus）和阿维森纳（Avicenna）的世界灵魂。

在英国的后一代诗人中，约翰·济慈（Keats）借一只希腊古瓮来抒发柔情，而这有时被看做是浪漫主义的精髓。

等到衰老耗蚀了我们这一代，
你依然如故；倘若有后人陷入另一种哀戚，

---

①[英]弗·特·帕尔格雷夫原编，《英诗金库》，罗义蕴、曹明伦、陈朴编注，四川人民出版社，1987年，第1587页。——译者注

②此为华兹华斯《丁登诗》节选，中文翻译引自飞白主编《世界诗库·英国、爱尔兰》，花城出版社，1994年，第294-295页。——译者注

你将作为朋友前去安慰他说：
“美即是真，真即是美”，
——这就已经包含你们所知道的， 251
应该知道的一切真谛。①

但是总体而言，说浪漫主义的特征是以美取代真作为最高价值，这是不公平的。浪漫主义在它们的风格中都关注真的问题，坚持对于感情真实性比恰当性更重要。前浪漫主义把美置于很高的价值地位；浪漫主义所做的是改变人对于什么是美的知觉。作为对于理性、秩序和启蒙时代的反映，浪漫主义感到中世纪的魅力——不是它的哲学，而是它的不规范的建筑和它幽暗的废墟。哥特风格的复兴，在19世纪开始繁荣，在英国开始于卢梭作第一篇《论文》时那十年。18世纪的最后十年是哥特式小说如日中天的岁月，其充满了神秘、鬼怪和奇遇。简·奥斯汀（Jane Austen）的小说和她浪漫主义的嘲弄，能够被看做理性时代清晰的视野和宁静的价值的一种最后的肯定。

在他老年的时候，柯尔律治通过他自己的努力成为多产的哲学家。他向那个时代在英国繁荣的功利主义发起理论攻击，他把从德国哲学家了解到的观点介绍给了英国读者。在对18世纪的经验主义和理性主义作出严格评价的不是18世纪的浪漫主义的批评家们，而是《纯粹理性批判》（The Critique of Pure Reason）的作者伊曼努尔·康德（Immanuel Kant）。

（李先敏 译）

①此为济慈《希腊古瓮颂》节选，中文翻译引自飞白主编《世界诗库·英国、爱尔兰》，花城出版社，1994年，第403页。——译者注

第十六章　康德的批判哲学

康德的哥白尼革命

252 18世纪最重大的事件之一就是普鲁士王国的兴起。普鲁士以前是德意志东部的一个落后省份，在1701年成为一个王国。在莱布尼兹的庇护人弗里德利希一世和他的孙子弗里德利希大帝（他的统治从1740年到1786年）的统治下，普鲁士王国在欧洲各个君主国之间的权力制衡中具有很大的分量。弗里德利希大帝建立并控制了一支第一流的军队，通过三年的战争，他把相邻的奥地利和波兰的一些具有重要地位的国土并入了自己王国的版图之中。到他死去的时候，普鲁士作为德意志内部主导性的力量已经可以挑战奥地利的权威了。

尽管军事效率是其政府的首要目标，但弗里德利希大帝却是一个有文化教养的人，他是一位天才的音乐家，能够用法语流利地写作。他和伏尔泰通信，让他在柏林待了一段时间。在他统治期间，不仅为德意志帝国打下了坚实的基础，而且也为德意志思想家支配19世纪的哲学奠定了坚实的基础。

这些哲学家中第一个也是最伟大的一个是伊曼努尔·康德（Immanuel Kant，1724—1804），他终生生活在他出生的普鲁士东部的边陲小城哥尼斯堡。他被培养成为一个虔诚的路德教信徒；尽管他后来持自由的神学观点，但其个人生活却一直很严谨，生活习惯很规律，以行动遵守严格的时间而著称。在大学期间，他受到的教育是莱布尼兹的形而上学，但是是被沃尔夫（Wolff）体系化了的莱布尼兹哲学；在阅读了休谟和卢梭的著作之后，他摆脱了这一思想体系的束缚。在做了几年临时教职并拒绝了诗学的教授职位之后，他在1770年成为家乡的大学（即哥尼斯堡大学——译者注）的逻辑学和形而上学教授。他终生未婚，也没有担任过公职，他的一生就是思想的一生。

在其青年时代，他关注科学更甚于关注哲学。他首次写的哲学论文谨慎小心地保持着传统习惯。直到35岁那年他写出了使他名垂千古的著作《纯粹理性批判》。这部著作出版于1781年，是人类文明史上最 253
辉煌的几十年的开端。在这几十年间，《费加罗和顿·吉奥瓦妮的婚礼》（The Marriage of Figaro and Don Giovanni）谱成，吉本（Gibbon，1737—1794，英国历史学家——译者注）出版了他的《罗马帝国衰亡史》（Decline and Fall），博斯韦尔（Boswell，1740—1795，苏格兰作家——译者注）正在写他的《约翰逊传》（Life of Johnson），而年轻的特纳（Turner，Joseph Mal-lord William,1775—1851，英国风景画家——译者注）首次在皇家艺术学院举办画展。在这一年代的早期，美国宪法已经起草，而末期，法国大革命爆发。

《纯粹理性批判》在1787年出了修订版，紧接着出版了另外两本重要著作《实践理性批判》（1788年）和《判断力批判》（1790年）。康德的著作很难读，并不是所有的困难都是因为主题的深奥或思想的原创性。他过分喜欢创造专业词汇，把思想变成生硬的表述。但是坚持不懈的读者将会透过其艰深的文本在哲学上获得收益。

康德第一批判的目的就在于使哲学首次真正成为科学，数学成为科学已经许多个世纪了。在培根和笛卡儿时代，人们首次认识到，理论必须被实验证实，而实验又必须由理论指导，于是物理学成为科学。但是，形而上学，这门最古老的学科，这门“即使其余的科学统统在一场毁灭一切的野蛮深渊中被完全吞噬也会留存下来的”学科，仍然处于未成熟状态。

康德相信，哲学要成为科学，也需要一场革命，它类似于哥白尼把太阳而不是地球置于宇宙系统的中心。在哥白尼看来，我们认为我们观察到的是太阳围绕地球运转，这实际上是我们的地球转动的结果。康德的哥白尼革命破坏的是我们的思想，正如哥白尼破坏的是我们的视觉。我们不是问我们的认识如何能符合其对象，我们必须从这样一种假定开始：对象必须符合我们的认识。只有这样，我们才能够为形而上学成为先天知识的要求提供正当证明，这种先天知识不同于后天知识，它产生于经验之先。我们的全部知识都从经验开始，但是康德坚持认为，这并不能推出所有的知识都产生于经验。

先天知识的标志是必然性和普遍性。和休谟不同，康德认为，“一切变化都有原因”这个命题表达的是一个具有严格必然性和严格普遍性的判断。另一方面，“一切物体都有重量”只是一个没有观察到例外情况的普遍命题；它是后天判断。

除了区分先天判断和后天判断之外，康德还运用了分析判断和综合判断的区分。在任何具有“A是B”这种形式的判断中，他说，要么谓词B包含在概念A中，要么外在于A。如果是前者，那么判断就是分析的；如果是后者，它就是综合的。康德的例子是“一切物体都有广延”和“一切物体都有重量”。

254 在这里康德的意思并不完全明晰。很显然他试图把这一区分普遍运用于所有的命题，但是并非所有命题都是以他在规定中所使用的简单的主词–谓词形式构成的。“包含”这个概念是一种比喻；无论是把它看做逻辑区分还是看做心理学区分，他在对这一区分进行探讨时都没有使它得到澄清。

但是有一件事是非常清楚的：对康德来说，一个判断不可能同时既是分析的又是后天的。但是剩下了一种可能性，即一个命题可以既是综合的又是先天的。的确，在康德的体系中，先天综合领域广泛而重要。它包括了全部数学：算术和几何学是综合的，因为它们超出了纯粹逻辑，但也是先天的，因为它们在经验之先就被认识了。

先天综合判断如何可能对哲学来说是一个根本问题，只有这个问题解决了，形而上学作为科学才是可能的。如果它不能得以解决，那么形而上学就不过是一种问某些类型问题的自然禀赋而已，比如问宇宙整体。没有什么东西担保这些问题完全不是闲谈。

理性的第一个任务是理解自己权利的性质和界限。理性必须被批判地而不是独断地使用，科学的形而上学必须从“纯粹理性的批判”开始。对纯粹理性的批判也就是对与经验分割开的理性的批判，它为我们对先天知识的一般研究进行预备，康德称这一研究为“先验形而上学”。“先验的”是康德最偏爱的词之一：他使用这个词的时候有好几种意义，但是其共同的意思是指在现实经验的所予物（deliverances）之外或之后的东西。

人类知识来自感官和知性的共同作用。通过感官，物体被给予我们；通过知性，它们变得可以思想。我们感官的结构决定了我们经验的内容；我们知性的构成则决定了经验的结构。哲学家既必须研究感性也必须研究知性：康德称前者为“先验感性论”，而称后者为“先验逻辑论”。

先验感性论

和他的17、18世纪的前辈一样，康德把感官能力看做我们所具有的一种消极的接受表象的能力。但他把我们的经验划分为质料和形式：质料是直接由感觉获得的东西，而由我们知性所给予的形式则使混乱的显象具有秩序。感觉的质料还包括使对蓝色的看和对绿色的看或者对玫瑰的嗅和对奶酪的嗅区别开的东西。但康德感兴趣的仅仅是形式。

在人类经验中，所有的感官对象也是思想的对象：任何被经验到的 255
东西都被知性进行分类和整理，也就是说，都被知性置于一个或多个概念之下。康德想通过从感官经验中排除一切真正属于知性的东西而使感官经验孤立起来，这样，除了直接的经验和其先天形式，就没有任何东西留下来。“在这种研究过程中，”康德说，“就会发现有两种纯粹的感性直观形式作为先天知识的原则，即，空间和时间。”

同其前辈一样，康德也接受了内感官和外感官的区分。空间是外感官的形式，通过它，我们“把对象表象为外在于我们的，它们毫无例外地都在空间中”。时间是内感官的形式，借助于它，心灵经验到其自己的内部状态，它们都在时间中被表象。

“那么，什么是空间和时间呢？它们是现实的存在物吗？它们只是事物的规定或关系吗？即使它们不被直观也仍然属于事物吗？或者，它们只是属于直观的形式，从而属于我们心灵的主观性状，如果离开了心灵的主观性状，它们就不能被赋予无论什么事物吗？”

独断的、非批判的形而上学家将会告诉我们，空间和时间是被经验假定为前提的，而不是源自经验；我们可以想象没有客体的空间和时间，但不能想象没有空间和时间的客体，因此只有惟一的空间和惟一的时间，在任何情况下都是无限的。但是批判哲学家会问，我们如何能够知道空间和时间的真理，如果它们是建基于直观上的（因为它们不是分析出来的）但又是先天的（因为它们先于任何经验）的话。康德的回答是，只有在空间和时间是感官经验的先天形式而不是事物本身的性质的时候对它们的先天综合真理的认识才能阐明。

这意味着空间和时间是非实在的吗？康德的回答是：从经验上它们具有实在性，但从先验的角度看它们只具有观念性。“如果我们排除了主体，空间和时间就会消失：作为现象的东西不可能存在于自身之内而只能存在于我们之内。”在现象之外事物就其自身是什么，是我们所不能知道的。

那么，这意味着，一切都只是显象吗？在日常的意义上并非如此。我们通常在经验中区分了对所有人都有效的东西和从个别的立足点看才偶然具有的东西。在晴天雨中出现的彩虹可以被叫作纯粹的显象，而雨则被认为是事物本身。在此意义上，我们可以同意并不是所有的东西都只是显象。但是康德说，在显象和实在之间的这一区分都只是经验性的东西。当我们进一步看，我们就会认识到“不仅雨滴是纯粹的显象，而且它们的圆的形状，甚至它们在其中跌落的空间，都不是自在的东西，而只是我们感性直观的一些变形或者基本形式，而先验的客体依然不为我们所知”。

这一结论似乎使人感到不舒服，但是康德坚信，如果我们思考一下 256
几何学的性质，我们就不能不同意。几何学是人类理智所取得的辉煌成就：但是它建立在什么基础上呢？它不可能单纯建立在经验的基础上，因为它是普遍必然的。它也不可能单纯建立在概念基础上，因为单纯的概念不会告诉你不可能存在像两边形这样的东西。因此它必定是一门建立于先天直观基础上的综合学科。

康德的先验感性论是其事业中最不成功的部分之一。在他写作的那个时代，欧几里得几何学被认为是唯一可能的空间理论；不久以后，具有另一种可靠性的非欧几里得几何学得到证明。此外，对于我们所居住的世界的基本结构是欧几里得式的还是非欧几里得式的这个问题是科学研究要解决的难题。但是如果空间性是由我们的心灵在一个单一的不可逃避的欧几里得式的形式中构建起来的东西，那么这种探讨就是不可能的。

先验分析论：范畴的演绎

在康德的体系中，紧接着先验感性论的是先验逻辑，它研究的是知性，心灵中创造性的部分。知性使感性直观的对象变成思想的对象。知性和感性是同等的、相互依赖的。“没有感性，对象就不会被给予我们，没有知性，对象就不会被思维。思想无内容则空，直观无概念则盲……知性不直观任何东西，感性不思维任何东西。只有通过它们的结合，知识才能产生。”

康德用“逻辑”指知性发挥作用的规则。他感兴趣的不是个别科学的方法论，而是“思维的绝对必然的规则，没有这些规则，就根本没有知性的任何应用”。他关心的纯粹逻辑涉及的只是形式而不涉及思维内容。它是既区别于心理学，又不依赖于心理学；它对我们思维的起源或历史毫无兴趣。

康德关心的并不是阐明或发展形式逻辑本身，事实上他不经批判地接受了他那个时代的逻辑。他的先验逻辑指的是某种不同的东西：它研究的是，对于逻辑的应用我们能够先天地知道什么。先验逻辑的任务由两个主要部分构成：分析论和辩证论。先验分析论建立的是知性的经验有效的使用的法规；先验辩证论提供的是对理性的幻象独断的使用的批判。

康德区分了心灵的两种能力：知性和判断。知性是形成概念的能力，判断是应用概念的能力。知性的作用在个别词那里找到表达，判断功能的作用是在整个句子那里找到表达。先天的概念就是范畴；先天的判断被叫作原理。康德的先验分析由相应的两部分组成：概念的分析和原理的分析。康德把其先验分析的大部分花费在概念的分析上，概念的分析又被称作范畴的演绎。

257 力，判断是应用概念的能力。

所有的这些术语意味着什么？我们从“范畴”这个概念开始，“范畴”是康德从亚里士多德那里拿过来的，但是抛弃了在亚里士多德那里的无望的无体系的列举。相反，康德提供了一个以概念和判断之间的关系为依据的范畴系列。事实上概念不过是进行某种判断的能力。（比如，具有铁的概念，就是具有用包含了“铁”这个词或者其同义词的句子明确地进行判断的能力。）因此有多少可能的判断形式就决定了有多少可能的概念形式。

康德从同时代的逻辑学家那里现成地接受了不同的判断类型之间的区分。他区分了全称判断（“所有的人都是要死的”），特称判断（“有些人是要死的”）和单称判断（“苏格拉底是要死的”）。另外他还区分了肯定判断（“灵魂是有死的”），否定判断（“灵魂不是有死的”）和无限判断（“灵魂是非有死的”）。最后他把判断分为定言的（“有完全的正义”）、假言的（“如果有完全的正义，顽固的邪恶就会受到惩罚”）和选言的（“这个世界之所以存在或者是因为盲目的偶然，或者是因为内在的必然，或者是因为一个外在的原因”）三类。

康德声称从这些熟悉的判断类型中就可发现全新的基本的概念类型。比如，他认为定言判断与实体范畴相联系，假言判断与原因范畴相联系，选言判断与相互作用判断相联系。想要追寻这一来源的详细步骤是困难的甚至是无益的，对“概念本质上是一种判断能力”这一论题进行阐释倒显得更重要。

评论者们对康德到底赋予范畴以什么样的作用进行了各种各样的类比。有的人认为，如果我们把语言比作各个子在其中移动的具有棋盘形式的游戏，那么这些范畴就是使这些移动（向前、向后、横移、斜移等）最终成为可能的格子。或者，如果我们把语言看做抄录世界的工具，那么我们就可以把范畴表看做类似于某种适合所有目的的工具（它必须能够砍削、钻探、打磨等）。

如果所有事物都被看做是知性的使用，那么肯定要具有一些必不可少的概念。抛开以上那些比喻，我们可以问康德的这一观点是否正确。我们可以以语言学的形式提问：对一种完全成熟的语言来说，是否 258
有必不可少的概念？答案似乎是，任何语言的使用者，无论和我们多么不同，都必定具有否定概念，也能够使用诸如“所有”和“某些”等量词。如果他们是理性的语言使用者，他们也必须具有从前提推出结论的能力，这种能力表现在对诸如“如果”、“那么”、“因此”等这一类词的使用中。康德把概念和判断联系起来是正确的，并且他也看到了某些概念对全部知性来说必定是最根本的，无论在他列出他自己的范畴表的时候是否确实意识到这一点。

如果我们承认，必须要有一些核心的必不可少的概念，那么就还会有这样一些关键问题：它们来自哪里？我们如何确知我们把握了它们？康德把他对这一问题的回答叫作“范畴的先验演绎”。

在康德的术语中，“演绎”是一个准法律用语，是从系谱学和继承权中借用来的。对一个概念的演绎就是对我们有权使用它进行证明，在我们使用它的时候我们是在认识论的权限之内行动。范畴的演绎是对我们有权把这些先天概念运用于客体进行证明。对一个先天概念的演绎不能是对我们如何偶然获得它进行纯经验的阐明：它必须是（用康德的术语来说）“先验的”证明，即，这一证明表明，如果有诸如此类的事物被经验，那么这一概念就是必然的。

比如，我们考察一下出现在康德的范畴表中的“原因”这一概念。如果它是先天的，那么就不能把经验引证为其来源；事实上，正如休谟所表明的那样，经验永远不能在盲目的因果联系中建立其必然性和普遍性。不容置疑的是，我们的经验确实向我们暗示了各种各样的普遍性。但是要是根本就不存在这样一个由巨大的混沌支配着的以至于没有什么被认作原因和结果的经验世界呢？先验演绎的要点是，如果我们没有范畴概念，包括实体和原因概念，那么我们就不可能理解哪怕最琐碎而无序的经验（即不可能使之概念化）。除非我们能够使客体概念化（这些客体的实存不仅仅是显象），否则我们根本就不可能使感性直观物概念化。

在对经验的概念化中包含了三个因素。首先是诸直观在时间中形成顺序；其次是诸直观在一个单个意识中的连接；最后是意识主体把诸直观置于概念之下。所有这些，康德认为，都包含了自我意识的永恒可能性。

要发现事物是我的意识的对象（item）是不可能的。似乎我不能面对意识的对象，继续考察事物到底属于谁，通过研究，我得出结论：它只能属于我自己。借助于反思，我能直观到我的意识经验的各种特征，
259 但是我不能直观到它是我的。自我意识的发现（人们能够通过对自己的经验的考察发现自我意识）被康德称为“统觉”（apperceptions）。康德指出了要害之所在：人们并不是通过经验把意识看做是属于他自己。他说，人们对自己的意识的所有权不是一种经验统觉，而是“先验统觉”。

把诸种经验理解为我的经验同时就是把它们理解为属于一个单个

的意识。但是把这些经验连接起来的东西本身不是经验；就经验自身来说，我的经验正如康德所言，是“杂多”。另外，正是知性的先天的主动性在起着作用，才造成了康德称为对直观进行“综合”的东西，这种对直观的综合把这些直观结合成一个单一意识的整体。康德称之为“统觉的先验统一性”。

反过来说，自我意识的可能性是以对超越意识的（extra-mental）客体的意识的可能性为前提的。这是因为经验之自我归属只是由于直观的时间顺序的统一性和连接才是可能的，而这种统一性和连接就是使经验序列构成一个单一的客观世界成为可能的东西。

康德处处遇到经验主义者的抵抗，然后他站在自己的立场表明经验主义的不足。他同意，对全部客体的知识（甚至把自己作为客体的知识）来说，经验是必需的；统觉的原始统一性给予我的只是我自身的概念；对我自身的知识，经验直观也是必需的。但是经验知识，无论是对我自身的知识还是对任何别的事物的知识，都包含了判断；但是没有概念就不能进行判断。在诸概念中，不可能有哪些概念来自经验，没有经验不以概念为前提；因此无论对显象的知识还是对自我的知识，都必定服从于范畴。

客观的自然秩序的源泉是先验自我：这个自我显示在统觉的先验统一性中，但我们并不认识它。这样，康德从统觉的先验统一性中，寻找到了世界的客观自然的来源，并试图表明在实在和显象之间具有差别。因为只有我们的经验是对通过范畴才可以描述的世界之经验的时候统觉的先验统一性才是可能的。这就是至关重要的范畴的先验演绎。

详细的论证仍然是模糊不清的。康德以多种不同的形式对它进行了论述和重新论述；在每一次论述中，似乎总是存在这样或那样的联系在推理过程中被忽略掉。读者无需对这一令人信服的证明进行总体把握就可以看到随处闪烁的令人惊讶的洞见。康德的先验演绎给了经验主义以毁灭性的打击，但是它还不足以使其致命。那还必须等到二十世纪。

先验分析篇：原理体系

260 不过，康德对构成我们判断基础的原理所进行的阐明具有最高的兴趣。我们记住，先天判断要么是分析的要么是综合的。分析判断的最高原理是不矛盾原理：自相矛盾的判断是无效的，而分析判断的标志是：其矛盾是自相矛盾。但是不矛盾原理并不会把我们带到分析命题的领域之外：分析命题对综合命题的真理来说是必要条件而非充分条件。

在一个综合判断中，两个不相等的概念被放在一起。康德列出了四组原理，它们构成了综合判断的基础：他用专业术语对它们进行命名，但是我们不必要关心这些，因为它们与其说富有教益，不如说是加强了混乱。

第一个原理是：所有经验都是广延的量。无论我们经验到什么，都要么在空间中要么在时间中延伸，即都具有不同于其他部分的部分。康德说："所有显象都被经验为集合体，被经验为被先行给予的部分的集合。"按照康德的思想，它为几何学公理提供了可能性基础，比如两点之间只有一条直线这一公理。

第二个原理是：在一切显象中，知觉的客体都具有强度的量。比如，如果你感觉到某种热度，你就意识到你能感觉某种更热或不太热的东西：你正在感觉的东西在沿着两个方向延伸的刻度上占据一个点。与此相似，看见一个颜色就是看见位于光谱上的某种东西。康德把这叫作"知觉的预先推定"，但是这个词很不幸：好像他正在说：无论什么时候你具有一个感觉，你都能够先天地知道你的下一个感觉是什么。但是当然只有经验能够告诉你那个啊。正如康德所言："知觉正是那种不能预先推定的因素。"当我们具有一个知觉时，先天认识的东西仅仅是在共同尺度上的位于另外一点的相似知觉的逻辑可能性。要把握康德的意思，比"预先推定"（participation）这个词更好的词可能是"推测"（projection）。

第三个原理是：经验唯有在诸知觉中发现一种必然的连结时才是可能的。要建立这一连结有两个主要阶段：（a）如果我具有经验，那么我必定具有的是对客观领域的经验：而这就必定包括了持续的实体。（b）如果我具有对客观领域的经验，那么我必定具有的是对按照因果秩序的交互作用着的实体的经验。每一个阶段都从对我们的时间意识的反思开始：时间先是被看做持续，继而被看做连续。

首先，康德指出，时间本身不能被知觉。在对仅仅被认为是内在事
件的瞬间的经验中，没有任何东西表明经验何时发生，或者在另一个被 261
给予的瞬间经验之前或之后它是否发生。那么，我们的时间意识必定是现象与某些持久的实质的基底之间的一种关联。

如果存在变化这样的东西（与完全无关联的次序相对立），那么就必定有某种东西，先是这一个东西，然后又变成另一个东西。但是这种持久的因素不可能通过我们的经验提供出来，因为经验本身处于永恒的流动之中。因此它必定是由某种客观的东西所提供的，我们可以把它称为“实体”。“时间中的一切实存和一切变化都因此必须被看做仅仅是实体实存的样式，而实体留存并永存。”

在这一论证和结论中有很多含糊的东西。在这里谈论的是变化的何种方式，这并不总是清楚的：论证涉及的是实体的生成和消失吗？或者它涉及的是持存的实体中性质的变化？这样，对于这一论证证明的是什么，还是有疑问的：结论是必定存在着某些持久的事物呢，还是必定存在着一个唯一的持久的事物？康德有时说的好像是实体必定是某种永久存在的东西；但是为了反驳经验主义的原子主义，只要表明至少必定存在着某些具有不通过时间持续的客观实体（entities）就足够了。

论证的第二阶段是建立在一个简单的但又深刻的观察之上的。如果我看见一座房子，那么在我的经验中会有一种确定的相继：也许首先我看到屋顶，然后看到天花板，再看到地板，最后看到的是地基。同样，如果我静静地站着，看到一只船顺流而下，我就具有不同视觉的相继：首先看到船在上游，然后看到它在下游，如此等等。那么是什么使我们

在现象的完全主观的相继（对一座房子的任意观看）和客观的相继（对船的向下游的运动）之间进行了区分呢？在一种情况下我可能颠倒知觉的顺序，但在另一种情况下则不能：除了某些必然的因果性规律之外没有别的根据能进行这种区分。“我们永远不能在经验中把相继概念归于一个客体……并把客观的相继区别于对主观相继的把握，除非有一个规则作为其基础。”

这表明，休谟的思想具有某种根本的错误。休谟认为我们首先知觉到事件在时间中的相继，然后我们才把一个看做原因、另一个看做结果。情况正相反：没有原因和结果之间的关系，我们不可能在时间中建立起客观秩序。此外，康德说，即使时间次序完全能独立于因果关系被建立起来，那么光靠时间相继不能充分地解释因果性，因为原因和结果也许是同时发生的。一只球放置在充填起来的垫子上，它一放在上面的同时就在垫子上压了一个坑，但球是原因，而坑是结果。我们知道这一点是因为每一个这样的球都能形成一个印痕，但是并不是每个坑都是因
262 为一只球造成的。时间和因果性的关系比休谟想象的更复杂。

反驳了经验主义的原子主义和休谟在因果联系上的怀疑主义之后，康德开始反驳唯心主义。在他心中有两个目标：笛卡儿的令人怀疑的唯心主义（“我在”是唯一一个不可置疑的经验断言）和贝克莱的独断的唯心主义（外在世界是幻觉）。对他们两个共同的是这样一个主题：内在的东西比外在的东西更容易了解，并且外在实体是由内在经验推出的。

康德反驳这些假定的论证如下：我直观到变化着的心理状态，因此我在时间中意识到我的存在，即先是在一个时间里继而在另一个时间里具有对自己实存的经验。但是正如刚才已经论证的那样，对变化的知觉包含了对某种持久不变的东西的知觉。但是这种持久的东西不是我自己：我的经验的统一性主体自身不是经验的对象。因此只有在我具有外部经验的时候，我才可能对过去作出判断。

康德的分析以坚持知性能力的界限而结束。范畴不能决定它们自己

的应用（applicability），原理不能建立它们自己的真理。知性凭借自身并不能确立：存在着实体这样的东西，或者任何变化都有原因等。一切先天地建立起来的东西（无论是通过范畴的先验演绎还是通过原理体系的阐明）是：如果经验是可能的，那么必须具有某些条件。但是经验是否可能并不能预先建立起来：经验的可能性只有通过经验自身的现实发生才能实现。概念必须只能运用于可能的经验对象上，它们不可以运用于一般的物和物自身。除非我们在直观中被给予了一个属于概念之下的对象，否则概念就是空的和无意义的。

康德注意到，哲学家们在现象（诸显象）和本体（思想的对象）之间进行了区分，并把世界分为感官的世界和知性的世界。他自己的分析已经表明，不可能存在一个纯显象的世界，不可能存在任何不属于任何范畴或被置于任何规则之下的纯感官对象。但是我们不能从这个得出结论说，存在着单凭知性就能发现的非感性世界。康德承认存在着消极意义上的本体：它们不是感性直观的对象。但是他否认存在着积极意义上的本体：它们是非感性直观的对象。正确地来理解，本体概念只是一个限制性概念，其作用就是为感性设置界限。把本体的存在作为能够使用理智进行研究的超感性对象进入的仅仅是一个幻象的领域。在“先验辩证论”中，康德把我们带向了对这个魔幻世界的探索之旅。

先验辩证论：纯粹理性的谬误推理

这一分析起始于纯粹知性领域。这是真理的孤岛，但是它“被宽广 263
的充满风暴的大海，这个幻象的故土，包围着。在那里，多雾的海岸和漂流的融化着的冰山显现出遥远岸边的虚假表象，永远用空空的希望不断诱惑着冒险的海员，使他忙碌于其伟大事业，这一事业他永远不会放弃，但也永远不能完成”。

这些罗曼蒂克的修辞对康德是稀有的，他由此开始了在先验辩证论中揭示幻象逻辑的任务。他对偶然的错误，比如视觉幻象和逻辑谬误，并不感兴趣：他的目标要宏伟得多，即针对的是先验心理学、宇宙论和神学。所有的这些企图都把精神耗费在探索经验界限之外的世界上，在这一事业上产生幻象是自然的、不可避免的。

康德说，我们所有的知识都从感觉开始，从感觉上升到知性，并终止于理性。理性，像知性一样，借助概念运行；但是知性的纯概念是范畴，而理性的纯概念是理念。在这里，对柏拉图的暗示是深思熟虑的：理念，对康德来说，是理性的必然概念，在感性经验中没有对象与理念一致。

纯粹理性的理念是借助于推理的形式并使之绝对化而达到的。在日常生活中，我们从前提推出结论，如果前提为真，结论就为真。但是这似乎只是有条件的真理，因为有前提的真理本身是可以怀疑的。理性寻找的是无条件的东西，一个绝对的基础，即不来自任何有别于它自身的东西。绝对有效的东西就是无条件有效的东西，在所有的方面都没有限制。

康德说，纯粹理性有三个理念，它们每一个都是通过推理的形式并推到一个绝对者而达到的。一个论证是从主观经验开始，达到作为永恒实在的主体之灵魂。另一个论证是从经验对象的因果关系开始，达到作为因果整体的宇宙，它是无条件者因为它包含了所有的条件。第三个论证是从经验对象的偶然性开始，达到所有存在者的存在之无条件的必然性，即上帝。“纯粹理性就这样为一种先验的灵魂说、一种先验的宇宙学、最后也为一种先验的上帝知识提供了理念。”

我们首先考虑一下先天的和理性的心理学幻象。尽管经验心理学把灵魂作为内感官对象来对待，但理性心理学则把灵魂作为判断的主体来看待。理性心理学，康德说，“自称为是建立在惟一命题‘我思’之
264 上的科学”。它研究的是先验的思想主体，“这个在思想的我或他或它（事物）”是未知的X，是先验的思想主体。

先验心理学的主题是“我思”，它表达的是与思想不可分离的自我意识。但是我们如何知道所有在思想的东西都是自我意识？回答是：自

我意识对思想的思想是必然的，并且在经验之先，我们把那些实则是我们思想事物之条件的特性归于事物。

康德列举了四种谬误，他称之为“谬误推理”或虚假的三段论。由于我们企图超越纯粹经验心理学的界限，结果就导致了这四种谬误。在第一个谬误推理中，我们从“必然地，思想的主词是一个实体”这个前提出发得出“思想的主体必然是一个实体（subject）”这个结论。第二个谬误推理中，我们从“自我不能分为各部分”过渡到“自我是一个单纯的实体”。在第三个推理中，我们从“无论什么时候我具有意识，都是同一个我在意识”变成“无论什么时候我具有意识，我意识到的都是同一个我”。最后，在第四个推理中，我们从“除了能思想任何别的事物之外我还能思想我自身，包括我的肉体”这个真理出发得出“我除了能思想包括我的肉体在内的任何别的事物之外，我还能思想我自身”这个结论。

在每一个谬误推理中，无害的分析命题变成了引起争议的先天综合命题。总体来看，谬误推理宣称，自我是一个非物质的、不毁坏的、人格的、不朽的实体。这就是先天心理学的谬误。

先验辩证论：纯粹理性的二律背反

我们转向先验宇宙论。在此，康德向我们呈现出了一个二律背反系列。每一个二律背反都是一对导致矛盾结论（正题和反题）的相反论证。康德构造这个系列是为了表明，理性形成“宇宙概念”即作为整体的世界概念的企图，必然导致不可解决的矛盾。

第一个二律背反是正题“世界在时间上是有开端的，在空间上是有界限的”和反题“世界没有开端，在空间上没有界限；它在时间和空间两方面都是无限的”。

“世界在时间上有开端”和“世界没有开端”这两个命题正如我们已经知道的那样在哲学家的著作中历史悠久。亚里士多德认为第二个命题能够得到证明，奥古斯丁认为第一个命题可得到证明，阿奎那认为这两个命题都不能得到证明。现在康德认为这两个命题都可得到证明。当然，这并不意味着这两个矛盾的命题都是真的，而是企图表明，理性根本没有权利谈论作为整体的“世界”。

265 对正题的论证从人们永远不能完成一个无限序列这一定义开始，结论：一个无限的世界序列已经过去了是不可能的。但是这个论证是不得要领的。如果任何无限抽象的序列必须在一端是开放的为真，那么这一序列就不可能在具有两个终点的意义上被“完成”。但是为什么它不能在一个方向上具有终点而在另一个方向上无限延伸？那样的话，那过去了的时间就能通过现在这个终点而“完成”，而向后可以无限延伸。

对反题的论证也是如此。如果世界有开端，那么就有一个时间，那时世界还尚未存在。这个“空的时间”在任何一个瞬间上都完全和任何别的瞬间一样。因此对“世界为什么在开端的时候开端？”这个问题就没有答案。在时间上有限的世界中，信仰者可以同意，世界的开端不可能位于世界之外（在“空的时间”的某一点上），而坚持在世界之内（在先于现在的大量的时间单位中）寻找世界的开端。

康德的论证并不是无懈可击的，他提供的反对或赞同世界在空间上有限的那些相似的论证也不是无懈可击的。在论证理性的无能上，第一个二律背反似乎是无效的。

康德共提出了四个二律背反。第二个涉及的是简单性和复合性；第三个涉及的是自由和因果性；第四个涉及的是必然性和偶然性。在每一个二律背反中，反题都肯定一个确定的序列无限持续，而正题肯定的是同一个序列最终要停止。比如：

第一：在空间和时间中彼此相继的序列有终点（正题）/无终点（反题）

第二：由部分构成的序列有终点（正题）/无终点（反题）

第三：由另一个东西产生的序列终结于一个自由的、本质上没有原因的事件（正题）/无终点（反题）

第四：偶然地取决于（contingent upon）另一个东西的序列无终点（反题）/终结于一个绝对必然的存在（正题）

每一个用黑体字表示的关系被康德看做是别的事物以之为条件的形式，因此每一个序列都是条件序列，每一个论证都达到了一个无条件的绝对。

康德认为每一个二律背反的两方都犯了错误：正题的错误是独断论，反题的错误是经验主义的。他认为，二律背反向我们揭示出来的是经验研究的局限和理性理想的狂妄自负之间的不相匹配。正题总是把世界作为小于思想的东西来表象：我们可以在世界之外来思想。反题总是把世界作为大于思想的东西来表象：我们不能思想世界的终点。“在每一个情况下宇宙的理念对经验性的回溯来说要么太大要么太小。”我们 266
必须通过修正我们的宇宙理念使思想和世界匹配以使其适合经验研究。

独断论的正题和经验主义的反题共同具有的错误之根是宇宙整体的理念。在每一种情况下，制定的任务（比如追溯事件的原因）被混同于完成的任务（比如对因果总体的考察）。这个作为总体的世界永远不会在经验中被给予，因此“作为总体的世界”是一个伪概念。这样，世界是有限的和世界是无限的都不是事实。

第三个二律背反不同于前两个。在前两个二律背反中，正题和反题都因为错误而被拒斥。但是当康德来到第三个二律背反的时候试图表明，在恰当解释的情况下正题和反题都是真的。正题认为，自然因果律不足以解释世界现象；除了确定诸原因之外，我们还必须解释自由和自发性。反题则认为，假定先验的自由就是使自己顺从于盲目的无法则性，因为不被决定的原因的侵入将毁坏全部解释性的自然体系。

康德对第三个二律背反的处理是把它放置在哲学家们想要在自由和决定论之间实现和解的企图中。决定论者相信，在充分的先行条件中，每一个事件都有一个原因。有两种决定论者：强硬的决定论者相信自由和决定论是不相容的，因此自由是一个幻象；温和的决定论者则相信自由和决定论是相容的，因此能够接受人类自由是存在的这个观点。康德是一个温和的决定论者：他试图表明恰当理解的自由是可以和恰当理解的决定论相容的。一个事件既可以受到自然的决定，同时在自由中又有其根据。

康德说，人的意志是感性的但也是自由的，这就是说，他受到情感的影响，但并不受情感的强制。“在人的内在里有一种自我决定的能力，独立于任何感性冲动的强制。”但是这种自我决定能力的施展有感性（经验中的可知觉性）和智性（只通过理智把握）两方面。我们的自由行动是感性结果的智性原因；而这些感性现象同时也属于与不变的规律相一致的牢不可破的序列。为了使人的自由与决定论的自然和解，康德宣称自然是在时间中运行的，而人的意志，作为本体而不是现象，则在时间之外。

许多温和的决定论者已经论证了自由和决定论的相容性，因为我们的行动尽管受到决定，但却不过是受到我们自己精神中的心理事件的决定。人们认为，如果行动受到内在的而不是外在的原因的决定，那么它就是自由的。康德确实似乎已经相信这种心理学的决定论，但是他在
267 自由和自然之间的和解并不建立在把自由行动定义为在心理学上受到决定的行为这一基础上。他坚信（这一坚信是非常正确的），因果性解释（“我把他打倒是因为他推我”）和理性的解释（“我打倒他是为了给他教训”）是完全不同的解释类型，前一个解释不能还原为后一个解释。但是由于他提供的和解不是发生在经验中，而是发生在本体即物自身的领域，因此他的和解计划不可避免地是模糊不清的，而这种模糊不清是伴随着这些概念的模糊不清而产生的。

先验辩证论：对自然神学的批判

在第四个二律背反中康德思考的是对赞成和反对必然存在者的实存的论证。他在此提出的问题是：必然的存在者作为世界的原因应该在世界之内还是在世界之外被发现？在纯粹理性的理想这一章，他转而思考

先验神学的对象即上帝这个概念。

按照康德的思想，所有确立上帝存在的证明都必定分为三类。有本体论证明，它们从一个最高存在者的先天概念开始；有宇宙论证明，它们从一般经验世界的本性出发；有自然神学的证明，它们从个别的自然现象出发。

在康德的理性神学中，本体论证明被赋予了特别重要的意义。他宣称，宇宙论证明只是本体论证明的伪装，他论证道，自然神学的证明使我们通向的只是宇宙的设计者，而不是宇宙的真正创造者。因此他对本体论证明的批判具有广泛的影响。

把上帝称为一个绝对必然的存在者意味着什么？某些哲学家已经把必然的存在者定义为在所有可能的世界中实存的东西。如果我们以这种方式定义上帝，那么他当然存在。我们的世界是一个可能的世界，否则它就不会现存；所以如果上帝在所有可能的世界中存在，它就必然在我们的世界中存在。

但是以这种方式来规定某种东西以建立其实存（哪怕是可能的实存）是合法的吗？康德认为不合法。“把实存的概念引入到事物的概念（无论它可能伪装在什么样的名义之下）就已经矛盾了。”本体论证明试图把对上帝实存的陈述弄成一个分析命题。如果一个命题是分析的，那么其谓词就属于主词，并且不能被否定。康德列举了“三角形有三个角”这个例子，他评论道：

> 设定了一个三角形而又否认它是三个角是自相矛盾的。
> 但是否认具有三个角的三角形存在却没有任何矛盾。这一点对
> 绝对必然的存在也有效。如果否认了其实存，我们就否认了具 268
> 有其所有谓词的事物本身；这不会产生矛盾问题。

但是为什么康德如此确信所有的实存命题都是综合的？我们能够从概念出发论证非实存：正是因为我们把握了“方”和“圆”的概念，

所以我们才知道没有方的圆。为什么我们不能仅仅从概念出发论证实存呢？如果“单身汉是未婚的”是分析命题，那为什么“有必然的存在者”就不是呢？

康德的主要论证是，being不是一个谓词，而是一个系词，是对谓词和主词的单纯连接。如果我们说“上帝是”或者“有上帝”，康德说，“我们并没有给上帝概念加上一个谓词，而只是设定了一个主词，这个主词在其自身内具有全部谓词。”事实上，正如康德所暗示的那样，实存命题并不总是“设定的”，因为它们可以在一个较大的句子中作为从句出现。说“假如有上帝，犯罪者就会受到惩罚”的人并没有设定上帝的存在。但是我们可以同意康德的这个观点：“实存”不能作为一个直接的一阶谓词（first-order predicate）来对待。

现代的逻辑学家像十二世纪的阿伯拉尔一样改用别的措辞表述实存，这样，“is”甚至看着都不像一个谓词。“上帝存在”（God exists）被表述为“某种东西是上帝”。这实际上是消除了而不是解决了围绕本体论证明的问题。因为从可能性论证其现实性的难题在什么才算作“某种东西”这一问题中又重新出现了：在我们的思考中“某种东西”既包含了可能的对象又包含了现实的对象吗？

康德的主要论点就是这些，它和我们已经讨论过的休谟的观点很类似。“当我思维一个事物时，无论我通过什么谓词以及多少谓词来思维它（甚至在普遍的规定中），通过我附加上‘该物存在’，也对该物没有丝毫增益。因为若不然，就会不正好是该物，而是比我在概念中所思维的更多的对象在实存着，而且我不能说，恰恰是我的概念的对象实存着。”换句话说，无论在实在中是否有与我的概念相应的东西，它都不可能是我的概念的部分。一个概念必须在与实在相比较之前就被规定，否则我们就不知道到底是哪个概念在同实在相比较并发现其与实在的一致与不一致。有上帝这个论断不可能属于我们用“上帝”所意指的东西；因此“有上帝”不可能是一个分析命题，本体论的证明必定是无效的。

康德认为本体论证明的无效意味着所有关于上帝存在的证明都是无效的，在这一点上康德是错的。他的批判表明的东西是，在一个存在者的概念中其本质蕴含着其实存是内在的矛盾的。但是宇宙论证明并不想要表明这样的东西存在，而只是为了表明存在着一个无原因的、不变的、永恒的东西，以与经验世界中有原因的、可变的、偶然的东西相对照。

事实上，康德对宇宙论证明的批判独立于对本体论证明的反驳。所 269
有的宇宙论证明的形式都试图表明，偶然的因果系列无论多长都只能在一个必然的原因那里完成。但是如果我们问这个必然原因是否属于或不属于因果链条的一部分，这时我们就面临着一个困境。

如果它是因果链条的一部分，那么我们就能提出它为什么存在的问题，正如对这个链条中的别的东西提问一样。但是我们不能想象一个最高的存在对自己说："我从永恒到永恒就存在，在我之外，除了通过我的意志而存在的东西，无物存在，但是那么我是从哪里来的呢？"另一方面，如果必然存在者不是因果链条的部分，它怎么能够成为这个因果链条的第一成员并能够解释所有别的连接（这些别的连接终结于我的存在）呢？

康德最温和对待的上帝存在的证明是自然神学的证明，他说，必须永远带着敬意提及这一证明。他的目的不是削减其权威而是限制其结论范围。这一证明论证的是，在这个世界的任何地方我们都会发现秩序的迹象，与确定的目的相一致，这些秩序贯彻着伟大的智慧。此秩序与世界上构成它的个别事物不同，它因此必定是由一个或多个更高级的智慧的原因强加的，这个或这些原因不像自然那样盲目地起作用，而是像人类那样自由地起作用。对于这一证明在自然的运行和人类技巧之间作出的类比，康德提出了各种困难。但是即使我们抛开这些，这个论证能够证明的最高存在者是"世界的建筑师（他总是受到用来工作的材料的适应性的妨碍），而不是世界的创造者（世间万物都服从于其理念）"。

康德把《纯粹理性批判》的体系连同建构性的分析部分和摧毁性的

辩证部分一起，称作“先验唯心论”。这意味着既显示了这个体系的消极方面也显示了这个体系的积极方面。在经验的层面上，康德是一个实在论者，而不是一个唯心论者，类似于贝克莱：他不相信除了心灵中的观念就无物存在。另一方面，在最终的或先验的层面上，他又是一个唯心论者，因为他否认物自身可知。因此他称自己为一个先验唯心论者。

康德的道德哲学

正如第一《批判》批判地确立了理论理性的先天综合原理一样，《道德形而上学基础》（1785）批判地确立了实践理性的先天综合原理。在此我们对康德的道德体系进行一个简短而明白的说明。

在道德哲学中，康德的出发点是，惟一没有先决条件的善是善良意志。天赋，个性，自控和财富可以被用于坏的目的，即使幸福也可以是
270 败坏的。不是所取得的结果构成了善良意志的善性，善良意志仅就自身就是善的。

> 由于某些特别的时运不济，或者由于吝啬的自然天赋，即使这个意志完全缺乏能力实现其意图；即使尽最大的努力它也不能完成任何事情，而只剩下善良意志……即使这样，它也像珠宝一样作为自身就具有充分价值的东西而熠熠生辉。

不是因为追求幸福，人类才被赋予了意志，本能就足以实现这一目的而绰绰有余了。理性被赋予我们是为了产生一个意志，这个意志不是作为实现别的目的的手段而是善的，而是因为其本身就是善的。善良意志是最高的善，并且是所有其他善（包括幸福）的前提。

那么，什么使得一个意志自身就是善的呢？要回答这个问题，我们必须研究职责概念。因为职责而行动就是在困难面前展现善良意志。但是我们必须区分与职责相一致的行动和因为职责的激励而作出的行动。

一个食品杂货商出于自身的利益而是诚实的，或者一个慈善家因为他人的满足而高兴，他们作出的行为是与职责相一致的善。但是这类善，无论多么正确与令人愉悦，按照康德的观点，都不具有道德价值。只有在有人不是出于禀好而是出于职责而行善事的时候品德的价值才表现出来：比如，当一个对生活丧失了所有兴趣而渴望死去的人仍然按照道德法则尽最大努力保存他自己的生命的时候就是如此。

在此，康德的教导与亚里士多德的教导直接相对立。亚里士多德教导人们，只要人们的道德实践与自身格格不入，他们就并不真的具有美德，真正具有美德的人完全享受着作出的美德行为。另一方面，对康德来说，正是善行的苦痛才是美德的真正标志。他认识到，他为道德行为建立的是令人气馁的标准，他早就准备思索这样一种可能性：事实上从来就没有一种完全按照道德根据并出自职责的行为。

那么，出自职责的行为是什么呢？出自职责而行动就是出自对道德法则的敬重而行动；检验一个人是否如此行动的方法就是寻找其据以行动的准则或原理，即寻找其行动所遵守的命令。有两种命令，假言的和定言的。假言命令说：如果你想要达到某种目的，就要以如此如此的方式行动。定言命令说：无论你想要达到什么目的，都要以如此如此的方式行动。有许多假言命令，因为人可以为自己确立多种不同的目的。但只有一种定言命令，这就是“只按照一个同时能成为普遍法则的准则行动”。

康德举了几个例子来论证，我们可以提两个。一个是：花光了我的 271
储蓄之后我可以想办法借钱，尽管我知道我永远都没有能力偿还。我按照这个准则行动，这个准则是“无论什么时候我认为自己没有钱了，我都将借钱并许诺偿还，尽管我知道偿还永远都是不可能的”。我不能希望任何人都按照这个准则行动，因为如果人人都这样做的话，所有的许诺制度都会不复存在了。因此，在这些情况下借钱将违背定言命令。

第二个例子是：被要求向遭受苦难的他人提供帮助的人也许会回答说“这事情与我何干呢？上帝想让他怎么幸福就怎么幸福吧，或者他能怎么幸福就怎么幸福吧；我不会伤害他，但是我也不会帮助他”。他不能希望这个准则被普遍化，因为会出现这种情形：他自己需要他人的爱和同情。

这些例子论证了定言命令运用的两种不同的方式。在第一种情形中，这个准则不能被普遍化，因为其普遍性包含了矛盾（如果没有人遵守许诺，就没有许诺这回事）。在第二种情形下，这个准则能够被普遍化而又不包含矛盾，但是没有人合理地愿望从其普遍化中导致的情形。

并非康德的所有例子都令人信服。比如，他论证说，定言命令排除自杀。但是无论自杀是多么错误的事，在普遍自杀的景象中都没有任何自相矛盾的东西；有些人非常绝望，把自杀看做真诚地愿望的东西的实现。

康德对定言命令做了更进一步的阐述。“要这样行动：要把你自己人格中的人性和其他人格中的人性，在任何时候都同样看做是目的，永远不能仅仅看做是手段。”他宣称，这与前面那个定言命令是等同的，并且使得出同一个实践结论成为可能，尽管他并没有说服他的许多读者。事实上，在排除自杀方面，他比前一个公式更有效。康德认为，结束自己的生命就是把自己的人格作为结束自己的苦难和不幸的手段来使用。

康德说，作为一个人，我不仅自身就是目的，而且我还是一个目的王国、一个在共同法则下的理性存在者联合体的成员。正如已经说过的那样，我的意志就其准则能够成为普遍法则而言是理性的。这个说法的相反表述是，普遍法则是由类似我的理性意志造成的法则。一个理性存在者“服从的只能是由他造成同时又是普遍的法则”。在目的王国中，我们所有人同时既是其立法者又是其臣民。这使读者回想起了卢梭的普遍意志。

康德以对美德尊严的赞颂结束了对其道德体系的阐释。在目的王国中，任何事物都具有一个价格或价值。如果某物具有一个价格，它就能
272 和别的东西交换。具有价值的东西则是独一无二的，因此不可交换；它

超越了价格。康德说有两种价格：市场价格，它和需要的满足有关；想象价格，它和趣味的满足有关。德行在这两种价格之上或之外。

“德行和人性，就其能够具有德行来说，是唯一具有价值的东西。工作中的技巧和勤勉具有一个市场价格；才智、良好的想象力以及幽默具有一个想象价格；但是对诺言的忠诚以及建立在原则（而不是本能）上的仁慈具有内在的价值。”康德的言词回响了整个19世纪，并依然在今天打动着无数人的心弦。

（孟彦文　译）

第十七章　德国唯心主义和唯物主义

费希特

273　拿破仑对欧洲大部分地区的征服可以与亚历山大对亚洲和非洲部分地区的征服相提并论。壮观的军事成就是短暂的，但其文化影响则持续久远。拿破仑在滑铁卢遭到最终失败后，奄奄一息的君主制在欧洲大陆又复活了，但是它们的期限是不稳定的，大部分在世纪的后半叶就消失了。法国军队连同它们一起带来的是法国大革命的口号；在拿破仑帝国中，即使自由已经让位于军事专制，平等已经被新型的独裁制度压制，博爱从来没有超越该隐和亚伯阶段，但自由民主制度的理想却作为一个追求在全欧洲大陆生根。此外，民族主义的情绪也已经在被拿破仑军队攻击或镇压的国家中被点燃了。特别是在意大利和德国，人们渴望用惟一的、强有力的国家权力代替拼缀起来的过时的地方政权。

德国民族主义的奠基人之一是哲学家约翰·哥特利普·费希特（Johann Gottlieb Fichte）。他是耶拿大学和新建立的柏林大学的教授，他活跃的一生跨越了从路易十六被处死到拿破仑被流放到厄尔巴岛之间的这一时期。他在1808年针对德国民族发表的演说谴责德国人因为不团结导致在耶拿战争中被拿破仑击败，在1812年他在抵抗军中做了一名志愿者。但是他作为哲学家的声名是建立在1804年的《全部知识学的基础》（Wissenschaftslehre）。[①]

费希特是康德的崇拜者：他的第一部著作《对一切天启的批判》是按照康德的风格写的，这部著作非常成功以至于被误认为是其老师的著作。但是，他认为康德哲学包含了一种根本的不一致性。康德从来没有放弃过这一观念，即我们的经验最终是由“自在之物”所引起的，即使我们对它没有任何认识。但是在康德看来，原因这个概念只能被用于现象领域之内。那么在这个领域之外怎么还能存在一个未知的、独立于心灵的原因呢？

因此，在他的《全部知识学的基础》中，费希特试图重新修正康德 274
的体系以消除其不一致性。有两条路是可能的。一条是允许原因概念扩展到现象领域之外，并承认经验是由自在之物所引起的。这是独断论的道路。另一条就是放弃自在之物，并认为经验是由思想主体所创造的。这是唯心主义的道路。费希特遵循的是这条道路，这条道路使他成为德国唯心主义之父。

费希特从自我或者纯粹自身开始，他为自己确定的任务就是展示全部意识如何能够来源于自我。他对这种来源的多种解释无论对他的赞赏者还是对他的批判者来说都未能澄清如下一点：他并没有宣称个体自我可以创造全部物质世界。但是他坚持认为他谈论的不是个体自我，而是一个惟一的绝对自我，这个绝对自我创造了全部现象以及所有的个体自我。

这听起来像上帝，的确在他后期的通俗著作中，费希特就准备以这种方式谈论了。“不是实存着的有限自我，而是神圣理念，才是全部哲学的基础；个人自行干的任何事都是无意义的和空虚的。所有的实存都是在自身中生活和活动，而在存在之外没有别的生命，在上帝之外没有别的存在。”但是在其他地方他又说道，信仰一个比道德秩序更多的神圣存在是迷信。费希特的平民主义的泛神论似乎仅仅是不大生动形象的

①这部著作的年代似乎有误。——译者注

哲学的一个外壳，而哲学只有极少数人能够理解，那些认为理解了它的人却一无所获。

黑格尔

从费希特那里获益最多而对他的批评又是最激烈的人是黑格尔（G. W. F. Hegel）。到目前为止，黑格尔是最具有影响的德国唯心主义者。他生于1770年，在图宾根大学学习神学，在耶拿大学任教，直到这所大学因为法国军队的入侵而关闭。1807年，他出版了《精神现象学》。直到1816年，他才在海德堡大学当上了教授，在此期间他出版了他的主要著作《逻辑学》。在他的哲学全书（逻辑学，自然哲学和精神哲学）出版了之后，他被邀请在1818年担任柏林大学的教授职位，在那里他担任这一教授职位直到1831年死于霍乱。

黑格尔的著作极端难读，它们也立刻给人一种深奥的印象。仔细阅读之后，有些读者发现这种印象进一步加强了，另一些读者则发现这种印象烟消云散了。黑格尔著作中难度最少的但也许影响力又是最大的部分是他的历史哲学，所以我们就从这里开始。

黑格尔相信，哲学家对历史有一种普通历史学家缺乏的特别洞见。
275 哲学家认识到理性是这个世界的主宰，世界史通过理性过程向我们呈现。这种知识或者通过对形而上学体系的研究或者通过从历史研究中进行推导，都能够获得。它与宗教信仰在命运中是一致的，但是这种知识超越了宗教信仰，因为一般的命运概念对阐明历史是不充分的。

> 阐明历史就是描述人类的情感、天才以及活动能力，它们在伟大的历史阶段起着各自应有的作用；它们所展示的由命运决定的过程构成了一般称作命运的“狡计”的东西。但是这一狡计应当不为我们所见，甚至渴望认识它都被认为是狂妄自大的。

只有哲学家才认识这个世界最终的命运，也才知道它如何实现。黑格尔说，普遍历史就是精神（Geist）的发展及其在具体现实中的表现。那么什么是精神？它是物质的对立面；物质的本质是重力，而精神的本质是自由。物质因此是由其各个部分彼此施加的引力而被限定，精神则是自成起结的、自主的和自我意识的存在。作为对自身的意识，精神也意识到其自身的潜在性，并且它拥有实现这些潜在性的能力。黑格尔说，普遍历史是"在对精神潜在地所是的东西形成知识的过程中精神的展示"。

这样介绍这个精神概念很可能在初次接触的时候让人糊涂。它是上帝吗？或者，"精神"是一种谈论人类个体心灵的误入歧途的伟大方式吗（当医学教科书对个体人的肝脏进行概括时就是以这种方式谈论"肝脏"的）？这些猜测都不正确。要理解黑格尔的意思，最好是反思我们谈论人类的方式。如果没有任何特殊的形而上学的目的，我们很乐意谈论人类已经进步了或退化了或者在科学时代掌握了蒙昧时代尚未知道的许多事情等等诸如此类的事。当黑格尔使用"精神"这个词时，他的意思比我们谈论人类时用这个词所意味的更多；但是他使用的是同样的语言。

这样，当黑格尔说，在历史中精神是在自由意识中发展的时候，他是在人类中追踪自由意识的成长的。那些在东方暴君统治下生活的人不知道他们是自由存在者。希腊人和罗马人知道他们自己是自由的，但是他们保存的奴隶制度表明他们不知道这样的人也是自由人。"德国民族在基督教的影响下第一个达到了人作为人是自由的这种意识：精神（Spirit）的自由构成了其本质。"

世界的命运就是精神扩展其自由和对自由的意识。但是，如下的陈
述尽管至关重要但却是抽象的：精神实现其自由的具体手段是什么？除 276
了作为个体的自利行动的结果之外这个世界上似乎什么也没有发生，历史呈现出一种令人沮丧的景象：正如黑格尔所指出的，历史是人类的幸

福、国家的智慧和个体的美德献祭于其中的屠宰场。但是沮丧是没有道理的：因为个体的自利行动仅仅是手段，借助于这些手段，世界的理想命运才能够实现。“没有激情（passion）世界上任何伟大的东西都不能实现。”理想和人类激情分别为历史之网提供了经纬线。这两者的结合就是“在道德的条件下在国家中的自由”。

个体的自由活动是世界精神（Weltgeist）实现其目的的工具，但是他们并没有意识到他们是这样的。当一个国家被组织起来以至于公民的私人利益与国家的公共利益相一致的时候他们才能取得最大的效果。就世界历史方面来说，国家和人民自身都被看做是个体；但是在精神的自我表达中也有一些独一无二的人物具有特殊作用：比如像朱利尤斯·恺撒或拿破仑这样的世界历史人物，他们自己的特殊目的表现了世界精神的意志，他们看到了在他们的时代历史发展的时机已经成熟了。

但是这些伟大人物是例外，世界精神的一般发展是贯穿于个别的人或民族的精神，即民族精神（Volksgeist）之中。这种精神在人的社会和政治结构、文化、宗教和哲学中显现自身。民族并不必然与国家相同（的确，把德意志民族变成德意志帝国是十九世纪德国民族主义的伟大任务），但是只有在国家中，一个民族才能作为一个民族具有对自身的自我意识。

国家的创立事实上是世界精神把个体和人作为工具使用的高尚目的。国家“是自由的实现，即绝对的最后目的的实现，国家是为了自身而存在的”。个体人所拥有的全部价值以及全部精神的现实性，只有通过国家他才具有。因为只有在参与到社会和政治生活中，他才完全意识到他自己的合理性，才会意识到他自己是世界精神借助于民族精神的显现。黑格尔说，国家，只要它在地球上存在，就是神圣的理念。

各个民族精神的相互作用构成了世界精神的历史并使世界精神能够实现其命运。在不同的时代，不同的民族精神分别从根本上表现了世界精神的发展。它所从属的那个人群在那个时代就将是世界历史中占支配地位的人群。对于每一个民族来说，机会只有一次而且仅仅只有一次。

在黑格尔的时代，这个机会属于德意志民族。尽管英国人可以说“我们是航海的人，我们具有世界贸易”，但德国人可以说“德意志精神是新世界的精神，其目标是实现绝对真理，这一绝对真理就是自由的无限的自我决定”。

德国历史被划分为三个时期：查理曼之前的时期，黑格尔称为圣父 277
的王国；从查理曼到宗教改革，圣子的王国；最后是圣灵的王国，从宗教改革直到（并且包括了）普鲁士君主制。尽管普鲁士差不多是理想的实现，但它不是世界精神的最后之词。如果考虑到黑格尔通常表现出来的对总体高于其部分的偏爱，人们可以猜想，民族国家最终将让位于世界国家。但是黑格尔不喜欢世界国家这个概念，因为它消除了战争的可能性，他认为，作为有限存在的无常本性的提醒者，战争有其自己的积极意义。相反，世界的未来在美洲，“在我们面前的那些时代的世界历史的重担将显现自身于那里”——也许在北部大陆和南部大陆之间的争斗中。

黑格尔声称，他的历史哲学可以从其形而上学中推演出来。只有在那里，我们才能看到他所诉求的世界精神的充分意义，因为对其形而上学的参照并不应该把它仅仅看做无人称的历史力量运行的比喻。在黑格尔的形而上学体系中，精神类似于康德的统觉的先验统一（这种先验统一是全部经验的主体），它自身不能成为经验的对象。康德似乎满足于假定，在每一个个体心灵的生命中会存在一个孤立的核心。但是这种假定有什么根据呢？在康德的先验自我的后面站立的是笛卡儿的自我；作为对笛卡儿的我思最早进行批判的人之一，黑格尔向笛卡儿发问：你如何知道是你在思想，而不是世界心灵在你里边思想？于是，黑格尔的精神应该成为意识的核心，它先于任何个体意识。一个精神有时在笛卡儿的思想中思想，有时在康德的思想中思想，也许就好像我，作为一个个体人，同时能够感觉到牙痛和痛风是在我的身体的不同部分。

精神的实存被黑格尔看做是逻辑学的内容（a matter of logic）。正如他把历史看做逻辑学的显现一样，他也在历史事件尤其是军事事件中看到了逻辑学。如果两个命题是矛盾的，那么黑格尔就把这种矛盾描述为它们之间的冲突：一个命题要去反对另一个命题，并击败或战胜它。这叫作“辩证法”，在这个过程中，一个命题（正题）与另一个命题（反题）冲突，这两个命题最终都被第三个命题（合题）征服。我们用例证看看黑格尔是如何在实践中运用辩证的方法的。

逻辑学的主体内容是绝对、实在性的总体，从早期哲学家以来已经作为存在为我们所熟悉了。我们从绝对是纯存在这个正题开始。但是没有任何规定的纯存在是无，因此我们就被引导到反题“绝对是无”。正题和反题都被合题克服了：存在和非存在（Unbeing）的统一就是变易，因此我们说“绝对是变易”。绝对具有其自己的生命，它经历了概
278 念、自然和精神三个阶段。这三个阶段分别由哲学的不同分支即逻辑学、自然哲学和精神哲学进行研究。

黑格尔经常用“上帝”这个词来指涉绝对，而一个现代的基督教徒也许会把绝对发展中的三个阶段等同于（i）世界开端之前独存的上帝，（ii）进化出人类之前存在的自然创造物以及（iii）人类的历史。但是这过于简单化了。黑格尔在把绝对描述为对自身进行思想的思想时的确使用了亚里士多德对神的规定，但是却是这样的：绝对的自我意识是在其生命圆周的终点而不是在其起点出现的，而且它是通过人类的哲学反思完成的。正是哲学史使绝对面对自己。我们希望作为读者的你认识到你阅读的时候什么事情正在发生。

但是，如果我们严肃地执守黑格尔的立场，那么我们的著作就应当到此为止。因为黑格尔认为到他自己的体系为止，哲学史就终结了。在其《哲学史讲演录》中，他把较早的哲学看做一个接一个地服从于辩证发展的过程，这种辩证发展逐步地向德国唯心主义的方向前进。他告诉我们，一个新的纪元现在开始了，在这个新的纪元，有限的自我意识不再是有限的，绝对的自我意识已经获得了其现实性。哲学史的唯一任务就是叙述有限的自我意识与无限的自我意识之间的斗争，现在，战斗已经结束，绝对的自我意识已经实现了其目的。

马克思与青年黑格尔学派

黑格尔在哲学史上的重要性与其说是因为其著作的内容，不如说是因为他对追随他的思想家具有的重大影响。在他影响的所有思想家中，自身又具有最重大影响的一个思想家是卡尔·马克思（Karl Marx），马克思把他自己的哲学使命描述为“对黑格尔的颠倒”。

马克思1818年出生于特里尔（Trier）的一个具有犹太血统的自由的新教家庭。他先是在波恩上大学，然后在柏林。在柏林，他在布鲁诺·鲍威尔（Bruno Bauer）的指导下学习黑格尔哲学。鲍威尔是左翼团体的领导人，左翼团体是以青年黑格尔学派而著称的。从黑格尔和鲍威尔那里，马克思学会了把历史看做一个辩证过程。也就是说，历史是在彼此相继的各个阶段的连续过程中发生的，就像几何学证明的各个步骤，由基本的逻辑学的或者形而上学的原理决定其秩序。这是马克思终其一生保持的立场。

青年黑格尔学派认为黑格尔的异化概念具有巨大的重要性，异化概念把人们具有正当理由认为与之同一的东西作为异在的来对待。异化是这样一种状态，人们把真实属于其本己存在的固有因素的那些东西看做外在于自身。在黑格尔自己的思想中要表达的是：个体（他们全都是惟 279
一精神的表现）把彼此看做是敌对的对手而不是看做惟一统一体的各个因素。青年黑格尔学派拒斥普遍精神的观念，而保留了异化概念，把它置于体系的特殊地位。

黑格尔已经把其哲学看做诸真理之复杂的自我意识的呈现，而这些真理早已经在宗教教条中非批判地而且神秘地表达出来了。对于青年黑格尔学派来说，宗教不应该被转换，而只应当被消灭。在鲍威尔那里，尤其在路德维希·费尔巴哈（Ludwig Feuerbach）那里，宗教是异化的最高形式。作为存在者最高形式的人把其自己的生命和意识投射到一个虚幻的天堂。人的本质是理性、意志和爱的统一体；由于我们不愿意承认对这些完美的东西进行限制，于是我们就形成了具有无限知识、无限意志和无限的爱的上帝概念，而人就把大写的上帝作为与人自身不同的一个独立的存在来崇拜。“宗教是人与自身的分离：他设置了上帝作为一个对立的存在来反对他自身”。

马克思对青年黑格尔学派的宗教批判产生了共鸣，他后来把宗教看做“人民的精神鸦片”，但是从早期起，马克思就把异化的焦点放在别的地方了。他写道：

> 货币是一切事物的普遍的自命的价值。因此它剥夺了全部世界（人类世界和自然界）的自身价值。货币是被异化了的人的劳动和生命的本质，并且这种异化的本质由于人崇拜它而支配了人。

1841年他写了对黑格尔国家哲学的批判，在里面他攻击了私有财产是文明社会的基础这一理论。由于国家是建立在私有财产基础上的，所以它自身就是人的真实本性的异化。

1842年，马克思成为一个自由派报纸《莱茵时报》的主编。普鲁士政府把它看做颠覆性的，因此查封了它。失去了工作而且新婚的马克思偕同妻子燕妮（Jenny）迁到巴黎。在那里他又找到了一份报纸撰稿人的工作，并且结识了很多激进派朋友，包括成为他得力助手的革命的社会主义者弗里德利希·恩格斯（Friedrich Engels）。他也对英国经济学家比如亚当·斯密的著作进行了研究，并开始形成自己的经济学理论。他的基本观点是：由于货币是一种异化形式，因此所有纯粹的经济关系（比如工人和雇主之间的关系）就是被异化了的社会交换形式，也是一种弱化了奴隶和奴隶主的奴隶制形式。只有废除了工资奴隶制度并用共产主义代替私有财产才能终结人的异化。

280 不久他又被迫迁徙，这次到了布鲁塞尔。在那里，马克思同恩格斯一起写了《德意志意识形态》，这是一部哲学批判著作，直到他去世之后很久才出版。在这部著作中，他阐明了“生活决定意识而不是意识决定生活”的原理。历史不是由黑格尔的精神之精神史所决定的，也不是由人类个体的思想和理论所决定的，而是由生活必需品的生产过程所决定的。

马克思很早就得到了这样一个结论：人的异化仅仅通过哲学批判不会终结。正如他的著名的说法，“以往的哲学家只是在解释世界，而问题在于改变世界”。这不是简单的事。改变是必须的，但它不得不通过暴力，它需要哲学家和工人之间的联盟。“正如哲学在无产阶级那里找到了其物质武器，无产阶级也在哲学中找到了其精神武器”。1847年新成立的共产主义者联盟在伦敦举行会议，马克思和恩格斯受委托为其撰写宣言，它在1848年初发表，正是在一系列革命席卷欧洲大陆的主要王国的前夕。

宣言宣布：“所有迄今为止存在的社会历史都是阶级斗争的历史。”这就是历史唯物主义理论的结论。从表面上看，历史似乎是对不同民族之间和不同宗教之间的冲突的记录，但贯穿一切时代的内在现实却是物质生产力以及由被卷进特定生产的那些人之间的关系所形成的阶级。在历史叙事中发展得如此庞大的法律、政治以及宗教制度不过是掩盖了历史根本层面的上层建筑，这些历史根本层面是生产力和生产者之间的经济关系。哲学，或者说“意识形态”，这一通常用来证明每一个时代的法律制度和政治制度之合理性的东西，仅仅是一个烟幕，它掩盖的是那个时代的统治阶级的既得利益。

资本主义及其不满分子

马克思在后来的诸多著作中发展了这些思想，在他的伟大的《资本论》中到达其顶峰。这部著作于其生活的后期写于伦敦，其时，他已经因为1848年革命而被迫离开法国。在这部著作中，他详细地解释了历史过程是如何被生产力和生产关系支配的。

用马克思的术语来说，生产力包括了原材料、机器和劳动，它们一起共同制造了完成的产品。比如小麦、磨粉厂和磨粉工人必须一起才能生产面粉。生产关系是经济关系，它包括像磨粉厂的所有权以及对工人的雇佣这样一些因素。技术的发展导致了不同的生产关系：在手工磨粉的时代，劳动者是封建主的农奴；在蒸汽磨粉的时代，则是资本家的雇
281 佣劳动者。技术的变化可以使既有的生产关系被淘汰：蒸汽磨粉需要流动的工人，而不是被绑缚于土地的农奴。当生产关系不再适应生产力的时候，马克思相信，这些生产关系就“变成束缚”，于是社会革命就会发生。

马克思把过去、现在和将来的生产关系的历史分成六个阶段：原始共产主义制度、奴隶制度、封建制度、资本主义制度、社会主义制度和最后的共产主义制度。他相信，他生活的资本主义社会已经处于危机之中，很快将会发生革命性变化，这个革命性变化预示着最后阶段的到来，首先是社会主义，然后是共产主义。他坚信资本主义产生的危机不是一个偶然的历史事实，它是资本主义的本性中内在固有的东西。他的这一结论建立在两个经济理论基础之上：劳动价值理论和剩余价值理论。

这似乎可以最终追溯到亚里士多德，马克思相信，任何产品的真正价值在数量上等于为之花费的劳动。这一理论使我们可以确定产品的价值，只要我们具有了衡量劳动价值的方法。这个方法就是计算出维持劳动者生计和健康的费用以及它所需要的劳动时间。这样，如果生产一定量的面粉花费了一个劳动者一天的时间，那么这些面粉的价值就是一天生计的费用。

但是在资本主义制度下，市场价格不是由真实的价值决定的，而是由供求决定的。拥有原材料和生产工具的资本家支付给工人的工资等于他一天的生计所需，比如1美元，却经常可以把产品卖到工资的许多倍，比如说10美元。维持生计的工资和市场价格之间的差价就是剩余价值，在这个例子中就是9美元。在资本主义制度下，剩余价值的任何一

点都没有返还给工人，它全部被雇主放进自己的口袋里。结果是，劳动者的劳动只有十分之一是劳动者受益，而十分之九都是为资本家生产的利润。

随着技术的发展，以及劳动者的生产率的相应增加，剩余价值也在不断增加，返还给劳动者的劳动比例便变得越来越小。最后这种剥削必然到达无产阶级再也不能忍受的界限，于是发生了反抗。资本主义制度就将被无产阶级专政代替，无产阶级专政将废除私有财产，并进入社会主义国家，在社会主义国家，生产工具完全是由中央政府控制的。但是社会主义国家也只是暂时的，它将消灭而被共产主义社会所代替，在共产主义社会，个人利益和团体利益是一致的。

剩余价值理论具有一个致命的弱点。马克思没有提供令人信服的理由说明，为什么资本家，无论他的利润是如何巨大，支付的仅仅是维持生计的工资。但是这一论题的重要之点是他的预言：资本主义不可避免
地导致革命，而且在技术最进步，因此剥削最严重的那些国家，革命发 282
生得就越快。事实上，在发达的工业化国家，雇主很快就开始（而且一直持续是）支付远远超过生计水平的工资。恰恰不是在这些国家中，而是在落后的俄罗斯，首先发生了无产阶级革命。

如果我们把马克思主义看做一个科学假定，如果我们根据预言是否实现来判断的话，那么就必须说，自从马克思死后，历史的进程完全证明马克思主义是不正确的。但是无论马克思本人怎么想，他的理论在本质上是哲学的而不是科学的；从这个立场来判断，那么它既可以声称是成功的也可以声称是失败的。一方面，尽管当今很少有历史学家承认历史事件完全是由经济因素所决定的，但是却没有任何历史学家，甚至哲学史家敢于否认那些因素对政治和文化的影响。另一方面，甚至在那些已经经历了马克思主义类型的社会主义革命的国家，由像列宁、斯大林和毛泽东这些个人所支配的权力已经证明“只有匿名的力量决定历史的进程”的这一理论是错误的。最后，马克思自己的思想体系（它不能看做是一种科学理论，而是对政治激进主义的鼓励）所施加的无论或好或

坏的巨大影响都驳斥了意识形态仅仅是现状（status quo）的障眼法这一理论。如果生活决定意识，那么意识也决定生活。

（孟彦文 译）

第十八章　功利主义哲学家

杰瑞米·边沁

英国在拿破仑时代既没有遭到入侵，也没有发生革命。政府依然控 283
制在特权阶层手中。在小皮特（Pitt）和利物浦公爵（Lord Liverpool）等首相的极权统治下，民族危机重重，英国要成为现代意义上的民主国家还有很长的路要走。改革已经完成，不过是通过缓慢的宪制运动，而不是通过暴力革命或戏剧性的政变。

在让英国舆论意识到需要改革的人中，做得最好的首推杰瑞米·边沁（Jeremy Bentham）。他是一位律师，法国大革命时代曾在牛津受过教育，41岁的时候出版了《道德与立法原理导论》（Introduction to the Principles of Morals and Legislation）。1776年他匿名攻击了英国的法律体系，而这些攻击最近出现在威廉·布莱克斯顿爵士（Sir Willianm Blackstone）的评论中。他非常感兴趣的是刑法改革，在访问俄国的过程中构思了全景式监视（the Panopticon）模范监狱的观点。威廉·皮特（William Pitt）的政府通过了一项授权处理该问题的法案，然而却因为有公爵地位的土地拥有者不愿意在他们的伦敦地产附近修建监狱而未能实施。1808年他和詹姆士·密尔（James Mill）成为了朋友并共同教化他年轻的儿子约翰·斯图亚特（John Stuart）。他写了很多关于法律和立法的论文，其中绝大部分在他活着时并没有出版，而且花了很多年去准备制定宪法，然而当他死的时候依然没有完成。1817年他公布了一份议会改革计划，紧接着是《激进改革法案》的草案。1832年，在大改革法案通过以后的几周他去世了，该法案扩大了议会的权限。他的遗体被保存在他帮助建立的伦敦大学学院图书馆内。

“边沁原则”是被看做功利主义的政治和道德思想的奠基文件，他之后被约翰·斯图亚特·密尔发展并持续繁荣到今天。这个体系的引导
284 性的观点是边沁所称作的“功利原则”，或“最大快乐原则”。功利原则是根据每个行为的出现是扩大还是缩小了快乐来评价它。最大量的最大快乐的增加是惟一正当的人类行为的目的，法律和立法体系应以和它保持一致性还是没有保持一致性这个目的而受到审查。功利原则使我们从坏的法律中区别出好的法律，这是政治义务的惟一来源。边沁坚持认为对于自然法、自然权利和社会契约的信仰不过是迷信行为。

“最大量的最大快乐原则”是功利主义哲学口号之一，就像“所有可能世界中的最好世界”或者“不能构想出比它更大的东西”等说法一样，乍一听起来使人印象深刻，但是仔细地深入探讨却无清晰的含义。我们在测量快乐和比较快乐的量时完全模糊，甚至使用非常原始的方式考虑边沁的快乐仅是快乐的感觉。边沁一直没有回答“什么是最大量”的问题。我们应该附加“投票人”、“公民”、或者“人类”和“感性存在”吗？道德主义者和政治家试图为了快乐而操纵大量的竞选者，依靠采取步骤来增加或者减少人口吗？如果是那样，那么在哪个方面呢？最困难的是我们需要平衡快乐的量和人的量吗？假设设计了从0到100的表格，100代表最大快乐，0代表最小快乐。我们应该倾向51%的人获得51%的快乐，49%的人获得49%这样一种状态呢？还是80%的人获得100%的快乐，而20%的人不获得快乐的状态呢？如果我们用简单的方式来操作边沁的“幸福计算法”，如A看起来获得5002票，而B获得8000票。但任何人都会关注平等或者分配正义，在投票给B之前产生犹豫。

边沁敏锐地直觉到把他的口号运用于实践中的困难，他举了这样的

例子：如提供一份菜谱来测量快乐，他们会根据菜肴的密度、耐受度、量度、相似性、丰富度、纯度和延展度来对它进行评价。他甚而提供了有助于记忆的节律诗来运用这种计算法：

强烈的、冗长的、确定的、快速的、果实丰富的、纯洁的——
享受快乐和忍耐痛苦的标志，
如果寻找这些快乐的目的是私人的，那么同快乐相伴；
如果是公开的、广泛的，那么让快乐延伸。
这样的痛苦被避免，这就是他们的观点，
如果痛苦必须来临，那就让它们变得最小。

之后的功利主义者把热情奉献在应付早前的文字中勾画出来的问题。但是直到今天都还是真实的，最大的快乐原则仍然是研究的纲领而 285
不是道德和政治行为的办法。

边沁在道德哲学上的影响是巨大的。我们可能把道德哲学分成绝对论者和后果论者。绝对论者相信无论后果怎么限制行为，有一些天生错误的行为是决不可以做的。而后果论者认为行为的道德应该是由它们的结果来评判，只要在特殊的环境中没有行为范畴不是通过结果来得到证明和辩护的。相对于边沁，绝大部分哲学家都是绝对论者，因为他们相信自然法和自然权利。如果有自然法和自然权利，那么一些违背这样的权利或者同这些法律相冲突的行为就是错误的，而不管他们的结果是什么。边沁对自然法和自然权利的攻击一直比他的功利原则的崇拜者更有影响力：其一直影响着在道德哲学中的受到重视的后果论理论的形成。

后果论者如边沁依靠结果来判断行为，而不会预先排除任何行为。一个自然法的信仰者说某个西罗德（Herod）和尼罗（Nero）已经杀了五千未犯罪的人，能够直接说“那是一个邪恶的行为”。后果论者在作出这样的判断之前肯定会说“告诉我更多的东西”。大屠杀的结果是什么呢？如果统治者允许五千人活着会发生什么事情？

如今在专业哲学家中广泛流传的后果主义可以溯及边沁。一直流传下来的后果主义可能在理论上比在实践上更受人欢迎：绝大多数在哲学之外的人可能相信某些行为是如此的野蛮以至于它们应该被提前驱除出去，并拒绝一个人应该在理论上不停止于对渴望的后果的追求。但目前讨论的医学伦理学，后果主义对该政策的形成有更大发言权，至少在英语国家应该是这样的。这是因为技术专家和政策制定者明白他们所谈到的利益耗费的术语。在普通的非专业的公众中，许多人都会赞同边沁对于“某些类行为是被绝对禁止的”这种观点的怀疑。

人们会问，这些绝对的禁令源于何方呢？毫不怀疑信仰宗教的人认为来源于上帝。但是他们怎么能够说服对这个持怀疑态度的人呢？能够有禁令而没有制定禁令的人吗？那些倾向于绝对禁令的人几乎就没有表达他们天生的偏见吗？

这个回答在道德本身的本质中被发现，道德有三个基本的元素：道德共同体、一系列的道德价值和道德信条。所有三者都是必须的。首先，因为相同的原因，不可能有一种纯粹的私人道德就像不可能有纯粹
286 的私人语言一样。第二，共同体的道德生活由一些非物质价值的共同追求如公平、真理、同样理想的情谊和自由所组成：这是区分伦理学和经济学的准则。第三，这种追求在排除了确定禁令的行为的框架中执行：这是区分伦理学和美学的准则。这是对问题“谁在禁止？”的回答吗？是道德共同体的成员，一个普通道德社会成员牵涉到对共同的信条的服从。在对一些绝对错误的观念进攻时，边沁所攻击的不仅是道德的形式，而且是道德立法的一些形式。

不管他所产生的伦理体系多么使人沮丧，边沁对特殊问题的详细讨论是出众的。他的文风轻快、精简，用词准确和相对清晰，以及把沉重的理论演化成流畅的和商业化的文字。拿对刑法目的的讨论作为例证：

> 惩罚直接的、首要的目的是控制行为。这个行为或者是

> 犯罪者的，或者是其他人的：它依靠影响来控制犯罪者的行为，或者是影响他的意志，在这种情况下就是人们所说的重新塑造的方式来运作；或者影响他的身体力量，在这种情况下就是人们所说的使其丧失能力来运作。

边沁反对报复性的惩罚理论，即根据正义理论他伤害了别人就应该被伤害，是否他的灾难对自己和他人有缓解和治疗的效果。这样的报复行为，一般看来是以暴治暴，将显然增加世界罪恶的量而不是恢复任何正义的和谐。因为惩罚涉及到痛苦的折磨，如果它承诺排除一些更大的罪恶，那么它才能够被看做公正的。他相信惩罚的首要目的是缓解犯罪；惩罚不应该被施加于任何不能缓解犯罪的情况，或者是对犯罪者或者是其他人，惩罚也不应施加而超过必须的更大的缓解的空间。边沁总结了一套准则确定犯罪和惩罚之间的比例，并不是基于“以眼还眼，以牙还牙”的报复性原则而是基于惩罚前景的影响，该影响是对尾随犯罪行为的潜在犯罪者的利益和损失的计算。边沁相信任何对惩罚的补偿性效果是肯定附属于延缓效果的，实际上，现在的绝大部分监狱做不到。

边沁还在更广泛的道德哲学领域作出了重要贡献。如他比先前的学者更加清晰地论述了“目的”概念。他说一个行为可能有目的但没有产生如期后果：“因而，有可能，接触某人是你的目的，但是伤害他却不是你的目的：然而后果证明，你可能有机会伤害他”。一个后果或者是 287
出于直接目的（“产生它的预期构成了因果链中的一环，人们根据它决定有所行动”），或者是出于间接目的（后果可能被预见到，但产生它的预期没有构成决定性的因果链）。在直接目的产生的后果中，他区分了哪些是根本性的目的，哪些是立竿见影的目的，这同传统的目的和手段的区分是一致的。

边沁在目的和动机之间作了区分：一个人的目的可能是好的然而动机可能是坏的。例如，A可能出于邪恶的动机因一个B没有犯下的罪行控告B；但是如果他真实相信B是有罪的，那么他的动机是坏的但故意行为却是善的。边沁认为从动机本身来讲动机无好坏之分，一些词如“引诱”、“贪婪”和“残酷”仅在从未正当使用的意义上寓示为坏动机，即认为该动机象征着发生坏的结果。例如，“引诱”在名义上是被赋予对性的渴望的意义，其结果被看做坏。对边沁来讲，动机并不为行为的道德认可提供独立的基础：唯一与有意愿的行为相关的一种道德精神状态关于行动者对于后果的相信。事实上，有点讽刺意味的是，尽管边沁在他的作品中如此卖弄故意和动机，但是他在功利主义体系中比在其他任何体系都更少强调故意和动机的道德重要性。

密尔在他的书《功利主义》中，总结出了以下的问题：“他把一个溺水的年轻的生灵救了起来，在道德上是正确的，但他的动机是否为责任，或者是希望因他付出了辛劳而要得到报酬；他出卖相信他的朋友是罪恶行为，尽管目的是为了帮助其他关系更好的朋友。”在非道德的基础上一个动机可能优于另一个动机，或者动机可能从一个人的特性开始而演化到能够长远地产生道德的行为。但是一般来讲，“动机与行为道德无关，尽管较多地与行为人的价值相关”。

密尔的功利主义

密尔通过几种方式把边沁的立场软化了。批评者反对说，设想生活没有比快乐更高的目的是只适合于猪的学说。密尔以区分了快乐的本质而作出回应。“有两种快乐，如果所有或者几乎所有的人都经历了这两者就必然会对于其中的一种给出一种决定的优先选择，而不管任何一种对其作出优选选择的道德义务感，那就是更值得渴望的快乐。”用这样的理论武装起来，密尔能够总结出“做一个不满足的人比做一个满足的
288 猪更好；做一个不满足的苏格拉底要比做一个满足的傻子更好。”在运用获得最大快乐原则时我们必须牢记这点：所有的事物所渴望的目的是尽可能地免除存在的痛苦，尽可能丰富地在生活的质和量上享受快乐。

边沁的功利主义否定了自然权利，原则上主张在某种环境下的贵族

制政府和对个体自由的侵犯。密尔在他的作品中一直致力于用自由主义调和功利主义，他的短论《论自由》是一篇自由个人主义雄辩的经典作品。

这本小册子寻求讨论集体意见对个体独立性合法干涉的限制，他用以下的术语来陈述他的指导原则：

> 人类不管是个体的还是集体的，通过干涉他们的任何成员的自由而获得许可的惟一的目的是自我保护。这个惟一的目的是权力能够正当地对文明共同体的成员行使，以反对他们的意志和防止他们伤害别人。他自身的善无论是肉体上的还是道德上的，都不是一种充分的保证。

任何对这个社会负责任的人的行为的惟一作用是它都牵涉到他人的利益。对于自身而言，对于自身的心灵和肉体而言，个体是有主权的。

密尔特别把他的原则用于支持表达的自由。对我们所知的而言，当一个观点沉默了，它可能是真的；如果不是真的，它可能包含有一定比例的真；即使它完全是假的，相反的观点与其论战也是很重要的，否则人们就会认为它或者仅仅是一种偏见，或者是一种缺乏信念的形式上的声明。以这些理由为基础，密尔肯定意见的自由和意见自由表达的自由，是“人类精神健康的基础，所有其他的福利都依赖于它”。

密尔的逻辑学

除《论自由》以外，密尔最出名的著作是《妇女的屈从地位》（The Subjection of Women），是同他的妻子汉雷特·泰勒（Harriet Taylor）合作写成的。但密尔作为哲学家的名声并不是单靠他的道德和政治学著作。他非常勤奋，学问很深；在三岁的时候开始学习希腊文，尽管受到在东印度公司35年全职工作的限制，还是出版了大量的哲学著

作。从理论哲学的角度，他最重要的著作是《逻辑体系》（A System of
289 Logic），出版于1843年并在他的有生之年被重印了八版。

密尔继承了18世纪英国经验主义传统并在19世纪继续发展它。他崇拜贝克莱，尽力把他的物质理论从神学环境中剥离出来：物质对象一直存在，尽管它们没有被观察到，他说，我们这个信念导致，并未超过我们对于物体进一步知觉的持续期待。物质被密尔定义为“感觉的恒久的可能性”；外部世界是“是可能的感觉按照规律一个接着一个的世界”。

在心灵哲学中，密尔同意休谟的“我们本身没有心灵本身的概念，因为心灵区别于它的意识表现”，但是他很勉强地接受他自己的心灵是一系列简单的感觉。他对于接受其他心灵的存在有额外的困难。他不得不解释，我知道不同于我自己的心灵的存在，只是通过设想他人的行为相关于感觉，这样的感觉是与我的行为对于我的感觉相似的。这样的声明不容易调和他的一般现象主义的立场，即根据这种观点其他实体，包括他人，仅是我的感觉的恒久的可能性。

同早先的经验主义不同的是，密尔很关注形式逻辑和科学的方法论。他的《逻辑体系》（1843）开始了对语言的分析，特别是名称理论。

密尔是在非常广义上使用“名称”这个词。不仅像“苏格拉底”这样的专有名称，而且还有代词“这”，摹状词如“继承了征服者威廉王位的国王”，普遍术语如“人”和“睿智”，抽象表达如“老年”等都在他的体系中被记作名称。的确，在他的体系中，仅有词“……的”、“或者”和“如果”看起来不是名称。根据密尔的观点，所有的名称都指称事物：专名指称着它们是这个名称的事物，普遍术语暗指它们是具有这些属性的事物。所以，不仅“苏格拉底”而且“人”和“睿智”都指称苏格拉底。

对于密尔，每一个命题都是名称的关联结构。这并没有导致他走向极端的唯名论观点，认为每个句子可以依照一个句子是连接两个专名形成的模型来进行解释，如“图利是西塞罗”。一个句子连接了两个具有内涵的名称如“所有的人都是终有一死的”。其告诉了我们某些属性（如，理性和动物性那些属性）一直是被终有一死的属性所伴随的。

比他必须讨论的关于名称和命题更重要的是他的推理理论。

推理能够被分为真实的推理和语言上的推理。从“没有伟大的将军是一个鲁莽的人”可以推论出“没有鲁莽的人是一个伟大的将军”是语言上的推理，不是一个真实的推论；前提和结论说的是同样的东西。仅有当我们在结论中推出了并不包含在前提之中的真理时，那才是真实的推论。例如，当我们从一个特殊的事件推论出普遍的结论的时候才是真实的推论，如“彼得是终有一死的，詹姆士也是终有一死的，因此所有的人都是终有一死的”。但这样的推论不是演绎的，而是归纳的。 290

那么所有的演绎理性仅是语言意义上的推理吗？回到密尔的时代，三段论是演绎推理的范例。三段论推理是真实的推理还是语言意义上的推理呢？设想我们从这个前提“所有的人都是要死的，苏格拉底是一个人”到结论“苏格拉底是要死的”。看起来如果三段论具有演绎的有效性的话，那么结论必然在某种程度被记述在前提中：苏格拉底是要死的必然是这个证据的部分，该证据使我们合理地确定所有人是要死的。在另一方面，如果结论给出了新的信息——如果，我们把苏格拉底的名称替换成还没有死的某个人的名称（密尔用“威灵顿公爵”的例子）——那么我们发现其并不能从第一个前提得出真实的结论。密尔说，大前提仅是作推论的公式，所有真实的推论都是从特殊到一般。

从特殊事件开始的推理被逻辑学家命名为“归纳法”。在某些情况下，归纳似乎是提供了普遍结论：从“彼得是犹太人，詹姆士是犹太人，约翰是犹太人……”，我能列举所有的使徒，得出结论“所有的使徒都是犹太人”。但是这个过程有时被称为“完全归纳法”，根据密尔的观点并不真正使我们从特殊到一般：结论仅是对在前提中陈述的特殊事件的省略式的提示。一些逻辑学家坚持还有另一种归纳，即不完全归纳（密尔称为“简单枚举归纳法”），是从特殊事件走向普遍规律。但是这种所谓的普遍规律仅是用来推论的公式。真实的归纳推理将我们从已知的特殊带到未知的特殊。

如果归纳不能被引入三段论的结构中，这并不意味着其没有任何自身的规则进行推论。密尔陈述了五个规则或者是规范，指导着因果关系的归纳式发现的进行实验性探求。我们可能考虑前两个，像前面说明的一样，密尔分别称为求同法和求异法。

第一个陈述了如果一种现象F出现在环境A、B和C的关联中，也出现在环境C、D和E的关联中，那么我们将总结C是仅有的共同特征，是和F因果相关的。第二个陈述了如果F发生出现在A、B和C中，但是不出现在A、B和D中，那么我们能够总结出C是仅有的不同于这两个事件的特征，它是和F因果相关的。密尔给第二种方法做了一个说明：当一个人被射中了心脏的时候，用这种方法我们可以知道是枪击杀了他：因为之前他是处于生命的存在时期，除了有伤口外，所有的环境都是一样的。

同所有的归纳程序一样，密尔的方法设定普遍规律的恒常性。正如密尔清晰地说道："自然的过程是一致的这个命题，是归纳的基本原理或普遍定理。"但是这个原理的地位是什么？密尔有时候看起来把它看
291 做像是经验的概括。例如他说，假设因果规律适用于遥远的行星，这是草率的。但如果这个非常概括的原理是归纳的基础，那么肯定它本身并不能是由归纳来确定的。

密尔的体系不仅对因果规律的解释产生了困难，对数学真理的解释也产生了困难。密尔不认为——正如其他一些经验主义已经做的——数学假设仅是语言上的假设，只是说出了定义的后果。密尔坚持，算术的基本定理、欧几里得几何学的定理，陈述了事实的状况。据此，他不得不始终如一地得出结论，算术和几何学和物理学一样，是由经验假设所形成的。数学假设有很大的概括性，在我们的经验中是最精致地得到证实的；然而，它们仍然是假设，可以被后来的的经验修正。

密尔受到他在《逻辑体系》中的优先目标的鼓舞而断言数学真理

是经验的概括，在该书中反驳了他认为是“对于错误学说和坏的直观的巨大的智慧支持”的概念，即心灵之外的真理可以被独立于经验的直观所认识的论点。他对数学的看法很快被德国哲学家弗雷格（Gottlob Frege）证明是站不住脚的，弗雷格之后的那些对密尔的经验主义深表同情的人包括他的徒子徒孙贝特兰·罗素（Bertrand Russell）——也放弃了他的数理哲学。

1873年密尔在阿维尼翁去世了，一本引人入胜的《自传》在他死后匿名出版了，还有一些关于宗教论题的论文发表。在他的文章《有神论》中，反思了由世界的善与恶所产生的问题，密尔得出结论，这个问题的解决只有承认神的存在，但他否认神的万能。他是这样得出结论的：

> 那么，这些自然神学对于神的特征问题的研究结果如下。一个有限但伟大的力量存在，是怎样被限制和被什么所限制是我们不能推测的；具有伟大的也许是无限的智慧，但是也可能比这限制更狭窄的力量，它渴望并关照一些它的造物的快乐，但是可能有另外一种它更关心的行为动机，或者它就几乎不能被假设为某个单独的目的创造了宇宙。这是自然宗教所指出的神，任何出于人的愿望，或者出于真实的或者想象的启示的教导的上帝的观念都比这更能打动人心。

（李先敏　译）

第十九章　三个十九世纪的哲学家

叔本华

292 19世纪最令人回味的德国哲学家是阿尔图·叔本华（Arthur Schopenhauer）。叔本华1788年出生于但泽（Danzig）。1810年，叔本华在哥廷根大学一开始错误地选择了医学专业，之后转向哲学专业学习。他赞赏康德但不是康德思想的继承者。1811年叔本华在柏林参加了费希特的讲座，但他既厌恶其晦涩难懂又厌恶其国家主义思想。他抱怨在黑格尔及其追随者的著述中，“他们长期缺乏独特思想的麻醉作用”。叔本华本人的风格，最先展示在他于1813年发表的博士论文《论充足理由律的四重根》（On the Fourfold Root of the Principle of Sufficient Reason）中，通俗易懂，论证有力，受到了伟大诗人歌德的称赞。1814—1818年间，叔本华在德累斯顿（Dresden）完成了他的主要哲学著作《作为意志和表象的世界》（The World as Will and Idea）。这本书在1844年以阔体字的形式再版。1820年他去柏林并在那里举办了一系列的讲座，但是学生们却让人难以理解地宁愿去听在同一时间的黑格尔的讲座。叔本华的讲座受到抵制，这更加激起了他对黑格尔体系的反感，他把它视为最无意义的。1839年，叔本华由于《论意志自由》（Essay on the Freedom of the Will）获得挪威奖（a Norwegian prize）而开始赢得公众认可。叔本华是一个杰出的论说文家，当他的论文集于1851年以

《著作补录和拾遗》（Parerga and Paralipomena）为名出版时，他从多年的沉寂和被人忽视中摆脱出来一跃成为一个著名的哲学家。叔本华死于1860年。

叔本华的主要著作《作为意志和表象的世界》一共有四卷。第一卷和第三卷专门论述作为表象的世界，第二卷和第四卷专门论述作为意志的世界。叔本华关于作为表象的世界的哲学思想紧紧地建立在康德基础上，但是由于他写的远比康德更加明晰简明易懂以至于效果好像被伊芙林·沃[1]（Evelyn Waugh）改写过的亨利·詹姆士[2]（Henry James）的小说那样。

第一卷开宗明义一句话："世界是我的表象"。叔本华的"表象"（Vorstellung）一词不是指一个概念，而是一个具体的、直觉的经验。如果一个人要达到哲学的智慧，他就必须接受，"他所知道的并不是太 293
阳、地球，而只是一双看见太阳的眼睛，一双摸到地球的手"。世界只是作为表象而存在，也就是说，仅仅存在于和意识关系之中。他说，这个真理最早在印度哲学关于玛耶女神（Maya）[3]或现象的学说中有所体现，但是后来在欧洲被贝克莱（Berkeley）重新发现。

对于我们每一个人来说，我们自己的身体是我们感知世界的起点；其他客体通过它们之间相互作用借助判断力所把握的因果法则而被认识。对于人类和动物来说，判断力是共同的，因为动物也是在空间和时间中感知事物的，所以它们也必须遵守因果法则。的确，动物的洞察力有时会超过人类的判断力。然而，作为语言使用者的人类不仅有判断力

①伊芙林·沃（1903–1966），英国小说家，擅长讽刺英国上层社会的流弊，作有长篇小说《衰落与瓦解》、《邪恶的肉体》、《旧地重游》和取材于第二次世界大战的《荣誉之剑》三部曲。——译者注

②亨利·詹姆士（1843–1916），美国小说家、评论家，晚年入英国籍；主要作品有长篇小说《一位妇女的画像》、《鸽翼》，文学评论《小说的艺术》等。——译者注

③系虚幻女神，湿婆神之妻。——译者注

而且有理性，就是说抽象认识被表现在概念中。正因为如此，人在力量和耐受力方面远远超出动物。动物仅仅生活在现在，而人既生活在过去，又生活在将来。

理性给予人类三份伟大礼物：语言，慎思而行和科学。推理的或抽象的认识其重要性就在于能够被分享和传承。为了实践的目的，单单判断力也许就可以了："如果我天生不知道剃须刀，也就是，我没有触摸过它，那么，对于我来说，抽象地知道它角度的度数乃至精确到几度几分，并且我必须按照这个角度来使用剃须刀，这是没有任何用处的。"但是当需要别人的帮助或当需要长期计划时，抽象认识就是必要的了。行为只有建立在原则基础之上才能够是伦理的，但原则是抽象的。

所有这一切和康德所说的差别并不是很大。叔本华之所以批判康德，只是因为后者在主张世界只是和主体联系起来的客体时半心半意，而非因为康德主张在现象背后存在着物自体。在第二卷中，叔本华关于作为意志的世界的叙述显示出了他的独创性。

叔本华从思考诸如机械学和物理学等科学的本质入手。这些科学根据诸如惯性定律和万有引力定律等解释了物体的运动。但是就是这些说明力的定律，其内在本质远没有得到彻底的解释。"解释一块石头落到地上或一个物体反作用于另一个物体的力，就其内在本性而言，与引起一只动物的运动和生长的力是一样奇怪而神秘的。"科学家们和哲学家们不可能真正从外部了解这些事物的真正本质：他们就像是一些绕着城堡徒劳地寻找入口的人，自身仅仅满足于描绘它的外观。

实际上，如果我们仅仅是认识的主体（"没有身体却生有翅膀的天使"），那么我们之中任何一个人都将永远不能够把握世界的意义。但是我自己扎根于这个世界；我对世界的认识通过我的身体给予我，它不仅仅只是诸多他者的一个，而是一种我直接意识到的积极的力量。实际上，正是这种针对一个身体的特殊关系使我成为一个独立的个体。

294 这个谜底已经给予了作为个体而出现的认识的主体，答

> 案就是意志（will）。这，也唯有这，才给了他理解自己生存的钥匙，才向他揭示出了生存的意义，并且向他显示出了其存在、行为和活动的内在动力。

意志的所有活动都与身体的运动相一致，意志和运动并非是被因果关系联系起来的两个不同的事件。叔本华说，身体的行为是可感知的实际上是整个身体产生的意志的活动，它不是别的什么而只不过是客观化了的意志，意志成为看得见的，意志成为表象。身体及其他的所有部分都是意志及其欲望的看得见的表现：因此，“牙齿、食道、肠道是客观化的饥饿；生殖器也是客观化的性欲；抓东西的手，匆忙行走的脚步，都是与意志的一些比较间接的欲望相对应的，这些欲望同时也显示着意志”。

我们每个人都知道自己本身既是客体又是意志；这是理解自然界一切现象的本质的关键。一切客体的本质都必须与我们所谓的意志相同一。它除了是意志和表象外还能是什么呢？对此我们一无所知。叔本华所说，“意志”一词，就像一根魔棒，向我们显露出自然万物的最深层次的存在。

意识存在许多不同的等级，只有较高级的意志为知识和自我决定所伴随。

> 因此，如果我说，促使一块石头降落到地球上来的力，就其本质来说，在它自在的本身上在一切表象之外，是意志，人们就不会对这句话有这种怪诞的想法，说石头也是按照一个已知的动机推动自身，因为在人身上意志是这样显现的。

意志是活动在植物中的力，是结晶体赖以形成的力，是磁针赖以指向北极的力。在这里，我们最终发现康德徒劳地所要寻找的东西：一切表象都是现象的存在，唯有意志是自在之物。

叔本华的意志，甚至在无机体中也是活动的，看起来似与亚里士多德的自然吸引是一样的，根据牛顿的定律而不是根据元素的自然位置的理论被重新表述出来。那么，为什么他把它叫作“意志”而不是“欲望”或简单地叫作“力”呢？叔本华回答说，如果我们用意志解释力，就等于用稍懂一点的东西去解释不太懂的东西；相反，如果我们把意志仅仅看做是一类力，我们就是否认了关于世界内部本质的仅有的最直接的认识。

但是，叔本华赞同在意志的较高级和较底级之间存在着巨大的差距。在较高级的意志中个体性占据着显著的地位：每个人都有一个强烈的个体性格。对于相对人来说较低级但在野生动物界处于较高级的物种来说也是这样。“越到下等动物，个体特征的痕迹越是泯没在种属的一般性格中。”在大自然的无机王国里，一切个体性都消失了。

自然界应该被看做是一个在各种不同等级的意志之间相互冲突的领
295 域。一块吸起铁的磁石是较高级的意志形式（磁力）战胜了较低级的意志形式（重力）而取得的一场胜利。一个健康的人是一场自我意识的有机体理念战胜原来支配身体体液的物理和化学耳朵规律而取得的胜利；它与之进行着持续不断的战争。

> 因此，一般情况下，存在肉体生活的重负，才有睡眠的必要性，最后还有死亡的必然性；因为最终这些被征服的自然力，在环境的促成下，又能从疲于不断斗争的有机体那里夺回它们被劫走的物质，而它们的本质因此又可以被无阻碍地表达出来了。

星体围绕太阳的旋转，在离心力和向心力之间的张力，就是意志的表现的普遍的根本冲突的例子。

那么，如此普遍表现和活动的意志的本质是什么？叔本华认为，一切欲求皆出于需要，既出于缺乏，也出于痛苦。一个愿望一经满足也就完了；但它又为另外的愿望所战胜；一个愿望满足了，十倍于它的愿望接着便会产生。欲望的短暂满足“就像抛向乞丐的施舍，今天维系着他的生命以便在明天又延长他的痛苦”。一旦我们的意识被我们的意志所充满，我们就再也没有幸福或和平了，我们至多无聊地交替安排着欲望。

有没有可能从意志的劳役中解脱出来？叔本华在他的主要著作的第三卷中展示了一种通过艺术得以解脱的方式。经常地，在动物中，在大多数情况下在人类中，理性是为意志服务的，被用来保证满足它的欲望上。但是，从超出仅仅作为满足欲望的手段的客体的观审并进而达到纯粹沉思的高度是可能的，无论这个高度在自然中或是在艺术中。我们必须在自然的风景画或一个建筑中丢失自我，通过忘掉我们的意志和个体性，忘掉自身。我们必须变成一面我们所沉思的客体的镜子，这样，感知者就与被感知者合而为一。“在这样的沉思中个别事物即刻成为它的类的理念，感知着的个体成为纯粹的认识主体”。

叔本华这里所说的表象不是洛克式的知觉表象，而是柏拉图式的类的理念。正是通过艺术，即天才的作品，我们形成与普遍性的联系，这种普遍性独立于个体，甚至比个体更真实，就像是基于瀑布的无数水滴之上的一道静静的彩虹。每个人都有认识事物理念的能力，但是天才 296
在这方面胜过常人。在沉思中从意志中解放出来，我们不再关心幸与不幸，并且我们从此以后已不再是那个体的人。“我们只是作为那世界的一只眼睛而存在，一切认识着的创造物都有此眼，但是唯有人这只眼睛才能够完全从意志的驱使中解放出来”。

美学沉思的解放效应的理论被发展成了一些经过深思熟虑的不同的艺术——建筑艺术、绘画学、诗集、戏剧，最重要的是音乐，它是所有艺术形式中最强有力的。叔本华认为，与其他艺术不同，音乐不是理念的写照，而是意志本身的写照，尽管这理念也是意志的客观化。叔本华关于音乐清空自我的观念，为艾略特（T.S .Eliot）所响应，当他在《干燥的塞尔维吉斯》（The Dry Salvages）中写道：

听不到太引人入迷的妙音，

然而余音缭绕时，你却与音乐融为一体。[④]

但是，一生受叔本华关于音乐方面的写作影响最大的人，却是理查德·瓦格纳（Richard Wagner）[⑤]，他将自己视为是叔本华天才能力的具体体现者。

然而，美学的沉思所提供的解脱却只是暂时的，要彻底从意志的暴政下解脱出来的惟一方式就是通过放弃利益。意志所意欲的总是生命本身，因此假如我们要放弃意志我们必须放弃生存意志。这听起来像是一条自杀的指令，但是实际上，叔本华把自杀看做是被高估了的个体生命重要性所激发的错误的一步，前提是把自杀的目的看做是为了逃离现实世界的悲惨，并且他还认为这样的自杀是源于一种被隐蔽起来的生存意志。

叔本华的“弃绝”（renunciation）一词所指，可以借助他在第四卷中随后给出的不同的道德特征的解释而得以真正的理解，这些特征以邪恶开始以圣洁或禁欲主义结束。道德的进步存在于自我主义的逐步的减少：个体把自我作为世界的中心，为了自己的生存和安乐而牺牲其他东西。

从叔本华的叙述来看，这种自我牺牲就是以非道德开始经过让自己受苦以成为圣贤的过程。道德的进展存在于逐渐消失的利己主义，即把自己置于万物之中心并为自己的生存牺牲其他一切。

④ [英]艾略特，《艾略特诗选》，赵萝蕤等译，山东大学出版社，1999年，第166页。——译者注

⑤ [德]理查德·瓦格纳（1813–1883），作曲家，毕生致力于歌剧（自称“乐剧”）的改革与创新，作品有《漂泊的荷兰人》、《纽伦堡名歌手》及歌剧四联剧《尼伯龙根的指环》等。——译者注

恶人是一个极端利己主义者：他在生活中坚持自己的意志而否认他人意志的存在。如果别人的意志阻碍他的道路，他将毁灭他人的存在。一个真正邪恶的人远远超过了利己，他从别人的痛苦之中得到快乐，并且不是为了自己的目的而感到快乐而是从他人的毁灭中得到快乐。但是，尽管恶人认为他被巨大的鸿沟与其他人之分隔开来，他仍保持着一种模糊的意识，这就是他的意愿是最具活力的单一的意愿的非凡体现。“他模糊地认为，他，也就是恶人，自己就是整个意愿；他不仅仅是加害者，同时又是苦难的承受者”。这就是良心不安的根源。

恶人和好人之间存在着一种中间人物，公道的人。与恶人不同，这种人并不将个性作为隔断他和其他人的一堵墙，他很乐意看到别人生 297
活的意愿和他在同一层次。恰好达到不伤害他人这一点。当个性的障碍被更大程度地看透，这时我们获得了慈善、健康及人类的爱。因此，好人的特性是不区分自己和他人。他不允许他人饥饿，然而他自己可以忍受，就像一个人一天忍受饥饿且愿意第二天忍受更多而不是享受。

善良的人失去个体化的幻觉：他在每个人中，因此也在受难者中辨认出自身。但是善将会把他带到比仁慈更远的地步。

> 如果他对其他个体的痛苦和他自己的同样关注，这不但是最高程度上的仁慈，更甚而无论任何时候都准备着牺牲他自己的个体性，只要这样的牺牲能够挽救其他很多人；因而很明显地推论出，如此这般人，他在所有人中辨认出他自己的最内在和真实的自我，也必定会把所有痛苦着的人的无限痛苦看做是自己的，并把全世界的痛苦担于一身。

这将会带领他超越美德到达禁欲主义；他将会觉得这个凄惨的世界是如此可怕，这世界将不再足以像爱自己一样爱别人，并且当自己的愉悦妨碍别人的利益时就要放弃。他将尽其所能否认如在他自己的身体之中表现出来的世界的本质，将接受贞洁、贫穷、节欲和自我惩罚，并且欣然接受别人施加于他的任何的伤害。因而他将与意志决裂，他看出意志是他自己的和世上所有受苦受难者的渊薮，并对意志深恶痛绝；并且当死亡来临，他将当做解放来欢迎。这种禁欲主义不是一种空想：它能够通过苦难学到，并且早已被基督教的、印度教的和佛教的许多圣者们的生活展示出来。

叔本华承认，许多圣徒生活充满着最荒谬的迷信。他相信，宗教体系是无知者无法掌握的真理的神话外衣。但是，他说，“一个圣者不必一定是一个哲学家，同时一个哲学家也不必一定是一个圣者”；毫无疑问这就是叔本华将会为许多人给出的答案，这些人已经指出他自己的生活与他描绘的禁欲主义的理想非常不同。他写道，“要求一个道德宣教者除了他自己所有的美德之外就不再宣教别的美德，这根本是一个奇怪的要求”。

叔本华的体系不可否认是深刻的，他的论证的每个步骤，由于他的令人信服的议论和充满迷惑的隐喻而具有说服力。但是，他的基本前提是不真实的，他的最后结论是自我冲突的。他没有为接受世界是我的表
298 象为起点提出任何有效的理由，也没有为我们接受他所推论出的禁欲主义的方案提供任何动机。为了把作为意志的世界与作为表象的世界区别开来，并且为了达到与只是现象不同的自在之物，他不得不使我们每一个人相信基本的现实性就是我们的个体性；为了使我们相信通过美德上升到禁欲主义的途径，他要求我们接受我们的个体性仅仅是一个幻觉。

意志的完全弃绝似乎明确地是一个矛盾：因为如果弃绝是自愿的，它就是意志活动自身；如果它是必然的那么它就不是真正的弃绝。叔本华通过再一次求助于康德关于现象和物自体的区分试图避开这个矛盾。“一切事物作为现象是绝对必然的，自身就是意志，是彻底的一切永恒性开放的。”但是，一个在永恒性中是自由的自由是一个时间之外的自由，同时，任何圣者的历史在现象界中。一个和自我弃绝的同一行动不能够既是内在又是外在于时间的。

克尔凯郭尔

在《作为意志和表象的世界》第二版出版印刷之际，丹麦哲学家克尔凯郭尔（SØren Kierkegaard）提出了一种哲学，其在实践的方面和叔本华的哲学有很多共同之处，然而它却是建立在一种完全不同的形而上学基础之上的。克尔凯郭尔的思想在几篇独立的文章中以不同的风格通过不同的方法表述出来，并非在单一的一本书中作为一个体系来阐述。

克尔凯郭尔的绝大部分作品写于他三十几岁时，也就是1843-1853年间。克尔凯郭尔在哥本哈根一个充满宗教氛围的家庭中被抚养长大。大学期间，他强烈反对神学而转向哲学。此后他获得了关于黑格尔主义的认识，并对它产生了反感。1838年，他的宗教信仰发生了转变，并随之确立了自己的哲学信仰。在1841年解除与蕾吉娜·奥尔森（Regina Olsen）婚约之后这种信仰就更加强烈了。1843—1846年间，他以不同的笔名相继出版了许多著作，其中最重要的是《非此即彼》（Either/Or）和《恐惧和颤栗》（Fear and Trembling）。之后，1846年，《非科学的结论性附篇》（Concluding Unscientific Postscript）也问世了。1848年，经历了一段神秘的经历以后，他放弃使用笔名，并出版了一些关于基督教的对话和《患病直到死亡》（The Sickness unto Death）。在他余生的大部分时间里，他都和已经确立起来的丹麦教会处于冲突之中，他认为后者只是名义上是基督教的。克尔凯郭尔死于1855年。

同叔本华一样，克尔凯郭尔也是一个反黑格尔者。不同的是他认为黑格尔的根本错误在于否定个性。同叔本华一样，克尔凯郭尔描述的是一个以苦行为结局的精神旅程。但是，在这个旅程中，每个前进的阶段都是证实自己独特个性的阶段。 299

对于克尔凯郭尔来说，在最低级的层次上，个体只不过是芸芸众生中的一个无名小卒，不加批判地接受那些公认的观点、意见和目的。趋向自我认识的第一阶段是进入感性的（aesthetic）世界。在感性阶段，个体像亚里士多德的无节制的人一样，追求当下享乐博取一时之乐。他也许经历鉴赏和辨别：那些已经追求到的享乐也许是高雅而精致的。但是这个感性的人的根本特征是他逃避任何义务，无论是来自个人的、社会的还是官方的，因为那样会限制他的选择范围从而阻止他去追求直接的吸引人的东西。叔本华用极富魅力和洞察力的手法描述了感性生活的各种各样的形式和阶段。其中最具诱惑力的形式，显而易见，是性的满足。叔本华用莫扎特歌剧中的三个角色阐述了性追求的三个阶段的幻象：凯鲁比诺（Cherubino）、帕帕戈诺（Papageno），最后是邓·乔凡尼（Don Giovanni）。

感性阶段的人把自己的生存作为一个自由：但实际上这种自由是极其受限制的。一个人就好像是一座带地下室的二层楼的房屋。最好的房间是安排给精神居住的，但感性的人更愿意居住在令人感官舒适愉悦的地下室里。这样的人处于绝望状态之中，即使一开始他没意识到，但渐渐地，他将会不满于选择将自身置于绝望之中。从而他将会面对或者放弃自己至绝望的境地或者将自己从一个伦理的阶段上升到下一个阶段的选择。

在伦理的阶段，个体有意识地在社会环境中占据自己的位置，并且接受从社会而来的义务。他放弃长期的感性生活的悠闲时光并且从事一份工作；他为忠贞的婚姻生活放弃转瞬即逝的邂逅的欢愉，具有道德感的人与庸碌之辈有很大区别：他是自觉地而不是不加思考就在社会中扮演一个角色。伦理道德对个体会有严格的要求，并会号召英雄式的自我牺牲。面对这种挑战，个人就会对人性的弱点有清醒的认识。他可能会尝试以意志力来克服这些弱点，但会发现自己无能为力。他通常会发现以自己的力量不足以达到道德规定的。这会使他有一丝歉疚感和负罪感。如果他要逃避这些，他必须从道德领域进入宗教领域，此间他必须进行“信仰转移”。

从伦理领域到宗教领域的转变在《恐惧与颤栗》一书中得到极为生动的描述。这本书以上帝要求亚伯拉罕（Abraham）杀死他的儿子艾撒克（Isaac）作为牺牲的圣经故事为主题。然而一个伦理上的英雄，例如苏格拉底，是为了普遍的道德规范献出生命的，而亚伯拉罕的英雄主义则见于他遵循上帝的个体命令。此外，他提出的要遵守的命令是一个打 300
破了道德规范的命令：从伦理学标准来看，亚伯拉罕应当做为一个谋杀者而被判罪。如果亚伯拉罕是个英雄，像圣经里对他的描写那样，那也只能是按照信仰的标准，“信仰是一个自相矛盾的事物，特殊的个体往往要高于普遍的事物”。

信仰也许会要求克尔凯郭尔所谓的“伦理学的目的论的悬搁（suspension）”。亚伯拉罕的行为由于他的更高的目的或在它之外的目的（telos）诠释了伦理的法则。上帝和个体之间的独特关系的要求，也许会推翻普遍的伦理体系所引申出来的承诺。比如说：父亲应该爱他的儿子甚于爱自己。但是当个体感到神意要他违背伦理法则时，没有人能够告诉他这是上帝的真实命令抑或只是一个诱惑。他甚至不能知道或者向自己证实这一切：他不得不在盲目信仰中作出决定。

作为部分地对黑格尔宗教说明的反驳，克尔凯郭尔强调，信仰不是任何客观推理的结果。在《非科学的结论性附篇》中，他为上述观点提供了大量的论据。他最熟悉的宗教信仰是基督教信仰——耶稣被钉死在十字架上从而拯救了人类——这是一种包含了一定的历史因素的信仰。基于此，他认为信仰不能用理性来证明其正当性。

首先，我们永远也不可能完全确认这些历史事件。但是仅仅一个可能的观点并不能充分说明宗教信仰就是永恒幸福的基础。其次，历史研究永远不会有确切的定论，所以，如果我们想把它视为我们宗教义务的基础，我们就必须无限期推迟这项义务。再次，信仰必须是某种充满激情的自我奉献。但是，客观性的探索包含了一种不偏不倚的态度。因而我们必须放弃对确定性的探求，迎接冒险，“跨越”信仰。“没有冒险就没有信仰。信仰恰恰是个体的本质（inwardness）的无限激情和客观的不确定性之间的矛盾”。

综上看来，这一点是明显的，克尔凯郭尔是一个极具宗教气质的思想家。奇怪的是，他对无神论哲学家的影响要比他对宗教圈子的影响更大。比如，他把通过美学、伦理以及宗教阶段的前进视为个体的存在的逐步的占用（appropriation）。一个人要想拥有真正的存在，就不能仅仅做一个生命的观众或匆匆过客，必须做自己的命运的主人。克尔凯郭尔的这一思想被20世纪的存在主义思想家们视为共同纲领，尽管一些最具影响力的存在主义者，诸如德国的雅思贝尔斯（Karl Jaspers）和法国的萨特（Jean-Paul Sartre），把自我的观念从神学的结论中分离出来，而这神学结论恰恰是克尔凯郭尔自身中“存在的目的”（raison d' ê tre）。

尼采

在19世纪，所有克尔凯郭尔所支持的观点都被德国哲学家弗里德里希·尼采（Friedrich Nietzsche，1844-1900）全盘否定了。对于克尔凯郭尔来说，审美享受是最低级的个体生存形式，基督徒的自我否定则是
301 最高级的个体生存形式。但是，尼采却把基督教视为人类理想的最低级的贬低，人类理想在纯粹的美学价值中找到其最高级的表达。

在虔诚的妈妈和姑姑们的路德式的培养之后，当1865年在莱比锡大学偶然接触到叔本华的无神论时，尼采有一种解放之感。从此以后，他一直把自己表现为一个基督教伦理和耶稣人性的坚定反对者。他有关艺术是人类活动的最高级形式的信念在他自己的哲学风格中表现出来，这种风格是诗意的格言的而非辩论性的或推理的。当尼采24岁被任命为巴塞尔大学的哲学教授时，他把他的第一本书《悲剧的诞生》（The Birth of Tragedy from the Spirit of Music）献给了理查德·瓦格纳。在这本书中，尼采对希腊精神的两个方面进行了对比：狄奥尼索斯（Dionysus）代表的癫狂的非理性的激情，阿波罗（Apollo）代表的严谨的和谐的美。希腊文化的伟大之处就在于被苏格拉底的理性主义所分开的这两者的综合；现在的德国人只有向瓦格纳寻求解脱之道，才能从颓废中拯救出来。

到1876年，尼采与瓦格纳决裂并不再赞赏叔本华。在《人性的，太人性的》（Human,all too Human）一书中，他没有任何特征地同情功利主义的道德，似乎开始认为科学的价值高于艺术。但是，他把他的哲学的这个阶段看做是某种像蛇蜕皮一样的东西。1879年尼采放弃了巴塞尔大学教授职位（Basel Chair），从此以后，他开始写作一系列著作证实生命的价值，痛斥基督徒自我否定、利他主义伦理学、民主政治和科学实证主义等是反生命的成分。这些著作中最著名的是《愉快的知识》（Joyful Wisdom,1882）、《查拉图斯特拉如是说》（Thus Spake Zarathustra,1883–1885）、《超越善恶》（Beyond Good and Evil,1886）、《道德的谱系》（The Genealogy of Morals,1887）。到1889年他开始显出发疯的迹象，并在退休直到1900年死去。

尼采认为，历史呈现出两种不同的道德。贵族们感到他们自己属于一个比同类更高的社会阶层，使用像“善”词语来描述他们自身、他们的理想以及他们的特征：出生高贵、富裕、勇敢、忠诚、金发碧眼。他们鄙视其他的人，认为这些人粗俗、卑劣、懦弱、不忠、还有黑皮肤，并把这些特征看做是“恶”。这是主人的道德。穷人和弱者，愤恨贵族的权利和财富，建立了他们自己的相反的价值体系，奴隶道德或平民道德，高度重视诸如谦恭、同情和仁慈等对处于劣势的人有好处的特征特点。这种新体系的建立，尼采叫作“价值重估”，并且把它归于犹太人。

> 只有犹太人，处在贵族等式（善＝贵族的＝美好的＝幸福的＝被诸神爱着的）的对立面的犹太人，敢于以其可怕的逻辑提出一个截然相反的等式，并且不顾最深层的厌恶确实去坚持它：即“只有可怜的不幸的人是善的；只有穷人、弱者和 302
> 地位底下的人是善的；痛苦，匮乏，疾病和看起来令人厌恶的人是虔敬的，是惟一被赐福的，因为只有他们可以得到拯救——但是，相反，你们这些贵族，你们这些权贵们，永远都是罪恶的、恐怕的、贪婪的、不信神的，你们将永远不会被赐

福，而是被诅咒、被谴责！”

奴隶们的反抗，是从犹太人开始的，尼采说，现在已经取得了胜利。仇恨的犹太人在基督的爱的福音的下取得了胜利。在罗马人那里，曾是贵族美德的典范，男人们现在对四个犹太人毕恭毕敬：耶稣、彼得、保罗和玛丽。结果是，现代人只是一个矮子，失去了成为真正的人的意志。粗俗和平庸成为准则：仅仅只在如拿破仑身上，流露贵族理想的具体。

善与恶之间的对立是奴隶道德的特点，目前处于支配地位。贵族们蔑视民众把他们当做坏的，但是奴隶们，怀着更大的敌意，谴责贵族们不仅仅是坏的而且是罪恶的。我们必须与奴隶道德的统治进行斗争：方法就是超越善与恶的界限，引入价值的第二次重新评估。如果我们能够做到这一点，那么，作为一个主人和奴隶的正题和反题的合题，将出现超人。

超人将是生命的最高形式。尼采说，人们开始认识到基督教不值得信仰，上帝死了。上帝的观念已经成为人类生活完善的最大障碍。现在我们可以自由地表达我们的生存意志。但是我们的生存意志，像叔本华的那样，一定不能是颂扬弱者的，它必须是权力意志。权力意志是一切生命的秘密，每一个生物都寻求释放自己的力，最大限度地发挥自己的能力。认识仅仅是权力的工具。享乐不是行动的目的，而只是权力运用的意识。人的权力的最大实现将是超人的创造。

人只是通向超人的一个阶段，后者是大地的意义。但是，超人不是通过进化而来的，而是意志的运用。“让你们的意志说‘超人必定是大地的意义’”，查拉图斯特拉说：

> 你们无疑能创造超人！也许不是你们自己，我的兄弟们！但你们能将自己改造成为超人的先人和远祖：让这成为你们最完美的创造！

超人的到来将会是世界的完美，但它不会是历史的终点。因为尼采坚持永恒轮回的学说：历史是循环的，一切发生过的，哪怕最微小的细节，都将会重演。 303

要冷静地评价尼采是很难的：他对其他人令人不快的批判在读者中产生了对他自己的作品相应的急躁不耐心的情绪。这一点在他最后的著作《道德的谱系》中有所体现，他自己谈到自己的早期作品："写得蹩脚，拙劣，使人难堪。描述既空洞又混乱。它缺乏逻辑的精确，对自己的中心思想如此自信以至于它无须任何种类的证明"。

尼采没有对他所赖以批判传统道德的自己的道德观点给出一致的表述。尼采对超人的本性描述太粗略以至于不能提出任何标准来对人类的美德和罪恶作出判断。在诸如对残忍的评价之类的讨论中，要发现尼采自己的立场是困难的。当尼采谴责宗教及其在奴隶道德中的罪行所起的作用时，他怀着有说服力的义愤描述那些盲从者和迫害者遭受到的悲惨痛苦和残暴的煎熬。但是当他描述他的贵族的"金发碧眼的野兽"的暴行时。

> 他也许是从一个谋杀、放火、强奸和酷刑等类似恐怖的经历而来，他虚张声势，故作道德的镇静，尽管仅仅一些野蛮的学生的恶作剧已经上演，但他却完全地相信诗人现在有丰富的主题来唱歌和赞美。

他似乎把这仅仅看做是相对于他们的奔放的高级精神来说的一个小过错，一个必须的发泄途径。把尼采的最后的精神错乱看做是一个贬损其哲学的理由，这将会是不明智的。但是另一方面，要给予一个把同情看做是所有感情中最可鄙的人以更多的同情，这是不容易的。

（孟根龙　译）

第二十章　三位现代大师

查尔斯·达尔文

304 在卡尔·马克思的葬礼致辞上，恩格斯在描述历史的唯物主义观念时把达尔文的自然选择进化论比作科学性的突破。同马克思的理论不同的是，达尔文的发现是真正的科学进步，其详细的讨论属于科学发展史。该理论赋予我们早先遭遇的哲学问题的追根溯源式的关注，从中得出科学和哲学的结论。因此即使是哲学史的纲要如果对于它的理论和哲学含义没有一个简短的说明的话，那也是不完整的。

查尔斯·达尔文（Charles Darwin）1809年生于舒兹伯利郡（Shrewsbury），在去爱丁堡上大学和剑桥基督学院（Christ College）之前就在那儿上学。1831年获得学位后他作为民俗自然学家加入了英国军舰猎犬号（HMS Beagle）开始了一次为期五年的全球旅行；他出版了1839年和1846年间的一系列的植物学和地质学研究成果。在19世纪40年代他开始构思自然选择理论并最终在1859年出版了他伟大的作品《物种起源》（The Origin of Species）。紧接着在1871年发表了《人类的由来》（The Descent of Man），在1882年他去世之前发表了一系列关于物种内部和物种之间结构以及行为变化的论文。

查尔斯·达尔文之前的生物学家已经把动物和植物划归为种和属。例如所有的狮子属于狮子的种并属于猫属的成员，猫属还包括老虎和豹子。一个种群的特点是其成员被其他成员喂养并产下同种族的后代，不同种群成员之间的联合往往是不能生育后代的。

种群间的相似性导致它们被划归为同一属，这可以用不同的方式解释。划分种属问题的那些人中最著名是瑞典生物学家林奈（Linnaeus），他认为每个种群一直是被单独地创造，它们之间的相似性和差异反映了造物主的设计。一个替换的解释是在同一属中不同的种 305
可能从一个祖先而繁殖下来。该观点长期推动着达尔文：正如我们所看到的，其已经被古希腊的几个哲学家有趣地说明，更近一点来讲其已经被达尔文的祖父伊拉斯谟·达尔文（Erasmus Darwin）和法国自然学家拉马克（Lamarck）提出来了。达尔文的伟大革命是暗示新的物种可能产生的机制。

达尔文首先观察到有机体的变化是和它们对所生存环境的适应程度相关的，特别是有关它们获得食物和逃避其他动物伤害的机遇。长颈鹿的长脖子在获取很高的树上的叶子有天然的优势；野马长长的细细的腿帮助它们在开阔地带跑得很快并躲避猛兽。其次，所有的植物和动物种群都能够一代接一代按一定比率繁殖和扩大它们的种群数量。甚而大象，众所周知的最缓慢的繁殖者，如果每一代每头大象都能够活下来，在五百年的时间内将从一对大象繁殖到15,000,000头后代。如果一种一年生植物每年仅繁殖两粒种子，它们的种子在下一年再繁殖，如此类推，那么在20年后就会有1,000,000颗这样的植物。此种情况下，种群不能繁殖的原因当然是每代仅有少量的幸存者被抚养长大。所有的物种都持续地为生存而斗争，应付恶劣的天气和获得基本的生活需要，同其他物种发生战争，尽力为自己获取自身需要的食物并避免成为别的动物的食物。

达尔文的洞见是同这两个观察相联系的。

> 由于为了生存而斗争，任何变化，无论多么微小，或者无论来自什么原因，都是处在与其他有机存在物和外部自然无

限复杂的联系中的，其目的是保存那个个体并会被它的后代普遍地继承下来。后代因而有更好的生存机会，对于定期繁殖的任何种群的许多个体而言仅有少量的能够活下来。

人类的畜牧业者长期地选择并繁殖特殊种类，并能够最适合他们的目的的动植物标本，经过多年以后他们成功地改善牧养的动植物如土豆和奔马。好的变异被保存下来并被延伸到自然中去的机制被达尔文称为“自然选择”，这同畜牧业者的人为选择是一致的。同他的前辈拉马克不同的是，达尔文不相信适应性变异是父母活着的时候获得的：他们遗传给后代的变异是他们自己已经遗传得到的。这些变异的起源仅是一种偶然机会的事件。

306 很容易看到自然选择是怎样在同一物种的特征上起作用的。设想有大量的飞蛾，一些黑色的，一些白色的，都生活在银灰色的桦树上，被饥饿的飞鸟猎食。如果树保持它的自然颜色，白飞蛾有更好的隐藏能力从而有更好的生存机会。如果随着时间的变化，树变成了黑色，那么黑飞蛾就有更多优势，其幸存就会超过平均数量。从外界来看，物种会随着时间的推移而改变其自身的颜色。

达尔文相信，经过很长的时间，自然选择能够进一步深入并创造全新的动植物物种。如果过去是这种情况，那将能解释现在世界中物种之间存在的差别，以及在他的时代在世界中被发现的化石所表现的与早期完全不同的物种的之间的差别。在解释最复杂的器官和天赋的能力时，他宣布，不需要利用一些优先的方法，尽管是对人类理性的模拟。一个完全使人满意的解释是通过无数微小的变异而被发现的，而这些微小的变异对于个体是有益的。

1871年达尔文出版了《人类的由来》，他清晰地把他的理论延伸到人类的起源。在人和类人猿之间的相似性的基础上，他提出人和猿是同宗的，都起源于一个共同的祖先。

在20世纪，达尔文理论所描述的情况被遗传机制和水分子基因理论的发展而很大程度上加强了。当然这不是我的目的，也超越了我的能力去评价达尔文主义的科学证据。即便设想他的理论是完美的建构，但是必须花一些时间去揣摩他的理论的哲学含义。

从达尔文时代到现在，进化论已经遭遇到众多基督教徒的反驳。在1860年的大英学术协会的会议上，进化论者T·H·赫胥黎（T. H. Huxley）回应了牛津主教对他提出的询问，即是否他是从他父亲一方或者母亲一方的来源，而宣布人是从猿繁殖而来。赫胥黎——根据他自己陈述——回答说，他将宁可有一个猿猴做祖父也好过一个作为人的祖先滥用他的天赋利用修辞学阻碍科学的发展。

达尔文的理论明显和圣经记载的七天创世理论发生了冲突。而且，
进化发生的必要的时间大大地超过基督教原教旨主义相信的六千年的宇
宙时代。但是创世说的非文字解释已经被正统神学家如奥古斯丁所接
受，在20世纪几乎没有基督教徒在接受地球已经存在了几十亿年的理论
时发生困难。更困难的是调和对达尔文主义的接受和对原罪的信仰。如 307
果在人类进化之前生存斗争长期地持续，那么就不可能接受正是人类第
一次违背上帝旨意和偷吃禁果是把死亡带入世界的原因。但是这是神学
家解决的问题，而不是哲学家解决的问题。

另一方面，就像过去做的一样，认为达尔文否定了上帝的存在是错误的提法。所有达尔文表明的是整个自然选择的机制一直可能是创造者为宇宙所做的设计的一部分。毕竟，相信我们是上帝的创造绝不会与我们是父母的孩子的存在相冲突。从两方的立场来看，它是同我们的存在源于类人猿祖先是相容的。一些无神论者坚持我们仅仅从我们的父母接受了肉体而不是灵魂。他们毫不怀疑地把他们的理论延伸到亚当对他非人的恩主的继承。

在多数情况下，达尔文放弃了上帝存在的证明：即论证生物体对于所处的环境的适应的论点表明仁慈的创造者的存在。但是达尔文的理论仍然留下许多需要被解释的困难。源于早期物种的个体物种的起源可由进化的压力和选择来作出解释。但是这不能用来解释物种本身的起源。

因为自然选择的解释的出发点之一是真正喂养的人口即物种的存在。当然，现代达尔文主义者对于物种的起源和生命本身提供给我们许多解释；但是这些解释，无论有多少优点，都不是依靠自然选择而做的解释。

以人类物种为例，用自然选择来解释语言的起源有着特殊的困难。很容易明白自然选择怎样偏好一定长度的腿，因为在描述一个有长腿的个体时不存在困难，我们能够看到长腿对于个体的益处。如果以类似的方式来说，语言的使用可能被自然选择所偏好的，这就似乎不怎么站得住脚，因为在没有语言使用者的共同体之前，不可能把个体描述为在一个时期内的语言使用者。因为语言是由规则所控制的，共同体行为完全不同于在非人中发现的符号系统。因为语言的社会和传统的本质，以及因为语言使用者对非语言使用者所拥有的优势，所以语言进化是很奇怪的东西。看起来几乎是下述暗示同样荒谬：银行的进化是因为那些天生就有开支票能力的人相对于那些没有这个能力的人在生存斗争中具有优势。

达尔文主义关注的最普遍的哲学问题是因果性的本质。亚里士多德的四因说中的第四个原因是一种结构和活动的目标或目的。处于这个范畴中的解释被称为用希腊词telos表示的目的论（teleology）。在亚里士
308 多德那里，活动的目的论解释有两个特征。第一，他们解释活动不是参照其起点而是参照其终点。第二，他们依靠展现到达终点以某种方式对于其活动得到解释的行为者来说是善的。因而，亚里士多德会解释重物的向下的落体运动为向着它们自然的地方的运动，而这个地方对于它们来讲是最适合的。相似的是，有机体结构的目的论解释将解释结构在个体有机体中按照它的完美状态发展，并展现结构一旦完美就会给有机体带来的益处，所以，鸭子的宽蹼使它们能够游泳。

笛卡尔蔑视亚里士多德的目的论，他坚持，对于每个运动和每个物理活动的解释都是力学的，即是说活动是由不带任何价值判断所描述的先决条件所赋予的。笛卡尔对于这个意图并没有很好地证明，但是在科

学发展的历史序列中，亚里士多德的目的论的两个元素分别受到牛顿和达尔文的讨论。牛顿的重力理论相当于亚里士多德的运动理论，是参照目的而对运动提供一个解释；重力是一种向心力，是一种“物体被吸引或被排斥或在任何情况下趋向于一个作为中心的点”的力。牛顿的解释与亚里士多德的解释不同的是他没有暗示它以某种方式对于趋向到达中心的那个物体是善的。达尔文的解释同亚里士多德的是一样的，要求进化的进程到达的终点能被解释为对相关的生物体有益；但是不同于亚里士多德的是，达尔文不是依靠最终状态的牵引而是依靠进程开始的条件来解释进程。当然，红牙齿红爪子的肉食动物是和生存斗争有关联的，当然是在追寻着善，即为了它们所属的生物种群的生存；但是它们并没有追求从进程中最终产生的善，即最适合的物种的生存。

达尔文的发现并没有结束对最终原因的探寻。与其差异巨大的是：当代生物学家比生活在笛卡尔和达尔文时代的前辈更敏锐地区别了结构和行为的功能，已经发生了的是达尔文通过提供一种一般性的解决办法而把目的论解释转化为机械论的解释，从而使目的论的解释受到尊重。因而他的理论后继者感到能够自由地运用这样的解释，而不理会它们是否有任何想法在特殊情况下怎样使用该解决办法。

在这里存在的主要哲学问题是：目的论解释或机械性的解释是在宇宙的基础层次上展开的吗？如果上帝创造了世界，那么机械性的解释就被目的论解释所支持；对于任何事物存在的本质性的解释就是创造者的目的。如果没有上帝，而宇宙是由于必然规律作用于偶然的机会的活动造成的，那么机械性的解释则是根本性的。但是即使在这样的情况下仍然存在问题，即宇宙中事物是否都能够被做机械论的解释或者是否有 309
某些事物需要做不可还原为机械论解释的目的论解释。如果决定论是真的，那么回答就是否定的，该机械论的统治无处不在。这不是我们的自由意志可以提出怀疑的问题，而是公开讨论自由意志是否可以和决定论相容的问题。如果人的意志能自由地逃避决定论，那么甚而宇宙中机械论处在本质的层次，也会存在一种绝不能还原的目的论因果性。就我所观察到的是，不管是科学家还是哲学家，没有一个人能够对这一系列的问题作出准确的回答。

约翰·亨利·纽曼

如果说19世纪是宗教和科学之间发生长期最激烈的冲突的阶段，那它也是一个作出了比其他哲学家更大的努力的思想家一生所跨越的阶段，他表明，不仅信仰上帝，而且接受宗教信条都是理性的行为，他就是约翰·亨利·纽曼（John Henry Newman）。

纽曼1801年生于伦敦，在牛津接受教育，在1822年的牛津成为了奥雷尔学院（Oriel）的研究员，并于1828年成为圣玛利亚学院（St. Mary’s）的牧师。在福音教徒的成长环境中，他逐步地相信了对基督教作天主教式解释的真理，作为牛津运动的奠基人他试图使天主教式解释的真理在英格兰教会中被作为权威理论接受。在1845年他转而信仰罗马的天主教，并作为一个牧师在伯明翰呆了很多年。他没有分享英国天主教会的大主教曼宁（Manning）的热情，高扬教皇的权威而在1870年得出教皇的在阐述教义时绝无谬误的定义。但在1879年他被教皇列奥十三（Leo XIII）任命为主教。他的绝大部分作品是关于历史的、神学的和献词，但是他是一部哲学经典《同意的语法》（The Grammar of Assent）的作者，在所有用英语写作的哲学家中，他的风格是最吸引人的。

纽曼在哲学上首要关注的问题是：假如得出结论的证据是不准确的，宗教信仰怎么能得到辩护？同克尔凯郭尔（Kierkegaard）不一样的是，他不要求在缺乏理性的时候接受忠诚，认为这是盲目地跳过悬崖。他寻求表明拥有忠诚本身是理性的，尽管没有证据表明忠诚的戒条。在《同意的语法》讨论这个问题的过程中，他更多地谈到一般的哲学兴趣：在世俗中和宗教的语境中信仰的本质。

纽曼利用经验主义传统来陈述他的哲学，并不喜欢德国传统的形而上学。仅是感官给我们直接和当下的对于外在于我们的事物的认知：它们领我们走出自身的时候，走到了一条狭窄的道路。理性是认识外在于我们、超越感觉范围之外的事物、存在、真理和事件的机能。同康德不同的是，纽曼相信理性在它的领域内是无限的。“它达到宇宙的终点， 310
达到超越它们的上帝”。理性是在特定的基础上获取知识的机能；因为其他的运用就在于因为某些其他事物而断定一个事物。

理智的两种伟大的活动是推论和同意；这两者一直保持着清晰的界限。当我们已经忘记同意的理由时我们常同意。论证要么更好要么更差，而同意要么存在要么不存在。某些理论可能迫使我们同意，但即使在数学论证的情形中在推论和同意之间仍然有区别。一位数学家如果没有检查自己的工作并寻找其他人的确证，他对于他自己所作出的复杂的证明的结论也不会同意的。有时同意是没有论证而被给予的，或者在坏的理论的基础上进行的论证，这通常会导致错误。

那么没有确切的论证和证据而予以认同总是错的吗？洛克认为是：他提出，作为对真理的爱的标志，不信任任何比建立在意志许可基础之上的证明有更大的确定性的命题。“无论什么超越这个同意的限度，很明显，就会爱真理而不接受真理，不是为了真理而爱真理，而是为某些其他的目的。”

纽曼观察到，如果洛克是对的，就没有真理的热爱者会接受宗教信仰；休谟和边沁会正当地指责信仰者的轻信。正如纽曼同意的，因为信仰的基础是猜测性的，然而它们表现为对确定信息或者神的学说的绝对的接受。信仰始于或然性而终于简洁的陈述。

纽曼一直在思考的不是任何一种超自然的信念，而是严格的所谓一方面与理性对立，另一方面同爱对立的信仰。“信仰”是在传统的意义上使用的，被用于比“信念”更狭窄的意义上。亚里士多德相信有一个神圣的不动的第一推动者。但是他的信念并不是对上帝的信仰。另一方面，马洛维（Marlowe）的佛斯图斯（Faustus）说基督的血流进了天空，处在备受赌咒的边缘，他已经失去了希望然而慈善仍然是信仰。因而信仰与理性和爱是不同的。信仰是对上帝揭示的事物的信念，因而被定义为，它是揭示的相关物。如果我们相信上帝的圣言中的某个事物的话，那么辨认出某个事物是上帝的圣言必定是可能的。

这种信仰受到洛克标准的谴责：因为把某个具体的事件或文本当做神圣启示的理由缺乏确实性。但纽曼论证说，信仰不是理性的唯一的运用，当对它进行批判性考察时，会被人们称作不合乎理性的，实际的情况不是这样的。政治问题立场的选择、对经济政策决定的赞同和反对、文学的品位：在这些情况下如果我们仅仅依靠它们所具有的理性去测量人们的根据，那么我们就会毫不困难地把它们看做是嘲弄和非难。

我们许多最坚定的信念完全超越了我们中任何人所能为它们提供的脆弱的证据。我们都相信大英帝国是一个岛国；但是我们中有多少人曾
311 经环游过它呢，或者会见过多少英国人呢？我们相信地球是圆的。并被土和水覆盖了，各个地区轮流被太阳照射。我带着最大的确定性相信，我会死去，但是我们是根据什么明确的证据相信它呢？对于所有这些真理我们有一种直接的和毫不犹疑的把握，我们也绝不认为我们不是为了达到真理而爱真理（因为我们不能通过证据而达到真理）而有负罪感。

如果我们拒绝认同超越证据的力量，这个世界就不会进步，科学本身也绝不会取得进步。或然性是生活的指南。如果我们坚持我们前进历程的每一步都和想象到的一样的确实，那么我们肯定只能在地上匍匐前行，而绝不会冲天怒吼。“如果期望到达伟大的终点，我们就会受到召唤去作伟大的冒险；然而我们对于任何事情上都不能给予绝对的确定性，对所有的事情我们必须在怀疑和不作为之间作出选择。

一些反对者反驳说在宗教信仰和纽曼所求助的合理性的但是没有足够充分根据的信念之间存在着差异。在普通事件中，我们总是随时准备考虑证据，而证据告诉我们的是与我们的信念相反对；但是宗教信仰者采取一种肯定性即拒绝对信仰的信条持有任何怀疑。但是纽曼否认，即使在世俗事务上，带着对于相反建议的傲慢的不宽容的态度而坚持一种信念，这是错误的。如果我们是确定的，我们自发地拒绝反对意见并把

其看做是幽灵。无论在多大程度上他们坚持丑化对手，或者依靠专注的想象而展现他们自己。

> 我确定不应该对这样的观念宽容如我有一天成为法国的皇帝，我应该认为这太荒谬可笑，在我这样去想时我一定是发疯了。一个人尽力劝服我邪恶、凶残和忘恩负义同诚实和脾气温和是同样值得高度评价的，一个人过着欺骗的一生并死于凶残的杀戮根本就不会恐惧未来的报应，我应该认为没有必要让我打起精神去听他的论证，除非带着转化他的期望，尽管因为我拒绝听他的阴谋算计而被他称为偏执狂和懦夫。

可以确定的是，我们有时能肯定一些事情，之后又发现我们是错误的。这并不意味着我们应该放弃我们的确定性，同时更为确实的事实是我们有时被告知错误的时间这意味着我们可能会把这个钟丢掉。

纽曼是怎样把所有这些都用于宗教的明证呢？他相信，基督宗教真理的最强有力的证据，只在犹太教和基督教历史中去发现，但是这个证据只能赋予那些已经准备接受它的人。准备接受这样的理论的人必然相信上帝的存在、启示的可能性和未来判断的确定性。纽曼说，任何证据的说服力依赖于，作为过去的先例，它的接受者怎样看它。

有两种反对观点对此作出回应。第一是预先存在可能性可能对于什 312
么是真的和什么是伪真的具有同样的效用，或者说虚假启示和真实的启示都是同样的情况。他们没有提供明智的原则来决定什么是可以被相信的，什么是不可以被相信的。

> 如果奇迹的声言被承认是因为它碰巧被提出，为什么印度人的奇迹和巴勒斯坦人的奇迹是不一样呢？如果在一个特定的案例中揭示的抽象可能性是真实的某个事件的衡量尺度，为什么穆罕默德的情形和使徒的情形是不一样的呢？

纽曼，这位在对自己的观点展开批评的时候无比雄辩的人，也不能对这个反对意见提供满意的回答。

第二，我们可能问为什么一个人首先需要有这样的信仰，即纽曼把对基督启示的接受看做是必要的。完全相信上帝和未来的判断的原因是什么？传统的观点从物理世界的本质出发为上帝的存在提供证明。但是纽曼本人并不完全信任这些观点。

> 的确这是一个大问题，是否无神论在哲学上同物理世界的现象不一致，就自身来看，被看做是创造性和支配性力量的学说。但是无论怎样，科学的询问者为无神论做的实际辩护是出于内在的需要和欲望，对于那种力量的内在经验，存在于心灵中并超越于和独立于他们对他的物质世界的审察。

纽曼在此诉求的神圣的力量的内在经验是在良心的声音中被发现。正如我们从大量本能的感知得出结论说外在世界的存在，他说，同样，从良心的暗示（良心出现于对外在世界警告的回响中），我们形成了最高审判者的观念。良心是从道德的意义上考虑的，牵涉到理智判断，但是良心总是感情性的，因此它牵涉到对活的物体的认知。我们的爱或感情不会被没有生命的事物激起，它们是和人相关的。

> 如果我们做错事，我们感觉就像伤害了一个母亲一样流泪，悲伤的心情和伤感的情绪控制着我们；如果做对了，我们就会享有同样的阳光般的、宁静的心情，同样的舒适感，很快乐很满意我们所受到的父亲的表扬。我们确定在我们中有某些人的形象，这些人是我们爱的和尊敬的，在他们的笑容中我们感到幸福，他们的笑容是我们所期望的，是我们愿望的向往，他们的痛苦导致我们陷入困境和虚度光阴。在我们中这些

感觉是产生令人兴奋的智慧的存在要求。

这些并不是纽曼视为确立上帝存在的良心的唯一存在：正确和错误 313
的理智判断能够被解释——正如许多基督教哲学家和功利主义哲学家所做的——由理性所得出的结论。良心的感情色彩被纽曼不准确地同我们对外部世界的感觉经验相比较。他所致力于描述的这些感觉可能的确仅存在一个天父的情况下才是合适的，但是它们不能保证它们自己的恰当性。如果上帝的存在简单地被看做是为了解释情感的本质的假设，那么其他的假设肯定可以被考虑。西格蒙德·弗洛伊德（Sigmund Freud）就是这样的例子，我们接下来介绍他的哲学。

西格蒙德·弗洛伊德

弗洛伊德在1856年生于奥地利一个犹太人家庭，差不多在维也纳度过了他的一生。他接受了作为一个医生的专业训练并于1886年开始行医。在1895年他出版了一本关于歇斯底里症的作品，他提出了对精神疾病的新奇的分析。之后不久，他放弃了正规的医疗生活而开始实践一种新的被他称为精神分析法的治疗方式，正如他自己所述，这仅由限于医生和病人之间的交流来完成。直到20世纪30年代他都在维也纳继续这样的实践，出版了一系列有很高的可读性、并不断地修改和完善他的精神分析学理论书籍。由于对纳粹迫害的恐惧，他被迫于1938年移民到英国，在二战开始的时候死于那里。

在《精神分析学引论》（Introductory Lecture on Psychoanalysis）中，他以两个基本命题总结出了精神分析学理论：第一是我们精神生活的更大的部分，或者是感觉或者是思想或者是意志力，是无意识的；第二是性冲动，广义地讲，是最重要的，因为其不仅是精神疾病的潜在原因而且是艺术和文化创造的动力。如果在艺术和文化的作品中性的因素在很大程度上保持无意识状态，这是因为社会化要求牺牲了基本的本能，本能被升华了，即是说，使它们从原初的目标转向并做社会期望的行为。但是升华是一种不稳定的状态，因为不易驯服和不满足的性本能可能通过精神疾病和精神紊乱而采取报复。

弗洛伊德相信，无意识的存在是通过三种方式被揭示的：通过每天的日常琐事的错误；通过梦的提示；通过神经病的症状。

弗洛伊德所称为的“行为错乱”，但是今天被看做是弗洛伊德式的失误，就是一些普通的情节如忘记自己的名字、口误和误换对象。弗
314 洛伊德举了很多例子。可根据他对一个维也纳教授的就职讲座的手稿来说明这个问题，“我从未故意低估我的出众的前辈的成就”说成“我完全故意低估了我的出众的前辈的成就”。在轮船“鲁斯塔尼亚号”沉没多年以后，一个丈夫要求他疏远了的妻子同他一起穿越大西洋，并写了“在鲁斯塔尼亚号上相遇”，当时他想写“在鲁斯塔尼亚号上相遇”写成了“在毛里塔尼亚号上相遇”。在每种情况下弗洛伊德都把失误看做比有意识地选择的语言更好地迈向心灵状态的引导。

弗洛伊德对行为错乱的解释是最使人相信的——如以上的情况——它们揭示了人意识到但完全不希望表达出来的心灵状态。这并没有深刻地揭示无意识企图。当我们把第二种方法引入无意识中，事情就完全不一样了：即梦的分析。弗洛伊德说，“梦的解析”是“通往无意识心灵行为知识的合理道路”。他坚持梦是压抑的欲望，几乎一直是通过幻觉而得到实现的。他承认相对较少的梦明显表示欲望的满足，而噩梦和焦虑性梦恰好相反。弗洛伊德解决这个问题的办法是坚持梦的本质是象征，为了使梦显得无害而被梦者附加了密码。他区分了梦者陈述的梦的明显意图和梦的明显内容，一旦象征被解码，梦的真实意思就呈现出来。

解码是怎样做到的呢？如果某个人用每一个带尖头的物体例如像伞状物代表阴茎，或者每个容器像手提包都代表女性的生殖器，那么他给每个梦一种性的象征就不困难了。但是弗洛伊德并不相信编撰一本把每一个符号和它所象征的东西相关的词典是可能的。发现每个梦的象征意

义对每个做梦的人是必要的，而这仅能通过探索做梦者在他的心灵中所附加给梦的联想来做到。仅有当这做到以后，梦才能通过揭示无意识的欲望对幻想的梦的兑现方式来对其进行解释。

弗洛伊德自称探索无意识的第三种方法（尽管首先是历时性的）是通过审查神经病人的症状。一个奥地利的大学生病人专注于这样的（错误的）思想即他太胖了。他变得忧虑并以出外野游来麻醉自己。当这个病人提到他的新娘这段时间因为有她的英国表兄狄克的陪伴，注意力从他的身上转移了，这种受困扰的行为解释变得很清晰。弗洛伊德肯定这种无意识的目的是脆弱的，即一直试图摆脱这个狄克。

无意识的动机是处在精神变态者的日常生活中，因而很容易被意识到和被存在怀疑的人感觉到。梦的象征和受困扰的行为是很不同的。弗洛伊德相信这仅能通过分析者长期地随时邀请这个病人，并把这些观点 315
同象征或者存在疑问的行为联系起来才能被调查到。分析者对象征的解码常常在开始的时候被病人拒绝。根据分析者的观点，为了有效治疗，病人必须承认欲望的存在，那么所需要被解码的符号才能被揭示。

在弗洛伊德发现无意识的过程中存在一种确定的循环。无意识的存在是由梦和神经病症状的证据而证明。但是梦和神经病症状并不揭示无意识被假设存在的信仰、欲望和感觉，或者在他们脸上或者由无助的病人而获得解释。解码成功的标准是被解码的信息应和分析者对无意识的观念一致。但是这个观念被设想为源于而不是先于梦和症状的探索。

弗洛伊德在他的性欲发展理论中确立了无意识所符合的模型。婴儿时期的性欲开始于口腔阶段，肉体的快乐主要集中在口腔。紧接着在第一和三阶段之间是肛门阶段，然后是生殖器阶段，孩子的快乐主要集中在阴茎和阴蒂。仅有在青春期一个个体的性欲才会持续地集中在他人身上。在弗洛伊德事业的早期阶段把神经病症状看做在孩童时期性冲动的压抑的结果，把神经病人的早期发展阶段看做固定恋爱的阶段。

弗洛伊德特别重视生殖器阶段。他相信，在那个阶段，一个人的性欲是被他母亲所吸引并憎恨父亲对母亲的占有。但是他对父亲的敌视导致恐惧父亲为报复阉割他。因此孩子放弃了对母亲的性满足希望，从而和他的父亲保持一致。这就是“俄狄浦斯情结”（Oedipus complex），也是一个孩子感情发展的核心阶段；相反女孩的情况也是被修正而且也绝不会获得满足的情况。俄狄浦斯欲望的复苏和他们的压抑史成为每次分析的重要部分。

对于生命的目的，弗洛伊德用心灵的三分法取代了早期的意识和无意识的二分法。他写道：“精神系统由天然冲动的储存器本我和本我的最表层的部分并已经被外部世界影响所修正的自我以及本我之外的发展、控制自我和代表体现人的特征的对冲动的压抑的超我三个部分组成。”

弗洛伊德声言对早期理论的修正是由对在沙发上病人的观察而被迫作出的。在后期理论中，心理直接地相似于柏拉图的《理想国》（Republic）的灵魂三分说。本我同对食物和性的欲望相似。弗洛伊德的本我是被快乐原则所控制并缺乏道德因素；相似的是，柏拉图告诉我们欲望是被控制的，快乐和痛苦取代了法律统治着的灵魂。在本我和
316 欲望之间包含了长期处于冲突的相反的冲动。一些欲望的渴求和本我的所有欲望是无意识的并仅在梦中出现。柏拉图更深入地告诉我们一些欲望的梦是俄狄浦斯式的：“在幻觉中欲望不会在同母亲或者其他人如男人、上帝，野人性交或者从被禁止的食物和血腥的事件中萎缩。”

弗洛伊德的自我同柏拉图的理性力量有相当多的相似性。理性是灵魂中最可能和现实发生联系的部分，正如自我是致力于现实原则一样。同理性一样，自我有控制天生的欲望的任务，并让其发生无害的释放。弗洛伊德用柏拉图的一个引喻把自我比作一个骑手并把本我比作一匹马。“马提供了移动的力量，骑手有决定目标和引导马移动的权威。”柏拉图和弗洛伊德用了变化性的引喻来描述了控制机制，把本我和欲望看做能发现正常的释放或者能通过某种渠道而转移的流动性力量。但是弗洛伊德在把力量的释放看做可能导致灾难性后果的东西时偏离了柏拉图。

还有弗洛伊德的超我与柏拉图的被称为“性情”的灵魂部分。作为非理性的存在，对道德服务的惩罚性力量，羞耻的方式和自我指向的愤怒上他们是相似的。对于弗洛伊德来讲，超我是观察、判断和惩罚自我行为的代理人，部分同良心一致，并关注并保持着理想。它谴责和辱骂自我，就像柏拉图的性情做的一样。超我和性情是相似的，都是野心的来源。然而，超我的侵略性是直接独立地指向自我，相反柏拉图灵魂的性情是直接指向他物而不是本身。

弗洛伊德和柏拉图都把精神健康看做灵魂各部分的和谐，把精神疾病看做它们之间不能调和的冲突。但是仅有弗洛伊德写出了精神冲突和神经错乱关系的完整理论。弗洛伊德说，自我的全部努力是“在不同的依赖关系之间进行调节”。在这种调节缺乏的时候，特别是错乱盛行的时候，精神错乱是自我和世界冲突的结果，抑郁性神经症是本我和超我之间的冲突的结果，而其他的一些神经症是自我和本我之间冲突的结果。

尽管弗洛伊德的灵魂的三元结构和柏拉图的理论有非常相近的相似性，但他对超我的特殊讨论使历史学家们想起不是纽曼对良心的描绘。弗洛伊德相信超我起源于孩子父母的干涉和限制，是内在化的产物。

> 幼年时代的漫长时期，成长的人类都依赖于父母而生活，作为沉淀物抛在了后面的是，在他的自我中一个特殊载体的形成，在这个载体中父母的影响得以延长。它已经获得了超我的名称。

纽曼对良心的描述回荡着对母亲的责备和对父亲的赞同，看起来更 317
像描述超我的形成而不是证明超自然的法官的存在。

弗洛伊德对他在哲学史中的形象感到愤怒，因为他首先把他自己看做是科学家，致力于发现潜在于人类自由的幻觉中的严格的决定论。实际上，当哲学家们的理论一直非常准确地承认实验的审查作用时，他的绝大部分详细陈述的理论一直被证明缺乏基础。在医学专业人士中，对于源于他的精神分析实践的技巧是否在严格意义上是有效的治疗方式，观点是存在差异的。当他们成功的时候，它并没有依赖解密不可变换的决定论机制，而是依赖扩张个体自由选择。不管他的工作的非科学本质，弗洛伊德对现代社会的影响一直是广泛的：它同性道德相关，同精神疾病相关，同艺术和文学相关，同各种人际关系相关。

在20世纪后期，许多社会体对性的宽容的态度不仅毫不怀疑由于不断改善的有效的避孕方法，也由于弗洛伊德的理论的影响。他并不是第一个赋予性冲动在人的精神中基础性的重要地位的思想家：那些把亚当的原罪理论看做人类实际存在的前提条件的神学家也是那样看的，即把起源、传播和结果看做是性活动。如果正如一些人相信的，19世纪的反对声浪成功地压制住了性活动的重要性，而这样遮掩的面纱甚而是很容易被撕掉的。正如叔本华（Schopenhauer）所写的一段文字，这段文字常被弗洛伊德引用，它是关于性生活的一个玩笑，性是人的主要的关怀，应该秘密地追求。“实际上”，他说：“我们看每个独处的时刻，好像是世界的始祖，自身的力量并没有得到满足，坐上了祖先的宝座，从宝座上投下嘲弄的瞥视，嘲笑已经做好束缚它的准备。”

弗洛伊德强调婴儿时期的性欲是他的学说的基本的要素之一，其同时代人发现这是最使人震惊的。但他攻击早期幼儿情感态度是相对晚近的起源理论之一。例如，这并不被写过《忏悔录》的奥古斯丁赞同。

> 无辜的不是婴儿的心灵而是他的四肢的脆弱。我自己观察和研究过一个妒忌的小孩。他甚而不能讲话，苍白的脸上挂着痛苦和嫉妒的神情，眼睛掠过同他一起分享母亲奶汁的兄弟。谁不能直觉到这样的经验事实呢？

把弗洛伊德的工作和现代对于性的宽容联系起来不是一种医学研究，而是他的具有说服力的文学风格。他不赞同对节欲和精神疾病的关联的统计学的证明，在他公开出版的作品中，也不赞同发性交易执照。他所做的是使他同柏拉图一致的引喻能得到更为广泛的传播：作为一种 318
精神流的性欲望幻想通过一种或另一种渠道寻求释放。就从这个引喻来看，节欲是一种危险力量的阻力，这种力量将最终带着对精神健康破坏性影响而突破压抑的障碍。

精神健康这个概念就其现代形式而言可以回溯到弗洛伊德和他的同伴把歇斯底里症患者看做是真正的病患者而不是诈病者的时代。这常被说成既是一个医学的发现也是一个道德的决定。这确实是一个正确的道德决定；就精神疾病的概念在使用时所有的清晰的含义而言，歇斯底里完全符合生理疾病的范式。在一般疾病中的诱因、症状和治疗都是肉体方面的。而精神病是否具有可区别的物理诱因和治疗方法，牵涉到事关病人的认知的和情感生活的症状：如知觉能力紊乱、信念和情绪。在诊断知觉能力是否正常，信念是否正常以及情绪是否超出常规的，存在一种倾向即应从诊所的描述而进展到道德性评估。令人吃惊的是，就所看到的同性恋的魅力来讲，很长时期内都被看做是心理治疗学的紊乱，但是逐步地被许多人看做是理性选择的可以选择的生活方式的基础。在弗洛伊德之前这些行为模式一直看做违反道德规则而应受到惩罚的，现在却常在法庭和咨询室被判断为需要治疗的疾病症状。常常有人说弗洛伊德是一个道德学家而不是一个医生，这是真的，但可更形象地评价他再次划定了道德和医学问题的界限。

也许弗洛伊德的最伟大的影响一直是在艺术和文学上。这有点讽刺意味，关于他的反浮夸的艺术创造观点同他的精神病理论完全相似：一种里比多的升华是把婴儿性欲的不可解决的矛盾转化成幻觉的形式。因为弗洛伊德的理论很出名，批评者很高兴地利用俄狄浦斯这个术语来解读艺术作品，而历史学者热情地转向精神学史传记，并在成年公众人物的幼年时代真实和想象的特征基础上分析他们的行为。小说家利用相似于精神分析家的长沙发式联想的技巧，画家和雕刻家利用了弗洛伊德出自梦的世界的符号并给出了其真实的形式。我们中的所有人直接或间接地已经吸取了弗洛伊德大量的心理哲学并自我无意识地利用了弗洛伊德的概念来讨论我们的家庭和朋友关系。从亚里士多德以来没有任何其他哲学家对我们的日常道德词汇作出如此贡献。

（李先敏　译）

第二十一章　逻辑与数学的基础

弗雷格的逻辑

数理逻辑的发现是19世纪哲学史上最重要的事件。这不仅是逻辑科 319
学本身的重建，也对数学哲学有重要的影响，并且最终对哲学家对于哲学本身的理解产生了重要的影响。

哥特波·弗雷格（Gottlob Frege）（1848—1925）是数理逻辑的主要建立者。弗雷格1848年生于德国的波罗的海（Baltic）沿岸。他在哥廷根（Göttingen）获得哲学博士学位，并于1874年在耶拿大学（the University of Jena）任教直到1918退休。除了他的学术活动外，他的生活是平静而隐居的。他的著作在其有生之年很少有人阅读，即使在他死后，他的影响最初也是来自于其他哲学家的著述。但是逐渐地，人们认识到他是所有数学哲学家中最伟大的；做为逻辑哲学家，他可以与亚里士多德媲美。他对许多学科发展做的主要贡献之一是发明了数理逻辑，它导致了计算机的发明。因此，弗雷格影响了我们所有人的生活。

弗雷格的多产事业始于1879一本题为《概念文字》（Begriffschrift or Concept Script）的小册子的发表。这种概念文字，它赋予了该书的标题，是一种新的符号体系。它被设计用来澄清隐藏于平常语言中的逻辑关系。弗雷格自己的文字，逻辑上是优美的，但是印刷起来特别麻烦。现今的符号逻辑中不再采用它。

弗雷格不是将亚里士多德的三段论置于逻辑的前沿，而是将最早由斯多亚学派（Stoics）研究的命题演算放在这一位置。命题演算是一
320 个处理那些依赖于否定、合取、析取等的力量的推理，它将句子作为一个整体。它的基本原理——这可以回溯到斯多亚学派——是将那些包含像“并且”、“如果”、“或者”这样连接词的句子的真值（即，真或假）处理成仅仅依赖于那些由连接词所联系起来的成分句子的真值——在这种方式下，“约翰胖并且玛丽瘦”的真值取决于“约翰胖”和“玛丽瘦”的真值。拿逻辑学家的术语来说，复合句子被看做是那些构成它们的简单句子的真值函项（truth-functions）。弗雷格的《概念文字》包含了命题演算的第一个系统的表述，它表现为一种公理的方式，在其中，所有逻辑规律都从一些初始原理，根据特定的推理规则而推导出来。

弗雷格对逻辑的最大贡献是他发明的量化理论，即这样一种方法：它符号化并且严格展示了那样一些推理——其有效性依赖于像“所有”或“一些”，“任一”或“每一”，“没有”或“无一”这样一些表达式。除了其他一些（好处外），这种新的方法使他能重新表述传统三段论。

在推理

所有人都是要死的
苏格拉底是人
所以，苏格拉底是要死的

和推理

如果苏格拉底是人，那么苏格拉底是要死的
苏格拉底是人
所以，苏格拉底是要死的

之间，存在一种类似。

第二个推理在命题演算中有一有效推理（如果p，那么q；p，所以q）。但是它不能被视为第一个的一种翻译，既然其第一个前提似乎陈述了某种特别关于司各脱的东西，而如果“所有人是要死的”是真的，那么，无论用谁的名字代入变元“x”

如果x是人，那么x是要死的

都将是真的。的确，即使我们用一个非人的名字代入x，既然在那种情形下前件将为假，并且，根据“如果”句子的真值规则，整个句子因而都将为真。因此，我们可以用方式

对于所有x，如果x是人，那么x是要死的

来表达传统命题：

所有人都是要死的

这种重新表述构成了弗雷格的量化理论的基础：为看清是怎样构成的，我们不得不解释一下，他是如何设想这里每个词项的，这些词项组合在一起从而构成复合句子。 321

弗雷格将代数学中的一些术语引入了逻辑学。一个像“x/2+1”的代数表达式可以说成是表示了x的一个函项（function）：由整个表达式表示的数值依赖于我们将什么代入自变元（argument）“x”，或者，用技术性的词来说，依赖于我们取什么作为这个函项的变元。因此，取4为自变元的值，3就是这个函项的值，而对于6，则4是这个函项的值。弗雷格应用术语自变元、函项和值于通常的语言中，也应用于数学记号

里的表达式中。他用数学的概念自变元和函项来替换语法概念主语和谓语。这样，“x是人”表示一个函项，当自变元取苏格拉底时它取值为真，而当自变元取金星时它取值为假。用弗雷格的术语来说，表达式“对于所有的x”——它引进了如上句子——说的是，（“如果x是人，那么x是要死的”）得到的是一个函项，它对每一个自变元都是真的。这样一个表达式叫作一个量词。

除了全称量词“对于所有x”以外，还有特定量词“对于某个x”，它说的是，至少对于一个自变元可以为真。因此，“有些天鹅是黑的”用弗雷格的话可以表示为，“对于某个x，x是一只天鹅且x是黑的”。这个句子可以等价地看做是“有这样一些是黑天鹅的东西”；并且的确，为了表示存在，弗雷格综合使用了特定量词。因此，在他的系统中，“神存在”或者“有一个神”可被表示为“对于某个x，x是神”。

使用他的新颖的量化记号，弗雷格能够给出一个演算，它以一种比传统的亚里士多德三段论——直到康德时代还一直被认为是逻辑的全部——更为严格和一般的方法形式化了推理理论。弗雷格之后，形式逻辑第一次可以处理涉及含多个量词的句子的推理。这些句子就好像在两端量化了一样，如“没有人认识每一个人”和“任何学童能够掌握任何语言”。

弗雷格的逻辑主义

在《概念文字》及其后序著作中，弗雷格并不对逻辑本身感兴趣。他构造新的概念文字的动机是，在数学哲学方面它对他有所帮助。他首先想回答的问题是：算术中的证明依赖于纯逻辑吗？这种纯逻辑仅建立于在每一知识领域里都起作用的一般规律之上，或者，它们还需要来自经验事实的支持？他给的答案是，能够证明算术本身是在下述意义上的
322 逻辑的一个分支：它能够不用任何非逻辑的概念或公理而形式化。弗雷格是在《算术基础》（Grundlagen der Arithmetik）（1884）里首先开始

建立这一论题的，它以“逻辑主义”而闻名。

《算术基础》从批评弗雷格的前人和同时代的人（包括康德和密尔）关于数和数学真的性质的思想开始。康德一直坚持，数学真是先天综合的，并且，我们关于它们的知识依赖于直觉。相反，密尔将数学真看做是后验的经验概括；它们可以广泛地应用，也广泛地得到确认。弗雷格坚持，数学真根本不是综合的，既不是先天的，也不是后验的。不像几何学——几何学依赖于先验的直觉，在此点上他同意康德——算术是分析的，也就是说，它可以用纯逻辑的词来定义，可以从纯逻辑的原理得到证明。

在弗雷格的系统中，数的算术概念被“类”的逻辑概念代替了：基数可以被定义为具有相同多个成员的类；因此，数字2是一对对子的类，而数字3是三者的类。尽管这个定义表面上似乎有循环，其实并没有，因为我们可以不使用数的概念而说，两个类具有相同多个成员的意思是什么：这样，例如，一个侍者如果观察到，每一个盘子的右边恰有一把刀，那么，他能知道一张餐桌上，刀和盘子一样多，而并不知道每一种有多少。两个类如果能彼此一对一映射到对方，那么它们就有相同多的成员。它们被称为等价类。一个数则是等价类的类。

因此，我们可以定义4为所有与福音书的写作者的类等价的那些类的类。但是，这样一个定义对于归约算术到逻辑这一目的可说是毫无用处，既然有四个福音书的写作者这一事实不是逻辑的一部分。如果弗雷格的计划要成功，那么，对于每一个数，他不得不找到大小正好的一个类，而且，这个类的大小是由逻辑来保证的。

他从零开始做起。零可用纯逻辑词来定义为，由所有跟下述这些类等价的类组成的类：不与其自身等同的对象组成的类。既然没有对象与其自身不等同，因此，那个类没有任何成员；并且，既然有相同成员的类是相同的类，因此仅有一个没有成员的类，零类——正如其被称呼的那样。仅有一个零类这一事实用来继续定义数字1，它被定义为由所有等价于零类的类所组成的类。然后2则可以被定义为由所有等价于其成员为0和1的类的类所组成的类，3则是由所有等价于其成员为0、1和2的类的类所组成的类，如此等等无穷尽。因此，从等同、类、类成员资格和类等价这些纯逻辑概念建立起自然数序列。

弗雷格在《算术基础》中对两个主题给予了极大的重视。一个是，
323 每个自然数是一个自我独立存在（self-subsistent）的个体；另一个是，一个指派一个数的陈述句，其内容是一个关于概念（concept）的断定。初看起来，这些可能显得冲突，但是如果我们理解了弗雷格的“概念”和“对象”的意思，我们就明白，它们是互相补充的。当说一个数是一个对象时，弗雷格并没有暗示，一个数是某种像一棵树或一张桌子一样切实可触摸得到的东西。他反而是在否认，数是属于某件事物的性质，无论这事物是一个体或是一聚合（collection）。当说一个数是一个自我独立存在的个体时，他否认它是任何主观的东西、任何精神的东西，或是一个精神东西的任何性质。对于弗雷格来说，概念是柏拉图式的，是独立于精神的实体。因此，在数字是客观的这个论题和数字-陈述（number-statements）是关于概念的陈述这个论题之间没有矛盾。弗雷格用两个例子解释了后一论题。

> 如果我说“金星有0个卫星”，那么仅仅是，对于要对之作出断定的任何事物，不存在任何卫星或是卫星的聚合；但是，确实出现了的是，一个性质指派给了概念“金星的卫星”，即在这一概念下不包含任何东西。如果我说“国王的马车由四匹马拉”，那么我指派数字4给了概念“拉国王的马车的马”。

弗雷格说，存在陈述句是数字陈述句的一个特例。他说，“存在断定事实上仅是对于数字0的否定”。他的意思是，一个句子，像“存在天使”，断定了概念天使有某种东西在其下。并且，说一个概念有某种东西在其下是说，属于那个概念的数字是某一非0的东西。

正是因为存在是一个概念性质，弗雷格说，上帝存在的本体论证明不成立。“存在一个上帝”（That-there-is-a-God）不可能是上帝的一个性质，如果事实上存在一个上帝，那就是概念上帝的一个性质。

如果数字陈述是关于概念的陈述，一个数本身是哪种对象？弗雷格的答案是，一个数是概念的外延，他说，属于概念F的数是概念“对于概念F有相同数的”的外延。这相当于说，它是由所有与F的类有相同多个成员的那些类所组成的类，这正如上面所解释的一样。因此，数是对象这个弗雷格的理论，依赖于取类作为对象要有可能。

弗雷格的逻辑哲学

我们将看到，弗雷格的数学哲学与他对逻辑和哲学的几个关键概念的理解紧密相联。的确，在《概念文字》和《算术基础》中，弗雷格不仅建立了现代逻辑，而且也建立了现代哲学分支——逻辑哲学。他上 324
述工作是通过下面两种区分而完成的：一方面，明确区分逻辑的哲学与心理学的哲学（在经验主义传统中这二者常被哲学家混淆），另一方面又明确区分逻辑的哲学与认知学的哲学（在笛卡尔哲学的传统中这二者又通常被哲学家合二为一）。然而，在他的著作中，逻辑与形而上学（metaphysics）之间并无截然的区分：这二者确实是紧密相联的。

相应于语言中函项和自变元的差别，弗雷格坚持，必须在概念与对象之间作出系统的区分，这二者是（上面二者的）本体论的相应部分。对象是专名所代表之物：有许多种对象，从人到数。概念是一种具有重要的不完全性的东西，相应于函项中的由函项的自变元所标明的缝隙。在其他哲学家模糊地谈论一个表达式的意义的地方，弗雷格区分了一个表达式的所指（它所指的对象，如行星金星是“晨星”的所指）和一个表达式的意义。（尽管“暮星”与“晨星”所指正如天文学家所发现的一样，都是金星，但是这二者在意义上不同。）弗雷格坚持，一个句子的指称是其真值（即真或假），并且认为，在一种科学上可称道的语言中，每一语词必须有一指称，并且每个句子必须或者是真的或者是假的。之后，许多哲学家已经采纳了他在意义与指称之间所做的区分，但是，大多数还是拒绝全部句子都有某种所指这一观念。

作为一个哲学家，弗雷格事业的顶峰本应是《算术的基本规律》（Die Grundgesetze der Arithmetik）（1893—1903）的两卷本的出版。在这两卷本中，他开始在纯逻辑与集合论的基础上，以一种严格的形式方法，给出算术的逻辑主义的构造。这一著作将完成在早先一些关于数学哲学的书中所描述的任务：明确阐明一个被认为是逻辑真的公理集合，提出一组无疑可靠的推理规则，然后，根据这些规则从这些公理推导出一个个标准的算术真理。

这个宏伟计划在未完成前夭折了。第一卷于1893年出版。到1903年第二卷出版时，人们发现，弗雷格的仅从逻辑的概念构建自然数序列的纯朴方法包含一个致命的缺陷。这一发现归于英国哲学家贝特兰·罗素（Bertrand Russell）。

罗素悖论

罗素生于1872年，是首相约翰·罗素公爵（Lord John Rusesll）的孙子，约翰·斯图亚特·密尔（John Stuart Mill）的圣子。在剑桥三一学院，一段时间里，他接受了英国版的黑格尔唯心主义。后来，由于一种
325 包含有柏拉图主义数学观的现实主义哲学，他和他的朋友G·E·莫尔（G. E. Moore）一起，放弃了唯心主义。正是在写一本阐述这种哲学的书的过程中，罗素遇到了弗雷格的一些思想，而且，当该书——《数学的原理》（The Principles of Mathematics）——于1903年出版时，它还包含了对这些思想的一些解释。尽管罗素非常钦佩弗雷格的著作，他还是察觉了在他系统中的一个根本性的缺陷，在《算术的基本规律》第二卷的出版过程中，他向弗雷格指出了它。

如果我们按弗雷格提出的方法从数到数进行下去，我们须能不加限

制地形成类的类，类的类的类，等等。类本身必须得到澄清，它们必须能够成为类的成员。现在问，一个类能是其自身的成员吗？大多数的类不是（例如，狗的类不是狗），但有些明显是（例如，类的类确实是一个类）。因此，似乎类可以分为两种：有一种类，它们是自身的成员，它们构成了一类；另一种类，它们不是自身的成员，它们构成了另一类。

现在考虑第二个类：它是不是自身的一个成员呢？如果它是，那么，既然它正好是那些不是其自身的成员的类，所以它一定不是其自身的一个成员。但是，如果它不是其自身的一个成员，那么它有资格成为这样一个类的成员：这个类是由不是其自身的成员的那些类构成。因此，它是自身的一个成员。它似乎要么是其自身的一个成员，要么不是；但是，无论我们选择哪一种，我们被迫陷入矛盾境地。

这个发现被称为罗素悖论，它表明，在没有限制地形成类的类这个过程中，会有某种恶性循环，并且，它对弗雷格的整个逻辑主义纲领提出了质疑。

罗素本人正如弗雷格一样，是个逻辑主义者，并且，他继续与怀特海（A. N. Whitehead）合作，使用一种不同于弗雷格的记号，发展了一种逻辑系统。在这个系统里，从一个纯逻辑的基础上，他开始导出整个数学。这一著作于1910年到1913年以《数学原理》（Principia Mathematica）三卷本的形式出版。

为了避免他发现的悖论，罗素构建了一种类型论。将类视为任意可分类的对象是错误的。类和个体是不同的逻辑类型，并且，对一者来说，可为真或假的东西，对另一者而言，却不能有意义作出断定。“狗的类是一只狗”不应当视为假，而应当视为无意义。类似地，对类可能是有意义的陈述，而对类的类不可能是有意义的，如此等等，贯穿了逻辑类型的阶（hierarchy）。如果注意到在阶的不同层次之间的类型是不同的，那么悖论将不再出现。

但是，另一困难将替代悖论而出现。我们一旦禁止类的类这种构造，我们怎样能定义自然数的系列？罗素保留了其仅有的成员是零-类的类作为0的定义，不过，他现在将数1视为所有这样一些类的类，这
326 些类等价于那个其成员是下述二者情况之一的类：（a）零-类的成员，（b）不是那个类的一个成员的任意对象。接着，数2就是所有这样一些的类，这些类等价于其成员是下述二者之情况之一的类：（a）用来定义1的类的成员，（b）只要不是那个用来定义类的成员的任何成员。在这种方式下，就可以一个接一个地定义数，并且，每一个数都是个体的类的类。但是，只要域中有无穷多个对象，自然数序列就能无穷尽地进行下去。因为，如果仅有n个个体，那么，将不会有n+1个成员的个体。因此，就不会有基数n+1。罗素接受了这一点，并且因而增加一条无穷公理——假设域中的对象个数不是有穷的——到他的公理系统中。这个假设正如罗素所想的那样，极可能是成立的，但是，表面上看来，它远不是一条逻辑真理，因此，需要假设它就成了原来纯净的纲领——仅从逻辑导出算术——上的一个瑕疵。

当弗雷格知道了罗素悖论后，他被彻底击垮了。他不止一次地尝试修补他的系统，但是，他的这些努力和罗素的类型论一样，都未成功挽救逻辑主义。现在我们知道，逻辑主义纲领不可能成功完成。从逻辑公理经过算术公理到算术定理之路在两个地方受阻。首先，正如罗素悖论所显示的，素朴集合论，也是弗雷格的逻辑基础的一部分，其本身是不一致的。并且，弗雷格为此所建议的那些补救被证明是无效的。因此，算术公理不可能以弗雷格所希望的那种方式从纯逻辑公理所推导出来。第二，当奥地利数学家哥德尔（Kurt Gödel）证明了，不可能以《数学原理》那样的方式给出一个完全而一致的算术公理化，“算术公理”这个概念本身随之也可疑了。不过，由弗雷格和罗素在解释逻辑主义这个主题的过程中所发展的那些概念和见识，具有一种永久的影响，而并没有被那个纲领的失败所削弱。

罗素的摹状词理论

在罗素还是一个现实主义者、写《数学原理》的时候，罗素已经相信，为了让概念和判断拥有客观性，必须接受柏拉图观念和命题都是存在的；这些事物是独立于句子中表达它们的表达式而存在的。像弗雷格一样，罗素接受概念是某种独立于我们思维的东西，但是，他走得比弗雷格更远，因为他认为，不仅关系和数，就连吐火兽和荷马诸神都有某种存在性。原因是，要不然的话，不可能作出关于它们的命题。"因此，存在是一种属于每一事物的一般属性，并且，提及任何事物都表明它存在。

到他写《数学原理》的时候，罗素已经改变了他的思想。他写道： 327

> 假如我们说"圆的方不存在"。这是一个真命题，这一点似乎是清楚的。但是我们不能认为，它否认了某个名为"圆的方"的对象存在。因为，如果确实存在这样一个对象的话，它将存在：我们不能首先假设有一个对象，进而否认有这样一个对象。无论何时，人们认为一个命题的语法主语不存在，那就会认为这个命题是无意义的。很清楚，语法主语不是一个专名，即不是一个直接表示某个对象的名字。因此，所有这些情形中，人们必须将命题分析成曾是语法主语的部分将消失。因此，作为这种分析的第一个尝试，当我们说"圆的方不存在"时，我们可以用"存在一个对象x，它既是圆的又是方的，这是假的"来替代（原来的句子）。

到目前为止，这种分析类似于弗雷格的对存在陈述的方法；但是，罗素看到，当像"圆的方"和"当今的法国国王"这样空表达式（vacuous expressions）出现于非存在陈述的语境时，必须说明这些表达式的意义；例如，在句子"当今的法国国王是秃子"中。罗素称像

“当今的法国国王”和“发现氧的那个人”这样的表达式为“限定摹状词”。在他的1905年论文“论指称”中，他作出了限定摹状词的意义的一般理论，它既照顾到有某对象符合摹状词的情形（如在“那个发现氧的人”中），又兼顾了摹状词是空的情形（如在“当今的法国国王”中）。

弗雷格将限定摹状词简单地处理为复合名词（complex names），以致“《哈姆雷特》的作者是个天才”与“莎士比亚是个天才”有相同的逻辑结构。这意味着，为了确保一个包含空名称（empty name）或空摹状词（vacuous definite description）的句子不缺少真值，他不得不准备制定一些任意的规则。罗素认为，这是令人不满意的，并且提出，分析那些包含限定摹状词的句子与分析那些包含名称的句子是相当不同的。他认为，寻找限定摹状词本身的意义是个错误，只有这些限定摹状词出现在其中的那些言语表达式的命题才有意义。

对于罗素，在一个像“詹姆斯二世被废黜了”（包含名称“詹姆斯二世”）的句子，和一个像“查理士二世的兄弟被废黜了”的句子之间，存在有很大的不同。一个像“查理士二世的兄弟”这样孤立的表达式没有意义，但是，句子“查理士二世的兄弟被废黜了”依然有意义。它断定了三件事：

（a）某个个体是查理士二世的兄弟

（b）仅有这个个体是查理士二世的兄弟

（c）这个个体被废黜了

328 或者，更形式地为：

对某个x，（a）x是查理士二世的兄弟

并且 （b）对于所有的y，如果y是查理士二世的兄弟那么y=x

并且　（c）x被废黜了

这一表述的第一个成分说，至少有一个个体是查理士二世的兄弟，第二个是说，至多有一个个体是查理士二世的兄弟，因此，它们间的含义就是，恰有一个个体是查理士二世的兄弟。第三个继续说，这个惟一的个体被废黜了。在分析所得到的句子中，没有什么像查理士二世这样的名字出现；我们却有了谓词和量词的一个组合。

这个复杂分析的意义是什么呢？为看清此点，我们不得不考虑一个不像"查理士二世的兄弟被废黜了"句子，它不是真的。考虑下列两个句子：

（1）英国的君主是男性。

（2）美国的君主是男性。

这两个句子都不真，但是其中的原因却不同。每一个人都同意，第一个句子不是真的、是清楚明白地为假，因为英国的统治者是女性。第二个不真是因为美国没有君主，而按罗素的观点，第二个句子不但不真，而且是肯定地假（positively false），因而它的否定"并非美国的君主是男性"为真。在罗素的系统中，包含空限定摹状词的句子与包含空名称，即没有命名任何对象的表面上的名称，截然不同。对于罗素来说，一个would-be句子，像"Slawkenburgius是个天才"（Slawkenburgius was a genius）根本不是一个真正的句子，因此，它既不真，也不假，从来就没有一个这样一个对其而言是个专名的人。

为什么罗素希望确保包含空限定摹状词句子应当视为假呢？像弗雷格一样，他对于为了逻辑与数学的目的而构造一种精确而科学的语言抱有极大的兴趣。弗雷格和罗素都认为，这样一种语言应当仅包含那些有确定意义的表达式是问题之本质。也就是，他们认为，所有这些表达式出现于其中的句子都应当有一个真值。因为如果我们允许我们的系统含有不具有真值的句子，那么推理和演绎就变得不可能了。很容易看到，“圆的方”不指示任何东西，因为显然它本身是矛盾的。但是，某一个复杂的数学公式是否包含一个隐藏的矛盾，在经过一番考察之前，则可能不太清楚。如果它确实包含了，我们就不能通过逻辑的考察来发现这一矛盾，除非包含它的句子被确保具有真值。

逻辑分析

329 在《论指称》及以后的文章中，罗素经常谈论哲学家的活动是一种分析的活动。他所说的分析是指这样一种技术，该技术用一个逻辑清晰的语词形式来替换另一种语词形式，而在某方面，后一种语词形式逻辑上令人误解。他的摹状词理论曾长期是这种逻辑分析的典范。但是，在罗素的思想中，逻辑分析远不止一种澄清句子的策略。他形成了这样一种信念，一旦逻辑获得了一种明晰的形式，它将揭示这个世界的结构。

逻辑含有个体变元和命题函项：相应于这些，这个世界包含个别事物（particulars）和共相（universals）。在逻辑中，复合命题是由简单命题构建起来，作为更简单的命题的真值函项。类似地，相应于这些简单的命题，在这个世界上有独立的原子事实。原子事实或者在于个别事物拥有一种特性，或者在于两个或更多个个体之间的一种关系。罗素的这一理论被称为“逻辑原子主义”。

摹状词理论是逻辑原子主义的强大的分析工具。罗素不仅开始运用它于圆的方和柏拉图主义的实体，而且也运用它于那些在常识上被认为是完全现实的许多事物，如，朱力士·凯撒（Julise Caesar），桌子和椅子。其原因就是，罗素开始相信，我们能理解的每个命题必须被完全分解为我们所亲知（acquaintance）的事物。“亲知”是罗素用来表示直接呈现的词：例如，我们亲知我们自己的感觉所知（sense data）。在罗素系统中，感觉所知相应于休谟的印象（impression），或是笛卡尔的意识的释放（deliverance）。但罗素仍保留了其早期柏拉图主义的某种东西：他认为，我们对共相能直接亲知。这些共相由改变了的逻辑语言的谓词所呈现。但是，我们通过亲知所知的事物范围是有限的：我们不能亲知维多利亚女王或我们自己过去的感觉所知。那些不能通过亲知而为我们所知的事物仅能通过描述为我们所知，因此摹状词理论的重要性凸显出来。

在现在的英格兰，说出句子“凯撒穿过了卢比肯河”，我们就有一个命题，其中，显然不具有能为我们所亲知的个体成分。为了解释我们如何能理解这个句子，罗素分析名称“凯撒”和“卢比肯河”成摹状词。

摹状词完整拼写出来，无疑包含那些名字的一些参照，但不是它们命名的对象的一些参照。这个句子展示为关于一般特征、关系以及当我们说出它们时对它们亲知的名称。

对于罗素来说，通常的专名实际上是伪装的摹状词。完全分析之后，一个句子将只包含逻辑专名（那些仅指为我们所亲知的个别事物的词）和一般名称（指特性和关系的词）。对于什么被视为逻辑专名，从 330
来就不是完全清楚。有时罗素似乎仅认为，像“这”和“那”这些指示词才是。因此，一个原子命题将是像“（这个）红的”或“（这个）在（那个）旁边的”这样的东西。

逻辑原子主义是罗素在1918年一系列著名的演讲中提出来的。它远不是罗素最后的哲学话语。在他接下来的52年里，罗素写了许多书和论文，其中一些是关于逻辑与认识论的问题，也有道德和教育的主题，这些主题开始越来越引起罗素的注意。在他生命的后期，特别是在他继承了伯爵身份以后，广大公众把他作为一位关于各种社会和政治问题的作家和活动家。但是，奠定其在职业哲学家和数学家中的声望的大部分著作是在1920年以前完成的。罗素是第一个承认逻辑原子主义本身的，但是它大部分归功于他早先的一个学生，路德维格·维特根斯坦（Ludwig Wittgenstein）。正是他，在他的《逻辑哲学论》（Tractatus Logico-Philosophicus）中，即将给出这个系统的最有权威的表述。正是他，后来批判逻辑原子主义，逐渐地形成了20世纪最有价值的哲学。

（余俊伟　译）

第二十二章　维特根斯坦的哲学

逻辑哲学论

路德维希·维特根斯坦的祖父是犹太土地管理人，父亲是钢铁 331
业富豪。他的父亲有九个孩子和一个天主教妻子。这位天主教妻子使这些孩子都通过洗礼而信仰基督教。维特根斯坦1889年生于维也纳，在林兹（Linz）他进了一所实业高中，那时阿道尔夫·希特勒（Adolf Hitler）也在那儿。在学校他放弃了原来的信仰，并很快受到叔本华唯心论的影响。在柏林和曼彻斯特学习了工程学之后，他去了剑桥，在那里罗素发现了他的哲学天赋，并且尽其所能来发展他的天赋。剑桥5个学期后，他去了挪威，过起了隐居的生活。而后1914年爆发了战争，作为志愿者他报名参加了奥地利军队，并且在东部和意大利前线表现英勇，引人注目。在此时期，他写出了他的主要著作，《逻辑哲学论》。1918年，作为战俘，他被关在蒙特·卡西诺（Monte Cassino），也就是在这一年，他将《逻辑哲学论》的手稿寄给了罗素。1921年此书的德语版出版，很快英德对照版出版，罗素还为此书作了序。

《逻辑哲学论》简洁、漂亮，难懂，由一系列编号段落组成，它们常常仅有一句话。最有名的两段是第一段“世界是事实的总和”和最后一段“凡不可说的，应当沉默”。此书主要关注语言的本质以及它与世界的关系。它的中心学说是意义图像论。根据这个理论，语言由摹画世界的命题组成。命题是思想的可感觉的表达式，而思想是事实的逻辑图像；世界是事实的总和。

根据逻辑哲学论，思想和命题是图像，这里所谓的图像，就是这个词字面的意思，不只是一种隐喻。例如英语句子“此场雨将遍及苏格兰”或“血浓于水”看起来并不像一个图像。根据维特根斯坦的看法，那是因为语言掩饰了无法辨认的思想。

332 然而甚至在日常语言中也有能感知的图示元素。以句子“布里斯托尔在伦敦的西部”为例，它说出的内容与另外一个句子完全不同，虽然组成这个句子的词与前者完全相同，这个句子就是“伦敦在布里斯托尔的西部”，是什么使第一个句子而不是第二个句子的意义为布里斯托尔在伦敦的西部？正是第一个句子中词“布里斯托尔”出现在词“伦敦”的左边这个事实，而第二个句子却不是这样。所以在那个句子中，就像在地图上，我们以词之间的空间关系来符号化城市间的空间关系。这种空间关系的空间表示是图示的，方式相当直接。

然而很少有如此简单的情况。如果是说出而非写出一个句的话，那么这个句子是声音的暂时性的关系而非纸上的空间关系，而纸上的空间关系代表的是城市的关系。但是，就因为声音序列和空间排列有某种共同的抽象结构，声音关系表示城市关系又是可能的。根据《逻辑哲学论》，图像与它们所摹画的东西一定存在共同的东西。这个共享的极小元，维特根斯坦称其为逻辑形式。但是，不像上述这个非典型的例子，大多数的命题与它们所摹画的情形没有共同的空间形式。但是每一个命题与它所摹画的东西一定有共同的逻辑形式。

在普通的语言中，思想的逻辑形式被掩盖了。其中原因之一是我们的许多词，像“布里斯托尔”和“伦敦”，表示复杂对象。只有当复杂对象分析成简单对象，命题与事实之间的关系才能变得清晰。为了进行这样的分析，维特根斯坦用到了罗素的摹状词理论，并加以扩充。例如“奥地利—匈牙利”可以看做是由奥地利和匈牙利的并构成的复杂对象的限定摹状词，根据摹状词理论，“奥地利－匈牙利正在攻打俄罗斯”

可分析如下：

某个x和某个y，x ＝ 奥地利
且　y ＝ 匈牙利
且　x与y联合
且　x攻打俄罗斯
且　y攻打俄罗斯

这样分析后的句子不提及奥地利—匈牙利，因此就去掉了一个复杂对象。然而这显然只是第一步，继续分析下去，奥地利和匈牙利每一个也是高度复杂的对象，由处于空间和其他关系中诸多不同种类的对象组成。

维特根斯坦相信，如果这样分析命题，我们最终能得到表示纯粹非复杂对象的符号。所以经过完全分析的命题会是原子命题的极长组合， 333
其中每一个原子命题包含简单对象的名称，这些名称相互关联，正确或错误地摹画它们所代表的对象间的关系。毋庸置疑，对一个命题，人类不可能做到这样的完全分析；但这一命题表达的思想已具有完全分析后的命题的复杂性。在日常语言中，思想以极其复杂的规则与它的表达式相关联，而我们则时不时地，无意识地运用这些规则。

语言与世界的联系，是由这些被掩盖了的思想的终极元素，与构成物质世界的简单对象或原子之间的相关性造成的。这些相关性是如何造成的，维特根斯坦并没有解释；它是一个非常神秘的过程，似乎我们每一个人必须为自已构造它，构造得像一门私人语言。

《逻辑哲学论》的大量内容，是运用各种逻辑技术，证明不同种类的命题能够分析为原子图像的组合。科学命题的真值依赖于组成它的原子命题的真值。逻辑命题是重言式，也就是说，不管构成它们的原子命题的真值如何，这些复合命题都是真的，一个明显的例子就是命题“p或非p”，无论p是否真，它都真。那些不能分析到原子命题的“命题”

是不能产生世界图像的伪命题。结果是，在这样的命题中有哲学命题，包括逻辑哲学论自身的命题。在此书的结尾，他把此书比作梯子。如果要正确地看世界，必须登上此梯，然后再将它踢开。

形而上学者试图描述世界的逻辑形式，但这是不可能的。图像必须独立于它所摹画的东西，它一定可以是假图像。但是既然任何命题都包含世界的逻辑形式，所以命题不能摹画世界的逻辑形式。形而上学者试图要说的东西是不能说的，只能显示。哲学不是理论而是行动：澄清非哲学命题的行动。一旦澄清，命题将镜像出世界的逻辑形式，显示哲学家想说但不能说的东西。

科学和哲学都不能向我们显示生命的意义。

> 我们感到，即使回答了所有可能的科学问题，还留有生命的问题完全没有触及。当然，此时就没有问题了，而这本身就是答案。

即使能相信不朽，这也不会赋予生命以意义，长生不老无济于事。
334 永恒的生命和这个生命一样是个谜。“上帝并不在世界中揭示自己，”维特根斯坦写道，“神秘的不是世界上的事物是怎样的，而是它存在。”哲学在某种意义上几乎不能为我们做什么，但维特根斯坦相信，哲学能为我们做的事情在《逻辑哲学论》中一次完成了。这本书包含了解决哲学问题的所有实质性内容，因此，当维特根斯坦写完了这本书，他放弃了哲学。

逻辑实证主义

《逻辑哲学论》很快就出名了。很奇怪的是，尽管它本身是高度形而上学的、严格逻辑的，它最热情的崇拜者却是维也纳圈子里反形而上学的实证主义者。1922年石里克（Moritz Schlick）在维也纳被任命为科学哲学教授，此后以他为核心，成立了维也纳小组，由哲学家、数学家和科学家组成；魏斯曼、卡尔纳普、纽拉特都是小组成员。1929年在布拉格的一次会议后，这个圈子发表了宣言《科学的世界观》，宣称要发动一场反形而上学的运动，认为形而上学是过时的前科学。圈子的观点在《认识》杂志上发表，此杂志创建于1930年，由卡尔纳普和柏林的赖欣巴赫做编辑。石里克被一名神志不清的学生杀害后，维也纳小组迫于政治的压力，解散了。

实证主义者宣称他们从《逻辑哲学论》汲取了“必然真是必然的仅仅因为它们是重言式”的思想。过去逻辑和数学命题给经验主义造成了严重的困难。几乎没有经验主义者愿意跟随密尔否认这样的命题是必然的。更具吸引力的是接受这样的观点：这些命题是必然的，但没有告诉我们关于世界的任何事。经验主义者此时可以再次确认他们的主张：关于世界的知识只能靠经验获得。他们心地坦荡地致力于对形而上学的抨击。

这次抨击的有力武器是证实原则。在其最初形式中，它规定命题的意义是命题证实的方式。这样的意义观点会使所有关于不能靠经验证实或证伪的命题的争论变得毫无意义。面对有关绝对本质，或宇宙的目标，或康德的物自体的争论，实证主义通过质问对手——形而上学主义者：“什么样的经验可以解决你们之间的争论”来揭露这种争论无意义。

证实原则几乎刚一提出就爆发了关于其地位与形式的争论。这个原则看起来本身并不是一个重言式，而只是一个定义。问题是，它能够依靠经验来验证吗？如果不能，它似乎代表了自我谴责（self- 335
condemned）而无意义。此外，不仅形而上学命题，而且科学归纳也都不能最后证实。那么，我们应该说意义的标准不是证实而是证伪吗？如果这样，概括命题是有意义的命题，因为它们能最终证伪。但是按照这个观点，存在命题何以有意义？由于没有对宇宙做穷尽的巡视，所以没有经验能够最终证伪它们。因此这个原则又修正为一种“弱”形式，它规定了如果存在与命题真假有关的观察，那么此命题就是有意义的。这允许大量命题有意义，这些命题在“原则上可证实”，但不能在实践中证实。即使如此限定，也不容易将证实原则运用到历史事情上；该原则的任何进一步的修正，都将会冒这样的风险：使得自己太宽以至于会允许形而上学的陈述。

实证主义者接受了《逻辑哲学论》的观点：哲学的真正的任务是澄清非哲学的陈述。在澄清科学语言时，哲学家必须说明，所有的经验陈述是如何从基本陈述或“初始（protocol）”陈述，作为真值函项而构造出来的，这里，基本陈述或“初始”陈述是直接的经验记录。对于任一特定的初始陈述，知道了是什么经验使人接受或拒绝它，按照证实原则，人们就会理解它的意义。出现于非初始陈述中的词的含义，是从非初始陈述到初始陈述的翻译的可能性中得到的；出现于初始陈述的中的词的含义，是从一个实例定义的可能性中得到的，这一定义（字面上或隐喻地）指出这个词所指的经验特点。

这里有一个自身难以克服的困难。对于每一个人来说，初始命题记录的东西似乎只涉及个人。如果意义依赖于可证实性，而证实需要通过我独自经验的精神状态，那么我怎么能理解其他任何人的意思？石里克试图通过形式与内容的区分来回答这个问题。我的经验内容——当我看到某种绿色的东西我高兴或痛苦——是私人的、不可传达的。但是经验的形式是我私人的经验与他人私人经验之间的结构关系，它是公共的并且可传达。当我看到树或者落日，我不知道是否别人也有如同我所经验的愉悦；我所知的是当他们看到树或落日时，他们看到了当我看树或落日时我所看到的颜色。只要我们同意称树是绿的，落日是红的，即我们经验的形式或结构是相似的，那么我们就能够相互交流并且构建科学的语言。很少有人认为这个回答整体上令人满意，直到维特根斯坦回到了哲学，唯我论的威胁才得到充分的应对。

维特根斯坦的哲学研究

战争结束后，维特根斯坦继承了父亲的一份遗产，于是发现自己 336
成为了欧洲最富有的人之一。在一个月中，他给掉了他所有的钱。有几年，他做过园丁和乡村校长来维持生计。后来有人说他对学生粗暴，他就结束了并不愉快的校长生涯，回到了哲学的研究中，并一度参加过维也纳小组的讨论。后来他远离了这个圈子，又回到剑桥。在那里，他递交了博士论文《逻辑哲学论》；在那里，他获得三一学院研究员职位；在那里，20世纪30年代，他成为英国最有影响的哲学教师。这个时期他所教授的哲学不同于《逻辑哲学论》，并且在他生前也没有发表这些哲学观点。二战期间，维特根斯坦参军，成了一名医务勤杂兵。很快又重返剑桥做哲学教授。从1947年到1951年去世，他过着一种隐居的生活。或在爱尔兰独居，或在牛津、剑桥以及纽约的依萨卡与朋友在一起。他倾注了长期工作的书《哲学研究》在他死后，于1953年出版了。

他重返哲学的20世纪30年代早期，维特根斯坦很快放弃了《逻辑哲学论》的许多独特的原理。他不再相信逻辑原子，也不再寻找被日常语言所掩盖的逻辑相连的语言。逻辑原子主义的一个重要原理是：每一个原子命题都是互相独立的。初始陈述都是实证主义的原子命题，而上述原理对于这些陈述显然是错的："这是红板"的真值不独立于"这是蓝板"的真值。维特根斯坦一度认为，这说明这些命题不是基本命题，还需要进一步的分析。现在，相反地，他放弃了基本命题相互独立的想法，而这导致了对基本和非基本命题间的区分的质疑。逻辑原子主义的其他部分也很快瓦解了。维特根斯坦放弃了"语言的终极元素是指称简单对象的名称"，开始相信"简单"和"复杂"这些词没有绝对的意义，它们根据语境而改变其意义。

然而维特根斯坦保留了并且从没放弃《逻辑哲学论》的观点是：哲学是一种活动，而不是一种理论。哲学不能发现任何真理。通过提供新信息不能解决哲学问题。哲学问题是这样解决的：它通过一种方式整理我们已经知道的东西，这种方式能避免我们忽视本身是最为明显的东西。当我们在日常生活中非哲学地使用语言时，哲学使我们对自己正在做的事情有清楚的认识。维特根斯坦说过一句非常打动人心的话，哲学的功能是打开我们思维中的结。如果这是对的，那么哲学家的研究过程
337 不得不是非常复杂的，但哲学的结果却不是精致的结构，而是某种如同线段一样简单的东西。

维特根斯坦从弗洛伊德那里受到启发，他有时把哲学描述为一种治疗，用于治疗我们在理解与语言的限制这二者发生激烈碰撞时所受的伤。哲学家就像心理学家，鼓励我们表达我们的怀疑与困惑，但是我们一直以来所受的教导却是压抑它们。对于我们心灵中滋生的困惑，哲学家鼓励我们将它们暴露于光天化日之下，把潜胡说变成显胡说，从而治愈了这种困惑。

有时维特根斯坦说，哲学仅仅是消除哲学问题。如果这就是哲学，那为什么还要做哲学？如果你从未触及到问题，你就根本不需要解决问题！维特根斯坦的回答是，虽然哲学确实在反驳哲学家时才有用，但是不管你知道与否，我们每个人内心都有一个哲学家。我们使用的每一种语言中，都存在一个迷惑我们的哲学。这个哲学不是理论或命题的集合：它体现在自然语言语法的误导性本质上，这种语法掩饰了语言使用的真正方式。

如果我们把自己限制在日常任务的范围内，那么哲学上的误解并不会伤害我们。日常任务中所使用词的语境都是词的故园。但是如果我们开始抽象研究，比如说数学、心理学或神学的研究，我们的思维将会受阻和变形，除非我们能够摆脱哲学的混乱。智慧的探寻会被神秘的概念“数的本质”、“心灵”、“灵魂”所腐蚀。

无论是早期还是晚期，维特根斯坦都相信，语言的表层语法掩盖了它的真实本质。《逻辑哲学论》认为，被掩藏的东西是深埋于我们心灵的思想的复杂本质，但是后期的哲学认为，被掩藏而又必须以一种朴素的观念释放出来的东西是方式的多样性，在这些方式中，语言的功能就

是社会的、人际间的活动。与其他哲学家一样，维特根斯坦认为他的早期著作很明显地把语言和世界的关系过于简单化。二者之间的联系仅由两点构成：名称与对象的连接，命题与事实的符合或不符合。现在他相信这是一个大错误。词看起来彼此相像，如同离合器与脚闸相像一样，但是词的功能却彼此不同，就像由两个不同的踏板操作的机械一样。维特根斯坦现在强调语言与世界以许多不同方式相互交织：他把这些关联称为"语言游戏"。"因为语言外衣使每个事物都相像，所以我们一直没有意识到所有日常语言游戏的巨大多样性。"

维特根斯坦给出了语言游戏的例子，如执行命令和发出命令，描述对象外表，表达感觉，给出测度，从描述中构建对象，报告事件，猜测事件，编故事，表演戏剧，猜谜，讲笑话，询问，诅咒，问候和祈祷。338
他还用特殊的词来谈论语言游戏。维特根斯坦并不是在提出语言游戏的一般理论：使用语言游戏这个表达式仅仅是为了强调词不能在他们被使用的语境之外理解。为了给出一个词的意义，我们需要寻找它在我们生活中所起的作用。使用"游戏"这个词，并不是说语言不重要，之所以选择这个词，是因为游戏与语言活动有类似的多样性。有的游戏是竞争的，有的不是；有的游戏有规则，有的无约束；有的游戏是娱乐性的，有的是工作性的；有的游戏需要技巧，有的不需要。没有什么共同的特征来标志所有的游戏之所以是游戏：更确切地说，不同的游戏相互间有不同的特征，就像同一个家庭的不同成员会相像，他们不是在某个方面相像，而是在许多方面相像。类似地，对于语言来说，没有一个本质的特征；在数不清的语言游戏之间，只有家族类似。

哲学在某种意义上确实向人们揭示了语言的本质，但哲学对语言本质的揭示，不是通过揭示存在某种幽灵般的机制，它潜藏于我们之中，而是通过弄清楚我们并不清楚地知道的东西，即通过弄清楚语言的使用方式。哲学使我们对此有了清楚的认识，然后我们再通过掌握语言的概念来认识世界。

像实证主义一样，维特根斯坦对形而上学怀有敌意。但是他进攻的武器不是某种生硬的实证主义证实原则，而是仔细地作出区分，这种区分使他能够澄清在形而上学者的心灵概念中混杂在一起的真理与胡说。而且他所批评的那种形而上学也是许多实证主义者自身犯的错误。在维特根斯坦看来，形而上学首先由貌似科学的语法构成。

哲学家往往有模仿科学要求和科学方法的倾向。十八世纪的那些要给心灵建立牛顿物理学的哲学家就是这种倾向的最典型的例子。维特根斯坦一再抨击形而上学把心灵描画为神秘介质，这种神秘介质，不同于物理介质，其中有特殊的规律，而哲学家的任务就是发现并阐明这些规律。“当哲学家在用一个词‘知识’、‘存在’、‘对象’、‘我’、‘命题’、‘名称’，并试图抓住这个东西的本质时，人们必须问自己：这个词真的曾在语言中以这种方式使用吗？这种方式是它的故园吗？我们做的事情是把词从形而上学带回到它们的日常使用中去。”

维特根斯坦批评形而上学关于精神的概念，其中一个例子就是他抨击“意义是精神过程”的观点。维特根斯坦不是行为主义者，他不否认存在可以称之为“精神过程”的东西，精神过程也就是一种心理过程。
339 例如人们在头脑中背一首诗。哲学家错在相信句子的意义与句子的理解是精神过程，这个精神过程是言说句子的基础，或者与耳闻句子相伴。对其反思，将会看到这不可能正确。

如果意义是与言说句子相伴的精神过程，那么在根本没有言说句子的情况下，意义的过程应当有可能发生。实际上，人们能够不说句子而实施意义的行为吗？如果你试着这么做，你可能会发现你自己在低声背这个句子。但是，提出与每一个句子的公共言说同时相伴的还有一个私人言说，这当然很荒唐：一定要用很大的技巧来确认这两个过程恰好同步！如果两个稍稍不同步就会很糟糕，结果是一个词的意义错误地加在另一个意义上。

某人是否理解一个句子，她是否真的就是这个意思？这个问题可以针对公开言说的句子，也完全可以针对基于私自想象而言说的句子。由于脾气不好，而被激怒，我可能对自己咕哝道：“我想他摔死！”幸运的是，我并非此意。我脑子里哼唱着一首俄罗斯民歌，着迷于这些词的声音。但是对于它们的意义，我一无所知。如果理解与意义是过程，它们必须与私人言说和公共言说都相关。所以如果涉及的这些过程是某种内在的言说，那么我们会引发一场无休止的探求：到底什么是真正的理解。

一些哲学家在相当不同的意义上认为理解是个精神过程。他们设想心灵是一种假设机制，这一机制可以解释人类可观察的智能行为。如果以这样的方式看待心灵，人们会认为精神过程不是某种与头脑中背ABC可比的过程，而是发生于特殊精神机制中的过程。这种观点下的过程是精神过程，因为它不是发生于物理介质中。这一机制的结构是精神的而非物质的，它根据自身的神秘规律而运行。它与经验调查不可通达，而且不能被发现，也就说是不能依靠打开思考着的颅腔而发现这一机制。

按照这种观点，这样的过程甚至不必与内省的眼睛通达：对我们而言，这一机制操作太快，以至于我们无法跟上它的动作，如同铁路引擎的活塞，或者割草机的刀刃。但是只要我们使自省力敏锐，我们就能够感受到，或者通过某种方式使精神机制较慢地运行，我们可能真的能够观察意义和理解的过程。

根据对精神机械论信条的一种解释，理解一个词，就是找与这个词相关的合适图像。当然，一般来说，当使用一个词时，我们不是
这么做的，而且对于许多词（例如定冠词，“如果”、“不可能”、 340
“一百万”）甚至很难说什么可以看做是合适的图像。但是先让我们把这些观点放在一边，允许我们的头脑中可能有图像，但自己没有意识到这一点。让我们只考虑这种词汇，这种词听起来最和图像相关，例如颜色词。可以考察这样的建议：为了理解指令“给我一枝红色的花”，人的头脑中一定会有红色的图像，正是通过对照这个图像，再确定要拿哪枝花。一旦我们停下来想一下，就会意识到这不能是正确的：否则，怎样执行指令“想象一块红板”？在认定花的红色中出现的任何问题，也都会出现在对板的红色的认定上。

当我们谈话时，精神图像经常穿过我们的头脑，这当然是真的。但并不是这些图像，赋予我们使用的词以含义。相反的，图像就像文本中用于说明的图片。一般来说，是文本告诉我们图片是关于什么的，而不是图片告诉我们文本中的词的含义。

维特根斯坦用这种方式分析，并使我们反对可能被认为是意义过程的各种各样的过程。事实上意义和理解根本不是过程。我们被语法误导了。因为动词“意谓（mean）”、“理解”的表层语法与动词“说”、“呼吸”的表层语法相似，我们期待发现与它们相应的过程。当我们不能找到经验过程时，我们假设了精神过程。

还有另一个形而上学的信条与“意义是精神过程”这一想法紧密相关：命名是精神行为。它是维特根斯坦批评“私人语言”这一概念的目标，或者更准确地说，是批评“私人定义”这一概念的目标。

维特根斯坦对语言游戏的讨论清楚地揭示：不是所有的词都有名字，命名并不像它看来那么简单。命名某物，仅仅面对它，发出声音是不够的：要求获得和给出名字，只能在语言游戏的背景下才能完成。命名一个物质对象，相对简单，但是即使这样的命名，同样也如此。当我们命名精神事件和精神状态时，例如感觉、思想，情况就会复杂得多。

诸如“痛”这样的词，起到了感觉－名称的作用。维特根斯坦详细考虑了这种方式。我们倾向于认为，对于每一个人，通过他自己私人的，不可传达的感觉赋予了“痛”意义。必须抵制这种倾向：维特根斯坦证明了任何词都不能通过这种方式获得其意义。他的一个证明如下：

假设我想为我的一个私人感觉起个教名“S”。为了使这个名字与这个感觉相互联系，我将我的注意力固定在这个感觉上。这会获得什
341 么？当我下一次使用名字“S”时，我怎么知道我使用得是否正确？既然被命名的感觉被认为是私人的，那么没有人能够审查我对它的使用。然而我自己也无法审查。在我能审查句子“这又是S”是否真之前，我需要知道这个句子是什么意思。我怎么知道我现在所谓的“S”的意思就是我首次为感觉“S”洗礼时的意思？我能求之于记忆吗？不能。因

为这样做，我必须唤起正确的记忆，有关S的记忆；并且为了做到这一点，我必须已经知道“S”是什么意思。最终不存在有关我的“S”用法的审查，不存在它的正确和不正确使用的区分。这意味着谈论“正确性”是不适当的，并且显示了我给自己的私人定义并不是真正的定义。

维特根斯坦攻击私人定义的结论是，不能有这样的语言，它的词的所指只能被说这种语言的个人知道。带有英语单词“痛（pain）”的语言游戏不是私人语言，因为无论哲学家可能说什么，当一个人痛时，其他人常常可以知道。并非通过任何私人定义，而是通过成为共有语言游戏的一部分，才使“痛”成为一种感觉的名称。举个例子，一个婴儿的啼哭是自然发生的，它是痛的前语言的表达式；逐渐地，这个孩子经父母训练，用痛的语言表达式来替代啼哭。这个表达式是约定俗成的，他已经学会了。这样，痛–语言就与痛的自然表达式连接在一起。

主张私人语言的目的是什么？维特根斯坦在与谁辩论？简短的答案是，他在与《逻辑哲学论》的作者辩论，这个作者赞同唯我论。唯我论的信条是“只有我存在”。在《逻辑哲学论》中，维特根斯坦写道：

> 唯我论的含义完全正确，只是这个含义不能说，但是它可以自我显示。“这个世界是我的世界”在以下事实中显示了它自己：语言的界限（我所理解的语言）意味着我的世界的界限。

随着维特根斯坦的哲学发展，他逐渐开始认为，即使作为一个不可说的哲学，唯我论歪曲了事实。只有语言是我的语言，世界才是我的世界。但是语言不是我的语言，它是我们的语言。私人语言的论点显示，没有纯粹私人的定义可以创造一门语言。语言的家不是唯我论的内在世界，而是人类共同体的生活，甚至“我”只有作为我们共同语言中的词才有含义。

但是关于私人语言争论的范围扩展了，比维特根斯坦对早期自身的

反驳走得更远。笛卡尔在表达他的哲学怀疑中，不能确定身体的存在，
342 然而却假设了语言有意义。休谟认为认识思想和经验是可能的，对思想和经验进行分类也是可能的，但是他对外部世界的存在表示怀疑。密尔和叔本华以他们不同的方式认为，人可以用语言表达他心灵的内容，然而却质疑其他心灵的存在。所有这些假设能够推出私人语言的可能性。所有这些假设是这些哲学结构本身固有的。经验论与唯心论的共同之处是这样的信条：心灵除了它自身的内容，没有关于任何事物的直接知识。两种思潮的历史说明它们都走向了唯我论。维特根斯坦阐明了私人语言的可能性，在这个语言中，私人定义的表达依赖于公共的、社会的世界之存在，并以此攻击私人定义，反驳了唯我论。而对唯我论的反驳又无情地延伸到对经验论与唯心论的反驳。

维特根斯坦并不想用一个不同的哲学体系来代替经验论和唯心论，他后期的哲学恰恰是反系统化的。这不意味着它缺少方法或不严格，确切地说，意味着哲学中没有哪一部分优先于其他部分。人们可以在任何一点开始哲学研究，并且可以停止处理一个问题，而转入处理另一个问题。哲学没有基础，也不能对其他学科提供基础。哲学不是一个房子，也不是一棵树，而是一张网。

> 当我想停止做哲学时，如果一个发现能够让我做到这一点，那么这个发现就是真正的发现。这个发现带给哲学以平静。这样，哲学就不再因质疑哲学自身的问题而痛苦。相反，我们现在通过例子证明了一种方法，这些例子不一定要连贯。不是单个问题解决了，而是诸多问题解决了（困难消除了）。

维特根斯坦相信他完全改变了哲学的本质。维特根斯坦的哲学当然与19世纪的大哲学体系有很大的不同，这些哲学体系把哲学演示为一种超科学。但他的思想与西方哲学的重要传统，并不像他有时所相信的那

样不连续。当然，维特根斯坦对形而上学怀有敌意，对理性主义哲学在证明上帝存在、精神不朽、超越经验界限时所表现出的自负怀有敌意。维特根斯坦对它们怀有敌意，康德其实也如此。维特根斯坦坚持认为，我们对智能探寻存在的可能性所作的智能探寻，依赖于人类心灵的所有简单、自然、不可解释的、最初的冲动。休谟也如此认为。维特根斯坦坚持认为，哲学是每个人必须为自己做的事，所包含的与其说是智慧，不如说是意愿。笛卡尔也这么认为。语法专家将言语的各部分混在一起，而维特根斯坦则希望哲学家能够对此作出区分，例如，在动词这一 343
大类中，哲学家必须区分过程、条件、意向、状态等。维特根斯坦所做的区分与亚里士多德及其追随者所作的区分几乎可以逐字逐词，一一对应。

尽管维特根斯坦毕生对哲学与科学作了清晰的区分，但是他的哲学和其他学科都有联系，例如心灵哲学对于经验心理学就颇为重要。这种重要性并不在于哲学家掌握了心理学家没有掌握的信息，也不在于哲学家开拓了心理学家从未敢冒险开拓的某个心理学领域。哲学家能够澄清的是心理学家的起点，即我们用来描述心灵的日常概念，以及决定人类特有的精神力量、精神状态和精神过程的标准。

心灵哲学常常是二元论与行为主义的战场。二元论认为人的心灵独立于人的身体，同样也可与身体分离。它们之间的联系是偶然的，而不是必然的。行为主义者把精神行为和精神状态的记录当做是一个个身体行为的伪装记录，或者最多是这样的倾向：身体总以某些特定的方式行为。维特根斯坦既反对二元论又反对行为主义。特定的精神事件的发生可以不伴随身体行为，在这一点上，他同意二元论。在另一点上，他又赞同行为主义：描述精神事件的可能性，在根本上依赖于它们所拥有的行为表达式。按照他的观点，把一个精神事件或精神状态归属于某个人，并不是把任何身体行为归属于他，这样的归属仅是可感知地给予那些有能力做某种适当行为的人。

维特根斯坦不仅对行为主义试图使心灵与行为一致怀有敌意，而且对唯物主义试图使心灵与大脑相一致也怀有敌意。人类和他们的大脑是物理对象，而心灵不是。这不是一个形而上学的断定：否认心灵有长度、宽度，或者位置，并不是说心灵就是精神的。唯物主义和行为主义相比，是一个更明显的哲学错误，因为心灵与行为的联系比心灵与大脑的联系更为紧密。心灵与行为的联系是某种先验的东西，也就是说，我们用于描述心灵与其内容的概念，对于这些概念的应用来说具有行为标准。但是经验科学发现，心灵与大脑的联系是偶然联系。亚里士多德对心灵本质的把握与当代许多心理学家类似。但是他关于心灵与大脑之间的关系的想法却错得离谱，他相信大脑是降低血液温度的装置。

与当代唯物主义者的心理学相比，维特根斯坦的心灵哲学更接近于亚里士多德的心灵哲学。他的一个评论尽可能地启示了这种可能性：我们某些精神活动可能与大脑没有任何联系。以下是维特根斯坦最有特点，最能打动人心的一段评论：

> 344 对我而言，没有任何假设比这个假设更加自然：大脑的所有过程都与联想和思考没有联系，因此不可能从大脑过程读出思想过程。我的意思是：如果在我说或者写的时候，我假设存在一个出自我的大脑的脉冲系统，与我所说或所写的思想相联系。但是为什么这个系统会朝着核心延续？为什么这一次序不会出自混乱？完全可能某个心理现象不能生理地确认，因为没有任何东西与它们生理地对应。为什么就不会有一种心理规律，没有任何生理规律与之对应？如果这颠覆了我们的因果概念，那么它们早该被颠覆了。

这里维特根斯坦对我们时代的科学主义特征进行了正面的攻击，即攻击了这样一种假设：一定存在精神现象的物理对应物。他并不是在为任何一种二元论或唯灵论辩护：什么在联想，思考，和记忆？不是精神实体，而是活生生的人。但是他确实把纯粹的亚里士多德灵魂，或者

（人的目的）的完全实现视为一种可能，它在没有物质工具下运行，也就是形式因和目的因。没有什么机械的动力因可对应于形式因和目的因。

从维特根斯坦去世后才发表的著作《论确定性》看，他在最后的岁月里开始对构成社会或个人世界观的命题感兴趣。任何语言游戏都预先假定了一个活动，这个活动是生活形式的一部分。维特根斯坦说，想象一个语言就是想象一个生活形式。接受语言的规则就是与他人在一个生活形式上达成一致。在哲学中，最根本的东西不是私人经验的内在基础，而是生活形式。在这些生活形式中，我们从事我们的活动，思考我们的思想。生活形式是哲学不能怀疑，但任何哲学探究自身都预设的东西。那么，什么是生活形式?

不同种类动物的生活有区别，这是说明生活形式有区别的一个例子。种类不同的动物有不同的“自然历史”，这是维特根斯坦喜欢使用的一个表达式。狮子的生活形式不同于人类的生活形式，因为如此，如果狮子能够说话，我们也不能理解它。

但是人种间也存在生活形式的不同。如果人们有同一个世界观，即一幅世界图画，那么就会享有同一个生活形式。一幅世界图画既不真也不假。只有在同一个世界图画中，才可能有关于真的争论，争论双方享有同一个生活形式。当一个人所否定的东西是另一个人的世界图画中的一部分，这有时看起来像精神错乱，但有时它又反映了文化的深层次差别。如果某人怀疑在他出生前，世界就存在了，我们可能会认为他疯了：但是在一个特定文化中，一个国王不能在这样的信念中长大吗？即世界因他而开始。

我们的世界图画包括看起来像科学命题的命题：例如“水在100摄氏度沸腾”，“我的颅腔内有个大脑”。其他的命题看起来像日常的经 345
验命题：“汽车不能从土壤中长出”或者“地球已存在很久了”。但是这些命题不能靠经验领会。当劝导某个比较原始的人接受我们的世界图像，我们采取的做法不是向他证明这些命题何以为真，而是把他看世界的方式转变为一种新方式。这样的命题所起的作用与系统中的公理所起的作用完全不同：看起来并不是最初先学会它们，然后再从它们推出结论。孩子们并不学它们：它们似乎连同所学的东西一起被孩子们吞掉。当我们开始相信什么时，我们相信的并不是一个命题，而是整个系统。这个系统并不是一个公理集，也不是一个出发点，甚至不是使所有论证都有了活力的整个基本原理。

在关于什么命题构成了世界图像的讨论中，维特根斯坦认识到他提出的问题与纽曼（Newman）在《同意的语法》（Grammar of Assent）中所提的问题相同：拥有不是建立在证据上的不可动摇的确定性，怎么是可能的。但是他不认同纽曼的研究目标，即证明基督教的合理性。维特根斯坦认为基督教信徒很明显地不是合理性的（not reasonable），他们把大量的信念建立在薄弱的证据上。但是这也不意味着他们是不合理的（unreasonable），它意味着他们根本不应该把信仰处理为合理性的东西。在这点上，维特根斯坦更接近于克尔凯郭尔，而非纽曼。

自然神学可以证明对上帝的信念是合理的。维特根斯坦认为作为哲学分支，这种自然神学不应该存在。他认为哲学不会赋予生命以任何意义，哲学所能提供的最好东西就是智慧的形式。他常常把智慧的虚空与信仰的活力相比：信仰是热情，而智慧是冷却的灰烬，它覆盖着发光的余烬。

然而尽管只有信仰而不是哲学能够赋予生命以意义，这并不意味着哲学对于信仰领域内的任何东西都没有权利。信仰也许会涉及到胡说，但是哲学可以指出它是胡说。维特根斯坦曾说过“凡不可说的，应当沉默”，后来他又说“不用担心胡说”，但是继而他又加了一句：“你必须对你的胡说警觉。”

正是哲学，对胡说警觉。首先它指出胡说是胡说：信仰不比哲学更有能力说生命的意义是什么。这里出现了维特根斯坦原来关于说与显示的区分。他认为，信条假也无妨。但是那并不是一个可以指出什么是说的评论，因为关于说的最重要的事实是它们或真或假，而这非常关键。

第二，即使宗教言说不是说，哲学在这方面仍然起着重要的作用。最为重要的是，哲学可以区分信仰与迷信。对于维特根斯坦来说，试图使宗教看起来合理是极端的迷信。

（许涤非　译）

建议进一步阅读的书目

给人印象最深，由一人单独完成的《哲学史》是科普尔斯顿（F. Copleston）九卷本的系列（Burns Oates & Search Press, 1943–1974出版）。虽然有些读者认为它的风格非常乏味，但是它非常博学、富有综合性和判断力。当然在细节上许多个别的哲学家的研究已经超过它了，但它仍然是非常值得去不断求教的教材。

如今大多数哲学史都不是单一作者的作品。例如《劳特利奇哲学史》出全了有十卷，1993年开始出版。牛津大学出版社（OUP）出版的OPUS丛书中的《西方哲学史》和剑桥大学出版社（CUP）出版的多卷本《剑桥史》等。《往日大师》（Past Master）丛书即牛津大学出版社出版的思想家的传记丛书如果出全了，首尾相接就会构成一个很好的介绍性的哲学史。哲学著作的个别章节我将在下列参考书目中列出。

其他许多人参与写的著作有T. Honderich主编的《牛津哲学伴读》，牛津大学出版社1995年版，《牛津插图哲学史》（A. Kenny），1994年牛津大学出版社出版。对于那些想阅读哲学家本人的原著而又不花很大代价的读者来说是有《企鹅经典》丛书（PC）和牛津大学出版社出版的《世界经典》丛书（WC）。

我非常受惠于其作品包含在这个选择性的书单中的那些作者。我也把我本人在其中就有关论题写过大量篇幅的著作也列在书目中。

第一章　哲学的童年

在这一章中讨论的哲学家们的重要文本集中在G. S. Kirk, I. Raven and Schofield (eds)，The Presocratic Philosophers, 2nd edn (CUP, 1983)。一种英语的方便收藏本是Early Greek Philosophy (PC, 1987), by J. Barnes, 他也出版了两卷本的The Presocratic Philosophers (Routledge, 1982)。在T. Irwin, Classical Thought（OUP，1969）的头五章中有涵盖这个时期的简史。

第二章　苏格拉底的雅典

《柏拉图全集》翻译在J. M. Cooper (Hackett,1997)主编的单卷本中。这一章讨论的对话录收集在《企鹅经典》丛书《苏格拉底最后的日子》一书中。《斐多篇》是在《世界经典》丛书中，《论苏格拉底》见G. Vlastos, Socrates, Ironist and Moral Phiosopher (CUP, 1991)。

第三章　柏拉图的哲学

柏拉图的主要对话包括《理想国》大部分已经翻译在《企鹅经典》和《世界经典》丛书之中，有一个在R. M. Hare主编（1981）的《往日大师》从书中，也见C. Rowe, Plato（Havester, 1984），and J. Annas, An Introduction to Plato’s Republic (OUP, 1981,1982)

第四章　亚里士多德的体系

《亚里士多德全集》翻译的两卷本是由J. Barnes主编（Princeton University Press,1984），《尼各马可伦理学》和《政治学》是在《企鹅经典》丛书和《世界经典》丛书中，《论动物》是在《企鹅》经典中，《物理学》是在《世界经典》中。还有一些文本选编见J. ackrill, A New Aristotle Reader (OUP, 1987)，Barnes的《亚里士多德》（PM, 1982）是该丛书中最好的一本。还请见J. L. Ackrill, Aristotle the Philsopher (OUP, 1981), and A. Kenny, Aristotle' s Theory of the Will (Duckworth, 1979) and Aristotle on the Perfect Life (OUP, 1995)。

第五章　亚里士多德后的希腊哲学

最重要的文本收集和翻译在：A. A. Long and D. Sedley (eds), The Hellenistic Philosophers (Cambridge, 1987). See also A. A. Long, Hellenistic Philosopher (Duckworth, 1974) and M. Schofield, M. Burnyeat, and J. Barnes (eds), Doubt and Dogmatism (OUP,1980)。在这一章和下一章讨论的思想家们包含在A. H. Armstrong (ed.), The Cambridge History of Later Greek and Early Medieval Philosophy (CUP,1970). See also D. O' Meara, Platinus (OUP, 1995)。普罗提诺的《九章集》（Enneads）的希腊语和英语本见Leob Classical Library (Heinemann, 1979)。

第六章　早期基督教哲学

这个时期最好的历史是H. Chadwick, The Early Church (Penguin, 1993)。J. McManners (ed.), The Oxfford History of Christianity 的部分章节也有用。“世界经典丛书”中奥古斯丁的《忏悔录》，“企鹅经典丛书”中的《上帝之城》。“往日大师丛书”中的《奥古斯丁》是H. Chadwick1986年所作，他也是《波爱修》一书（OUP, 1990）。关于菲罗波努(Philoponus)见R. Sorabji (ed.), Philoponus and the Rejection of Aristotelian Science (Duckworth, 1987)。

第七章 早期中世纪哲学

这一章和后两章的论题在The Cambridge History of Later Medieval Philosophy, ed. N. Krezman, A. Kenny, and J. Pinborg(CUP, 1982)中涵盖到了。对于中世纪哲学生动通俗的介绍是 D. Knowles, The Evolution of Medieval Thought (Longman, 2nd edn, 1988)。更新一些的是D. Luscombe, Medieval Thought (OUP,1997)。对于本章所及的这一时期的更详细的考察见Early Medieval Philosophy, by J. Marenbon， 畅销书The Philosophy of Peter Abelard（CUP, 1997）也是出自同一作者。关于约翰·司各脱（John the Scot）见 J. J. O’Meara, Eriugena (OUP,1988)。安塞尔谟的最引人入胜的生平是R. W. Southern’s Saint Anselm (CUP, 1990)。阿伯拉尔的《伦理学》见于D. Luscombe的翻译中 (OUP, 1971) 。关于阿拉伯哲学家见H.A. Davidson, Alfarabi, Avicenna, and Averroes on Intellect (OUP, 1992)。

第八章 十三世纪的哲学

拉丁文和英文的《神学大全》在The Blackfriar edition (Eyre & Sottiswoode, from 1964)中可以找到。阿奎那哲学著作选非常有用的版本是“世界经典丛书”中Timothy McDermott的翻译。阿奎那最好的传记是J. Weisheipl, Friar Thomas d’Aquino (Doubleday, 1974)，在“往日大师丛书”中A. Kenny写的传记（1979），和The Five Ways (1969)的作者和Aquinas on Mind(1994)。也见Davies, The Thought of Thomas Aquinas(OUP, 1993), and The Cambridge Companion to Aquinas, ed. N. Kretzmann and Elenore Stump。在这一章和下一章考虑到的哲学家们在J. Marenbon, Later Medieval Philosophy (Routledge, 1987)中也讨论到了。

第九章　牛津的哲学家

关于14世纪的牛津，见Schools and Scholars in Fourteenth Century England by W. J. Courtney (Princeton University Press, 1987)。很少见英文的司各脱的著作或关于司各脱的著作，一种节选集是由A. Wolter(Nelson, 1962年)出版。关于作为一位哲学家的奥卡姆的规范性的著作是M. Adams, William Ockham(Notre Dame, 1987)。著作节选见 Philosophical Writings: A Selection, ed.by P. Boehner，Notre Dame University Press 也出版了他的Summa Totius Logicae的多卷本翻译。关于奥卡姆的政治学见A. S. Mcgrade, The Political Thought of William Ockham (CUP, 1974)。 Marsilius的Defensor Pacis由A. Gewirth (New York, 1956)。关于威克利夫(Wyclif) A.Kenny在“往日大师丛书”中有一本书（1985）。

第十章　文艺复兴时期的哲学

最一般的考察是The Cambridge History of Renaissance Philosophy, ed. C. B. Schmitt and Q. Skinner (CUP, 1988)。更简明的是B. P. Copenhaver and C. B. Schmit, Renassance Philosophy (OUP, 1992)。在E. Cassierer, The Renassance Philosophy of Man (Chicago University Press, 1987)收集了大量文本。J. McConica 的 Renaissance Thinkers(OUP,1993) 一书包含了四个往日大师， 他自己写伊拉斯谟，A. 肯尼写莫尔，P. Burke 写蒙台涅，A. Quinton 写培根。关于宗教改革， 见J. Bossy, Christianity(Penguin, 1964)。Giordano Bruno 的主要著作是在他1583—1585年间在法国驻伦敦大使馆做双重间谍时写的，对于他的生平在J.Bossy， Giordano Bruno and the Embassy Affair(Vintage, 1991)一书中有一个扣人心弦的记述。

第十一章　笛卡尔时代

最好的笛卡尔的生平传记是S. Gaukroger, Deascartes: An Intellectual Biography (OUP, 1994) 。英文版的笛卡尔的著作是三卷本的The Philosophical Writings of Descartes，ed. And trans. by J. Cottingham, R. Stoothhoff, D. Murdoch, and A. Kenny。对于笛卡尔的简短的研究著作包括A. Kenny, Descartes(Thoemmes,1993) 和B. Williams, Descartes: The Project of Pure Enquiry(Penguin, 1978)。

第十二章　十七世纪英国哲学

霍布斯的《利维坦》被收入"世界经典丛书"和"企鹅经典丛书"。"往日大师丛书"中的《霍布斯》是由R.Tuck 1989年出版。《霍布斯辞典》是R. M. Martinich(Blackwell, 1995)所作。《约翰·洛克全集》是牛津大学出版史的Clarendon版。他的《人类理智论》的简装本是牛津大学出版社1979年出版的。洛克，休谟和卢梭的社会契约论的思想被E. Baker编在《社会契约论》（OUP，1978）中。"往日大师丛书"中的《洛克》（1984）的作者是J.Dunn。其他关于洛克的材料请注意和第十四章相关的部分。

第十三章　路易十四时期的大陆哲学

这个时期的一般历史是Cottingham 的《理性主义者们》（OUP, 1988）。帕斯卡尔德《思想录》是在"世界经典丛书"中，斯宾诺莎的《伦理学》和莱布尼兹文选在Everyman library(Dent, 1950 and 1973)。"往日大师丛书"中有《斯宾诺莎》（R。 Scruton，1986）和《莱布尼兹》（G. M. Ross，1984）。也见J. Bennett的《斯宾诺莎伦理学研究》(CUP, 1984)和R. M. Adams, Leibniz: Determinist, theist, Idealist(OUP,

1994)。

第十四章　十八世纪英国哲学

关于经验论者的一般介绍见J. Nennett, Locke, Berkeley, Hume: Central Themes(OUP,1971), R. S. Woolhouse, The Empiricists(OUP, 1988)。贝克莱的《人类知识原理》和《对话》见"世界经典丛书"。休谟的《自然宗教对话录》，《人类理智研究》，《人性论》和他的论文选见世界经典。"往日经典丛书"中有《贝克莱》（J. O. Urmson, 1982），《休谟》(A. J. Ayers, 1980)。还见 David Pears, Hume' s System(OUP, 1990)。

第十五章　启蒙运动

这于经验论者的一般介绍见J. Nennett, Locke, Berkeley, Hume: Central Themes(OUP,1971), R. S. Woolhouse, The Empiricists(OUP, 1988)。贝克莱的《人类知识原理》和《对话》见"世界经典丛书"。休谟的《自然宗教对话录》，《人类理智研究》，《人性论》和他的论文选见世界经典。"往日经典丛书"中有《贝克莱》（J. O. Urmson, 1982），《休谟》(A. J. Ayers, 1980)。还见 David Pears, Hume' s System(OUP, 1990)。

第十六章　康德的批判哲学

康德主要著作使用得比较普遍的版本是：Critique of Pure Reason, ed. N. Kemp Smith(Macmillan, 1973), Critique of Judgement, ed. J. Meredith (OUP,1978) and Groundwork of the Metaphysic of Morals, ed. H. Paton(Hutchinson,1955)。"往日大师丛书"中的《康德》是由R. Scruton (1982)所作，《康德辞典》是Howard Caygill (Blackwell, 1994)主编。还有一些好的研究著作它们是：J. Bennett(Kant' s Analytic, CUP,1966),

Kant's Dialectic, CUP, 1974) and P. Srawson (The Bounds of Sense, 1966)。

第十七章　德国唯心主义和唯物主义

部分黑格尔著作的翻译简装本以《黑格尔的逻辑学》和《黑格尔的精神哲学》为名发表，牛津大学出版社1975年和1971年分别出版。牛大学出版社还发行了《精神现象学》和他的《哲学史讲演录》的导论（1987）。“往日大师丛书”中的《黑格尔》的作者是 P. Singer（1983），《黑格尔辞典》的作者是M. Inwood(Blackwell, 1993)。马克思的许多著作见“企鹅经典丛书”，J.Elster主编了《马克思文选》，剑桥大学出版社出版。“往日大师丛书”中的《马克思》是P. Singer所作。

第十八章　功利主义哲学家

边沁的《全集》多卷本由牛津大学出版社出版，“往日大师丛书”中的《边沁》由John Dinwiddy(1989)所著。他的《道德和立法原理导论》是由J.H. Burne, H. L. Hart(London, 1982)主编，J.S.密尔的《论自由》和《政治经济学原理》被收入“世界经典丛书”。

第十九章　三个十九世纪的哲学家

叔本华《作为意志和表象的世界》一书的英文版是由R. B. Haldane和J. Kemp(London, 1948—1950)翻译的。《叔本华论说文集》充满智慧值得一读。对于他的著作的新近研究有B. Magee，《叔本华的哲学》（OUP, 1987）。在“企鹅经典丛书”中，有好几本克尔凯郭尔的著作，“往日大师丛书”中的《克尔凯郭尔》是P. Gardiner(1988)所作。还见 A.Rudd，Kierkegaard and Limits of the Ethical (OUP, 1933)。尼采的著作在“世界经典丛书”和“企鹅经典从书”中，“往日大师丛书”中的

《尼采》（1994）作者是M. Tanner。

第二十章　三位现代大师

达尔文《物种的起源》见于“世界经典丛书”和“企鹅经典丛书”。纽曼的主要哲学著作《同意的语法》由I. Ker(OUP, 1985)主编，O. Chadwick(OUP, 1983)的《纽曼》出版在“往日大师丛书”中。写纽曼哲学的著作比较少，但是见S. A. Grave, Conscience in Newman’s Thought(OUP, 1989)。一系列弗洛伊德著作翻译的不贵的简装本是由企鹅出版社出版的。“往日大师丛书”中的《弗洛伊德》的作者是A. Storr (1989)。

第二十一章　逻辑与数学的基础

弗雷格的最重要的哲学文本收集在英文版的《弗雷格文集》中，由M. Beaney主编（Blackwell, 1997）。达米特的著作，特别是《弗雷格：语言哲学》（Duckworth, 2nd, 1981）在这个领域是占统治地位的著作，但对于初学者来说太难。“往日大师丛书”中没有“弗雷格”，但是见A. Kenny, Frege (Penguin, 1995)。罗素的大多数著作仍然还在印行，对于初学者来说第一个阅读的最好是《哲学问题》（OUP, 1967）；也许他最好的书是《数理哲学导论》（Methuen, 1919）。“往日大师丛书”中的《罗素》是由A. C. Grayling(1996) 所写。

第二十二章　维特根斯坦的哲学

维特根斯坦主要著作的英文本见A. Kenny, A Wittgenstein Reader (Blackwell, 1994)。他的两部主要著作《逻辑哲学论》和《哲学研究》英文版由Blackwell出版公司分别于1961和1958年出版。见A. Kenny,

Wittgenstein(Penguin, 1973) and D. Pears, The False Prison(OUP, 1987-1988)。《维特根斯坦辞典》由H.-J. Glock 编写(Blackwell, 1996)。

（冯俊　译）

索引

译后记

几年前，河北人民出版社资深编辑李世琦先生约我组织几位学界同行和博士，给他们出版社翻译一本可以面向大众而非专业人士的《西方哲学史》，尽管是面向普通读者但应该有学术的严肃性，而不是“戏说”、“画说”类的通俗读物，应该让一般文化人看过此书之后对于西方文明的皇冠明珠“哲学”有基本的了解，激发起对于西方人思考的问题、思维方式产生一些思考，增加对于西方文明乃至人类文明的知识。

按照他的要求，把现有西方出版的单卷本的《西方哲学史》搜罗一遍，觉得还是安东尼·肯尼所写的《西方哲学简史》应该是最符合这一要求的。这不是因为我在牛津大学学习时听过他的课而对于他的作品有特殊偏好，他讲笛卡尔的《沉思集》时每次课堂听众达数百人之众，大教室里座无虚席，“粉丝”（fans）如云的场面对于哲学学科来说实属罕见，其场面当时确实让我很感慨，这对于同样在人大哲学系讲笛卡尔的《沉思集》的我来说，实感望尘莫及。这不仅是我的学术功力和学术名望与他相差甚远，恐怕还由于中英两国学子对于哲学学科的喜好也相差甚远。我选这本书是因为我认为它是大家所写的通俗著作，尽管通俗但仍不失为大家。肯尼先后做过牛津两所学院（Balliol College, Rhodes House）的院长，牛津大学副校长，英国科学院院长，英国国家图书馆馆长，他的主要研究领域是中世纪哲学，但是对于笛卡尔、维特根斯坦等近现代哲学家也有很多著译。他除了这本单卷本哲学史之外，还有一本单卷本哲学史即《牛津西方哲学史》，前几年我的同事韩东晖教授已经译成中文，那是一本学术性更强一些的版本。他还主编过多卷本的《牛津西方哲学史》，吉林出版集团也已经组织出版。在上世纪90年代初，他还出过一本装帧豪华的《牛津插图哲学史》，十多年前我曾想组织人翻译，但由于其中的插图和许多名画要逐一谈版权而太复杂而未能如愿。当前我们翻译的这本书自1998年出版之后，在英国重印不下10次，足以见得它受欢迎的程度，我想把它献给广大读者也是符合河北人民出版社的初衷的。

本书的译者大部分是我的学生，还有三位是我的同事同行，感谢他们在繁忙工作之余抽出时间来应约翻译此书，同时也因为我工作忙，校译审订工作时断时续，此书稿在我手上耽搁数年，今天拿出来仍然还有不少我没有发现的问题，还请译者和读者原谅。

本书翻译的分工是（按承担翻译的章节顺序为序）：

冯　俊　统校全书，翻译导言、进一步阅读的书目部分。

孟彦文　第一、十六、十七章。

温　红　第二、三章。

鲍建竹　第四、六、七、八章和索引。

杨洪江　第五章。

李先敏　第九、十、十一、十五、十八、二十章。

汤明洁　第十二、十三、十四章。

孟根龙　第十九章。

余俊伟　第二十一章。

许涤非　第二十二章。

鲍建竹承担全书的清样校对和部分章节的校订工作。

冯　俊

2011年6月28日